Grigorios Larentzakis

Die orthodoxe Kirche

orientalia – patristica – oecumenica

herausgegeben von/edited by

Dietmar W. Winkler
(Universität Salzburg)

Vol. 4

LIT

Grigorios Larentzakis

Die orthodoxe Kirche

Ihr Leben und ihr Glaube

LIT

Umschlagbild: Gottesmutter, Ikonenmuseum Recklinghausen

Gedruckt mit Unterstützung von:

PRO ORIENTE

Mayr-Melnhof Institut für den christlichen Osten (Salzburg)
und
PRO ORIENTE Salzburg

Bibliografische Information der Deutschen Nationalbibliothek
Die Deutsche Nationalbibliothek verzeichnet diese Publikation in der Deutschen Nationalbibliografie; detaillierte bibliografische Daten sind im Internet über http://dnb.d-nb.de abrufbar.

3. Auflage 2012

ISBN 978-3-643-50457-9

Krotenthallergasse 10/8
A-1080 Wien
Tel. +43 (0) 1-409 56 61
Fax +43 (0) 1-409 56 97
e-Mail: wien@lit-verlag.at
http://www.lit-verlag.at

LIT VERLAG Dr. W. Hopf
Berlin 2012
Verlagskontakt:
Fresnostr. 2
D-48159 Münster
Tel. +49 (0) 2 51-620 320
Fax +49 (0) 2 51-23 19 72
e-Mail: lit@lit-verlag.de
http://www.lit-verlag.de

Auslieferung:
Deutschland: LIT Verlag Fresnostr. 2, D-48159 Münster
Tel. +49 (0) 2 51-620 32 22, Fax +49 (0) 2 51-922 60 99, e-Mail: vertrieb@lit-verlag.de

Österreich: Medienlogistik Pichler-ÖBZ, e-Mail: mlo@medien-logistik.at

Schweiz: B + M Buch- und Medienvertrieb, e-Mail: order@buch-medien.ch

Inhaltsverzeichnis

Vorwort

Es ist ein besonderer Glücksfall, daß an der Katholisch-Theologischen Fakultät der Karl Franzens-Universität in Graz die „Ostkirchenkunde" durch einen Theologen gelehrt wird, der selber der orthodoxen Kirche angehört. Als „Stimme der Orthodoxie" ist Professor Grigorios Larentzakis weit über seinen unmittelbaren Wirkungsort hinaus bekannt. Sein neues Buch, dem ich dieses Grußwort voranstellen darf, soll diese Stimme noch weiter hinaustragen, in Fakultäten und Seminare, in interessierte Kreise, denen bewusst ist, daß die beiden „Lungenflügel" der Kirche untrennbar und lebenswichtig zusammen gehören, der östliche und der westliche.

Viel ist in den vergangenen Jahrzehnten geschehen, um die Mauern gegenseitiger Unkenntnis abzubauen, vieles aus dem geistigen und geistlichen Erbe der Orthodoxie ist heute in das Leben der „Westkirche" eingegangen: die Liebe zu den Ikonen, zur Spiritualität und Praxis des Jesus-Gebetes, zur Würde und Schönheit des Gottesdienstes. Dazu kommt ein immer wieder neu aufblühendes Interesse an den Kirchenvätern, besonders den griechischen (Prof. Larentzakis hat 1978 sein erstes Buch dem Thema „Einheit der Menschheit – Einheit der Kirche bei Athanasius" gewidmet). Es ist keine Übertreibung zu sagen, daß die Erneuerungsbewegungen im Westen sich immer auch den Anregungen aus dem christlichen Osten verdanken, das alte Wort bewahrheitend: „ex oriente lux".

So dürfen wir auch hoffen, daß die neue Hinführung zu Leben und Glauben der orthodoxen Kirche, die Prof. Larentzakis uns schenkt, zu dieser Erneuerung beiträgt, Interesse an der Orthodoxie weckt, Kenntnisse vertieft, vor allem aber auch die Liebe zu den geistlichen Schätzen der orthodoxen Kirche entzündet. Denn nur durch diese Liebe und nicht nur durch eine akademische Kenntnis werden wir auf dem Weg der Einheit wirkliche Fortschritte machen, durch eine Liebe, die nicht für Fehler und Schwächen blind ist, die sich aber von Herzen an dem freut, was der Heilige Geist uns „im Westen" durch Leben und Glauben der orthodoxen Kirche zu sagen hat.

+ Christoph Kard. Schönborn

Christoph Kardinal Schönborn, Erzbischof von Wien

Wien, am 23. Februar 2000, am Fest des hl. Polykarp von Smyrna

(Vorwort zur 1. Auflage 2000)

EINLEITUNG

Oft wurde ich gefragt ob es eine kurze, aber umfassende Darstellung über die Orthodoxe Kirche gibt. Viele Besucher orthodoxer Länder während eines Urlaubs oder einer Geschäftsreise (z.B. in Griechenland) begegnen orthodoxen Christen. Sie besuchen orthodoxe Kirchen, erleben Gottesdienste, die hl. Eucharistie oder andere Sakramente, vor allem Hochzeiten und Taufen. Sie wissen zu wenig über diese Kirche und fragen danach. Auch in Mitteleuropa, wo die Orthodoxie mehr oder weniger in der Diaspora lebt, gibt es sehr viele Begegnungen, die nach mehr Informationen über diese Kirche verlangen. Im Religionsunterricht wollen ebenfalls viele Religionslehrer anlässlich ökumenischer Kontakte und Bemühungen ihre Schülerinnen und Schüler über die Orthodoxe Kirche informieren. Schließlich bemühen sich viele Professoren an Theologischen Fakultäten ihren Studierenden die Orthodoxe Kirche und ihre Theologie zu vermitteln und in der Ökumene nutzbar zu machen. Und aus allen diesen Bereichen habe ich immer wieder Anfragen bekommen: Wie kann man die Orthodoxe Kirche am besten erfahren, wo gibt es eine fundierte und objektive Darstellung?

Außerdem befinden sich ja unsere Kirchen in der Ökumene und führen theologische Gespräche, die störende Probleme behandeln und überwinden wollen, damit die kirchliche Gemeinschaft wiederhergestellt werden kann. Dabei ist es erforderlich, dass die Partner im Dialog über die andere Kirche richtig informiert werden müssen.

Zwei Auflagen dieses Buches sind bereits vergriffen und die Nachfrage nach diesem Buch ist sehr groß. Deshalb, und weil viele Freunde und Verantwortliche in verschiedenen kirchlichen und ökumenischen Positionen an mich herangetreten sind mit dem Wunsch und der Aufforderung, dieses Buch noch einmal herauszugeben, komme ich diesen Wünschen nach. Ich freue mich daher darüber, dass mein Buch als eine Informationsmöglichkeit und als ein ökumenischer Beitrag betrachtet wird. Ich weiß, dass manche Kenner der Orthodoxie meine Ausführungen vielleicht als zu einfach finden werden oder zu lückenhaft. Man muss jedoch den Mut zu Unvollkommenen aufbringen. Auf der anderen Seite ermutigt mich, dass sehr viele Menschen gerade diese Einfachheit und Verständlichkeit der vorliegenden Darstellung als sehr hilfreich und besonders nützlich betrachten. In diesem Sinne versuche ich, Aspekte der Orthodoxen Kirche darzustellen, ohne sie zu glorifizieren.

Ich möchte mich darüber hinaus bei meinem Freund, einstigen „Schüler“ und jetzigem gründlichen Wissenschaftler und wirksamen Ökumeniker, Univ. Prof. Dr. Dietmar W. Winkler, sehr dafür bedanken, dass er dieses Buch in seiner Reihe wieder herausgegeben hat.

Danken möchte ich auch meiner Familie, insbesondere meiner Frau, OstR. Prof. Dr. R. Margund Larentzakis-Vogl, für ihre liebevolle und geduldige Lebensgemeinschaft und Unterstützung in meiner ganzen Tätigkeit.

I. ORTHODOXIE UND GEMEINSCHAFT

1. Warum sind wir noch Christen?

Diese Frage ist eigentlich keine spezifisch orthodoxe Frage. Trotzdem betrifft sie auch die Orthodoxe Kirche, denn sie ist zuerst eine christliche Kirche. Die Orthodoxen sind also Christen, sie leben nach christlichen Grundsätzen, oder sie sollen danach leben. Es geht aber zunächst um das Wesen des Christentums und der christlichen Kirche. Was macht also das Christliche bzw. das Orthodoxe, das so wichtig und existentiell notwendig für uns? Kann ich sagen: Es lohnt sich Christ zu sein? Was bedeutet für mich die christliche Botschaft, damit ich zur Überzeugung gelangen kann: Ich habe für die richtige Gestaltung meines Lebens und für die möglichst bessere Bewältigung meiner Sorgen und meiner Probleme keine andere Wahl, als dass ich Christ bin und bleibe? Wir erleben ja in unserer Zeit eine solche Entwicklung und Haltung von sehr vielen Menschen, die keinen Sinn darin sehen, Christen zu sein und Christen zu bleiben. Die Entwicklung geht noch weiter und viele differenzieren: Ich will Christ sein und bleiben, Anhänger Jesu, jesuanisch, aber ich will keiner Kirche angehören. „Jesus ja, Kirche nein!“, lautet der Slogan. Entweder bleiben die Menschen also passiv, interesselos, unbeteiligt, ohne irgendeinen Kontakt mit der Kirche, oder sie treten aus der Kirche aus. Sie spüren keine sinnvolle Notwendigkeit, in der Kirche zu bleiben. Sie spüren aber auch keinen Verlust, noch weniger einen Schmerz, wenn sie die Kirche verlassen. Was ist da passiert? Was für eine „Kirche“ wird den Menschen vermittelt, welches Christentum nehmen die Menschen wahr, damit sie so reagieren?

In der Frühkirche war auch nicht alles ideal. Es gab sehr viele Schwierigkeiten und Probleme. Dennoch betrachteten es viele Menschen als ein großes Glück, wenn sie die Möglichkeit bekamen, Christen zu werden. Sie haben den beschwerlichen Weg der Vorbereitung auf sich genommen, um zu ihrem Ziel zu gelangen. Es waren die Katechumenen, die Unterwiesenen, die geduldig auf ihre Aufnahme gewartet haben. Es gab den für sie eigenen Raum in der Kirche, die Vorhalle im Kirchengebäude (Narthex). Für sie gab es bestimmte Teile des Gottesdienstes. Sie durften nicht im Hauptraum der Kirche sein, in dem die Gläubigen waren. Sie durften auch nicht während des ganzen Gottesdienstes im Kirchenraum bleiben. Aber sie haben geduldig gewartet, sie haben sich intensiv vorbereitet. Nach der Einführung der Kindertaufe ist es dann allerdings leichter geworden. Der Taufpate hat einiges übernommen. Die Sinnhaftigkeit der Kirche und des Christentums stand aber weitgehend im Vordergrund. Heute wollen viele nicht mehr Christen bleiben, sie treten aus der Kirche aus. Viele haben keine Freude mehr an dieser Gemeinschaft und sehen auch kaum Sinn daran.

Gerade hier ist eben eine Verkehrung geschehen, das Christentum ist zu einem negativen Phänomen geworden. In der heutigen Gesellschaft wirkt auch das Christsein meistens negativ zum Nachtteil der Bekennenden. Dabei ist es nicht einfach, es hilft auch nicht, die Schuldigen für diese Entwicklung nur bei den anderen zu suchen. Denn dieser Wandel geschah nicht ohne Mitverschulden der Christen und vieler verantwortlichen Amtsträger. Das Positive, das vom Christentum erwartet wurde, wurde verdeckt, verkürzt oder falsch dargestellt. In vielen Bereichen wurde es entstellt und schließlich vergessen.

Das Christentum ist jedoch die Frohbotschaft des Evangeliums, das eine Gemeinschaft schaffen will, die Freude und Solidarität bedeutet. Jesus Christus ist Mensch geworden, um uns zu helfen, um mit uns in Liebe und Geborgenheit den Weg für das Leben gemeinsam zu gehen, in gegenseitiger Annahme und Achtung, in Ehrlichkeit und Vertrauen, in Zuverlässigkeit, und gegenseitiger Hingabe. Es ist die Frohbotschaft *für* das Leben, nicht *gegen* das Leben; *für* uns Menschen, nicht *gegen* uns. Und wenn die Mitmenschen in verschiedene Nöte geraten, muss ihnen immer in Liebe und Solidarität und mit Barmherzigkeit geholfen werden.

„Denn Gottes Wille, der auch heute nichts anderes als das Heil des konkreten Menschen hier und jetzt zum Ziel hat, verpflichtet uns, dem Menschen zu dienen und uns unmittelbar mit seinen konkreten Problemen auseinanderzusetzen. Getrennt von der diakonischen (dienenden) Sendung ist der Glaube an Christus sinnlos. Christsein bedeutet, Christus nachzufolgen und bereit zu sein, ihm im Schwachen, im Hungrigen und Unterdrückten und allgemein in jedem Hilfsbedürftigen zu dienen," (VII,4) heißt es in einem gesamtorthodoxen Text.[1]

2. Gemeinschaftliches Erlebnis

Zunächst muss gesagt werden, dass die Orthodoxe Kirche nicht in erster Linie durch Lektüre verstanden werden kann. Man kann sie nicht erfassen mit Grunddarstellungen und Analysen von Dogmen, von Geschichte und Liturgischen Texten. Die Kirche richtet sich an uns, sie will den ganzen Menschen ansprechen, seine rationale und seine emotionale Dimension. Hier haben auch die Gefühle und die Empfindungen ihren wichtigen Platz, das Feierliche und das

---

[1] Text der III. Präkonziliaren Panorthodoxen Konferenz in Chambésy/Genf von 1986. Deutsch: „Der Beitrag der Orthodoxen Kirche zur Verwirklichung des Friedens, der Gerechtigkeit, der Freiheit, der Brüderlichkeit und der Liebe zwischen den Völkern sowie zur Beseitigung der Rassen- und anderen Diskriminierungen", in: Una Sancta 42 (1987), 15–24. Vgl. *G. Larentzakis,* Für Frieden und Gerechtigkeit in der Welt von heute. Ökumenische und orthodoxe Aspekte, in: Ökumenisches Forum 10 (1987), 52f.

Gemeinschaftliche. Die rationale Reflexion über den christlichen Glauben wird nicht ausgeschlossen, sie hilft uns, unsere Probleme als wichtig einzuschätzen, damit wir unseren Weg weitergehen können. Dabei wissen wir auch, dass durch die Vernunft der Glaube nicht in erschöpfender Weise ergründet werden kann.

Das Grundvertrauen auf die Wirkung des Dreieinigen Gottes ist das Fundament der christlichen Existenz. Mit blindem Gehorsam hat dies nichts zu tun. Die Hoffnung auf die Erleuchtung und Führung des Heiligen Geistes macht uns angstfrei und gibt uns Mut, Kraft und Freiheit im konkreten Leben. Diese Grunderfahrung ist die Ausgangsposition des orthodoxen Lebens und jeder Theologie. Das freudige Erlebnis in der solidarischen Gemeinschaft spielt dabei eine wichtige Rolle. Aus diesem Grunde ist es natürlich für ein umfassenderes Verständnis der Orthodoxen Kirche besser, solche Möglichkeiten des ganzen Lebens wahrzunehmen, um vor Ort zu erleben und zu erfahren: Mit ihrer Gemeinschaft, ihrer Liturgie, ihren Feierlichkeiten, aber auch mit ihren Problemen, Schwächen und Mängeln in den konkreten Ortsgemeinden.

Sie darf nicht idealisiert werden, doch es soll auch nicht nur die Fassade gesehen werden. Deshalb ist die konkrete Erfahrung wichtig. Theoretisches Wissen kann uns helfen, viele Fragen zu beantworten und kirchliche Handlungen besser zu verstehen. Wenn hier eine solche Selbstdarstellung versucht wird, ist beabsichtigt, die Grundsätze und die Strukturen zu vermitteln, wie sie in der Orthodoxen Kirche verstanden und gelebt werden.

3. Die Orthodoxe Kirche

Was bedeutet der Name *Orthodoxe Kirche?* Meistens wird gesagt, er bedeutet die „Kirche der Rechtgläubigkeit". Dies ist prinzipiell richtig. Aber diese Kirche hat keine Liste von Dogmen, die die Grundlage ihrer Existenz begründet oder rechtfertigt. Sie ist nicht auf ein doktrinäres, dogmatisches System gegründet, sondern auf dem Fundament des Dreieinigen Gottes. Deshalb versteht sie sich zunächst als *Kirche der rechten Lobpreisung des Dreieinigen Gottes.* Wir preisen Gott nicht, weil er für die Welt und für uns bzw. seine Kirche etwas getan hat, als ob wir ihm nach einer vollbrachten Leistung danken müssten. Nicht weil er unser Schöpfer ist, ist er auch der Gütige. Sondern weil er der Gütige, der Liebende ist, ist er auch der Schöpfer der ganzen Welt und der Menschen. Und schließlich ist er auch unser Erlöser, der Urheber und der Gründer der Kirche selbst. Aus diesem Grund gebührt ihm Lobpreis, Ehre und Dank.

Auch der Begriff *orthodox* muss deshalb zunächst so interpretiert werden. *Orthos,* heißt richtig, recht; *Doxa* kommt von *doxazein*, was lobpreisen bedeutet. In diesem Sinne heißt also *Orthodoxe Kirche:* Kirche der rechten Lobpreisung Gottes. *Orthodox* wird aber auch von *orthos*, also richtig, recht und *Doxa,* d.h. Auffassung, Meinung, Lehre (von *dokein*: meinen, eine Auffassung vertreten usw.) hergeleitet. In diesem Sinne verstehen wir den Ausdruck *Orthodoxe Kirche* auch als die Kirche des rechten Glaubens, der rechten Lehre. Neben dem rechten Glauben als Lehre ist vor allem die Doxologie, die rechte Lobpreisung des Dreieinigen Gottes, wichtig.

4. Die Gemeinschaft der Orthodoxen Kirchen

Viele stellen die Frage: Gibt es *eine* oder *viele* Orthodoxe Kirchen?[2] Andere meinen, die Orthodoxe Kirche sei ja in viele „nationale" Kirchen gespaltet, die miteinander rivalisieren. Sie könnten ja keine Einheit haben. Zunächst sollen sie die kirchliche Einheit untereinander erreichen und dann mit den anderen Kirchen in der Ökumene die Einheit aller Kirchen suchen. Meint man. Wenn man von der „Griechisch-Orthodoxen", von der „Russisch-Orthodoxen", der „Rumänisch-Orthodoxen", der „Serbisch-Orthodoxen Kirche" hört, dann meint man eben, dass die Spaltung innerhalb der Orthodoxie noch stärker sei und der Nationalismus das Grundelement ihrer Struktur sei. Es gibt solche Beobachtungen.

Gibt es *eine* oder *mehrere* Orthodoxe Kirchen? Die Antwort ist einfach:

1. Was den Inhalt des Glaubens der Orthodoxen betrifft, gibt es *eine* Orthodoxe Kirche. Alle orthodoxe Kirchen und alle orthodoxen Christen, haben gemeinsam denselben Glauben, dieselbe Liturgie, dieselbe Lobpreisung Gottes. Alle Orthodoxen Kirchen haben untereinander die volle kirchliche und sakramentale Gemeinschaft. Sie bilden also die Gemeinschaft der Orthodoxen Kirchen, die sich als die Kirche versteht, wie sie im einzigen ökumenischen Glaubensbekenntnis aus dem Zweiten Ökumenischen Konzil von Konstantinopel (381) bekannt wird: „Ich glaube […] an die eine, heilige, katholische und apostolische Kirche."

[2] Vgl. *G. Larentzakis,* Die orthodoxe Kirche. Versuch einer Selbstdarstellung, in: Ökumenisches Forum 5 (1982), 107–132. Vgl. auch: Die Ostkirchen. Ein Leitfaden, hg. v. *D. W. Winkler/Kl. Augustin* mit Beiträgen von G. Larentzakis und Ph. Harnoncourt, Graz 1997.

2. Was die Verwaltung der Kirche betrifft, gibt es *mehrere* Orthodoxe Kirchen. Sie sind in ihrer Verwaltung selbständig. Sie heißen dann „autokephal".[3] Das bedeutet, dass diese selbständigen Kirchen eine eigene kollegiale, d.h. synodale Verwaltung haben; mit einem Ersten an der Spitze, der entweder Patriarch oder Erzbischof ist. Er ist der Vorsitzende der Synode, mit der er gemeinsam, in demokratisch-synodalen Beschlüssen, die Probleme innerhalb dieser selbständigen Kirchen (viele von ihnen sind Patriarchate) zu lösen versuchen. Keine von diesen Kirchen, auch keiner von diesen Ersten, (also kein Patriarch oder Erzbischof) hat das Recht, sich willkürlich in die internen Probleme einer Nachbarkirche einzumischen. Jede von diesen Kirchen wählt mit Mehrheitsbeschlüssen und nach genau bestimmten Regeln ihre Bischöfe, ihre Patriarchen und Erzbischöfe, die von den anderen Kirchen anerkannt und in die Gemeinschaft aufgenommen werden. Manche selbständigen Kirchen heißen „autonom"; sie lösen ihre Probleme selbst, haben aber einen direkten kirchenrechtlichen Bezug zu einer autokephalen Kirche.

Die Gemeinschaft der Orthodoxen Kirchen kann man als *polyzentrisch* bezeichnen, d.h. als eine Gemeinschaft mit vielen gleichwertigen kirchlichen Zentren, die eine zentralistische, bzw. monarchische Verwaltung der Gesamtorthodoxie ausschließen.

Die Orthodoxen Kirchen haben aber innerhalb dieser Gemeinschaft auch eine Rangordnung, welche jedoch die Gleichwertigkeit überhaupt nicht beeinträchtigt. Es handelt sich um eine kanonische, also kirchenrechtliche Rangordnung, die eine historische Entwicklung erfahren hat und keine göttliche Anordnung bedeutet.

Die *Erste* Kirche innerhalb dieser Gemeinschaft ist die Kirche von Konstantinopel, das Ökumenische Patriarchat. Der *Erste* von den Patriarchen und Erzbischöfen ist also der Erzbischof von Konstantinopel, der Ökumenische Patriarch, mit Sitz in Konstantinopel. Er ist Erster unter Gleichen, *primus inter pares*. Er hat bestimmte Dienstaufgaben und Rechte für die Gesamtorthodoxie. Zwar ist er nicht der absolute Souverän aller Orthodoxen Kirchen – wie der Bischof von Rom, der Papst, für die Römisch-Katholische Kirche. Aber ebenso wenig ist er nur das *„Ehrenoberhaupt"* der Gesamtorthodoxie, wie er meistens fälschlicherweise bezeichnet wird. Dies hieße, der Ökumenische Patriarch hätte nur eine *Ehre* inne und sonst überhaupt keine gesamtorthodoxe Aufgaben. Er hat bestimmte Kompetenzen für alle Orthodoxen Kirchen, die von allen anerkannt werden, auch wenn da und dort Diskussionen gegeben hat. So hat er das Einberufungsrecht für gesamtorthodoxe Versammlungen, Konferenzen, Konsultationen und Synoden, das Vorsitzrecht, das Initiativrecht, das Koordinationsrecht, das Recht, bestimmte gesamtorthodoxe Entwicklungen zu bestätigen usw. So

[3] Reichhaltige Literatur dazu in: *Gr. D. Papathomas, Arcim.*, Sources et Bibliographie ad hoc concernant la question de l'Autoképhalie et de l'Autonomie, in: Θεολογία 69 (1998), 772–797.

hat z. B das Ökumenische Patriarchat im Laufe der Zeit die Autokephalie, d.h. die Selbständigkeit der anderen Orthodoxen Kirchen im zweiten Jahrtausend gewährt und bestätigt. Das wurde von den betroffenen Kirchen mit Dank angenommen und bis heute anerkannt. Das zeigen schon im Jahre 1593 die Gewährung der Autokephalie und des Status als Patriarchat der russischen Kirche, zuletzt die Anerkennung der Autokephalie und des Status als Patriarchat der Kirche von Georgien (1990) und die Gewährung der Autokephalie für die Kirche von Tschechien und der Slowakei (1998).[4] Die gesamtorthodoxe Sorge und Aufgabe des Ökumenischen Patriarchates wurde auch bei der Reorganisation der Autokephalen Kirche von Albanien bezeugt, die durch die kommunistische Verfolgung zur Gänze zerstört war. Am 29. Juni 1992 beschloss die Synode des Ökumenischen Patriarchates die Reorganisation der Autokephalen Kirche von Albanien und die Wiedererrichtung ihrer Hierarchie durch die Wahl des Erzbischofs von Albanien und drei Hierarchen dieser Kirche. Alle Orthodoxe Kirchen begrüßten diese gesamtorthodoxe Initiative des Ökumenischen Patriarchates, obwohl sie außerhalb der strengen Grenzen der Jurisdiktion dieses Patriarchates geschah. Weil das Ökumenische Patriarchat das Recht zu solchen gesamtorthodoxen Aufgaben innehat.[5] Auch die Initiative und Koordinierung der synodalen Beilegung des Schismas innerhalb der Bulgarischen Kirche durch die Einberufung einer Sondersynode aller Vorsteher, Patriarchen und Erzbischöfe der Gesamtorthodoxie in Sofia vom 30. September bis zum 1. Oktober 1998 unter dem Vorsitz des Ökumenischen Patriarchen Bartholomaios I. bezeugt die effektive Sorge des Ökumenischen Patriarchates für die Gesamtorthodoxie und seine Handlungsmöglichkeiten, die über das bloß Ehrenamtliche hinausgehen.

Demgemäß intensivierte der Ökumenische Patriarch Bartholomaios I. die Beziehungen zwischen den Orthodoxen Autokephalen Kirchen durch die Einberufung zur Synaxen aller Oberhäupter der Orthodoxen Kirchen, Z.B. vom 13.–15. März 1992 in Konstantinopel und vom 26. September 1995 auf Patmos mit wichtigen gesamtorthodoxen Erklärungen zu aktuellen Fragen und, wie vorher erwähnt, nach Sofia zur Beilegung des Bulgarischen Schismas, durch eine rege Reisetätigkeit, durch den Austausch von Delegationen, usw. Denn er ist zwar überzeugt, dass alle Orthodoxen Kirchen „sich wie Glieder des einen und desselben Leibes fühlen, existentiell und ontologisch einander verbunden, mit Jesus Christus als Haupt“,[6] ist es ihm aber auch bewusst, dass es auch in den interorthodoxen Beziehungen Probleme gibt, manchmal mehr und manchmal

---

[4] Über die anderen Kirchen wird in der passenden Stelle berichtet.

[5] Vgl. die Dokumentation in: Ὀρθοδοξία. *Neue Folge* 2 (1994), 155f.

[6] Dies sagte er bereits in seiner Grazer Rede als Metropolit von Philadelphia, am 24. 10. 1988, zum Thema: „Die Beziehungen zwischen den Orthodoxen Kirchen. Gegenwärtige Situation und Perspektiven“, in: Ökumenisches Forum 11 (1988), 142. Vgl. auch in: Ἐπίσκεψις 494, 31. 7. (1993), 2ff.

weniger und dass sie es immer geben wird. „Welcher lebende Organismus und welche Familie hat keine Probleme?“[7]

Außerdem verantwortet und koordiniert das Ökumenische Patriarchat alle Vorbereitungen für das nächste Gesamtorthodoxe Konzil[8] in einem dafür gegründeten Sekretariat in seinem Orthodoxen Zentrum in Chambésy bei Genf. Der zuständige Sekretär zur Vorbereitung dieses Konzils, der Metropolit der Schweiz (Damaskinos) wurde vom Ökumenischen Patriachat bestellt.[9] Dass es auch zwischen den Orthodoxen Kirchen Spannungen geben kann und gibt, möchte ich nicht leugnen. Der menschliche Faktor existiert selbstverständlich auch bei den Kirchen, er wird immer wieder wirksam. Die Orthodoxen müssen die verschiedentlich zwischen ihnen verursachten Probleme lösen.

Heute gibt es in der Gemeinschaft der Gesamtorthodoxie und in der geltenden Rangordnung folgende autokephale Kirchen:

1. Das Ökumenische Patriarchat von Konstantinopel,
2. das Patriarchat von Alexandrien,
3. das Patriarchat von Antiochien,
4. das Patriarchat von Jerusalem,
5. das Patriarchat von Moskau und ganz Russland,
6. das Patriarchat von Serbien,
7. das Patriarchat von Rumänien,
8. das Patriarchat von Bulgarien,
9. das Patriarchat von Georgien,
10. die Kirche von Zypern,
11. die Kirche von Griechenland,
12. die Kirche von Polen,
13. die Kirche von Albanien
14. die Kirche von Tschechien und der Slowakei
15. sowie die autonomen Kirchen
16. von Finnland, und
17. von Estland.

---

[7] Ebd.

[8] *Vgl. Anne Jensen,* Die Zukunft der Orthodoxie. Konzilspläne und Kirchenstrukturen, mit einem Vorwort von Metropolit Damaskinos, Zürich/Einsiedeln/Köln 1986.

[9] Vgl. *Damaskinos Papandreou, (früherer Metropolit der Schweiz),* Das Heilige und große Konzil, in: Orthodoxes Forum 5 (1991), 297ff.

5. Historische Entwicklung der Patriarchate, der einzelnen Orthodoxen Kirchen

Seit wann existieren die Orthodoxen Patriarchate bzw. die Autokephalen und Autonomen Orthodoxen Kirchen? Zunächst muss gesagt werden, dass diese Struktur keine Erfindung der Orthodoxen Kirche von heute ist, auch nicht erst im zweiten Jahrtausend. Im ersten Jahrtausend gab es auch im Osten und im Westen des Imperium Romanum solche selbständige Kirchen mit konkreten, festgeschriebenen jurisdiktionellen Grenzen.

Die historische Entwicklung innerhalb der Kirche ist ein lebendiges Wachstum, das unterschiedliche Richtungen gehen kann, ohne dass es vom Menschen immer vorausgeplant werden kann. Auch bei den kirchlichen Strukturen haben wir im ersten Jahrtausend grundsätzlich ähnliche Situationen, die sich im Laufe der Jahrhunderte und aus unterschiedlichen Gründen weiter entwickelt haben. Die Kirche ist eben ein solcher lebendiger Organismus, der, vom Heiligen Geist beseelt, wächst; der wachsen muss, weil er sonst nicht lebendig sein und bleiben kann. Versuchen wir also einen Blick in die lebendige Geschichte unserer Kirchen zu werfen.

Schon in der ersten Hälfte des 4. Jahrhunderts bestätigt das erste Ökumenische Konzil von Nizäa (325) im Kanon 6 die Zuständigkeit der ersten wichtigsten kirchlichen Zentren innerhalb ihrer Grenzen. Das sind *Alexandrien, Rom* und *Antiochien.* Nach der Gründung Konstantinopels als neue Hauptstadt des Imperium Romanum entwickelt sich dort auch eine neue kirchliche Situation. Das Zweite Ökumenische Konzil von Konstantinopel (381) gewährt der Kirche von Konstantinopel, also der neuen Hauptstadt, die gleichen Ehrenrechte, wie sie die Kirche von Rom hatte, weil Konstantinopel das „Neue Rom“ ist, wie der Kanon begründet. Bei diesem Kanon heißt es auch, dass der erste Sitz Rom ist und der zweite Konstantinopel. So existieren nun vier wichtigste christliche Zentren in der Reihenfolge: *Rom, Konstantinopel, Alexandrien und Antiochien.*

Die Kirche von Konstantinopel wurde nicht gegen die Autorität und die Stellung der Kirche von Rom erhoben. Man kann auch nicht behaupten, dass man in dieser Entscheidung des Zweiten Ökumenischen Konzils den Keim der späteren Spaltung sehen muss. Diese Entscheidung richtet sich gegen keine andere Kirche, auch nicht gegen die Kirche von Alexandrien. Es war eine historische Entwicklung innerhalb des Imperium Romanum im Zusammenhang mit der Gründung der neuen Hauptstadt Konstantinopel, die in den Dokumenten auch „Neues Rom“ bezeichnet wird. Beim vierten Ökumenischen Konzil von Chalzedon (451) wird die Jurisdiktion und die Zuständigkeit der Kirche von Konstantinopel erweitert (Canones 9, 17 und 28) und der Kirche von *Jerusalem* ihre Selbständigkeit zuerkannt. So entwickelten sich durch die gemeinsamen Ökumenischen Konzilien der Gesamtkirche, (des Ostens und des Westens) also durch die höchste Instanz der Gesamtkirche der damaligen Zeit; die fünf wichtigsten kirchlichen Zentren mit ihren festgeschriebenen jurisdiktionellen Grenzen, innerhalb derer sie zuständig waren. Auch die Rangordnung wurde fixiert: *Rom, Konstantinopel, Alexandrien, Antiochien* und *Jerusalem.*[10]

Das Römische Reich (Imperium Romanum) hatte also bereits Mitte des fünften Jahrhunderts fünf *„Römische Patriarchate*" nicht weil sie von der Hauptstadt Rom abhängig waren, sondern weil sie innerhalb des Römischen Reiches existierten. Aus diesem Grunde werden bis heute die vier alten Patriarchate des Ostens, die in der Kontinuität dieser Pentarchie existieren, das von Konstantinopel, Alexandrien, Antiochien und Jerusalem, in der türkischen und arabischen Sprache als „Rum"-Patriarchate, also als „Römische" Patriarchate bezeichnet. Diese fünf wichtigsten Zentren – Rom, Konstantinopel, Alexandrien, Antiochien und Jerusalem – sind die fünf damaligen Patriarchate, die als Einheit auch mit der Bezeichnung *Pentarchie* bekannt geworden sind. Durch das dritte Ökumenische Konzil (431) erlangte auch die Kirche von Zypern ihre Selbständigkeit bzw. Autokephalie, die sie bis heute kontinuierlich bewahrt hat und ohne irgendeine Einmischung von außen praktiziert.

Im ersten Jahrtausend und bevor die Ost-West Spaltung der Kirchen erfolgte, haben die Kirche und der Bischof von Rom (der Papst) den ersten Rang als *primus inter pares* innerhalb der Gemeinschaft der selbständigen Kirchen, der *Pentarchie* inne. Nach der Spaltung kam dem damaligen Zweiten, dem Patriarchen von Konstantinopel, naturgemäß der erste Rang zu, den er bis heute innehat und ausübt. Er ist jetzt *primus inter pares* innerhalb der Gemeinschaft aller Orthodoxen Kirchen. Wenn die Wiederherstellung der kirchlichen Einheit wieder erreicht wird, ist es selbstverständlich, dass der erste Rang wie einst wiederum dem Bischof von Rom (dem Papst), zuerkannt wird. Allerdings sicherlich nicht im Sinne des Ersten Vatikanums (1870) für die Gesamtkirche des Westens und des Ostens, sondern eben wie damals, als *primus inter pares*, als Erster unter Gleichen. Über die genaueren Strukturen in einer solchen gesamtkirchlichen Gemeinschaft sind noch wichtige ökumenische Gespräche zu führen, wie sie auch Papst Johannes Paul II. immer wieder gewünscht hat[11] und sein Nach-

---

[10] Die Adresse z.B. des Ökumenischen Patriarchates von heute in Konstantinopel bzw. Istanbul lautet: Rum Patrikhanesi, Fener, Istanbul. Die orthodoxen Gemeinden in Konstantinopel werden auf Türkisch als *„Römisch-Orthodox"* bezeichnet. Beispiele: Die Gemeinde-Kirche zu Hl. Trinität in Taksim/Istanbul heißt: „Aya Triada *Rum Orthodoks* Kilisesi (=Kirche)"; Die Gemeinde-Kirche des Hl. Dimitrios in Kurtulus/Istanbul: „Aya Dimitri *Rum Orthodoks* Kilisesi"; die Gemeinde-Kirche des hl. Georg in Fener/Istanbul: „Aya Yorgi Potira *Rum Orthodoks* Kilisesi" usw. Auch die Griechen von Konstantinopel werden bis heute als „Romäer" (rwmhoí), genannt.

[11] Papst Johannes Paul II. hat oft die Formen des Petrusdienstes zur ökumenischen Diskussion gestellt: Das erste Mal beim Besuch des Ökumenischen Patriarchen Dimitrios in Rom im Dezember 1987, das zweite Mal in der Evangelischen Christuskirche in Salzburg im Juni 1988 und das dritte Mal in seiner Ökumene-Enzyklika *Ut unum sint* (1995). Vgl. *G. Larentzakis,*

folger Papst Benedikt XVI. anlässlich seines Besuches in Konstantinopel im Ökumenischen Patriarchat beim Ökumenischen Patriarchen Bartholomaios I. vom 29.–30.11.2006 wiederholt betonte.

Kurz sei angeführt, wie sich die selbständigen Kirchen in der Gemeinschaft der Orthodoxen Kirchen entwickelt haben: Die ersten vier Patriarchate, die gewöhnlich als „Griechisch-Orthodoxe“ bezeichnet werden, sind die kontinuierliche Fortsetzung der alten Patriarchate aus der *Pentarchie*, der Gruppe der fünf Patriarchate (Rom, Konstantinopel, Alexandrien, Antiochien und Jerusalem), wie sie durch das 4. Ökumenische Konzil von Chalzedon (451) bestätigt bzw. errichtet wurden. Das sind die Patriarchate aus dem Römischen Reich. Deshalb werden sie noch heute in der türkischen und arabischen Sprache als die *„Rum“*, also als die „Römischen“ Patriarchate bezeichnet. Das bedeutet, wenn diese Patriarchate heute als die „Griechisch-Orthodoxen“ bezeichnet werden, wird damit nicht ihre Zugehörigkeit zum Griechischen Staat oder zum Hellenentum im heutigen nationalen Sinne gemeint[12]. „*Griechisch* ist hier weder ein geographischer noch ein nationaler, sondern ein kultureller und theologischer Begriff, ein strukturelles Kennzeichen dieser Kirche.“[13]

1. Das Ökumenische Patriarchat von Konstantinopel:[14] Kaiser Konstantin gründete die neue Hauptstadt des Römischen Reiches dort, wo die kleine Stadt Byzantion, war und benannte sie nach seinem Namen *Konstantinopel.* Die Kirche der neuen Hauptstadt begann sofort, an Ansehen und Geltung zu gewinnen. Das Zweite Ökumenische Konzil von Konstantinopel im Jahre 381 hat u.a. der Kirche dieser Stadt den zweiten Ehrenrang (nach der Kirche von Rom) zuerkannt. Das 4. Ökumenische Konzil von Chalkedon (451) bestätigte diesen Rang und erweiterte auch ihre Jurisdiktion. Von Konstantinopel aus wurden viele

---

Eine historische Wende in der Ökumene, Johannes Paul II. selbst stellt die Formen des „Dienstamtes des Petrus“ zur Diskussion, in: Kathpress 209 (19.10.1988), 8–9.

12 Interessant ist hier zu erwähnen, dass in Jerusalem beim renovierten Heiligen Grab im Jahre 1810 einige bezeichnende Inschriften auf Griechisch angebracht wurden: „Κτῆμα καί ἀφιέρωμα τῷ Χριστῷ τῶν ὀρθοδόξων Ρωμαίων“, (=Besitz und Jesus Christus gewidmet von den orthodoxen Römern), „Ἀνῳκοδομήθη τό Κουβούκλιον τοῦ Παναγίου Τάφου, ὅλον ἐκ θεμελίου δι' ἐλέους τῶν ὀρθοδόξων Ρωμαίων ἐπί τῆς Πατριαρχείας Κυρίου Κ. Πολυκάρπου, ἐν ἔτει ᾳωι´ κατά μῆνα Μάρτιον“ (=Die Kuppel des Hl. Grabes wurde gänzlich vom Fundament auf durch die Barmherzigkeit der orthodoxen Römer während der Amtszeit des Patriarchen Herrn Polykarpos, im Jahre 1810 im Monat März wiedergebaut) usw. In: *Chrysostomos Papadopoulos,* Ἱστορία τῆς Ἐκκλησίας Ἱεροσολύμων, Athen ²1970, 732. Vgl. auch. *G. Larentzakis*, Die Relevanz der kirchlichen Ost-West Beziehungen für Europa. Gestern-heute-morgen, in: Das Europa Verständnis im orthodoxen Südosteuropa. Internationale Tagung an der Karl-Franzens Universität Graz. 9.–10. November 1995, hg. v. *H. Heppner und G. Larentzakis,* (Grazer Theologische Studien 21), Graz 1996, 70f.

13 *Anastasios Kallis,* Orthodoxie-was ist das? Mainz 1979, 12.

14 *B. Stavridis,* Ἱστορία τοῦ Οἰκουμενικοῦ Πατριαρχείου, Athen 1967. *Maximos Metropolit von Sardes,* Τό Οἰκουμενικόν Πατριαρχεῖον ἐν τῇ Ὀρθοδόξῳ Ἐκκλησίᾳ, Ἱστορικοκανονική μελέτη, Thessaloniki 1972.

kirchliche Aktivitäten innerhalb des ganzen Reiches initiiert und koordiniert. In dieser Stadt, die als Neues Rom benannt wird, wurden auch viele Synoden und Ökumenische Konzilien einberufen, die für die Formulierung der christlichen Dogmen und für die Regelung vieler struktureller und disziplinärer Fragen von zentraler Bedeutung sind. Durch den 4. Kreuzzug (1204) wurde Konstantinopel vom Westen erobert, es wurden dort ein lateinischer Patriarch und ein lateinischer Kaiser eingesetzt. Dieses Datum gilt auch als das endgültige Schisma zwischen der östlichen und der westlichen Kirche. Fast 60 Jahren später konnte Konstantinopel wieder befreit werden, und der im Exil lebende Kaiser und der Patriarch konnten zurückkehren. Konstantinopel konnte sich aber nie wieder politisch und militärisch erholen. 1453 wurde es dann endgültig von den Türken erobert. Der Patriarch wurde vom Sultan zum Ethnarchen, zum Führer aller orthodoxen Völker innerhalb des osmanischen Reiches bestellt. Aus dem Jurisdiktionsbereich des Ökumenischen Patriarchates entwickelten sich viele Autokephalen, d.h. selbständige Kirchen, so dass aus den Tochterkirchen auch gleichberechtigte Patriarchate (also Schwesterkirchen) geworden sind. Diese Entwicklung war nicht immer leicht und schmerzlos, ist aber für die bessere Verwaltung der Gesamtorthodoxie auf synodal-demokratische Weise sehr wichtig, auch wenn manchmal der Weg der endgültigen Verständigung ein langer sein kann. Heute hat das Ökumenische Patriarchat als erstes unter gleichen gesamtorthodoxe Aufgaben und Dienste.[15] Seine Jurisdiktion erstreckt sich außerhalb der Türkei noch auf Griechenland (Kreta, Dodekanes, Mönchsrepublik von Berg Athos, nordgriechische Diözesen (vorläufig und bis auf weiteres unter der Jurisdiktion der Kirche von Griechenland), Mittel- und Westeuropa, Kanada, Nord- und Südamerika, Australien, Neuseeland, China usw. Der Sitz des Patriarchates ist nach wie vor in Konstantinopel (im heutigen Istanbul), auch wenn die Zahl der Gläubigen dort aus verschiedenen Gründen auf unter 5000 reduziert wurde. Auch die Gläubigen des Ökumenischen Patriarchates aus ganz Kleinasien mussten in den 20er Jahren ihre angestammten Gebiete verlassen. Der Titel, den der Patriarch bis heute trägt, ist: „*Bartholomaios*, Erzbischof von Konstantinopel, dem Neuen Rom und Ökumenischer Patriarch."

2. Das Patriarchat von Alexandrien: Die Kirche von Alexandrien gehört zu den ältesten Kirchen des Christentums. Von Anfang an hat sie eine wichtige Rolle in der Gesamtkirche gespielt. Vom 1. Ökumenischen Konzil von Nizäa (325) wurde sie bereits als wichtiges christliches Zentrum mit einer autonomen Zuständigkeit anerkannt. Sie war wichtiges Zentrum der Theologie, der Bildung und des Mönchtums (hl. Antonios u.a.). Beim 4. Ökumenischen Konzil (451) wurde der Patriarch von Alexandrien (Dioskoros) verurteilt, das Patriarchat in der Folge gespalten. Zunächst gab es ein Ringen um die Zuständigkeit der Hier-

---

[15] Vgl. *Grigorios Larentzakis,* Die Strukturen der orthodoxen Kirche und das Ökumenische Patriarchat von Konstantinopel. Seine gesamtorthodoxen Aufgaben: Una Sancta 63 (2008), 207–224.

archie. Aber 537 wurde die Spaltung mit einer Verdoppelung der Hierarchie fixiert. Die heutige Koptisch-Orthodoxe Kirche nahm ihre Anfänge durch diese Spaltung in Alexandrien, während die Kontinuität des Patriarchates aus der Frühkirche in denen weiter geht, die das 4. Ökumenische Konzil anerkannten und in Gemeinschaft mit den anderen Patriarchaten (Pentarchie) blieben und bis heute in der vollen kirchlichen Gemeinschaft mit der Gesamtorthodoxie stehen.

Historisch ist es allerdings falsch, wenn man meint, die Koptische Kirche sei nur von der byzantinischen Reichskirche abgespalten. Denn bei der damaligen Spaltung war die Gesamtkirche aller fünf Patriarchate beteiligt. Dioskoros wurde vom Ökumenischen Konzil von Chalzedon unter starkem Druck der päpstlichen Legaten verurteilt und exkommuniziert. Schon zuvor hatten der Patriarch von Alexandrien den Patriarchen von Rom, Leo, exkommuniziert.

Die bewegte Geschichte dieses Patriarchates ging weiter durch die Eroberung des Gebiets durch die Araber (640) und durch die Osmanen (1517). Die Jurisdiktion des Patriarchates mit Sitz in Alexandrien erstreckt sich heute auf ganz Afrika, auch mit neueren afrikanischen Gemeinden.

3. Das Patriarchat von Antiochien: Auch diese Kirche ist eine der ältesten. Hier wurden die Anhänger Jesu das erste Mal „Christen" genannt und die erste christliche Gemeinde aus Heiden gegründet. Von hier aus wurde die Heidenmission intensiv betrieben. Hier wurden auch die Vorsteher der Kirche, die Presbyter, das erste Mal Bischöfe, (episkopoi), genannt. Nach Rom und Alexandrien war Antiochien die drittgrößte Stadt des Römischen Reiches. Die Kirche dieser Stadt wurde schon beim ersten Ökumenischen Konzil von Nizäa (325) als eines der drei wichtigsten Zentren mit selbständiger Rechtsprechung besonders hervorgehoben. Von hier sind viele Impulse für die ganze Kirche ausgegangen. Die theologische Schule von Antiochien ist sehr bekannt. Johannes Chrysostomos, der Patriarch von Konstantinopel wurde, stammt von hier. Er war einer der besten Prediger der Kirche und mutiger Verteidiger des Christlichen gegenüber dem Kaiserhof und anderen Bischöfen, was ihm allerdings seine Stelle im Patriarchat gekostet hat (403 verurteilt). Die Chrysostomos-Liturgie ist die heute am meisten verwendete Liturgie in der Gesamtorthodoxie.

Durch die Eroberung durch die Araber (637) hat das Patriarchat sehr gelitten. Befreit wurde es im Jahre 969 vom byzantinischen Kaiser. Die westlichen Kreuzfahrer haben auch das Gebiet von Antiochien (1098) erobert. Der Patriarch von Antiochien wurde ins Exil geschickt, während die Lateiner einen lateinischen Patriarchen einsetzten. Der einheimische Klerus, Bischöfe und Kleriker mussten dem lateinischen Patriarchen einen Gehorsamseid leisten. Nach der Eroberung durch die Türken (1517) hat sich der Ökumenische Patriarch von Konstantinopel als Ethnarch auch für die Kirche von Antiochien eingesetzt.

Die griechische und die arabische Richtung haben oft zu Spannungen geführt. Jedoch hat sich die arabische Richtung durchgesetzt. Heute gibt es eine intensive Zusammenarbeit mit der griechischen Orthodoxie v. a. im Bereich der theologischen Ausbildung durch die neue Theologische Hochschule in Balamand (Libanon) mit Professoren aus Athen. In der Kirche von Antiochien entwickelte sich eine sehr starke Jugendbewegung. Der Sitz des Patriarchen ist heute in Damaskus.

4. Das Patriarchat von Jerusalem: Der Name, den diese Kirche verdient, ist wohl *Mutterkirche* für alle anderen, denn sie wurde direkt von Jesus gegründet. Beim Ersten Ökumenischen Konzil von Nizäa (325) wurde der Kirche von Jerusalem eine besondere Ehrenbezeugung zuerkannt. Aus der Jurisdiktion des Patriarchates von Antiochien war die Kirche von Jerusalem beim 4. Ökumenischen Konzil von Chalzedon (451) selbständig geworden. Trotz der sehr bewegten Geschichte dieses Patriarchats existiert diese Kirche kontinuierlich bis heute beim Griechisch-Orthodoxen Patriarchat; trotz der Eroberung dieses Gebietes durch die Perser (614) und die Araber (637), sowie der Kreuzzüge.

Der erste Kreuzzug eroberte Jerusalem im Jahre 1099 und errichtete dort mit Gottfried von Bouillon das „Königreich Jerusalem". Auch ein lateinischer Patriarch wurde dort eingesetzt. Der griechische Patriarch musste nach Konstantinopel fliehen. Später wohnten die Patriarchen von Jerusalem lange Zeit in Konstantinopel. Am Beginn des 16. Jahrhunderts wurde Jerusalem von den Türken erobert. Der Patriarch von Konstantinopel wurde als Ethnarch auch für das Patriarchat von Jerusalem zuständig. Die Orthodoxen betrachten sich auch als Beschützer der Heiligen Stätte. Vor allem durch politischen Einfluss gelang es den anderen (nicht-orthodoxen) Kirchen, in Jerusalem Boden und Einfluss zu gewinnen; dies immer auf Kosten des alten einheimischen, griechisch-orthodoxen Patriarchates.

Der römisch-katholische Abt der Benediktinerabtei Dormitio in Jerusalem berichtet: „[…] noch vor 150 Jahren war das Orthodoxe Patriarchat die einzige Hierarchie im Heiligen Land; damals waren 95 Prozent der Ortschristen orthodox. Mitte des vergangenen Jahrhunderts wurde dann eine anglikanisch-preußische Kirche gegründet. Um der protestantischen Missionierung Einhalt zu gebieten, wurde 1847 das Lateinische Patriarchat (der Kreuzritter) neu kanonisch errichtet. Damit wurde die europäische katholisch-protestantische Rivalität nach Palästina getragen […] Es begann eine aktive Missionierung seitens der abendländischen Kirchen […] Es entstanden somit neben kulturellen und sozialen Institutionen Gemeinden und Pfarreien auf Kosten der Orthodoxen Kirche. Es gab zu jener Zeit noch keine ökumenische Bewegung. Mission, Proselytismus, Prestige waren die Normen. Die Griechisch-Katholische Kirche trat in diesen Wettlauf ein: Denn wenn schon katholisch, dann byzantinisch – gemäß der Tradition des Landes. Heute machen die Orthodoxen nur noch rund ein Drittel der Ortschristen im Hl. Land aus."[16]

---

[16] Jerusalem eine Herausforderung. Ziel von Pilgern einst und jetzt, in: KNA, Ökumenische Information Nr. 14/15, 30. März 1983, 13.

Aus erster Hand berichtet auch der römisch-katholische P. Frans Bouwen von dieser traurigen Geschichte der westlichen Kirchen und ihrer missionarischen Tätigkeit in Jerusalem auf Kosten der Orthodoxen Kirche. Er versucht mit Verständnis und Offenheit die ökumenischen Perspektiven aufzuzeigen: „Wenn wir Abendländer und vor allem die Katholiken für die Einheit der Kirchen im Nahen Osten und besonders in Jerusalem wirken wollen, müssen wir den Mut und die Liebe haben, diese Geschichte mit Aufrichtigkeit und Demut anzuschauen. Sogar wenn heute alle diese katholischen Kirchen, orientalische und lateinische, miteinander die klare Mehrzahl bilden unter den Christen im Heiligen Land, dürfen wir nicht vergessen, dass fast alle Gläubigen aus den orthodoxen Kirchen kommen. Nur wenn wir diese Vergangenheit anerkennen, können wir weitere Fortschritte erhoffen.“[17]

Werden die Pilger aus dem Westen, die auch heute die starken Spuren der Kreuzfahrer in Jerusalem und in anderen östlichen Orten bewundern, über diese wahre Geschichte informiert? Bis heute ist das Verhältnis der Kirchen in Jerusalem sehr angespannt, obwohl sich in den letzten Jahren, wegen der für alle Christen gemeinsamen Existenzgefahr, eine Zusammenarbeit und Verständigung anbahnt. Seit 1967 befindet sich das Patriarchat von Jerusalem innerhalb des Staates Israel, eben an seinem alten Sitz.

5. Das Patriarchat von Moskau und ganz Russland: Der Fürst von Kiew *Vladimir* wurde im Jahre 988 getauft. Ihm folgten die Völker der Kiewer Rus, die Belorussen, die Russen und die Ukrainer. Diese Kirchen gehörten der Jurisdiktion des Ökumenischen Patriarchates von Konstantinopel an. Im Jahre 1589 errichtete das Patriarchat von Konstantinopel in den genannten Gebieten das neue Russische Patriarchat, das bis heute eine sehr wechselvolle Geschichte erlebt hat. Zar Peter der Große schaffte im Zuge von umfangreichen Reformen das Patriarchat ab und stellte die russische Kirche unter die Jurisdiktion einer Synode. 1917 wurde das Patriarchat wiedererrichtet. Das Schicksal der Kirche unter dem atheistischen, diktatorischen Kommunismus war sehr hart. Nicht nur in der damaligen Sowjetunion, sondern in allen kommunistischen Ländern gab es Tausende, ja Millionen Märtyrer. Gewiss gab es auch Opportunisten und Kollaborateure aus allen gesellschaftlichen Schichten.

1989 wurden die sozio-politischen Umwälzungen eingeleitet, 1991 wurde die Sowjetunion aufgelöst, und der Kommunismus als Ideologie und als Diktatur brach zusammen. Es begann eine neue Zeit auch für die Kirche des Russisch-Orthodoxen Patriarchates. Russland wird nun vom Westen als Missionsgebiet betrachtet und zahlreiche Missionare beeilen sich in harter Konkurrenz zu missionieren, statt der einheimischen russischen Kirche zu helfen, ihre Leute zu taufen, wie Kardinal Franz König feststellte.

---

[17] *Frans Bouwen,* Kirche und Ökumene im Heiligen Land in: Ökumenisches Forum 15 (1992), 296. Der ganze Beitrag ist lesenswert und hilfreich, die immer wieder von orthodoxer Seite angemeldeten Probleme endlich wahrzunehmen und zu verstehen.

6. Das Patriarchat von Serbien: Die Kirche von Serbien entwickelte sich innerhalb der Jurisdiktion des Patriarchates von Konstantinopel seit dem 9. Jahrhundert. Als erster Erzbischof der Kirche von Serbien wurde von Konstantinopel der Mönch *Savas* geweiht, der Bruder des heiligen Stephan Nemanja, des Groß-Zupan, der einen unabhängigen Staat errichtete. 1920 wurden viele kirchliche Gebiete des neugegründeten Jugoslawien vereinigt und im Jahre 1922 hat das Ökumenische Patriarchat von Konstantinopel die Autokephalie des Patriarchates von Serbien mit Sitz in Belgrad anerkannt.

7. Das Patriarchat von Rumänien: Christen gab es im rumänischen Gebiet seit der Frühkirche. Der Kaiser von Konstantinopel gründete im Jahre 535 das Erzbistum Prima-Justiniana, das auch für die Christen nördlich der Donau zuständig war. Das Ökumenische Patriarchat gründete im 14. Jahrhundert die zwei Metropolien der zwei Fürstentümer Ungro-Walachei und Moldau. 1859 wurden diese zwei Fürstentümer vereint und mit ihnen die Kirchen. 1855 anerkannte das Ökumenische Patriarchat von Konstantinopel die Autokephalie dieser Kirche und im Jahre 1925 das Patriarchat von Rumänien unter Einbeziehung der Kirchen des hinzugekommenen Gebietes von Siebenbürgern, das dem Habsburgerreich unterstellt war. Der Patriarch hat seinen Sitz in Bukarest.

8. Das Patriarchat von Bulgarien: Die Christianisierung in Bulgarien fand sehr früh statt. Die Kirche in Bulgarien stand unter der Jurisdiktion von Konstantinopel. Die Schüler der Slawenapostel Kyrill und Method haben für die Verbreitung des Christentums in Bulgarien einen großen Beitrag geleistet. Fürst Boris wollte eine unabhängige Kirche, die er aber von Konstantinopel nicht bekam. Deshalb wandte er sich an den Bischof von Rom, der veranlasste, dass fränkische Missionare nach Bulgarien kamen. Sie verbreiteten die westlichen Formen des Christentums. Wegen der Einmischung der Römischen Kirche in den jurisdiktionellen Bereich von Konstantinopel kam es zu Spannungen zwischen Rom und Konstantinopel. Tirnovo wurde im 12. Jahrhundert zur Hauptstadt und die Kirche Bulgariens mit diesem christlichen Zentrum selbständig. Achris war ebenfalls ein wichtiges Zentrum. 1782 erklärte eine Synode in Konstantinopel diese Kirche als schismatisch. 1945 wurde das Schisma aufgehoben und die Kirche von Bulgarien für selbständig erklärt. 1961 anerkannte das Ökumenische Patriarchat von Konstantinopel die bulgarische Kirche als Patriarchat. Der Sitz des Patriarchen ist Sofia.

9. Das Patriarchat von Georgien: Das Christentum kam sehr früh nach Georgien. Die politische Entwicklung Georgiens war sehr wechselhaft. Persien, das Byzantinisches Reich, das Osmanisches Reich und Russland herrschten über Georgien. 1817 wurde das Land Russland eingegliedert und die Kirche dem russischen Patriarchat unterstellt. 1917 erklärte sich die Kirche von Georgien für selbständig. Im Jahre 1990 hat das Ökumenische Patriarchat von Konstantinopel die Autokephalie der Kirche von Georgien und ihren Status als Patriarchat anerkannt. Das ist ein gutes Beispiel dafür, dass die Geschichte der Strukturierung der Orthodoxen Kirchen weiter geht und dass neue Situationen neue Regelungen zur Folge haben können.

10. Die Kirche von Zypern: Die Christianisierung erfolgte durch den Apostel Barnabas. Die Selbständigkeit dieser Kirche wurde durch das dritte Ökumenische Konzil von Ephesos 431 verliehen. Das Schicksal der Kirche von Zypern war ebenso wechselhaft, wie die politischen Entwicklungen auf der Insel. 1192 wurde die Insel durch den 3. Kreuzzug vom englischen König Richard Löwenherz erobert. Lange Zeit haben die lateinischen Kleriker, vor allem der lateinische Erzbischof, die von ihm abhängig gewordene Orthodoxe Kirche beherrscht. Nach der venezianischen kam die osmanische Zeit der Insel. Die Osmanen entfernten den lateinischen Klerus von der Insel und schufen die Möglichkeit, wiederum orthodoxe Bischöfe einzusetzen. 1878 wurde die Insel von den Engländern besetzt. 1959 hat sich die Insel befreit. Erzbischof Makarios, der zur Befreiung der Insel einen großen Beitrag geleistet hat, wurde zum ersten Präsidenten gewählt. Heute hat die Kirche von Zypern einen orthodoxen Erzbischof und sie wird von einer eigenen Synode vollkommen selbständig verwaltet.

11. Die Kirche von Griechenland: Die Christianisierung im Bereich des heutigen griechischen Staates erfolgte schon in der apostolischen Zeit. Der Apostel Paulus hat selbst im heutigen Griechenland missioniert. Nach der Befreiung eines Teiles des von den Türken besetzten byzantinischen Gebietes war im Jahre 1829 Griechenland entstanden. Am 7. Mai 1832 haben England, Frankreich, Russland und Bayern einen Vetrag unterschrieben, wodurch die Unabhängigkeit Griechenlands garantiert und Otto Wittelsbach, der Sohn des Bayerischen Königs Ludwig, als Monarch für den neuen griechischen Staat bestimmt wurde. Damals war Otto 16 Jahre alt. Er bekam auch ein Vizekönigtum, das von drei Personen zusammengesetzt war: Graf Joseph von Armannsperg, römisch-katholisch, General Karl von Heidek, evangelisch und Universitätsprofessor in Göttingen, Georg Ludwig von Maurer, evangelisch.[18] Bei manchen Intellektuellen des neuen Staates wird die „westliche“ Denkart und „Modernität“ als das angestrebte Ziel betrachtet. „Adamantios Korais bezeichnete die Aufgabe, die sich dem Griechenland seiner Tage damit stellte, als ‚Metakenosis‘, wörtlich ‚Umgießung‘, nämlich Umgießung der westeuropäischen Aufklärung in das griechische Gefäß.“[19] Es wird beabsichtigt, im aus der türkischen Herrschaft befreiten und neu gegründeten griechischen Staat „ein eng staatliches griechisches Bewusstsein außerhalb der Ökumenizität des Römertums und der Überna-

[18] Vgl. *Chr. Yannaras,* Ὀρθοδοξία καί Δύση στή νεώτερη Ἑλλάδα, Athen 1992, 251f.

[19] *A. Papaderos,* Metakenosis. Griechenlands kulturelle Herausforderung durch die Aufklärung in der Sicht des Korais und des Oikonomos, (Archiv für vergleichende Kulturwissenschaft 6), Mainz 1962, 1f.

tionalität des Neuen Rom zu schaffen.“[20] Wir erfahren es konkreter bei der Gründung der Universität in Athen bzw. der Theologischen Fakultät im Jahre 1837. Die Gründung der ersten Universität im neuen griechischen Staat geschah durch die bayerischen Berater des Königs Otto.[21] Deshalb wurden die griechische Universität und die Orthodoxe Theologische Fakultät in Athen nach dem Muster der deutschen Universitäten gegründet, ohne auf die Eigenart der östlichen Theologie und Spiritualität Rücksicht zu nehmen.[22]

Im Zusammenhang damit entwickelt sich auch die kirchliche Struktur. Die konkrete zunächst eigenmächtige Erhebung der Kirche des neuen griechischen Staates, weg von der Jurisdiktion des Ökumenischen Patriarchates im Jahre 1833, wurde vor allem aus den Strukturen der deutschen *Landeskirchen* inspiriert,[23] und in Nachahmung der Bestimmungen des bayerischen Konsistoriums aus dem Jahre 1818 im Jahre 1833 organisiert.[24] Dies geschah ohne die kanonische Ordnung der orthodoxen Kirchenlehre zu berücksichtigen So wurde die Kirche Griechenlands zu einer „Staatskirche“ unter der Autorität des aus Bayern stammenden Königs und unter der Annahme der Auffassung der Nation, die von der Aufklärung des Westens herrührte.[25] Maurer vertrat die Auffassung „Kirche und Staat sind ein und dasselbe“ und proklamierte gegen die orthodoxe Kirchenbestimmungen, die Selbständigkeit und Autokephalie der griechischen Kirche. König Otto aus Bayern erhob sich zum „Haupt“ der Kirche. Aufgrund dieser Übernahme aus den westlichen Auffassungen bezeichnete der evangelische Universitätsprofessor Maurer, der eben für die kirchlichen Angelegenheiten in Griechenland zuständig war, als erster die Kirche Griechenlands als *„Nationale Kirche“*. Er hat sie auch als *„königliche griechische Kirche“* bezeichnet. All das charakterisiert Alexandros Papaderos als die Folgen eines hysterogenen Nationalcharakters der Ostkirche, der so viele ungerechte Beurteilungen verursacht hat, als ob dieser Nationalcharakter ein „wesentlicher Bestandteil des orthodoxen Ethos und der orthodoxen Ekklesiologie“ wäre.[26] Die negative Konsequenzen aus dieser westlichen Übernahme beschreibt Papaderos in seiner in Mainz verfassten Doktorarbeit folgendermaßen: „Die Ideen der Aufklärung und der französischen Revolution waren die treibenden, revolutionären Kräfte in diesem Prozess, in dem die ‚Metakenosis‘ des westlichen Nationalismus die

---

[20] *G. Metallinos,* Ὀρθοδοξία καί Ἑλληνικότητα. Προσεγγίσεις στή νεοελληνική ταυτότητα, Athen 1987, 28. Vgl. *Derselbe,* Ἑλλαδικοῦ Αὐτοκεφάλου παραλειπόμενα, Athen 1983.

[21] Vgl. *Chr. Yannaras,* Ὀρθοδοξία καί Δύση στή νεώτερη Ἑλλάδα, 234.

[22] Vgl. *Chr. Yannaras,* Ὀρθοδοξία καί Δύση. Ἡ Θεολογία στήν Ἑλλάδα σήμερα, Athen 1972, 56.

[23] Korais war der erste, der diese Idee offiziell eingebracht hat. Vgl. *Georgios Metallinos,* Παράδοση καί ἀλλοτρίωση. Τομές στήν πνευματική πορεία τοῦ νεωτέρου Ἑλληνισμοῦ κατά τή μεταβυζαντινή περίοδο, Athen [2]1989, 230f. Vgl. *Derselbe,* Leben im Leibe Christi (Einführung in die Orthodoxie), Athen 1990, 243.

[24] Ἑλλάς, in: Θρησκευτική καί Ἠθική Ἐγκυκλοπαιδεία, Bd 5, Athen 1964, 628.

[25] Vgl. *A. Papaderos,* Metakenosis., 91.

[26] Vgl. *A. Papaderos,* Metakenosis, 96ff.

innere Verbundenheit der orthodoxen Völker aufzulösen begann. Diese ‚Metakenosis' rief eine egozentrisch-zentripetale Gesinnung hervor. Die orthodoxen Völker, die von diesen Ideen erfasst wurden, gaben bald ihre kirchlich-orthodoxen Denkkategorien zu Gunsten nationaler und kultureller auf. Die Einheit der orthodoxen Welt [...] zerfiel langsam, aber unaufhaltsam."[27] Es muss noch erwähnt werden, dass im Jahre 1833 im kleinen, neuen griechischen Staat ca. 600 Klöster existierten, von denen ca. 500 im Jahre 1834 aufgelöst wurden.[28]

Im Jahre 1850 wurde dann die Autokephalie/Selbständigkeit der Kirche des Königreiches von Griechenland vom Ökumenischen Patriarchat gewährt.[29] Die Grenzen dieser Kirche decken sich aber nicht mit den Grenzen des griechischen Staates. Die Kirche von Kreta, von Dodekanes, vom Berg Athos gehören der Jurisdiktion des Ökumenischen Patriarchates von Konstantinopel an. Die Diözesen von Nordgriechenland sind nur provisorisch, bis auf weiteres, in die Jurisdiktion der Kirche von Griechenland integriert. Das Oberhaupt der Griechisch-Orthodoxen Kirche trägt den Titel Erzbischof und hat seinen Sitz in Athen.

12. Die Kirche von Polen: Die Geschichte Polens war wechselhaft. Im 17. Jahrhundert gingen große Gebiete Polens an Russland. Die kirchliche Situation blieb deshalb bis heute kompliziert, auch wegen der schon seit dem Ende des 16. Jahrhunderts (1596) durch die Brester Union mit Rom unierten Ostkirche. Im Jahre 1918 wurde Polen als Republik wiedererrichtet. So gab es auch Bemühungen, eine Autokephale Kirche zu bekommen. Dieser Wunsch wurde dem Ökumenischen Patriarchat von Konstantinopel vorgetragen, das schließlich am 13. November 1924 die Selbständigkeit gewährte. Der Sitz des Oberhauptes von Polen ist Warschau.

13. Die Kirche von Albanien: Das Gebiet von Albanien wurde schon in der Frühzeit christianisiert. Es war in der Mitte des Einflussbereiches zwischen der Kirche von Rom und Konstantinopel und kam schließlich unter die Jurisdiktion von Konstantinopel. Nach der Eroberung dieses Gebietes durch die Türken traten viele Albaner zum Islam über. Bis heute sind die Albaner mehrheitlich, sowohl innerhalb als auch außerhalb Albaniens, Muslime. Im Jahre 1937 gab das Ökumenische Patriarchat von Konstantinopel der Albanischen Kirche ihre Selbständigkeit. Nach der Übernahme der Herrschaft durch die Kommunisten wurde jedes religiöse Leben in Albanien verboten. Nach der politischen Wende gab es keine Kleriker und keine einheimischen Bischöfe mehr, die noch am Leben waren. Das Ökumenische Patriarchat sorgte für die Reorganisation der

[27] *A. Papaderos,* Metakenosis, 100.

[28] *G. Metallinos,*, Παράδοση καί ἀλλοτρίωση, 300f.

[29] *E. Konstantinidis,* Ἡ ἀνακήρυξις τοῦ Αὐτοκεφάλου τῆς ἐν Ἑλλάδι Ἐκκλησίας (1850) καί ἡ θέσις τῶν Μητροπόλεων τῶν „Νέων Χωρῶν" (1928, Athen 1974 mit der ganzen Dokumentation.

Jesus Christus der Pantokrator.

Kirche in Monemvasia, Peloponnes (Foto: Hödl).

Kirche Panagia Kera in Kritsa, Lasithi/Kreta, 12. Jh. (Foto: Hödl).

„Erzbischof von Konstantinopel, dem Neuen Rom, und Ökumenischer Patriarch" Bartholomaios I. (Foto: © kathbild.at / Rupprecht).

Darstellung Christi im Tempel und Taufe Jesu. Byzantinisches Museum, Athen.

Albanischen Kirche und wählte durch die Synode des Patriarchates in Konstantinopel im Jahre 1992 Metropolit Univ. Prof. Anastasios Yannoulatos aus Athen, zum Erzbischof von Albanien mit Sitz in Tirana. Das Ökumenische Patriarchat wählte auch drei Bischöfe für Albanien.[30]

14. Die Kirche von Tschechien und der Slowakei: Die Missionierung dieses Gebietes erfolgte zum Teil durch die Franken, zum Teil durch die berühmten Slawenapostel, die Griechen Kyrill und Methodios, die von Konstantinopel geschickt wurden. Sie haben das östliche Christentum vermittelt, jedoch nicht hellenisiert. Im Gegenteil, sie haben die soziokulturelle Eigenheit der Slawen respektiert und das slawische Alphabet erfunden, sowie die liturgischen und andere religiöse Bücher ins Slawische übersetzt. So haben sie für die Entwicklung der slawischen Kultur einen wesentlichen Beitrag geleistet, der auch von Rom aus begrüßt wurde. Die Kirche blieb in diesem Gebiet einheitlich, trotz der Spaltung der Tschechoslowakei (1993) in zwei Staaten: Tschechien und Slowakei. Im Jahre 1923 wurde dieser Kirche vom Ökumenischen Patriarchat von Konstantinopel die Autonomie und im Jahre 1998 (27. August) die Autokephalie gewährt. Der Erzbischof von Tschechien und der Slowakei hat seinen Sitz in Prag.

15. Die Kirche von Finnland: Am Beginn des 2. Jahrtausends kam das Christentum durch russische Mönche nach Finnland. Als das Gebiet allmählich in die russische Oberhoheit bis zum Anfang des 19. Jahrhunderts (1809) kam, stand die Kirche unter der Jurisdiktion der Russischen Kirche. 1923 wurde die Finnische Kirche auf ihren eigenen Wunsch vom Ökumenischen Patriarchat für *autonom* innerhalb seiner Jurisdiktion erklärt. Das bedeutet, dass die Finnische Kirche im Prinzip ihre eigenen Probleme selbständig (autonom). Der von der finnischen Kirche gewählte Erzbischof von Karelien und ganz Finnland muss allerdings von der Synode des Ökumenischen Patriarchates bestätigt werden. Sitz des Erzbischofs ist Kuopio.

16. Die Kirche von Estland: Im Jahre 1923 gewährte das Ökumenische Patriarchat von Konstantinopel der Kirche von Estland den Status der Autonomie innerhalb seiner Jurisdiktion. Diese Autonomie wurde unwirksam seit der Unterstellung dieser Kirche unter die Jurisdiktion des Patriarchates von Moskau und ganz Russland nach der Eroberung Estlands durch die Sowjetunion. Nach der politischen Wende im Osten und der Wiederherstellung der Unabhängigkeit und der Selbstbestimmung Estlands trugen die kirchlichen und politischen Verantwortlichen Estlands den Wunsch an das Ökumenische Patriarchat heran, ihre frühere Autonomie innerhalb des Ökumenischen Patriarchates wieder wirksam werden zu lassen. Nach längeren Gesprächen hat die Synode des Ökumenischen Patriarchates dem Wunsch der Estnischen Kirche entsprochen und im Februar 1996 ihre Autonomie wieder in Kraft gesetzt.

---

[30] Vgl. die Dokumentation in: Ὀρθοδοξία, Neue Folge 2 (1994), 155f.

Das sind die 16 Orthodoxen Kirchen, die in voller kirchlichen und sakramentalen Gemeinschaft untereinander stehen. Ich hoffe, dass auch die anderen Kirchen, die noch nicht in geregelten Beziehungen innerhalb der Gesamtorthodoxie stehen, ihre Probleme bald lösen werden, damit die volle Gemeinschaft mit allen wiederhergestellt ist.

6. Sind die Orthodoxen Kirchen Nationalkirchen?

Oft wird erwähnt, dass die Gesamtorthodoxie in Nationalkirchen organisiert und strukturiert ist, und zwar in dem Sinn, dass die Nationalität die Grundbedingung ihrer Strukturierung sei. Manche meinen sogar, dass dies die offizielle charakteristische konfessionelle Identität sei. Das entspricht aber nicht der Realität. Denn wenn die Nation die Grundbedingung für die Strukturierung der Orthodoxie wäre, dann müssten Patriarchate nur nach Nationen organisiert sein. Nach diesem Prinzip müsste dann ein Patriarchat für die Christen griechischer Nation existieren, eines für die arabische Nation, eines für die slawischen Nationen usw. Das gibt es nicht. Im Gegenteil: Das Ökumenische Patriarchat von Konstantinopel, die Patriarchate von Alexandrien und von Jerusalem, die Kirche von Zypern und die Kirche von Griechenland sind unabhängige (autokephale) Kirchen, obwohl sie hauptsächlich als griechisch-orthodoxe Kirchen existieren. Auch die Patriarchate von Russland und von Bulgarien existierten als kirchliche Gebiete innerhalb der Jurisdiktion des Patriarchates von Konstantinopel, bis sie selbst zu selbständigen (autokephalen) Kirchen bzw. Patriarchaten erhoben wurden, obwohl ihre Gläubigen nicht griechischer Nation sind. Das bedeutet, dass auch innerhalb einer Autokephalen Kirche die Gläubigen nicht unbedingt Angehöriger nur einer Nation sein dürfen. Auch heute gibt es z.B. innerhalb der Jurisdiktion des Ökumenischen Patriarchates Gläubige aus mehreren Nationen. In der weiten Jurisdiktion des Patriarchates von Alexandrien und ganz Afrika haben wir dieses bunte Bild der Vielfalt der Völker innerhalb der Jurisdiktion einer Autokephalen Kirche. Das gleiche gilt auch für das Patriarchat von Antiochien, Jerusalem usw. Und wenn heute manche Orthodoxen Autokephalen Kirchen innerhalb eines Staates mit einer hauptsächlich homogenen Bevölkerung aus einer Nation existieren, darf dies nicht zu einem „Dogma“ der Orthodoxie deklariert werden. Dies wäre eine verkürzte Sicht der übernationalen Dimension der orthodoxen Zugehörigkeit und ein Verdacht zum Nationalismus, Phyletismus, der von der Gesamtorthodoxie, wie bekannt, im Jahre 1872 als Häresie verurteilt wurde.

Natürlich wird die Identität der Völker von der Orthodoxen Kirche sehr ernst genommen und beschützt. Die kulturelle Identität und die Freiheit der Völker ist ein Gut, das von der Orthodoxen Kirche gefördert wird. Und wenn ein Volk in die Unfreiheit gerät, steht die Orthodoxe Kirche auf der Seite des Volkes und kämpft auch für seine Befreiung. So waren z.B. in den orthodoxen Ländern, welche Jahrhunderte lang unter der türkischen Herrschaft waren, die Klöster und viele Bischöfe diejenigen, die für die Erhaltung der Sprache, der Kultur, des Glaubens und der nationalen Identität dieser Völker gesorgt haben. Schließlich haben sie auch gekämpft, damit sie ihre Freiheit wieder gewinnen. Die Orthodoxe Kirche hat sich nicht nur für *eine* kulturelle, bzw. nationale Identität eingesetzt, sondern für *jede* Identität der verschiedenen Völker. Denn die Vielfalt der kulturellen Identität ist etwas Legitimes, ja Notwendiges, das die Schönheit und Reichhaltigkeit der Menschen zum Ausdruck bringt.

Die Orthodoxe Kirche fördert die Stärkung der eigenen Identität der Menschen. Das stärkste Beispiel dazu war die Missionierung der Slawen durch die zwei griechischen Slawenapostel Kyrill und Method, die aus Thessaloniki kamen, vom Kaiser und vom Patriarchen von Konstantinopel zu den Slawen geschickt wurden. Sie haben dort die christliche Botschaft verbreitet. Sie haben aber nicht hellenisiert, sondern die einheimische Kultur respektiert. Sie haben das slawische Alphabet geschaffen und die slawische Kultur damit sehr intensiv gefördert, was auch der Papst von Rom als richtig akzeptiert und befürwortet hat.

Nicht nur die nationale Zugehörigkeit bildet keine unabdingbare Bedingung der Strukturierung der selbständigen Orthodoxen Kirchen, auch ein selbständiger Staat ist nicht das Kriterium für die Gründung bzw. für das Erhalten einer autokephalen Kirche, obwohl die jurisdiktionellen Grenzen mancher Orthodoxen Kirchen identisch sind mit den Grenzen des Staates. Dies galt z. B nicht in der Vergangenheit des ersten Jahrtausends, als innerhalb des Imperium Romanum *fünf* voneinander unabhängige Kirchen existierten, die als Patriarchate bekannt sind. Sie lebten in voller kirchlichen und sakramentalen Gemeinschaft, auch in gemeinsamer Verantwortung gegenüber dem christlichen Glauben. Verwaltungsmäßig aber waren sie voneinander unabhängig. Auch heute z.B. innerhalb des griechischen Staates existiert nicht nur eine Orthodoxe Kirche; Kreta, Dodekanes, die Mönchsrepublik vom Berg Athos und Diözesen in Nordgriechenland (diese werden interimistisch, bis auf weiteres innerhalb der Orthodoxen Kirche Griechenland verwaltet) gehören der Jurisdiktion des Ökumenischen Patriarchates an. Weder reine nationale noch reine politische Kriterien spielen für die Verwaltungsregelung der Orthodoxen Kirche die wichtigste Rolle.

Aus diesen Gründen darf man die Autokephalen Kirchen nicht generell als Nationalkirchen bezeichnen,[31] obwohl manche Autokephalen Kirchen Kirchen

[31] Der deutsche Ausdruck „national" ist sehr belastet, weshalb es schwierig ist, den griechischen Ausdruck ἔθνος, (ethnos) was eigentlich ganz neutral die Zugehörigkeit zu einem Volk bedeutet, mit Nation zu übersetzen. Und was diesem Volk zugehörig ist, kann man nicht leicht mit

einer Ethnie, also einer Nation sind, wie z.B. in Bulgarien, in Serbien, in Rumänien. Die Autokephale Kirche von Griechenland ist auch eine Kirche einer, der griechischen, Nation, aber nicht exklusiv, denn es gibt auch andere Autokephalen Kirchen der griechischen Nation.

Die Haltung der Orthodoxen Kirche und ihr Einsatz für die soziokulturelle Identität und die Freiheit aller Völker als blinden Nationalismus zu bezeichnen ist nicht richtig.

Der Nationalismus wurde, wie bereits erwähnt, von der Gesamtorthodoxie von einer Orthodoxen Synode in Konstantinopel im Jahre 1872 als Irrlehre verurteilt.[32] Am 19. April 1994 hat der Ökumenische Patriarch Bartholomaios bei seiner Rede im Europaparlament in Straßburg den Nationalismus schärfstens verurteilt, wie auch alle Orthodoxen Patriarchen und Erzbischöfe in einer gemeinsamen Erklärung am 26. September 1995 auf der Insel Patmos. Hier betonen sie u.a.: dass sie „allen ganz klar machen wollen, vor allem jenen, die bewusst oder aus Unkenntnis das Bild der Orthodoxen Kirche entstellt darstellen, dass die orthodoxe, kirchliche Auffassung über 'Nation' gar kein Element der Aggressivität und der Konfrontation zwischen den Völkern beinhaltet, sondern dass sie sich auf die Besonderheit eines jeden Volkes bezieht, auf ihr heiliges Recht, den Reichtum ihrer Tradition zu bewahren und zu pflegen, damit sie dadurch für den Erfolg, für den Frieden und für die Versöhnung aller Menschen beitragen. Aus diesem Grunde verurteilen wir jeden nationalistischen Fanatismus, der zur Spaltung und zum Hass zwischen den Menschen, zur Verfälschung oder zur Vernichtung der kulturellen und religiösen Besonderheiten anderer Völker der Erde und zur Verletzung des heiligen Rechtes auf Freiheit und Würde der menschlichen Person und der überall existierenden Minderheiten führen kann.“

Diese Sprache aller Kirchenoberhäupter der Gesamtorthodoxie ist sehr deutlich. Das ist die offizielle und gültige Auffassung der Gesamtorthodoxie, die durch die zitierten Dokumente und bei vielen anderen Äußerungen zu finden ist.

Jeder pervertierte Nationalismus, der behauptet, dass manche Völker qualitativ besser seien als andere, muss nach orthodoxer Auffassung abgelehnt und verur-

---

„national“ wiedergeben, weil es sehr oft den Verdacht des „Nationalistischen“ mit sich bringen kann. Aus diesem Grund versucht man heute den Begriff ἔθνος mit „Ethnie“ zu übersetzen, in der Hoffnung, dass nationalistische Mitschwingungen vermieden werden. In der griechischen Sprache ist aber der Begriff ἔθνος, und ἐθνικός (ethnikos), also „national“ nicht belastet, deshalb werden sie auch normal verwendet. Alle diejenigen aber, die schnell übersetzen und all das nicht berücksichtigen (wollen?), kommen oft zu Schlussfolgerungen, die ziemlich oberflächlich sind, weil sie sofort „nationalistische“ Tendenzen und Auffassungen zu erkennen glauben!

[32] Vgl. *G. Larentzakis,* Die Häresie des Nationalismus. Menschenwürde und Menschenrechte für alle in der östlich-orthodoxen Perspektive: Politik und Theologie in Europa. Perspektiven ökumenischer Sozialethik, hg. V. Ingeborg Gabriel, Matthias-Grünewald-Verlag Ostfildern 2008, 257–279.

teilt werden. Alle Völker und alle Minderheiten haben das uneingeschränkte Recht auf Existenz und Bewahrung ihre Identität. Dies gehört zu den grundlegenden Menschenrechten, die geschützt werden müssen. In diesem Sinne werden auch die Orthodoxen Kirchen in autonomen Ortskirchen strukturiert, wenn es gewünscht wird und für die bessere Lösung der lokalen Probleme sinnvoll erscheint.

Selbst die Apostolizität einer Kirche, also das Zurückführen der Gründung einer Kirche auf einen oder mehrere Apostel, war nicht das Hauptkriterium in der Organisation und Rangordnung der Kirche. Es gibt viele apostolische Gründungen, die keine besonderen Rangstellungen haben und auch nicht beanspruchen. In der Frühkirche wurden *viele* solcher apostolischer Kirchen als Vorbilder für die Echtheit des apostolischen Glaubens hingestellt.

Der Prozess der Strukturierung der selbständigen Kirchen als Autokephale oder Autonome kann nicht als abgeschlossen betrachtet werden, denn das Leben geht weiter. Deshalb ist auch die Geschichte der Orthodoxen Kirche nicht statisch, sondern dynamisch und nach vorne für die Zukunft offen. Der geschichtliche Prozess der Strukturierung der Orthodoxen Autokephalen bzw. Autonomen Kirchen bis in unsere Zeit zeigt, dass die neuen Situationen und Entwicklungen auch neue Lösungen verlangen und bekommen.

Als wichtigstes Kriterium und als Motivation für die Gründung von neuen selbständigen Kirchen muss die bessere, sinnvollere und effektivste Lösung der konkreten Probleme innerhalb einer kirchlichen Region gelten, damit die Gläubigen das Ziel ihrer Erlösung leichter erreichen können. Dies klingt vielleicht zu idealistisch. Aber das ist schließlich und endlich das eigentliche Ziel der Kirchenverwaltung selbst, das nicht immer schmerzlos erreicht werden kann. Es kam manchmal bei diesem Prozess der Verselbständigung von kirchlichen Regionen auch zu Spaltungen (Schismata), die auch lange Zeit gedauert haben, bis die Beziehungen normalisiert wurden. Die Tochterkirchen wurden zu Schwesterkirchen. Solche Probleme gibt es auch heute, sie warten auf ihre Lösung (z.B. die Makedonische Kirche, die Kirche in der Ukraine, die Amerikanische Metropolia, die Kirche der Altkalendarier usw.). Ich bin aber zuversichtlich, dass auch dafür Lösungen gefunden werden.

II. Orthodoxe Theologie und Leben

Theologie und Leben

In der Orthodoxen Kirche, wie auch im frühen Christentum ist es ein Grundanliegen, dass es keine Auseinanderentwicklung zwischen der kirchlichen Lehre und dem Leben der Christen geben soll. Die Theologie und die Lehre beziehen sich direkt auf das christliche Leben mit allen menschlichen und soziokulturellen Komponenten. Sie dürfen nicht zu einer philosophisch-rationalen, erkenntnis-theoretischen Spekulation werden. Wenn das geschieht, wird die Lehre vom konkreten Leben abgehoben und als ein Fremdkörper im kirchlichen Organismus abgelehnt.[33]

Auch die Bedeutung des Dogmas für das Heil der Menschen darf nicht vernachlässigt werden. Das Dogma wird nicht für sich entwickelt und definiert, sondern vor allem als Hilfe und Wegweiser für die Gläubigen, damit sie zu ihrem Heil und zu ihrer Vervollkommnung gelangen können. D.h. die Theologie, die Lehre und das Dogma in der Kirche bedeuten Leben; genauso wie die Frohbotschaft Christi Leben ist. Jesus sagte ja zu seinen Jüngern: „Der Geist ist es, der lebendig macht; das Fleisch nützt nichts. Die Worte, die ich zu euch gesprochen habe, sind Geist und sind Leben" (Joh 6,63). Wichtig ist, den Menschen glaubwürdig und in einer plausiblen und verständlichen Sprache zu vermitteln, dass alle dogmatischen Wahrheiten und spirituellen Weisungen Lebensinhalte für die Menschen weitergeben. Die Dogmen erweisen sich dann als lehrmäßige Formulierung der Worte Christi, die „Geist und Leben" sind (Joh 6,63).[34]

Johannes Chrysostomos betont: „Das Leben soll den Dogmen entsprechen, die Dogmen sollen Herolde des Lebens sein [...] Wenn wir feste Dogmen besitzen, aber das Leben vernachlässigen, so werden wir keinen Nutzen von den Dogmen haben. Und umgekehrt, wenn wir uns um das Leben sorgen, aber in den Dogmen nachhinken, so werden wir auch keinen Nutzen von jenem haben."[35] In diesem Sinn wird also das Dogma soteriologisch, d.h. für das Heil und in enger Verbindung mit dem Leben der Christen verstanden. Diese Bedeutung des Dogmas in der Orthodoxen Kirche erkannte auch der evangelische Theologe Edmund Schlink, der dazu bemerkte: „So bedeutet das Dogma keine Ideologie, sondern die lebendige Mitte, von der aus der Glaubende weiterdenkt, die Aufgaben und Pläne dieser prüft und sich den eigenen Auftrag in der Welt erstellen lässt. Das so verstandene Dogma ist kein heteronomer Zwang, sondern erschließt befreiende, beglückende und wegweisende Einsicht."[36]

---

33 Vgl. *G. Larentzakis,* Die Orthodoxe Kirche. Versuch einer Selbstdarstellung, in: Ökumenisches Forum 5 (1982), 112ff.

34 Vgl. *I. Pancovski*, Die gegenseitige Ergänzung der spirituellen Werte und der sozialen Verantwortung auf Grund des Dogmas von Chalkedon, in: Ostkirchliche Studien 31 (1982), 21.

35 *Johannes Chrysostomos*, In Gen. Hom XIII, PG 53, 107.

36 *E. Schlink*, Die Bedeutung der orthodoxen Kirche für die ökumenische Bewegung, in: Ökumenische Rundschau 22 (1973), 437.

Das orthodoxe Dogma hat auch den doxologischen, lobpreisenden Raum der Anbetung nicht verlassen. Wir haben bereits erwähnt, dass die Lobpreisung Gottes für die Orthodoxe Kirche eine zentrale Bedeutung hat. Dieser lobpreisende, doxologische Aspekt des Dogmas darf nicht zugunsten der strengen *Rechtgläubigkeit* als Doktrin vernachlässigt werden. Diese wegweisende Einsicht führt die Christen zunächst zur ersten und wichtigen, zur primären Realisierung des Dogmas; nämlich zur rechten Lobpreisung Gottes, was eigentlich dem wesentlichen Gehalt der Orthodoxie und dem Namen der Orthodoxen Kirche überhaupt entspricht. „Orthodoxie ist nicht abstrakte rechte Lehre, sondern rechte Lobpreisung Gottes, die sich im rechten Glauben, Kult und Leben der Kirche verwirklicht. Der rechte Glaube hat seinen Ausdruck als eine erlebte Wirklichkeit im Lobpreis. Nicht primär als lehrende, sondern als eine betende Gemeinschaft also versteht sich die orthodoxe Kirche, im Sinne der *Orthopraxie*."[37] Natürlich weiß ich, dass es auch innerhalb der Orthodoxen Kirche von diesem Grundsatz Abweichungen gibt und dass oft eine akademische Theologie entwickelt wurde, die zu stark theoretisch das konkrete Leben vernachlässigte.

Hauptsächlich ist die Theologie auf die Lobpreisung Gottes und auf das Heil der Menschen orientiert. Das ist auch bei den Kirchenvätern des ersten Jahrtausends aus pastoralem Interesse, als Hilfe und Antwort auf konkrete Probleme der Gläubigen entwickelt und formuliert worden. Dies gilt auch für das zentrale Thema der Theologie, die Trinitätslehre. Das ist die Lehre vom Dreieinigen Gott, dem Vater, dem Sohn und dem Heiligen Geist. Diese Lehre hat nicht nur eine theologische Bedeutung, sondern sie hat auch für das gemeinschaftliche Leben der Gläubigen konkrete Konsequenzen. So hat sie eine existentielle Bedeutung für alle Christen, die auch im Namen des Vaters und des Sohnes und des heiligen Geistes getauft werden. Damit bekommen sie ihr, christliches Leben. Denn „für die orthodoxe Kirche ist die Dreifaltigkeit das unerschütterliche Fundament allen religiösen Denkens, aller Frömmigkeit, allen geistlichen Lebens, aller mystischen Erfahrung. Die Dreifaltigkeit sucht, wer immer Gott und die Fülle des Seins sucht, wer nach Sinn und Ziel der menschlichen Existenz fragt."[38] Der christliche Gott ist also das Fundament und die Quelle auch des menschlichen Lebens überhaupt.

[37] *A. Kallis*, Orthodoxie, Was ist das? Mainz 1979, 10.

[38] *V. Lossky*, Die mystische Theologie der Morgenländischen Kirche, Graz 1961, 85.

1. Das Dogma als lebendiger Wegweiser des Lebens zum Heil[39]

Der Christ lebt in der Kirche, damit er zu seinem Heil gelangen kann, in Gemeinschaft mit seinen Brüdern und seinen Schwestern, unterwegs zur Herrlichkeit und Gemeinschaft Gottes. Dabei wird er unterstützt und geführt vom Heiligen Geist, der dem Menschen auch *eine* konkrete Hilfe gibt. Der Christ wird geführt durch die Hl. Schrift und die Tradition, durch die heiligen Männer und Frauen der Kirche und durch die kirchlichen Versammlungen, die als Synoden oder in ihrer höchsten Form als Ökumenische Konzilien bekannt sind. D.h. aber, dass nicht nur das Lesen des Evangeliums oder die Kenntnis der Dogmen ausreichend ist, sondern das wirkliche Leben in Christus. Nicht nur der verbale Glaube an Christus, sondern die tätige Liebe ist gefordert. Denn „die neue Wirklichkeit, gebracht durch die Fleischwerdung des Wortes und wirksam gemacht in der Kirche durch das Handeln des Heiligen Geistes, ist nicht einfach eine Summe von Kenntnissen, sondern ist ein neues Leben."[40] Neues Leben auch für all diejenigen, die Hilfe und Solidarität benötigen, also als Leben in Gemeinschaft.[41] „Denn Gottes Wille, der auch heute nichts anderes als das Heil des konkreten Menschen hier und jetzt zum Ziel hat, verpflichtet uns, dem Menschen zu dienen und uns unmittelbar mit seinen konkreten Problemen auseinanderzusetzen. Getrennt von der diakonischen Sendung ist der Glaube an Christus sinnlos. Christsein bedeutet, Christus nachzufolgen und bereit zu sein, ihm im Schwachen, im Hungrigen und Unterdrückten und allgemein in jedem Hilfsbedürftigen zu dienen. Jeder andere Versuch, Christus unter uns real gegenwärtig sehen zu wollen, ohne ihn in dem zu suchen, der unserer Hilfe bedarf, ist leere Ideologie." (VII,4)[42]

Damit aber dieses neue Leben nicht gefährdet wird, sah sich die Kirche verpflichtet, diesen Gefahren zu begegnen und voller seelsorgerischer Verantwortung Hinweise zu geben, woran die Christen glauben sollen und wie sie leben sollen. Die Kirche sah sich genötigt, die falschen Lehren der Häretiker zu bekämpfen und zu widerlegen und die richtige Lehre zum Ausdruck zu bringen und in der Form der Dogmen zu definieren.. Demnach sind die Dogmatisierungen konkrete Handlungen der Kirche in einer bestimmten Zeit mit einem bestimmten und konkreten historischen und kulturellen Kontext. Dieser Versuch der Kirche, auch in Ökumenischen Konzilien ein Dogma zu definieren, beseitigt

---

[39] Vgl. *G. Mantzaridis,* Grundlinien christlicher Ethik, (Münchener Universitätsschriften. Reihe: Veröffentlichungen des Instituts für Orthodoxe Theologie, 6), St. Ottilien 1998, 61f.

[40] *J. Meyendorff,* Die orthodoxe Kirche gestern und heute, Salzburg 1963, 215.

[41] Vgl. Glauben aus dem Herzen. Eine Einführung in die Orthodoxie, hg. v. *G. Galitis, G. Mantzaridis, P. Wiertz,* München 1987, 185f.

[42] Text der III. Präkonziliaren Panorthodoxen Konferenz in Chambésy/Genf von 1986, Vgl. *G. Larentzakis,* Für Frieden und Gerechtigkeit, 52f.

die menschlichen Schwächen nicht, trotz der Hilfe und des Beistandes des Heiligen Geistes. Deshalb können diese Dogmen das göttliche Mysterium auch nicht ganz erfassen.

„Der Beistand des von Jesus seiner Kirche verheißenen *Parakleten* bedeutet keine Ausstattung der menschlichen Erkenntnisfähigkeit der Amtsträger mit übernatürlichen Kräften, sodass die *Hierarchie* als ein *Orakel* wirkte.“[43] Diese Grundhaltung der Orthodoxen Kirche dem Dogma gegenüber spiegelt auch die Haltung und die Überzeugung der Kirchenväter in der frühen Kirche wider. Als Beispiel dazu nenne ich hier den heiligen Athanasius, einen Kirchenvater aus dem 4. Jahrhundert, der betont hat, a) dass wir, um etwas richtig zu verstehen, wissen müssen, wann, für wen und wofür es gesagt wurde;[44] b) dass die dogmatischen Formulierungen bzw. die dazu verwendeten Termini nicht als absolut und als unersetzlich zu betrachten sind; das gilt auch für den wichtigsten theologischen Begriff des 4. Jahrhunderts, nämlich für das „Homoousios“ (Wesensgleich)[45], und c) dass alle Begriffe nur unvollkommen einen Bruchteil der göttlichen Wahrheiten zu erfassen und auszudrücken vermögen.[46] In diesem Sinn besteht ein dynamischer Prozess in der Darstellung der christlichen Lehre.

Demnach bedeutet die christliche Tradition nicht eine statische Übernahme und Übergabe der vorhandenen Glaubensform, sondern ein dynamisches kontinuierliches Wachstum innerhalb des lebendigen Organismus der Kirche. Von dieser Überlegung her bedeutet das Leben in der Tradition der Kirche nicht unbedingt „konservativ“ sein. Wenn man die Tradition so dynamisch versteht, braucht man keine Angst zu haben und ist man nicht versucht, neue Impulse zu unterbinden, damit die christliche Identität nicht verloren gehe. „Die Angst vor der *Häresie* kann für die Kirche eine größere Gefahr werden als die Häresie, indem zur ‚Sicherung‘ der Wahrheit jede unkonventionelle Initiative mit administrativen Maßnahmen im Keime erstickt wird. In der Orthodoxen Kirche [...] genießt die Theologie einen hohen Grad an Freiheit, die allerdings an die Gemeinschaft gebunden ist.“[47]

Damit besteht in der Orthodoxen Kirche eine Beweglichkeit und Freiheit „für die theologische Erörterung neuer Probleme“, wie auch Edmund Schlink feststellte.[48] Auf Grund dieser Freiheit konnten auch die Kirchenväter so viel Bewundernswertes leisten, was Schlink großartig zum Ausdruck bringt: „Die geistige Lebendigkeit und Intensität, mit der die Kirchenväter die Probleme ihrer

---

[43] *A. Kallis*, Orthodoxie, 52.

[44] *Athanasius*, C. Arianos I, 54, PG 26,124B.

[45] Vgl. *Athanasius*, De decretis Nicaenae syn. 21,1, *Opitz*, Athanasius Werke, Berlin 1935–1941, Bd. II, 17.

[46] Vgl. *Athanasius*, Ad monachos, 12,2, *Opitz* a.a.O. S. 181. Über diese sehr aktuelle Problematik vgl. *G. Larentzakis*, Einheit der Menschheit Einheit der Kirche bei Athanasius (Grazer Theologische Studien 1), Graz ^{2}1981, 253ff.

[47] *A. Kallis*, Orthodoxie, 53f.

[48] *E. Schlink*, Die Bedeutung der orth. Kirche für die ökumenische Bewegung, 433.

Zeit durchdrungen und beantwortet haben, ist ein bleibender Ansporn und eine eindringliche Verpflichtung für jede Kirche, die ganz anderen Probleme und Bedrohungen des Glaubens späterer Zeiten mit gleicher Wahrheit, Lebendigkeit und Klarheit aufzuspüren und zu beantworten.“[49] Dieser Aufforderung Schlinks, eine nachahmenswerte Haltung eines evangelischen Theologen den Kirchenvätern gegenüber, kann man nur zustimmen. Ich würde noch dazu ergänzend sagen, dass es nicht nur „die eindringliche Verpflichtung für jede Kirche“, sondern ebenfalls die eindringliche Verpflichtung der christlichen Kirchen *gemeinsam* darstellt, die heutigen gemeinsamen Probleme der Christenheit zu erörtern bzw. zu lösen. Darin existiert trotz der vorhandenen Schwierigkeiten eine praktikable Möglichkeit für eine ökumenische intensive Zusammenarbeit aller Kirchen.

Trotz der erwähnten Bedeutung der ökumenischen Konzilien und der definierten Dogmen muss gesagt werden, dass die Definition aller Glaubensinhalte in formellen Dogmen nicht von vornherein absolut notwendig ist für das Heil der Christen, weshalb es auch nicht für alle Punkte der christlichen Lehre bzw. der Botschaft Christi solche definierten Dogmen gibt. Die Orthodoxe Kirche hat keine Liste von Dogmen, im Sinne von formell definierten Sätzen, die man annehmen muss.

Vielmehr bleibt die Orthodoxe Kirche im konkreten Leben, das auch seine religiöse Dimension hat. Sie versucht dem Menschen zu helfen, indem sie ihn in allen seinen Lebensphasen begleiten will.

2. Die geistliche Begleitung

Das religiöse, das spirituelle Leben wird in unserer Zeit und in unserer Gesellschaft meistens an die Peripherie, in den Hintergrund, in die Bedeutungslosigkeit gedrängt; in den Bereich des reinen Privaten, des Esoterischen, der Mystiker und der Träumer. Und dann wird die Kirche, der lebendige Organismus des Leibes Christi, beseelt durch den Hl. Geist, zu einer bloßen Organisation der Strukturen und der Machtapparate degradiert und relativiert. Es wird versucht, sie nur mit organisatorischen Disziplinierungsmaßnahmen vor dem Ableben gerade noch zu bewahren. Sobald solche Bilder am Horizont sichtbar zu werden beginnen, wird die Gefahr der Verengung, der Resignation, ja der Entwürdigung des Menschen selbst nur dann abgewandt, wenn man nicht vergisst, dass es auch ein tieferes, spirituelles, wertvolleres und würdevolleres Leben gibt, dem wir uns zu widmen haben; aber nicht als Nebenbeschäftigung, sondern als

---

[49] Ebd.

eine der Hauptaufgaben und Dienste in unseren Kirchen. Und wenn wir uns gemeinsam diesem heiligen Anliegen widmen, dann treffen wir das Herz der frohen Botschaft Christi, aber auch unserer ökumenischen Verpflichtungen. Dann können wir aus der Sackgasse des Gewordenen herauskommen.

In diesem Sinne wird hier versucht, einige Aspekte der geistlichen Begleitung aus dem Leben und der Tradition der Orthodoxen Kirche darzustellen.

Es sei gleich hier erwähnt, dass in der Orthodoxen Kirche die von Ignatios von Loyola eingeführte Praxis der geistlichen Übungen (Exerzitien) für die Ordensangehörigen, dann auch für alle Gläubigen nicht vorhanden ist. Es gibt also eine unterschiedliche, vielfältige spirituelle Wirklichkeit in unseren Kirchen.

Hier sei auch ein Missverständnis angesprochen, das für das Verständnis der Orthodoxen Kirche hinderlich wirkt. Vor allem in westlichen Darstellungen wird die Orthodoxe Kirche in übertriebener Weise erhöht und spiritualisiert und von der konkreten Realität dieser Welt mit allen ihren Konsequenzen und alltäglichen Problemen abgehoben. Sie wird als die Kirche der Mystik und der Spiritualität mit der exklusiven Ausrichtung auf die jenseitige Eschata dargestellt; mit der Schlussfolgerung, dass sie für die konkreten Probleme der Menschen in dieser Welt wenig oder überhaupt nichts täte. Alexander Schmemann schreibt dazu: „Für gewöhnlich wird die Orthodoxie als Spezialistin für ‚Mystik' und ‚Spiritualität' angesehen. Man sieht in ihr eine durchaus denkbare Heimat, in der alle gesättigt werden, die hungern und dürsten nach dem ‚geistlichen Gastmahl'. Der orthodoxen Kirche wurde der Platz und die Funktion zugewiesen, die ‚liturgische' und ‚sakramentale' Kirche zu sein und eben aus *diesem* Grunde sich der Missionsaufgabe gegenüber gleichgültiger zu verhalten. All dies aber ist falsch."[50] Darüber möchte ich einige Klarstellungen vermitteln, denn wie Schmemann weiter sagt: „Ganz sicher besteht der grundlegende Sinn nicht darin, sich in eine zeitlose ‚Spiritualität' zu flüchten, fern der stumpfsinnigen Welt und ihrem ‚Handeln'."[51] Übrigens, eine abstrakte „orthodoxe Spiritualität" gibt es überhaupt nicht.[52]

Das bedeutet natürlich nicht, dass all das in der Orthodoxen Kirche nicht vorhanden ist. Es ist neben dieser „vertikalen" Dimension der christlichen Existenz selbstverständlich auch die „horizontale" vorhanden; sie wird bei der geistlichen Begleitung der Menschen und bei der Bewältigung seiner konkreten Probleme entsprechend berücksichtigt. Ein wichtiger Grundsatz orthodoxer geistlicher Begleitung ist daher folgender: Der Mensch wird in seiner ganzheitlichen Dimension gesehen.

---

[50] *A. Schmemann*, Aus der Freude leben. Ein Glaubensbuch der orthodoxen Christen, Olten und Freiburg im Br. 1974, 7.

[51] Ebd.

[52] Vgl. *G. Mantzaridis*, Ὀρθόδοξη πνευματική ζωή, Thessaloniki 1986, 18f.

All das hat konkrete Konsequenzen, sowohl für die Beurteilung der Geschichte und des geschichtlichen Lebens der Menschen im konkreten Raum und in einer konkreten Zeit mit den jeweiligen eigenen Strukturen und Problemen, als auch für die entsprechende Handlungsweise der Kirche in dieser konkreten Situation der Menschen, denen sie nach Möglichkeit beisteht und hilft.

Auch in der jeweiligen synchronen Existenz der Christen gibt es unterschiedliche Lebensweisen, die als Vielfalt der christlichen Existenz akzeptiert werden und nicht als Widerspruch oder als unüberbrückbarer Gegensatz abgelehnt werden. Ich meine das Leben der Mönche oder der Nonnen und das Leben der verheirateten Christen. Mit der Sprache selbst eines Origenes können wir sagen, dass es sich dabei um zwei Charismen handelt,[53] die ihre Existenzberechtigung und Sinnhaftigkeit innerhalb der Kirche haben. Daher entspricht es nicht der orthodoxen Spiritualität und Lebensauffassung, wenn das mönchische Ideal im dualistischen Sinn als Ablehnung und Verwerfung der Welt verstanden oder auf Kosten des „weltlichen" Lebens überbetont wird, was eigentlich auch innerhalb mancher orthodoxer Kreise unrichtigerweise geschieht.

Wenn man nun diese zwei „Kategorien" oder Stände von Christen vor Augen hat und nach den Möglichkeiten der geistlichen Begleitung fragt, kann man doch eine einigermaßen differenzierte Praxis feststellen. Ich sage deshalb „einigermaßen", denn sehr oft sind die Grenzen fließend und reziprok übergreifend.

Bei den Mönchen – in der Orthodoxen Kirche gibt es keine verschiedenen Orden –, in den Klöstern gibt es nicht nur die geistliche Autorität des Abtes, sondern auch die des pneumatikós patér, des geistlichen Vaters, des gérontos, (russ. Starec), der eine geistliche Autorität hat und für seine geistlichen Zöglinge eine Leitfigur darstellt. Ihm gegenüber werden Gehorsam, und Gefolgschaft geleistet, nicht im juridischen institutionellen Sinn, sondern auf der Basis des Grundvertrauens. Wir stellen in diesem Verhältnis nicht nur eine geistliche Begleitung, sondern eine geistliche, intensive Führung fest. Ein solches Verhältnis kann nicht nur zwischen den Mönchen bzw. den Nonnen wachsen, sondern zwischen den Gerontes, den geistlichen Vätern also, und den Laien. Der geistliche Vater wurde auch Abba genannt. Die geistliche Mutter heißt Amma.

Dimitrios Tsamis schreibt, dass die Ammas „Frauen sind, die das Charisma besitzen, das Volk Gottes zu ihrem Heil in Christus zu führen mit der Autorität der orthodoxen Lehre und mit ihrer Heiligkeit."[54] Laien und Kleriker holen von den Gerontes nicht nur immer wieder geistlichen Rat ein, sie beichten bei ihnen auch regelmäßig. Sie sind also auf der Basis dieses Grundvertrauens ihre Beichtväter. Die Autorität und die „Funktion" verdanken diese geistlichen Väter

---

[53] *Origenes*, In Mt 14,16, GCS 40,324. Vgl. *G. Larentzakis*, Ehe, Ehescheidung und Wiederverheiratung in der Orthodoxen Kirche, in: Theologisch-praktische Quartalschrift, 125 (1977), 250f.

[54] *D. Tsamis*, in: Μητερικόν, hg.v. *D. Tsamis*, Bd. 1, Thessaloniki 1990, 14.

nicht einer juridischen, institutionellen Einrichtung, sondern ihrer Lebensführung, ihrem Charakter, vor allem aber ihrer Heiligkeit, die eine ungezwungene Ausstrahlung und Bekanntheit verursachen, mit der Konsequenz, dass oft von weit weg Christen zu ihnen kommen, um geistliche Führung, Beistand und Rat zu erhalten. Wir haben solche Beispiele nicht nur aus der Frühzeit des Christentums, sondern auch aus unserer Zeit. Diese Heiligen, Mönche und Nonnen, sind aber nicht nur in ihren Klöstern geblieben. Sie gingen, wie bekannt, in die Welt und wollten ihren Mitmenschen direkt beistehen und sie begleiten und führen. Auch von solchen geistlichen Führern und Begleitern haben wir viele Beispiele, nicht nur in der alten Kirche, sondern in der heutigen Zeit.

Sowohl innerhalb als auch außerhalb der Klöster war der Beitrag von solchen geistlichen Vätern vielfältig und unersetzlich. Es war nicht nur eine geistliche Begleitung und Führung für das kontemplative Leben des Gebetes und der Besinnung, sondern auch für die alltäglichen schwierigen Situationen und Probleme dieser Welt, in der tätigen Liebe als Tröster und Helfer in der Armut, bis hin zum Beistand bei der Befreiung von den verschiedenen Tyrannen, Unterdrückern und Eroberern. Ohne Rücksicht auf eigene Gefährdungen kritisierten, verurteilten und bekämpften sie nicht nur die eigenen Kaiser, Könige und Tyrannen, sondern auch die fremden Eroberer und Herrscher zugunsten ihrer Mitmenschen, die ihrerseits deshalb sie nicht nur als ihre geistlichen Begleiter und Führer akzeptierten, sondern auch in vielen Fällen als ihre politischen und revolutionären bzw. Befreiungs-Mitkämpfer und Führer.

Es mag sein, dass auf den ersten Blick der Eindruck entstehen kann, dass all das mit geistlicher Begleitung nichts zu tun hat. Jedoch fühlen sich diese Heiligen, die geistlichen Väter und Führer verpflichtet, die Liebe zu ihren Mitmenschen in allen ihren Situationen und Nöten in die Praxis umzusetzen. Und wir wissen es, Liebe bedeutet nicht nur oberflächliche Gefühlsduselei, sondern in ihrer radikalsten Form der solidarischen Begleitung und Hingabe auch die Selbstaufopferung, den Tod und das Martyrium. Die Entsendung des Sohnes Gottes zu den Menschen aus Liebe bedeutete für ihn das Kreuz und den Tod. Nicht nur die theoretische Begleitung und Führung, sondern die tätige und paradigmatische, die vorbildliche Lebensform holt den leidenden Menschen aus seiner Not heraus. So bedeutet geistliche Begleitung zugleich radikale geistliche Hingabe, Diakonia und Martyria. Martyria bedeutet Zeugnis bei den Mitmenschen abzulegen, aber nicht nur theoretisch, sondern bis hin zum Lebenseinsatz. Somit haben Martyria und Martyrium das gleiche Fundament, nicht nur philologisch die gleiche Wurzel.

Die beispielhafte, auf der Praxis und der Erfahrung fundierte geistliche Begleitung in allen Dimensionen des menschlichen Lebens und in allen Situationen der Menschen wird vom Apostel Paulus augenscheinlich vorgeführt. Den Sklaven, den Juden, den Gesetzlosen, den Schwachen ist er gleich geworden. „Allen bin ich alles geworden, um auf jeden Fall einige zu retten“ (Gal 9,19–23).

Das bedeutet auch, dass die geistliche Begleitung situationsbedingt oder, in einer modernen Ausdrucksweise, kontextuell sein muss, damit sie die jeweilige konkrete Situation des Menschen berücksichtigen kann. Und das bedeutet dynamisch, flexibel, weil aus Liebe für den Menschen, der in eine Notsituation geraten ist. Die geistliche Begleitung und Führung bedeutet nicht in erster Linie Beaufsichtigung und Führung, *damit* die Gesetze, die Vorschriften und die Kanones genau beobachtet und erfüllt werden. Sie bedeutet Beistand und Unterstützung, Ermutigung und Tröstung, um sich aufzurichten, und den Weg der Vollendung und des Heils weiter gehen zu können.[55] Menschenfreundlich (philanthropisch) begleiten bedeutet, nicht juridisch bestimmen, sondern immer zugunsten des konkreten Menschen handeln.

In der Orthodoxen Kirche wird mit Dankbarkeit wahrgenommen, dass nicht nur die *Akribie*, sondern auch die *Ökonomie* angewandt wird. Die beiden Begriffe korrespondieren und werden als Rahmen zur Regelung des geistlichen Lebens bzw. auch von der Seite des Geistlichen her gesehen, der geistlichen Begleitung und Führung. *Akribie* bedeutet demnach die genaue Beobachtung und Verwirklichung der kirchlichen Bestimmungen, Kanones, Gesetze, Dogmen etc. *Ökonomie* meint die für das Heil der Gläubigen notwendige ad hoc Entscheidung, auch die Überschreitung der Akribie.

In einer gesamtorthodoxen Vorlage heißt es: „Akribie bezeichnet das strikte Festhalten der Kirche an den kanonischen Verordnungen, die jeden Gläubigen angehen. Der andere Begriff, Oikonomia, bedeutet die liebende Sorge der Kirche um ihre Glieder, die ihre kanonischen Anordnungen übertraten, sowie um jene Christen, die außerhalb ihrer Gemeinschaft stehen, und in sie eintreten möchten. Die Oikonomia kann entweder als eine Art Abweichung von der vollen und genauen Annahme der Heilswahrheit betrachtet werden, […] oder als Abweichung von der genauen und vollständigen Befolgung des kanonischen Rechtes. Doch gleichzeitig schafft die Oikonomia die Genauigkeit (Akribie) nicht ab. […] Die Oikonomia als ein außerordentliches Heilsmittel überschreitet die starren kirchenrechtlichen Grenzen der Akribie im sakramentalen Leben der Kirche […] Die Oikonomia ist in der Kirche ihr aus der Tradition abgeleitetes Vorrecht, wobei ihre Klugheit, Weisheit, pastorale Offenheit und ihre Vollmacht, Rücksicht zu nehmen, wo immer es angeht, voll zum Ausdruck kommen, auf dass das Werk der Erlösung des Menschen auf Erden zur Vollendung gelange und am jüngsten Tag alles in Christus versöhnt werde.“[56]

---

[55] Vgl. *Johannes Chrysostomos*, In c.1 Gen. hom.II, 4, PG 53,36: „Τοιοῦτον τοίνυν ἔχοντες Δεσπότην οὕτω φιλάνθρωπον […] καί τῆς οἰκείας σωτηρίας φροντίζωμεν καί τῶν ἀδελφῶν τῶν ἡμετέρων. Τοῦτο γάρ ἡμῖν καί σωτηρίας ὑπόθεσις γενήσεται, ὅταν μή ὑπέρ ἑαυτῶν μόνον σπουδάζωμεν, ἀλλ’ ὅταν καί τόν πλησίον ὀφελῶμεν καί πρός τήν τῆς ἀληθείας ὁδόν χειραγωγῶμεν […]“

[56] Ausschnitte aus: Ökonomie in der orthodoxen Kirche, Vorlage der interorthodoxen Vorbereitungskommission für das Große und Heilige Konzil der orthodoxen Kirche. Deutsche Übersetzung in: Una Sancta 28 (1973), 93–102.

Demnach ist die Anwendung der Ökonomie vom „geistlichen Vater" oder im Rahmen einer Ortskirche keine willkürliche Missachtung der Dogmen und der Verordnungen der Kirche, sondern ein dynamisches und außerordentliches Heilsmittel; bzw. ein Heilsweg, dessen Grenzen flexibel, nicht fixiert sind, weil eben das Leben der Christen auch nicht zur Gänze reglementiert werden kann. Das Prinzip der Ökonomie wird oft im Bereich des sakramentalen Lebens angewandt; z.B. im Rahmen der Ehepastoral und der Beichte, der Stärke der Bußauflagen, der Fastenregeln etc. Über die „Bedeutung des Fastens und seine Einhaltung heute" hat z.B. die III. Präkonziliare Panorthodoxe Konferenz vom 28.10. bis 6.11.1986 im Orthodoxen Zentrum des Ökumenischen Patriarchates in Chambésy bei Genf ein Dokument verabschiedet, das als Vorlage für das nächste Panorthodoxe Konzil gilt. Dort heißt es u.a.:

„5. Gemäß orthodoxer Tradition steht das Ideal geistlicher Vollkommenheit sehr hoch. Daher muss sich jeder, der zu diesem Ideal gelangen möchte, nach oben hin ausrichten. Aus diesem Grund kennen die Askese und der geistliche Kampf keine Grenzen – ebenso wenig wie die Vollkommenheit der Vollkommenen […]

6. Die Orthodoxe Kirche bestimmte wie eine besorgte Mutter, was zum Heil des Menschen von Vorteil ist, und sie setzte die heiligen Fastenzeiten ein als von Gott geschenktes *‚Schutzzeichen'* des neuen Lebens der Gläubigen in Christus gegen jede Liste der feindlichen Mächte. Den Spuren der heiligen Väter folgend, beachtet sie wie vordem die apostolischen Vorschriften, die Kanones der Konzilien und die heiligen Überlieferungen. Immer bietet sie den Gläubigen die heiligen Fastenzeiten an als hervorragendes Mittel auf dem Weg zu ihrer geistlichen Vollkommenheit und zu ihrem Heil; und sie betont gegenüber ihren Gläubigen die Notwendigkeit, im Verlauf des Kirchenjahres die festgelegten Fastenzeiten einzuhalten: die 40 Tage vor Ostern, den Mittwoch und den Freitag – gemäß dem Zeugnis der heiligen Kanones –, die Fastenzeiten vor Weihnachten, vor dem Fest der heiligen Apostel Peter und Paul und vor dem Fest der Entschlafung der Gottesmutter, sowie die Vigiltage vor den Festen Kreuzerhöhung, Epiphanie und Enthauptung des Johannes des Vorläufers, wie auch das jeweils aus pastoraler Fürsorge auferlegte oder von den Gläubigen aus freiem Willen eingehaltene Fasten.

7. Zugleich legte die Kirche aus pastoraler Einsicht die Grenzen einer barmherzigen Handhabung der Fastenvorschriften fest. Daher hat sie für den Fall körperlicher Krankheit, unabwendbarer Not oder widriger Zeiten eine entsprechende Anwendung des kirchlichen Prinzips der Oikonomia vorgesehen, gemäß der Entscheidung und der pastoralen Sorge der Gesamtheit der Bischöfe der einzelnen Lokalkirchen.

8. Es ist eine Tatsache, dass viele Gläubige heute nicht alle Fastenvorschriften einhalten, sei es aus Nachlässigkeit, sei es aufgrund irgendwelcher Lebensverhältnisse. Die Kirche, die *‚nicht den Tod des Sünders will, sondern dass er zu-*

rückkehrt und lebt‘, muss all diesen Fällen einer generellen oder vereinzelten Nichtbeachtung der heiligen Fastenvorschriften nicht mit Härte, sondern mit mütterlicher Sorge und Liebe begegnen. Es bleibt den orthodoxen Lokalkirchen überlassen, gemäß ihrer Entscheidung das Ausmaß barmherziger Ökonomie und Nachsicht festzulegen, das angewandt werden soll, um die *‚Härte‘* des heiligen Fastens für die zu mildern, die Schwierigkeiten bei der Einhaltung aller Fastenvorschriften haben, sei es aus persönlichen Gründen (Krankheit, Militärdienst, Arbeitsverhältnisse, Leben in der Diaspora), sei es aus allgemeinen Gründen (besondere klimatische Verhältnisse in bestimmten Ländern, Schwierigkeiten bei der Beschaffung bestimmter Fastenspeisen, gesellschaftliche Bedingungen).

Das muss jedoch immer in dem Geist und in dem Rahmen geschehen, der oben beschrieben wurde, und in der Absicht, zu vermeiden, dass die Einrichtung des Fastens seine Kraft verliert. Das barmherzige Entgegenkommen muss von der Kirche mit großer Umsicht angewandt werden und jedenfalls mit mehr Nachsicht für jene Fastenzeiten, für die keine zu allen Zeiten und in allen Fällen einhellige Tradition und Praxis in der Kirche besteht. ‚[…] *Alle Tage zu fasten, ist gut, doch soll derjenige, der fastet, denjenigen nicht verurteilen, der nicht fastet. Für solche Angelegenheiten ziemt es nicht, Gesetze zu erlassen, zu drängen und die anvertraute Herde unter Anwendung von Zwang zu führen. Man soll vielmehr durch Milde und durch gute Worte zu überzeugen suchen.‘* (Johannes von Damaskus, Vom Heiligen Fasten, 7).[57]

9. Außerdem müssen alle Gläubigen vor der heiligen Kommunion fasten und daran gewöhnt werden, zu fasten als Zeichen der Buße, in Erfüllung eines geistlichen Gelübdes, zur Erlangung eines heiligen Zieles, in Zeiten der Versuchung, in Verbindung mit einer Bitte an Gott, in Zeiten der Not, vor der Taufe (bei Erwachsenen), vor der Weihe, wenn kirchliche Strafen verbüßt werden, bei Pilgerfahrten sowie in anderen ähnlichen Fällen.“

Der geistliche Vater handelt oft wie ein Arzt, der sich bemüht, die Heiligung seiner Patienten zu erreichen. Oft gibt er, ohne die genauen Kenntnisse der Medizin aufzuheben oder zu missachten, nicht allen Patienten mit der gleichen Krankheit die gleichen Medikamente, wenn sie manchmal mehr Schaden verursachen könnten als heilen. Anders gesprochen ist derjenige ein guter Arzt, der das Unterscheidungsvermögen besitzt, zu entscheiden, wann, wem, was und wie er anordnet, entsprechend seiner Krankheit aber auch seiner persönlichen, körperlichen und psychischen Beschaffenheit. Schon Johannes von Klimax, einer der größten Mystiker der Ostkirche, wusste bereits, dass ein Medikament, das für den einen als Medizin wirkt, für den anderen zum Gift wird; auch das gleiche Medikament kann für denselben Patienten, wenn es in der richtigen Zeit

[57] Deutsch in: Una Sancta 42 (1987), 4f.

verabreicht wird, als Medizin wirken, in einer nicht passenden Zeit jedoch kann es zum Gift werden.[58]

Noch ein Beispiel aus dem alltäglichen Leben möchte ich hier erwähnen. Der Straßenverkehrsordnung nach müssen alle Straßenbenützer die vorhandenen Gesetze einhalten. Jedoch können oder müssen sogar in außerordentlichen Situationen die Verkehrsbestimmungen außer Kraft gesetzt werden, und zwar zugunsten aller Beteiligten. Wenn nämlich ein Unfall passiert, es beschädigte, nicht fahrtüchtige Autos auf dem Fahrstreifen gibt, Verletzte oder sogar Tote auf der Straße liegen, muss die Polizei den Verkehr stoppen oder den Verkehr *umleiten*. Die gesetzlichen Bestimmungen werden dadurch nicht abgeschafft, nicht missachtet, sondern für eine konkrete Situation und für eine konkrete Zeit außer Kraft gesetzt, damit größeres Unheil verhindert wird. Besteht man auf die genaue Einhaltung der gesetzlichen Bestimmungen, auch in einer solchen Situation, ist die Katastrophe vorprogrammiert. Das gleiche gilt bei beschädigten Straßen oder bei Behinderung des Verkehrs wegen anderer Naturereignisse (etwa Steinschlag oder Hangrutschen usw.). Ad hoc Beurteilung und konkrete, sofortige und geeignete Entscheidungen und Maßnahmen sind erforderlich, z.B. Aufhebung des Vorrangs, Verminderung der Höchstgeschwindigkeit oder sogar zeitweise **Umleitung** des ganzen Verkehrs!

Für das religiöse Leben bedeutet das, dass der geistliche Vater und Begleiter eine große Verantwortung und Befähigungsnotwendigkeit für die „Unterscheidung der *Geister*“ in konkreten Situationen des Lebens der Gläubigen haben muss. Allen ist klar, dass es nicht so einfach ist. Der geistliche Vater hat es auch nicht leicht. Denn nicht nur die Verantwortung ist sehr groß, sondern auch die Last und die Mühe sehr schwer. Es bedarf großer Anstrengung, Dynamik und Flexibilität, die das Charisma der Führung und Erleuchtung des Hl. Geistes voraussetzen; daher Bescheidenheit, Gebet, Vorbereitung, Heiligkeit. Der geistliche Mentor ist kein Exekutor von Gesetzen und kein Verteiler einfacher Rezepte, sondern geistlicher Pädagoge, Wegweiser, Wegbegleiter mit Liebe und Zurückhaltung. Er ist nicht in erster Linie Macht-Inhaber aus einer Position der Stärke, sondern Mitbruder und Mitschwestern, Diener *am* Leibe Christi. Daher ist eine qualitative und ontologische Unterscheidung der Glieder des Leibes Christi zu „Führern“ und „Geführten“ oder in der klassischen Formulierung zwischen „Klerikern“ und „Laien“ nicht sinnvoll und auch nicht möglich.

Metropolit Michael von Austria sagte dazu ausdrücklich: „Schließlich muss noch erwähnt werden, dass das Hauptziel der Kirche das Heil der Menschen ist und die Wiederherstellung der Gott-Mensch-Communio in der Vollendung des Reiches Gottes. Nur weil die Kirche zu diesem Ziel hin als Pilgerin auf Erden unterwegs ist, d.h. auch ihren menschlichen und noch mit den vielen Schwächen ihrer Glieder verbundenen Charakter hat, benötigt sie die verschiedenen

[58] Vgl. *Johannes Climacus*, orat. 26, PG 88, 1020B.

Amtsträger, Diener und ‚Funktionäre', die aber alle nur dem Hauptziel der Kirche dienen und die vor Gott keine besondere Gunst oder privilegierte Position gewährt bekommen. Alle sind vor Gott gleich und alle, Amtsträger und Laien, haben wir in gleicher Weise das Christsein."[59]

Es muss also hier das Prinzip der Gleichwertigkeit aller Glieder der Kirche, des Leibes Christi, die durch das Mysterium der Taufe erreicht wird, gelten, an dem gleichermaßen alle Gläubigen teilgenommen haben und wodurch sie dem einen Leibe Christi einverleibt wurden.[60] Johannes Chrysostomos betont auch mit Nachdruck an mehreren Stellen diese Gleichwertigkeit aller Glieder der Kirche der geistlichen Führer, der Kleriker und der Laien, der Geführten.[61]

Wenn diese Gleichwertigkeit der Glieder der Kirche vorhanden ist, muss auch die Haltung der geistlichen Begleiter, der Väter, gleich in welcher Position innerhalb der Kirche sie sich befinden, den *begleitenden* und *„geführten" Christen* gegenüber dementsprechend sein. Charakteristisch sind die Empfehlungen des geistlichen Vaters Abba Dorotheos, wie man geistliche Begleitung durchführen soll. „Wenn du Abt oder Vorsteher von Brüdern bist, führe sie mit Herzensstrenge und Barmherzigkeit. Und führe und lehre sie all das, was notwendig ist, sowohl mit Worten, vor allem aber mit Taten, denn die Werke sind deutlicher, wenn du ihnen auch Typos, Vorbild, selbst für das Leibliche sein kannst. Wenn du aber körperlich schwach bist, lehre sie mit dem guten Zustand deiner Seele und mit den Früchten des Hl. Geistes, wie der hl. Paulus sagt, mit Liebe, Langmut, Freude, Frieden, mit Güte und mit Selbstbeherrschung allen Lastern gegenüber. (Gal 5, 22–23).

Wegen ihrer Verfehlungen gerate nicht in starken Zorn, sondern zeige ihnen ohne Verärgerung den Schaden aus ihren Verfehlungen. Und wenn es notwendig sein wird, jemanden zu tadeln oder ihn zurechtzuweisen, berücksichtige seinen persönlichen Charakter und überlege den Zeitpunkt gut. Und sei nicht übergenau wegen der kleinen Verfehlungen, als ob du übergerecht bist. Du sollst sie auch nicht allzu oft tadeln, weil dies lästig ist; außerdem gewöhnen sie sich an das Tadeln, nehmen es nicht mehr ernst und verachten einen dann. Du sollst ihnen nicht aus der Machtposition heraus befehlen, sondern mit Demut und nach Beratung mit dem Bruder, denn dieses Wort wird dann wirksam sein und vom Bruder angenommen, wodurch dann auch er beruhigt wird. Wenn dein Bruder aber verärgert ist und sich dir widersetzt, hüte deine Zunge, dass sie nicht aus Zorn etwas sagt, und lass dein Herz sich nicht gegen deinen Bruder erheben, sondern überlege, dass er auch dein Bruder und ebenso Glied in Chri-

---

59 *Michael Staikos*, Metr. von Austria, Die Stellung der Laien in der Orthodoxen Kirche, in: Ökumenisches Forum 12 (1989), 88.

60 Vgl. *Johannes Karmiris*, Πληρεστέρα συμμετοχή τοῦ λαϊκοῦ στοιχείου ἐν τῇ λατρευτικῇ καί τῇ ἄλλῃ ζωῇ τῆς Ἐκκλησίας, Athen 1973, 28.

61 Vgl. In: Ebd.

stus und Abbild Gottes ist und dass er vom gemeinsamen Feind versucht wird."[62]

Das bedeutet, wie Georg Mantzaridis formuliert, dass „schließlich alle zusammen, geistlicher Vater und geistliche Kinder, untereinander Geschwister werden, weil sie Kinder Christi sind, der auch Bruder der Menschen geworden ist. Er hat sie dann zu Kindern des Gott-Vaters gemacht. So dient die geistliche Vaterschaft der Geschwisterlichkeit in Christus, und diese wird von der lebendigen Erfahrung der Sohnschaft in Christus hervorgebracht."[63]

Wenn man dies alles vor Augen hat, muss man die Schlussfolgerung ziehen, dass bei einer solchen geistlichen Begleitung bzw. Führung mündige Christen sich in einer harmonischen Gemeinschaft und gegenseitigen Vertrautheit befinden. Dass bei solchen Verhältnissen nicht immer alles ideal ist, auch in der Orthodoxen Kirche nicht, muss als wohlbekannt vorausgesetzt werden. Es ist hier nicht beabsichtigt, einen Zustand innerhalb der Orthodoxen Kirche zu idealisieren. Trotzdem müssen hier die Voraussetzungen und die Grundprinzipien einer solchen geistlichen Begleitung in der Orthodoxen Kirche, wenn auch in ihrem Soll-Zustand, zu vermitteln versucht werden.

Also müssen auch die „einfachen" Christen als mündige Christen behandelt werden, die Partner auf dem Weg des Heils und der Vollendung sind. Ihre Meinung hat Gewicht in der Kirche und sie muss auch respektiert und akzeptiert werden. Denn von ihrer Akzeptanz hängt schließlich nicht nur die Effizienz, sondern auch die Existenz der geistlichen Väter, Führer und Leiter usw. überhaupt ab; und zwar gleich in welcher Funktion und in welchem hierarchischen Amt der Kirche. Eine Kirche bzw. der Leib Christi ist zwar ohne die Hirten, die geistlichen Väter und Mütter, ohne die Bischöfe und Amtsträger nicht vorstellbar. Umgekehrt ist aber ohne die die Existenz des Volkes Gottes bzw. der Christen aller Stände und Schichten die Existenz und Wirkung der geistlichen Väter und Amtsträger auch nicht vorstellbar. Deshalb soll das Verhältnis aller in der Kirche ein gemeinschaftliches sein, auf der Basis der gegenseitigen Annahme, des Respekts und der Liebe beruhen. Und wenn die Mündigkeit bei manchen Christen ihre Reife noch nicht erreicht hat, muss die geistliche Begleitung ebenfalls den Prozess der Reifung zum Mündigwerden fördern, damit dann die partnerschaftlich-dialogische, Begleitung ermöglicht wird.

In diesem Zusammenhang muss also von der „geistlichen Begleitung" und nicht von der „geistlichen Betreuung" gesprochen werden, wie da und dort noch formuliert wird; und zwar nicht ohne einen entsprechenden realen Hintergrund; gleich in welchem Bereich, ob innerhalb irgendeiner sozialen Einrichtung oder Institution. Betreuen bedeutet nicht selten, den Betreuten nicht für voll mündig zu halten. Man darf es nicht verallgemeinern, aber nicht selten hängt damit ein

---

[62] In: *G. Mantzaridis*, Ὀρθόδοξη πνευματική ζωή, 161f.

[63] Ebd. 69.

prinzipielles und teilweise auch strukturelles Problem zusammen. Man neigt nämlich aus der Position eines bestimmten Amtes oder einfach aus einer Position der Stärke, die sich oft auch im Bereich des geistlichen Lebens entwickeln kann, dazu, das Leben des zu Betreuenden, bis ins Detail bestimmen oder mindestens reglementieren zu wollen.

Die Versuchung, z.B. bei kirchlichen Stellen, auch das intime Leben der Ehepartner reglementieren zu wollen, ist sehr groß. Wir wissen natürlich, dass auch sehr viele Ehepartner sich eine geistliche Begleitung für ihre Ehe wünschen. In diesem Zusammenhang soll auch hier erwähnt werden,[64] dass das, was der orthodoxe Erzbischof von Australien, Stylianos, seinen Priestern ans Herz legte, heilsam ist; nämlich, dass die Ehe einen heiligen und intimen Bereich zunächst der zwei darstellt und jeder *Dritte* draußen bleiben muss. Der Lebenskampf der zwei Ehepartner muss respektiert und geachtet werden; nur dann, wenn von den Priestern und Seelsorgern Hilfe gewünscht wird, muss sie sofort und uneigennützig angeboten werden. Denn jeder *Dritte* ist letzten Endes ein „Fremdkörper" im Mysterium der Einheit der zwei. Und wenn er nicht aufpasst, kann *der Dritte* diese Einheit verletzen oder sogar zerstören.[65] Noch konkreter bezüglich der Kinderzeugung in der Ehe müssen die geistlichen Mentoren zurückhaltend mit ihren Empfehlungen an die Ehepartner sein. Denn „allein von ihrer Liebe und Verantwortung für das Leben, das kommt, hängt die Entscheidung über die Kinderzeugung und Kinderzahl ab. Diese persönliche Verantwortung, die den Kern der ehelichen Gemeinschaft berührt, kann kein Dritter übernehmen, wenn er die menschliche Würde respektieren will", betont auch Anastasios Kallis.[66] Solche Versuche, die Ehepartner zu bevormunden, lehnt der Erzbischof Stylianos als „ein rational gelenktes und polizeilich überwachtes Programm", kategorisch ab.[67]

Man muss also wissen, dass im Bereich des menschlichen Lebens und der spirituellen Existenz und im Zusammenhang mit einer geistlichen Begleitung viele Fragen und Probleme nicht mit generellen Beschlüssen, Verordnungen, Canones und Rezeptionen gelöst werden können, sondern nur durch eine breite und objektive Information, besonders aber durch auf der Basis der Liebe und des

---

[64] Im Kapitel über das Sakrament der Ehe wird es auch gesagt.

[65] *Vgl. Stylianos*, Erzbischof von Australien, Θεμελιώδης καί ἐπικίνδυνη παρεξήγηση τοῦ γάμου, in: Φωνή τῆς Ὀρθοδοξίας 9 (1988), 61, 73f. Vgl. *G. Larentzakis*, Ehe – Mysterium der Liebe. Einige Aspekte zur Eheauffassung und Familienplanung aus orthodoxer Sicht, in: Horizonte sittlichen Handelns. FS R. Bruch, hg. v. *O. König* und *A. Wolkinger* (Grazer Theologische Studien 14), Graz 1991, 322f., 328. *Derselbe,* Ehe – Mysterium der Liebe. Orthodoxe Aspekte zur Ehe, Ehescheidung und Wiederverheiratung: Maximilian Liebmann (Hg.), War die Ehe immer unauflöslich?, Limburg/Kevelaer 2002, 56–96.

[66] *A. Kallis*, Mysterium der Liebe. Ein Beitrag zum orthodoxen Eheverständnis, in: Die Kirchen und die Ehe hg. v. *H. Engelhardt* (Beiheft zur Ökumenischen Rundschau 46), Frankfurt am M. 1984, 53.

[67] *Stylianos*, Erzbischof von Australien, Θεμελιώδης, 75.

Grundvertrauens erfolgende persönliche Kontakte und Dialoge zwischen den Betroffenen und ihren geistlichen Vätern.

Unter diesen Aspekten der christlichen Existenz und der geistlichen Begleitung muss auch das sakramentale Leben als eine direkte geistliche Begleitung durch das ganze Leben des Christen hindurch gesehen werden; von seiner Geburt, ja sogar von seiner Empfängnis an bis zu seinem Tod. Das sakramentale Leben betrifft daher die ganze menschliche Existenz, alle Phasen und Stadien des menschlichen Lebens, unabhängig vom Geschlecht, Alter, soziale Schicht, politischer Funktion und gesellschaftlicher Stand, Gesundheitszustand usw. Es geht also um die eigentliche geistliche Begleitung, wodurch Gnade vermittelt und empfangen wird; und zwar durch konkrete liturgische Handlungen, die als *Mysteria* in der orthodoxen Tradition (und Sakramente in der westlichen Tradition) bezeichnet werden, wenn auch mit unterschiedlicher Interpretation und historischen Entfaltung, die einer näheren Darstellung und Erläuterung bedarf.

3. Sakramentales Leben der Christen

Die sprachliche Regelung zeigt bereits einen deutlichen differenzierten Hintergrund, der auch auf bestimmte unterschiedliche Auffassungen im Osten und im Westen hinweist. Im Westen wurde der Begriff *sacramentum* für den Begriff *Mysterion* verwendet, der aber nicht deckungsgleich ist.[68] Die profane Bedeutung des Begriffs *sacramentum* ist Eid, Pfand, Vertrag usw., also eine eher sachliche und juridische Bedeutung. Diese profane Bedeutung hat aber in gewisser Weise auch die Bedeutung der kirchlichen Sakramente beeinflusst. Die Aufnahme durch den Eid in den Dienst der Militia des Kaisers wurde mit *sacramentum* bezeichnet. In diesem Sinne bedeutet das Sakrament der Taufe in einer bestimmten Sicht Aufnahme in die Militia Christi. *Sacramentum* bedeutete auch Vertrag. So wird u.a. auch das Ehesakrament als Vertrag verstanden und geschlossen. Im Unterschied dazu bedeutet der in der Orthodoxen Kirche verwendete Begriff *Mysterion* viel mehr das Ereignishafte, das Feierliche, das von der Wirkung Gottes und durch die Gnade Gottes unter der Mitwirkung des glaubenden Menschen erreichte Heil. Und dieses Ereignis ist eben ein *Mysterion,* das von der menschlichen Ratio nicht restlos verstanden werden kann, sondern die Sphäre des Glaubens erreicht.[69]

---

[68] Dazu vgl. *G. Larentzakis,* Im Mysterium leben. Entwicklungen in der Mysterientheologie des Westens aus der Sicht eines orthodoxen Theologen, in: Orthodoxes Forum 2 (1988), 6f.

[69] Im Westen gibt es intensive Bemühungen, die Sakramente von einer eher statischen, sachlichen und juridischen Auffassung zu einer dynamischen, ereignishaften Richtung zu verlagern. Vgl. *G. Larentzakis,* Im Mysterium leben, 20f. mit mehreren Belegen aus den Dokumenten des

In diesem Sinne sind die Sakramente für die Orthodoxe Kirche die Lebensvollzüge in konkreten Phasen und Stationen des menschlichen Lebens. Bei diesen Stationen werden die Menschen unterstützt und begleitet, damit sie alle diese Stationen mit der Hilfe Gottes und in der solidarischen Gemeinschaft mit allen Schwestern und Brüdern innerhalb der Kirche bewältigen können. Das ist der Weg des Lebens und der Vervollkommnung, der zum Heil führt. Das bedeutet, dass es sich dabei direkt um einen „existentiellen Akt des Empfangens der Gnade und der Sakramente“[70] handelt, und nicht um einen „Standort der theoretischen Reflexion, in der man meint, das Verhältnis zwischen göttlichem und menschlichem Tun überblicken und bestimmen zu können.“[71] Im sakramentalen Leben und im liturgischen Tun spiegelt sich auch die dogmatische Lehre wider als Gebet, als Bekenntnis, als Lobpreis, als Zeugnis. Man kann sogar in der Entfaltung der Liturgieformen im Laufe der Jahrhunderte die theologische bzw. dogmatische Entwicklung feststellen.

So wird die Einheit des Wortes mit dem Sakrament verstanden und erlebt, wobei das Wort nicht isoliert betrachtet wird, auch nicht nur als ein informatives Wort der Katechese oder der Verkündigung, sondern als ein heilbringendes Wort.[72] Gerade diese umfassende Bedeutung des Wortes findet sich im Sakrament und im gottesdienstlichen Leben verbunden.[73] Die Lesungen und die Predigt dürfen ebenfalls nicht isoliert betrachtet werden: „Darum ist das Lesen wie das Predigen des Evangeliums in der Orthodoxen Kirche ein liturgischer Akt, integraler und wesentlicher Teil des Sakraments. Als Wort Gottes wird es gehört, empfangen im Geist, das heißt: In der Kirche, die das Leben des Wortes ist und ihr ‚Wachstum‘ in der Welt.“[74] Heute wird auch in der evangelischen Kirche die Einheit von Wort und Sakrament deutlicher erkannt und ausgesprochen.[75] Deshalb ist es erfreulich, dass ein solcher konfessioneller Gegensatz, der sehr lange die westlichen Kirchen, aber auch die westliche und die östliche Kirche beschäftigt hat, nicht mehr als eine unüberbrückbare Differenz betrachtet wird. Die Orthodoxe Kirche hat diese Differenz nicht gehabt, weil sie das sakramentale Leben in seiner ganzheitlichen und gemeinschaftlichen Dimension zu realisieren versucht.

II. Vatikanums und aus vielen Theologen des Westens. Diese Bemühungen sind sehr wichtig und für das ökumenische Anliegen sehr hilfreich.

70 *E. Schlink*, Die Bedeutung der orthodoxen Kirche, 432.

71 Ebd.

72 Vgl. *Stylianos Harkianakis*, Die Ekklesiologische Bedeutung von Taufe und Firmung, in: Taufe und Firmung, zweites Regensburger ökumenisches Symposion, hg.v. *Chr Suttner,* Regensburg 1979, 75ff.

73 Vgl. *A. Schmemann*, Aus der Freude leben. Ein Glaubensbuch der orthodoxen Christen, Olten und Freiburg in Br. 1974, 35.

74 *A. Schmemann*, Aus der Freude leben, 36.

75 *R. Mumm*, Der sakramentale Gehalt der Predigt, in: Baustelle für die Einheit der Christen 18 (1978) Heft 71, 9f.

In diesem Zusammenhang darf man die Sakramente nicht nur als religiöse, kultische oder juridische Momente des religiösen Lebens betrachten, die getrennt vom „Rest" des konkreten Lebens gespendet werden, weil die entsprechenden kirchlichen Bestimmungen es verlangen. Die Sakramente sind nach orthodoxer Auffassung sehr eng, ja untrennbar mit dem ganzen, auch mit dem alltäglichen Leben verbunden. Nicht weil es dazu die entsprechenden kirchlichen Vorschriften gibt, müssen sie vollzogen werden, sondern weil es für das Leben existentiell sinnvoll und notwendig ist. Ein Beispiel dazu: Oft werde ich gefragt, ob es in der Orthodoxen Kirche ein Sonntagsgebot gibt. Ich antworte darauf: Im westlichen Sinne, nein!

– Müssen die orthodoxen Christen am Sonntag nicht zur Liturgie gehen? wird sofort eingewandt.
– Doch, sie müssen am Sonntag zur Liturgie gehen, antworte ich. Alle Menschen müssen normalerweise jeden Tag, ja sogar dreimal am Tag essen. Sie essen jeden Tag, nicht weil es ein Essensgebot gibt, sondern weil es existentiell für ihr Leben sinnvoll und notwendig ist.

Versucht man diese Geschichte auf alle sakramentalen Handlungen zu übertragen, kann man vielleicht verstehen, was die existentielle, Notwendigkeit des sakramentalen Lebens bedeutet. Dies werde ich später bei einer kurzen Beschreibung der verschiedenen Sakramente zu erklären versuchen.

Ob die Orthodoxen diese existentielle Bedeutung der Sakramente auch bewusst reflektieren? Sicherlich nicht alle. Aber beim Vollzug dieser Sakramente befinden sie sich doch in einer außerordentlichen Situation, die rational nicht zu erklären oder zu begründen ist. Denn der ganze Mensch wird erfasst: die Überlegungen, die Vorbereitungen, die intensive Feier selbst, innerhalb und außerhalb des Kirchenraumes, bei der gottesdienstlichen Feier mit dem Segen Gottes; aber auch bei der sonstigen Feier mit feierlichem und reichlichem Essen und Trinken, mit Singen und Tanzen, unter der Anteilnahme von zahlreichen Verwandten, Freunden, Bekannten, den Bewohnern der ganzen Gemeinde; z.B. bei einer Hochzeit. Das ganze Leben wird in der religiösen, aber auch in seiner gesellschaftlichen Dimension berührt. Das sakramentale Leben durchdringt das persönliche Leben und bestimmt den Lebensrhythmus der Gesellschaft. Das bedeutet, dass das sakramentale Leben in der Orthodoxen Kirche eine intensive und bestimmende soziale Dimension hat. Es ist kein privates Ereignis, an dem nur die engsten Verwandten der Betroffenen teilnehmen. Sondern es ist ein gemeinschaftliches Ereignis der ganzen Ortskirche, das natürlich die ganze Kirche Christi betrifft. Und genau dies wird nicht als Beeinträchtigung der persönlichen Sphäre der Menschen empfunden.

Das sakramentale Leben kann ein sehr enges soziales und solidarisches Netz knüpfen, das für das konkrete Leben sehr hilfreich ist. Das bedeutet allerdings nicht, dass das sakramentale Leben deshalb entwickelt wurde, um soziale Probleme zu lösen. Es ist umgekehrt: Das sakramentale Leben ist der intensivste

Vollzug des religiösen Lebens auf Erden, das die göttliche Gnade vermittelt. Wir verstehen die göttliche Mitwirkung als eine *Synergie,* als ein Zusammenwirken zwischen dem dreieinigen Gott und den Menschen, deren Freiwilligkeit vorausgesetzt wird. Das heißt, dass die Sakramente nicht automatisch oder sogar magisch wirken. Sie setzen den freiwilligen Glauben der Menschen und die liebende Handlung Gottes voraus. Dieses Leben kann nicht individualistisch und egoistisch ausgerichtet sein, sondern es muss gemeinschaftlich mit Gott und den Mitmenschen verwirklicht werden. In diesem Sinne wird die ganzheitliche Dimension in der Realisierung der Gemeinschaft mit Gott und mit den Mitmenschen berücksichtigt. Und genau das hat soziale und solidarische Konsequenzen in dieser Welt und in diesem Leben, das für alle Menschen ein Provisorium darstellt und welches das zukünftige und ewige Leben vorbereitet. Wir sind unterwegs. Das Ziel ist Gott und die Gemeinschaft mit ihm, als Anteilnahme an seiner göttlichen Herrlichkeit. Aus diesen Perspektiven gesehen stellt das sakramentale Leben nicht die Erfüllung von Gesetzen dar, sondern den existentiellen Vollzug des ganzen Lebens in seinen vielfältigen Phasen und Stadien als Anteilnahme am göttlichen Leben selbst.

Beim Vollzug aller Sakramente wird der ganze Mensch angesprochen, seine rationale und seine emotionale Dimension. Deshalb wird das feierliche Element sehr stark betont. Es gibt sehr viele Aspekte und Handlungen, die die Gefühle der Menschen ansprechen. Die Gestaltung der liturgischen Handlung ist eindrucksvoll, wie auch die Gestalt und der Inhalt der liturgischen Texte und Gebete selbst. Die Verwendung von verschiedenen materiellen Mitteln wie Wasser, Brot, Wein usw. weisen auf die große Bedeutung dieser Dinge für das konkrete Leben der Menschen hin. Die Materie wird nicht abgewertet, sondern in ihrer richtigen Priorität eingeschätzt, nämlich als Brücke und Weg zum geistlichen und spirituellen Leben betrachtet. Der Christ lebt ja in dieser Welt und nicht in einem luftleeren Raum. Der Gesang und die Ikonen (die Bilder) sprechen die emotionalen Seiten des Christen an. Die Verwendung von Kerzen und Weihrauch verstärken die Atmosphäre und das Gemeinschaftsgefühl der Mitfeiernden. Das ästhetische Element sowie die feierliche Kleidung des Liturgen, aber auch der Christen selbst, darf bei den festlichen Feiern (Weihnachten, Osterfest, Patronatsfeste, Sonntagsfeiern) nicht geringgeschätzt werden. All das gehört zur ganzheitlichen Betrachtung des Menschen und seines Lebens dazu.

Die Taufe eines neuen Christen ist etwas ganz Besonderes, als Neugeburt eines Menschen für seine Familie, für Bekannten und Freunde. Eine Hochzeit ist etwas Einmaliges und Großartiges für den Neubeginn des Gemeinschaftslebens zweier Menschen und für alle, die an dieser Gemeinschaft in irgendeiner Weise beteiligt sind: Eltern, Verwandte, Freunde usw.. Eine Weihe eines Diakons, eines Priesters, eines Bischofs ist ebenfalls ein großer Anlass, Gott zu loben und in der Gemeinschaft zu feiern.

Erst recht muss ein Begräbnis Ausdruck und Erlebnis einer großen und solidarischen Gemeinschaft sein, wobei das Dramatische durch Gesang und Beweinung, durch Kerzen, Blumen und Kränzen einen würdigen Abschied aus diesem provisorischen Leben gestaltet.

Als schlimmen Ausdruck menschlicher Verarmung und Entwürdigung empfinde ich die anonymen Begräbnisse, bei denen die Lebenden mit ihren Toten nichts mehr zu tun haben wollen. Sie wissen oft nicht mehr, wann und wo sie begraben werden. Es ist falsch, wenn man annimmt, dass gerade bei solchen Anlässen die Emotionen und die Gefühle unterdrückt werden müssen. Die Fähigkeit und die Möglichkeit, Gefühle und Emotionen für das Erfreuliche, aber auch für das Leid und die Nöte dieses Lebens zu erleben, gehören zu den unabdingbaren Dimensionen menschlicher Existenz.

Das Erhabene, das Dramatische, das Festliche, das Würdevolle und das Ergreifende kann bei der Feier der Sakramente durch all ihre Elemente in der Gesamtgestaltung als ein spirituelles Erlebnis empfunden werden. Nur so kann man die Gesandten des Fürsten der Ruß (Vladimir), verstehen, die in Konstantinopel, in der Hagia Sophia die göttliche Liturgie erlebten. Als sie zurückkamen, berichteten sie: „Wir wissen nicht, ob wir im Himmel waren oder auf der Erde. Denn einen solchen Anblick und eine solche Schönheit gibt es nicht auf Erden. Dort weilt Gott bei den Menschen, und ihr Gottesdienst ist besser als der aller anderen Länder, denn wir können diese Schönheit nicht vergessen."[76] Die Nestorchronik, die um das Jahr 1100 in altrussischer Sprache im Kiewer Höhlenkloster geschrieben wurde, erzählt uns, dass dieses Erlebnis die Entscheidung des Fürsten Vladimir im Jahre 988 für die Christianisierung seines Volkes in der Tradition von Konstantinopel maßgeblich beeinflusste.

Viele Skeptiker im Westen verlangen nur die rationalen Elemente, während sie all die emotionalen Ausdrücke des sakramentalen Lebens als überholten Romantizismus ablehnen. Ist es aber nicht gerade dieses Defizit, das unsere heutige Gesellschaft grundsätzlich ärmer gemacht hat? Verkümmert nicht der Mensch unter der einseitigen und übertriebenen Last der verkopften Technik und Wirtschaft? Dabei wird vergessen, dass auch der heutige Mensch sich nach Gefühlen der Geborgenheit und der warmen Atmosphäre sehnt und dass er versucht, doch da und dort solche Bedingungen zu schaffen. Im modernen Leben werden z.B. die Kerzen fast bei jedem Festessen, (bei Jubiläen oder Geburtstagen oder Hochzeiten oder anderen Festen, in luxuriösen Restaurants oder Zuhause) als eine Selbstverständlichkeit für feierliche Atmosphäre und gemütliche Stimmung betrachtet. Oder es wird mit indischen Räucherstäbchen eine atmosphärische Stimmung erzeugt. Schließlich werden die Ikonen zwar für die Kirchen als altmodisch hingestellt, aber mit viel Geld von den Antiquitäten-

[76] *L. Müller,* Rußlands Weg zum Christentum, in: Tausend Jahre Russische Kirche 988–1988. Geschichte Wirkungen Perspektiven, hg. v. *Rolf-Dieter Kluge* und *Heinz Setzer,* Tübingen 1989, 3f.

Geschäften für die Wohnzimmer bedenkenlos gekauft. Warum ist das alles nur für das religiöse Leben altmodisch und abzulehnen?

Das sakramentale Leben erfasst also den ganzen Menschen. Und es begleitet ihn durch sein ganzes Leben, von seiner Geburt und Wiedergeburt durch die Taufe bis zu seiner letzten Ruhestätte durch die Feier des Begräbnisses.

Entspricht diese Beschreibung tatsächlich der orthodoxen Realität von heute? Oder handelt es sich hier um eine idealisierte Darstellung einer nur gewünschten Wirklichkeit? Was ich vorher versucht habe zum Ausdruck zu bringen, entspricht der Grundauffassung der orthodoxen Sakramententheologie, die lebensnah sein will, ohne das Hauptziel, die Erreichung des Heils, zu verlieren. Was ich beschrieben habe, erlebe ich auch nach wie vor heute in der orthodoxen Realität, allerdings nicht mehr überall. Der Trend einer rationalen Säkularisierung dringt unaufhaltsam auch in den orthodoxen Raum ein. Die Folgen daraus sind bereits schmerzlich spürbar. Ich hoffe allerdings, dass in nicht allzu ferner Zeit eine Rückbesinnung und eine Umorientierung Platz greifen kann, um die Menschen auf das wesentlich Christliche und somit auf das wesentlich Menschliche zurückzuführen, um sich auf das Woher und das Wohin des Menschen, auf den Sinn seiner Existenz wieder zu besinnen. Und gerade darin könnte das sakramentale Leben durch die Mitwirkung Gottes nicht nur Hilfe und Orientierung bieten, sondern eine echte Sinnfindung und Sinnerfüllung und schließlich die Erreichung des Heils und der Vollendung.

Die Feier und der Vollzug der Sakramente werden von den *Priestern* bzw. von den *Bischöfen* unter der Mitwirkung der Gläubigen in einer dialogischen Form in Wort, Gesang und Handlungen realisiert. Dabei wird der feste Glaube an die Hauptwirkung des handelnden Gottes vorausgesetzt. Priester und Bischöfe sind sozusagen die „Spender“ der Sakramente, auch bei der sakramentalen Feier einer Eheschließung. Diese Spender treten aber durch die Struktur der sakramentalen Feiern in den Hintergrund. Deshalb wird nicht die „Ich-Form“ verwendet („Ich taufe Dich…“), sondern die indirekte Form: „Es wird der Knecht Gottes NN getauft…“ Die Spender bewirken also nicht die göttliche sakramentale Gnade, sondern sie bitten Gott, seinen Heiligen Geist zu senden. Ihre Anrufung heißt *Epiklese*, sie wird bei allen Sakramenten verwendet in der Überzeugung, dass eben der Geist Gottes wirkt. Diese Feststellungen sind wichtig, denn in manchen Bereichen und nach einigen theologischen Auffassungen wurde missverständlich angenommen, dass die Sakramente die göttliche Gnade aus sich bewirken, wenn Form und Materie stimmen. Auch die falsche Annahme, dass die Kirche selbst diese göttliche Gnade bei den Sakramenten bewirke, verursachte sehr viele Probleme zwischen den Kirchen, vor allem im Westen.

4. Sieben Sakramente: keines mehr und keines weniger?

Diese Frage beschäftigt sowohl die Kirchen selbst, als auch die ökumenischen Gespräche. Jahrhunderte lang war die Diskussion um die Zahl der Sakramente ein zentrales Thema, ja sogar ein Kriterium der Kirchlichkeit und der vollen kirchlichen und sakramentalen Gemeinschaft. Hat die Evangelische Kirche zwei oder drei Sakramente, oder hat sie mehr? Hat die Römisch-Katholische Kirche sieben Sakramente? Hat die Orthodoxe Kirche ebenfalls sieben Sakramente, keines mehr und auch keines weniger? Die Beantwortung dieser Fragen bestimmte auch die ökumenischen Diskussionen. Ich versuche hier eine Antwort, vor allem durch einen Rückblick auf unsere gemeinsame Kirchengeschichte, auf das „sakramentale" Leben des ersten Jahrtausends.

Demnach muss gesagt werden, dass die verschiedenen Formen des sakramentalen Lebens, (die einzelnen Sakramente) zentriert um das eine Mysterium-Sakrament Christi eine Einheit bilden. Es geht nicht primär darum, wie viele Sakramente es in der Kirche gibt, oder über deren Gültigkeit, Charakter und Ausführung bis ins Detail zu streiten. Es geht primär um die sakramentale Existenz, um das sakramentale Leben des Christen, das von Gott begnadet wird. Deshalb haben sich die Kirchenväter ein Jahrtausend lang nicht mit solchen Fragen den Kopf zerbrochen. Deshalb wurde z.B. die Zahl der Sakramente im ersten Jahrtausend der Gesamtkirche des Ostens und des Westens gar nicht festgelegt. Dies war auch nicht notwendig, nicht lebenswichtig, wie später behauptet wird.

Die konkrete Zahl der Sakramente (sieben) wurde in der westlichen Kirche erst Anfang des zweiten Jahrtausends allmählich fixiert und durchgesetzt. Von da aus hat dann auch die Orthodoxe Kirche des Ostens diese Zahl übernommen. Die Christen aus dem Osten mussten „sieben" als Zahl der Sakramente beim sogenannten „Unionskonzil" von Lyon im Jahre 1274 akzeptieren.

Alle Sakramente waren natürlich auch früher, also im ersten Jahrtausend der Kirche da. Sie wurden gefeiert und gelebt, aber die Zahl war nicht fixiert. Die einzelnen Sakramente sind vielmehr Aspekte des einen Mysteriums der Kirche, in welchem Gott das göttliche Leben mit der Menschheit teilt.[77]

Die Zahl der Sakramente ist kein göttliches Recht. Sie wurde eines Tages fixiert, könnte aber auch eine andere sein. Es gibt ja auch Kirchenväter und kirchliche Autoren, sowohl aus dem ersten Jahrtausend der gemeinsamen Kirchengeschichte, als auch im Laufe des zweiten Jahrtausends, die die Sakramente anders zählen. „Die Siebenzahl der Sakramente ist als Symbol der Vollständigkeit des sakramentalen Lebens der Kirche zu sehen", betont Josef Ratzinger in der

[77] *J. Meyendorff*, Initiation à la théologie byzantine, Paris 1975, 253. Die deutsche Übersetzung in: *R. Hotz*, Sakramente im Wechselspiel zwischen Ost und West, Junk/Köln/Einsiedeln 1975, 916. Dort noch mehr darüber.

aktuellen Diskussion über diese Frage.[78] Außerdem ist auch nicht ganz und nicht zwingend ersichtlich, warum manche kirchlichen Handlungen innerhalb der Orthodoxen Kirche, die ziemlich die gleichen Merkmale wie die Sakramente aufweisen, nicht genauso als Sakramente anerkannt werden.[79]

Offiziell wurde zwar in der Orthodoxen Kirche nicht die Zahl sieben für die Sakramente definiert. Dennoch hat auch sie die sieben Sakramente: *Taufe, Firmung, Eucharistie, Buße, Priesterweihe, Ehe und Krankensalbung,* die als eine Einheit betrachtet werden müssen.

Einige von diesen Sakramenten werden wiederholt. Einige dürfen nicht wiederholt werden, wie z.B. die Taufe, die unmittelbar vor der Firmung gespendet wird. Es folgen nun einige kurze Erläuterungen über die einzelnen Sakramente.

a. Taufe und Firmung

Die Taufe wird als lebensnotwendig betrachtet und zwar als Lebensvollzug in Christus und mit Christus, in seinem Leben, seinem Tod und seiner Auferstehung („alle, die in Christus getauft sind, haben Christus angezogen" sagt der Hymnos der Taufe); als neues Leben durch eine Wiedergeburt im Wasser und im Heiligen Geist. Dies ist die existentielle Bedeutung der Taufe, die den Neugeborenen in der Zeit seines ganzen Lebens (Nichtwiederholbarkeit der Taufe) begleiten wird. Deshalb wird die Taufe nicht als ein „Eintritt" in die Kirche betrachtet, man wird nicht Mitglied in einem Verein. Durch die Taufe und die *Firmung,* welche in unmittelbarer Folge vollzogen wird, werden die Neugetauften und Gefirmten gesegnet, begnadet und geheiligt. Durch den Heiligen Geist werden sie geweiht und dadurch Mitglieder des „Königlichen Priestertums" der Gesamtkirche Christi. Damit gibt es innerhalb der Kirche auch keinen Ungeweihten. Die Taufe und die Firmung sind demnach die Grundvoraussetzungen für das Christsein und das Heil aller Menschen, wie auch für jeden Stand, jeden Dienst, jede Funktion und jedes Amt innerhalb der Kirche.

Die Taufe wird, so wie in der Praxis der Frühkirche, durch das dreimalige Eintauchen des Täuflings in das unmittelbar vorher gesegnete und geweihte Taufwasser vollzogen. Dabei spricht der Zellebrand die Formel aus: *„Es wird der Knecht (die Magd) Gottes NN getauft im Namen des Vaters und des Sohnes und des Heiligen Geistes.*" Vorher wird der rechte Glaube durch das Glaubensbekenntnis des Zweiten Ökumenischen Konzils von Konstantinopel (381) bekannt. Dieses Glaubensbekenntnis spricht der Täufling aus. Im Falle einer Kindertaufe spricht der Taufpate, der auch die religiöse Erziehung des Täuflings

---

[78] In: Auf dem Weg zur Einheit des Glaubens. Koinonia – Erstes ekklesiologisches Kolloquium… Wien 1.–7. April 1974, hg. v. Pro Oriente, Innsbruck-Wien-München 1976, 131.

[79] *Vgl. Ev. Theodorou,* Τό ζήτημα τοῦ ἀριθμοῦ τῶν Μυστηρίων ἐξ ἐπόψεως ὀρθοδόξου, in: Θεολογία 57 (1986), 370f.

mitzuverantworten hat. Er tritt somit in ein neues Verwandtschaftsverhältnis mit dem Täufling zusammen und mit seiner Familie, das sehr intensive Beziehungen entwickeln kann. Dies wird als geistige Verwandtschaft betrachtet, die sogar ein Ehehindernis schafft. Diese Verwandtschaft wird sehr ernst genommen und hat bei Bedarf auch soziale Konsequenzen. Dass sie aber nicht immer das bringt, was sie verspricht, ist auch bekannt. Nicht selten spielen auch freundschaftliche Beziehungen bei der Übernahme dieses „Amtes" ein Rolle.

Zusammen mit der Taufe wird die Firmung vollzogen. Dabei wird das vorher von den Bischöfen gesegnete und geweihte Hl. Myron (das Salböl), verwendet. Es wird die Formel ausgesprochen: „*Sigel des Heiligen Geistes, Amen.*" (Grundsätzlich wird das Hl. Myron in Konstantinopel, am Ökumenischen Patriarchat geweiht und den anderen Orthodoxen Kirchen als Zeichen der Gemeinschaft zur Verfügung gestellt.) Die Firmung wird durch den Priester oder den Bischof, der die Taufe vorgenommen hat, gespendet. Es muss also nicht unbedingt ein Bischof oder ein von ihm eigens beauftragter hoher Kleriker die Firmung vornehmen. Bei der Spendung dieses Mysteriums (Sakraments) durch die Salbung des Körpers mit dem Salböl werden die Gaben des Heiligen Geistes zur Mehrung und Stärkung des geistigen Lebens mitgeteilt.

So wird der (die) Getaufte und Gefirmte in die Gemeinschaft der Heiligen aufgenommen, in das königliche Priestertum, in das auserwählte Volk Gottes. Diese Gemeinschaft kennt keine Grenzen. Sie realisiert sich unabhängig von Geschlecht, Rasse oder Nation, von sozialer Schicht und Herkunft. Die positive Dimension dieses Sakraments für die Menschen und ihre Gaben, für ihre Freude und für ihr Leben drückt auch das Segnungsgebet auf das Öl durch den Bischof aus: „Sende auf dieses Myron deinen Heiligen Geist herab und mache es zu einem königlichen, geistlichen Salböl, welches das Leben schützt, die Seelen und die Leiber heiligt. Mache es zu einem Öl der Freude [...] Mache es durch die Herabkunft deines angebeteten Heiligen Geistes zu einem Siegel der Vollkommenheit [...]"

Nach der Taufe und Firmung kann der Neugetaufte sofort von seinem Taufpaten oder von seinen Eltern zur hl. Kommunion in die Eucharistiefeier gebracht werden. Dort wird ihm die hl. Kommunion unter beiden Gestalten, wie es in der Orthodoxen Kirche üblich ist, gereicht. So bilden diese Sakramente: Taufe, Firmung und hl. Eucharistie eine engere Einheit.

b. Eucharistie

Die *hl. Eucharistie* hat eine sehr große Bedeutung im religiösen Leben der Christen. Sie bildet den Mittelpunkt und Bezugspunkt aller anderen Sakramente und religiöser Handlungen. Deshalb ist die Teilnahme an der Eucharistiefeier notwendig. Nach Auffassung der Orthodoxen Kirche und gemäß den Einsetzungsworten Christi bei seinem letzten Mahl empfangen die Christen bei der heiligen Kommunion tatsächlich Leib und Blut des Herrn bzw. Christus selbst. Die Gläubigen in der Orthodoxen Kirche empfangen die heilige Kommunion unter beiden Gestalten. „Nehmet und esset, das ist mein Leib"; „Nehmet und trinket, das ist mein Blut." Der Liturge bittet Gott um die Sendung des Heiligen Geistes für den Vollzug der Wandlung der Gaben des Brotes und des Weines. Auch in der Eucharistiefeier geschieht die Anrufung des Heiligen Geistes, die *Epiklese*. Sie lautet: „Nochmals bringen wir dir diesen geistigen und unblutigen Gottesdienst dar und rufen, bitten und flehen zu dir: Sende deinen Heiligen Geist auf uns und auf diese vorliegenden Gaben herab [...] Und mache dieses Brot zum kostbaren Leib deines Christus [...] Und was in diesem Kelch ist, zum kostbaren Blut deines Christus. Amen. Verwandelnd durch deinen Heiligen Geist. Amen."

Früher gab es sehr spannungsvolle Diskussion zwischen der Ost- und der Westkirche über den genaueren Zeitpunkt der „Wandlung" der Gaben auf dem Altar; ob während der Einsetzungsworte Christi (so im Westen) oder nach der Epiklese des Hl. Geistes (so im Osten). Nun sind solche Diskussionen nicht zielführend, und es ist schade, dass dadurch solange die Beziehungen unserer Kirchen belastet waren. Man kann doch nicht den Zeitpunkt der Wirkung Gottes auf die Sekunde bestimmen wollen. Wir bitten, wir hoffen und wir sind zuversichtlich, dass der Dreieinige Gott handelt. Wir müssen wohl glauben, dass die Wandlung der Gaben durch die Wirkung der Allmacht des Dreieinigen Gottes geschieht, aber wann und wie genau, das ist ein Mysterium Gottes, das uns Menschen unzugänglich ist. Wir sind also zuversichtlich und hoffen sehr darauf, dass es geschieht, so wie Jesus selbst gesagt hat und uns empfohlen hat, so weiter zu tun: „Tut dies zu meinem Gedächtnis" (Lk 21,19).

Auch bei der Feier der Hl. Eucharistie ist das festliche Element sehr stark vorhanden. Die liturgischen Gesänge, die dialogische Struktur der eucharistischen Feier, die Ikonen mit ihrem tiefen spirituellen und theologischen Sinn und einer ansprechenden Ausstrahlung, die festlichen liturgischen Kleider der Liturgen, die Kerzen mit dem lebendigen und beweglichen Licht, der duftende Weihrauch usw. sprechen tatsächlich den ganzen Menschen an. Sie vermitteln ihm das Gefühl des Erhabenen, jedoch nicht individualistisch, sondern in der solidarischen Gott-Menschen- Gemeinschaft, wofür der Liturge ruft: „Damit wir, unter dem Schutz deiner Macht allezeit geborgen, dir Lobpreis emporsenden, dem Vater und dem Sohn und dem Heiligen Geist, jetzt und immerdar und in alle Ewigkeit."[80]

Die so erlebte Gemeinschaft in der heiligen Liturgie bringt aber den Menschen nicht in eine utopische Welt als eine Art Ablenkung von den echten, alltägli-

[80] In: Liturgie. Die Göttliche Liturgie der Orthodoxen Kirche. Deutsch-Griechisch-Kirchenslawisch. Herausgegeben und erläutert von *A. Kallis,* Mainz 1989, 96. Auch die anderen Texte aus der Chrysostomusliturgie werden von dieser Ausgabe zitiert.

chen Problemen, in eine Art Weltflucht. Diese Probleme werden in die Liturgie eingebracht, sie werden in die liturgischen Gebete, Gesänge und Fürbitten aufgenommen. Sie werden vor die schützende und helfende Barmherzigkeit Gottes gebracht und es wird um Beistand und Bewältigungskraft gebetet. Diese ganzheitliche Dimension der orthodoxen Liturgie beschreibt H. G. Beck, ein Kenner der Orthodoxie, folgendermaßen: Die orthodoxe Liturgie ist also „das packendste Denkmal der ostkirchlichen Frömmigkeit [...] Sie umfasst die Theologie und wird eines ihrer beredtesten Zeugnisse, sie übernimmt die moralische Unterweisung, sie sorgt sich um Kaiser und Reich, um die großen Augenblicke im menschlichen Leben, um Krieg und Frieden, um alle Stände und um die kleinen Einzelheiten des täglichen Lebens.“[81]

Gott wird als der liebende und segnende Vater genannt, als der gütige und menschenfreundliche, der alles für seine Geschöpfe tut. Er hat seinen einzigen Sohn in die Welt geschickt, um den Menschen zu helfen und sie in die Gemeinschaft des Vaters zurückzuholen. Tatsächlich finden wir in den liturgischen Gebeten all das hier Erwähnte direkt angesprochen. Es wird für die Lebenden und die Toten gebetet, für die Reisenden, die Kranken, die Gefangenen, Benachteiligten und alle Notleidenden; immer wieder für den Frieden auf der ganzen Welt, die Gemeinschaft und für die Einheit aller und der Kirchen; für die Stadt und für das Land, in dem die Menschen der jeweiligen Ortskirchen leben und diese Eucharistie feiern; für jedes Land, für die verantwortlichen Politiker und die verantwortlichen Patriarchen und Erzbischöfe, Bischöfe und Kleriker und für alle die hilfsbereit sind; für eine gute Witterung, für gute Früchte der Erde usw.

Für das konkrete Leben der Einzelnen und vor allem für das gute Ende dieses irdischen Lebens wird gebetet: „Die noch ausstehende Zeit unseres Lebens in Frieden und Buße zu vollenden [...]“ „Ein christliches Ende unseres Lebens, schmerzlos, ohne Schande, friedlich und eine gute Rechenschaft [...]“ Tatsächlich zeigen diese liturgischen Gebete, wie das ganze Leben des Menschen und die konkreten Phasen des irdischen Lebens in der Gemeinschaft des Dreieinigen Gottes berücksichtigt werden. So sollen die Christen innerhalb der Liturgie sich aufgenommen, angenommen und geborgen fühlen, wie in einem Hafen, auch wenn außerhalb dieses Hafens die Meeresstürme losbrechen. Die Menschen sollen Mut und Kraft bekommen, damit sie sich in der Realität des Lebens bewähren können, indem sie die Liturgie in ihrem ganzen Leben als solidarische und liebende Gemeinschaft praktizieren können als „Liturgie nach der Liturgie“.

Noch einen Aspekt der ganzheitlichen Dimension dieses liturgischen Ereignisses möchte ich hier erwähnen, wie er in den Texten in großartiger Weise zum Ausdruck kommt. Dass das Individualistische und Egoistische hier keinen Platz hat, ist evident; es wurde hier immer wieder besonders hervorgehoben. Die

[81] *H. G. Beck,* Kirche und theologische Literatur im byzantinischen Reich, München 1959, 235.

Betonung aber der Gemeinschaft mit Gott und zwar aller Menschen (des ganzen Menschengeschlechtes) wird in der Eucharistiefeier ganz deutlich unterstrichen. Im Herzstück der Chrysostomusliturgie und unmittelbar nach der Wandlung der Gaben wird noch gebetet: „Ferner bringen wir diesen geistigen Gottesdienst dar für die im Glauben ruhenden Urväter, Väter, Patriarchen, Propheten, Apostel, Verkünder, Evangelisten, Märtyrer, Bekenner, Asketen und für jeden gerechten Geist, der im Glauben sein Leben vollendet hat. Insbesondere für unsere allheilige, makellose, hochgelobte und ruhmreiche Herrin, die Gottesgebärerin und Immerjungfrau Maria."

Ohne jede qualitative Unterscheidung werden hier die "Vertreter" von allen Zeiten einbezogen. Der Horizont der Heilsgemeinschaft sprengt Zeit und Raum. Die Gott-Menschen-Gemeinschaft symbolisiert sich hier ganz real in einer greifbaren und erlebbaren Wirklichkeit. Noch einmal später wird von der großen Gemeinschaft gesprochen, wenn von der Heiligenverehrung die Rede sein wird. Im Zusammenhang mit der großen Gemeinschaft können in den Darstellungen innerhalb und außerhalb der Kirche auch die Bilder der alten Philosophen dargestellt werden, „um die Einheit des Geistes und die unaufhörliche Gegenwart Gottes in der Welt zu bezeugen. Hier ist plastisch die Antwort der griechisch-orthodoxen Geschichtstheologie auf das Problem der natürlichen Offenbarung ein für allemal gegeben."[82]

Es ist sehr zu empfehlen, nach dem Erlebnis einer liturgischen Feier auch die entsprechenden liturgischen Texte mit großer Aufmerksamkeit zu lesen, damit der tiefe Sinn und ihre breite Spiritualität richtig wahrgenommen werden.

c. Priester- und Bischofsweihe

In der Versammlung für die Eucharistiefeier, bei der die Gemeinschaft der Christen mit dem dreieinigen Gott und die Gemeinschaft der Christen miteinander, ja der ganzen Menschheit erlebt wird, verwirklicht sich die Ortskirche selbst, die in Gemeinschaft mit den anderen Ortskirchen steht. Das heißt, dass die Eucharistiefeier kirchenkonstitutiv ist. Das wird in der orthodoxen Theologie als *Eucharistische Ekklesiologie* bezeichnet. Nach orthodoxer Auffassung steht dieser Eucharistiefeier entweder ein Bischof oder ein Priester vor. Das heißt, für die Eucharistiefeier ist ein Liturge erforderlich, der der liturgischen Feier vorsteht. Allein darf der Liturge nicht die Eucharistie feiern, denn das widerspricht dem Grundwesen der Gemeinschaftlichkeit in der Kirche.

[82] *A. Papaderos,* Das liturgische Selbst- und Weltbewußtsein des byzantinischen Menschen, in: Kyrios 4 (1964), 213f.

Damit sind wir beim kirchlichen Amt bzw. beim Sakrament der *Priesterweihe* angelangt. Es soll nicht isoliert werden von den anderen Sakramenten, noch von der ganzen Kirche selbst. Die Gemeinschaft ist für die Amtsträger der Kirche unerlässlich. Ein individualistisches Priestertum an sich oder individuelle liturgische Handlungen des Priesters privat sind dem orthodoxen Verständnis fremd. Sie sind von der Gesamtkirche schon seit der Frühzeit verboten. Man muss also die Gemeinsamkeiten und das Ganze respektieren und nicht nur einen Teil so hervorheben und isolieren. Kleriker aller Weihestufen und Gläubige gehören zusammen als Glieder eines und desselben Körpers, eines und desselben Leibes Christi.

Genau aus diesem Grundprinzip ist der Akt der sakramentalen Weihe, (Diakon-Priester-Bischofsweihe) nur innerhalb der Eucharistiefeier verständlich. Wo die Kirche in ihrer höchsten Form auf Erden, in der Ortskirche, sich realisiert, verwirklicht sich auch die sakramentale Weihe ihrer Amtsträger. Die Zustimmung der Gläubigen der Gemeinde durch das „axios“ (er ist würdig) ist ein wesentlicher Bestandteil der Weihe. Damit wird noch die große Bedeutung der Gemeinschaft des „Amtsträgers“ mit der Gemeinde betont, ohne die er nicht existieren kann. Denn jede *Abtrennung* des Geweihten vom Rest der Glieder des Leibes läuft auf seinen Tod hinaus. Anders gesprochen, die Amtsträger allein ohne die Gläubigen in der Kirche haben keine Existenzberechtigung: „So grundlegend ist der beziehungshafte Charakter der Gliedschaft in der Kirche, dass die Individuen als solche verschwinden und Teilhaber des ewigen, wahrhaften Lebens nur als Glieder untereinander werden. Daher ist das eschatologische Schicksal jedes Christen ganz tief von seiner beziehungshaften Existenz in der Gemeinschaft der Heiligen abhängig.“[83]

Die Bischöfe, die Erzbischöfe und die Patriarchen werden in der Orthodoxen Kirche von den *Synoden* der Autokephalen Kirchen oder von eigens zusammengesetzten Wahlorganen mit Mehrheitsbeschlüssen auf synodal-demokratische Weise gewählt. Dies ist keine neue Praxis innerhalb der Orthodoxen Kirchen, sondern die Fortsetzung der altkirchlichen Praxis der Gesamtkirche des Ostens und des Westens, wie sie von den Ökumenischen Konzilien beschlossen und bestätigt wurde; und zwar seit dem Ersten Ökumenischen Konzil von Nizäa (325), Kanon 6.[84] Dabei muss der Wille der Ortskirche und der Gläubigen berücksichtigt werden, denn der Bischof hängt sehr eng zusammen mit seiner Ortskirche. Sonst besteht die Gefahr, dass der Neugewählte und -Geweihte von den Gläubigen nicht angenommen wird. Wenn dieser Fall ein-

[83] *J. Zizioulas*, Priesteramt und Priesterweihe im Licht der östlich-orthodoxen Theologie, in: Der priesterliche Dienst V. Amt und Ordination in ökumenischer Sicht, hg. v. *H. Vorgrimler*, (Quaestiones Disputatae 50), Freiburg/Basel/Wien 1973, 97.

[84] Vgl. *G. Larentzakis,* Wie wird man Bischof in der Orthodoxen Kirche? In: Demokratie und Kirche. Erfahrungen aus der Geschichte, hg.v. *Maximilian Liebmann*, Graz-Wien-Köln 1997, 107–135.

tritt, kann dieser Bischof nicht in der Diözese bleiben, sondern er muss auch nach kirchenrechtlichen Bestimmungen gehen. Dann darf dieser Bischof die Übernahme seiner Aufgabe, d.h. die Ausübung seines Bischofsamtes in dieser Diözese nicht erzwingen wollen. Es gibt auch Kanones von Synoden, die sich mit diesem Problem befassen und auch regeln. So z.B. der 18. Kanon der Synode von Ankara (um 314), der 18. Kanon von Antiochien (341). Solche Fälle haben wir innerhalb der Kirche bis heute. Metropolit Michael von Austria schreibt: „Aus der Tatsache, dass man heilige Kanones dazu verabschieden musste, ist zu entnehmen, dass dieser Fall nicht selten war.“[85]

Die direkte Mitwirkung des Kirchenvolks bei der Bestellung seines Bischofs und die Art der Realisierung der notwendigen Rezeption ist bei den verschiedenen Autokephalen Kirchen unterschiedlich, d.h. diese Kirchen haben jeweils selbst in autonomer Weise diese Fragen geregelt, immer unter der Voraussetzung, dass die synodal-demokratische Wahl der Bischöfe nicht tangiert oder beeinträchtigt wird, obwohl in manchen Autokephalen Kirchen bei diesem Wahlvorgang die Wirkung der Hierarchie vorherrschend ist. Auf alle Fälle ist also die Beteiligung des Kirchenvolkes bei der Wahl, Weihe und Inthronisation seines Bischofs sehr intensiv, obwohl in der Praxis auch bei uns verbesserungsfähig.

Es ist interessant, dass bei der *Bischofsweihe* die Gottesdienstordnung des Pfingstfestes eingesetzt wird, wodurch das Grundvertrauen auf die Wirkung des Heiligen Geistes bei diesem Weiheakt zum Ausdruck gebracht wird. Die Sendung durch Jesus Christus mit der Wirkung des Hl. Geistes bewahrt vor Einseitigkeiten in der Amtsauffassung und Amtsausübung. Sie verbindet das „Amtliche“ bzw. „Institutionelle“ mit dem „Charismatischen“. „Die hierarchische Struktur der Kirche und die Vielfalt der geistigen Charismen stammen von der gleichen Quelle, vom Hl. Geist. Vollmacht und Charismen, Autorität und Freiheit sind der Kirche vom Hl. Geist gegeben, der zu Pfingsten auf eigene Weise auf die Apostel sich herabgesetzt hat.“[86]

Bei dieser Feier nehmen neben den Gläubigen und den Priestern auch mehrere Bischöfe teil. Bereits das 1. Ökumenische Konzil von Nizäa (325) verlangt durch seinen 4. Kanon, dass mindestens drei Bischöfe bei der Bischofsweihe anwesend sein müssen, als Ausdruck der Gemeinschaft und der Zustimmung zum neuen Amtsbruder. Selbstverständlich ist auch bei der Bischofsweihe das äußere Zeichen des Weihesakramentes, die Handauflegung notwendig. Sie geschieht nicht isoliert vom Glauben des Amtsträgers und der Gläubigen, ohne die feste Überzeugung von der Wirkung des Heiligen Geistes. Denn die Handauflegung ist keine magische Handlung.

---

[85] *Michael Staikos,* Die Stellung der Laien in der Orthodoxen Kirche, in: Ökumenisches Forum12 (1989), 83.

[86] *Th. Zissis*, Die Bedeutung der orthodoxen Pneumatologie, in: Ökumenisches Forum 5 (1982), 19.

Es sei hier noch erwähnt, dass in der Orthodoxen Kirche der *Pflichtzölibat* für alle Priester nicht erforderlich ist. Nur die Bischöfe werden aus dem zölibatären Klerus gewählt. Diese Regelung stammt aus dem siebten Jahrhundert durch die Beschlüsse des Konzils von Trullos aus dem Jahre 691/92. Vor diesem Konzil gab es in der Kirche auch verheiratete Bischöfe. Hier möchte ich nun einige Punkte erwähnen, die mit dem Amtsverständnis der Orthodoxen Kirche eng verbunden sind.

Aus dem bisher Gesagten ergibt sich, dass auch in der Orthodoxen Kirche das dreistufige sakramentale Amt existiert. Das des Diakons, des Presbyters und des Bischofs. Alles andere: Erzdiakon, Erzpriester, Archimandrit, Erzbischof, Metropolit, Patriarch, Papst usw. sind Titel und Funktionen bei der Struktur und Organisation der Kirche, die notwendig und sinnvoll sind, sie ändern aber die dreistufige sakramentale Struktur des Amtes nicht.

Das Priestertum der Frau

Hier gehören auch einige Bemerkungen über die Frau und das Priestertum. Zur Frage nach der Frauenordination in der Orthodoxen Kirche möchte ich zunächst sagen, dass sie innerhalb der Orthodoxie nicht aktuell ist. Wenn orthodoxe Theologen sich damit befassen, dann deshalb, weil dieses Problem an die Orthodoxie von „außen" herangetragen wird, oder weil es zu einem ökumenischen Problem geworden ist. Es gibt also innerhalb der Orthodoxen Kirche keine Notwendigkeit, auch keine Stimmen vom Volk, sich intensiv mit dieser Frage zu befassen. Trotzdem befasst sich die Gesamtorthodoxie sehr intensiv und auf höchster Ebene mit diesen Fragen.[87]

Grundsätzlich kann hier nur gesagt werden, dass innerhalb der Orthodoxen Kirche nicht gesagt werden kann, die Frau wäre grundsätzlich aus ontologischen Wesenskriterien, d.h. weil sie Frau ist, weiheunfähig.[88] Das ändert nichts an der Realität, dass innerhalb der Orthodoxen Kirche keine Frauenordinationen zum Presbyterat oder Episkopat im heutigen Sinne durchgeführt werden, und dass die Orthodoxe Kirche heute gegen solche Ordinationen ist.[89]

---

[87] Vgl. *Katerina Karkala-Zorba,* Die Stellung der Frau in der Kirche, in: Ökumenisches Forum 17 (1994), 195–212.

[88] *G. Larentzakis,* Maria in der orthodoxen Kirche, in: Ökumenisches Forum 11 (1988), 39.

[89] Zu diesem Thema siehe die Dokumentation von der gesamtorthodoxen Konsultation von Rhodos (30. 10–7. 11. 1988) hg. von *G. Limouris, (jetzt Metropolit von Sassima),* Ἡ θέσις τῆς γυναικός ἐν τῇ Ὀρθοδόξῳ Ἐκκλησίᾳ καί τά περί τῆς χειροτονίας τῶν γυναικῶν, Katerini 1994. Dieses Thema behandelt im Zusammenhang mit der Ökumenischen Problematik siehe: *Konstantin Giokarinis,* Ἡ ἱερωσύνη τῶν γυναικῶν στό πλαίσιο τῆς Οἰκουμενικῆς Κινήσεως, Katerini 1995.

Das Diakonat der Frau

Trotzdem muss hier gesagt werden, dass die Orthodoxe Kirche wie die alte Kirche *eine Ordination der Frau kennt* und sie bis heute akzeptiert, auch wenn sie diese nicht wie früher praktiziert. Ich meine hier die Diakonin[90], die nicht identisch ist mit der heutigen Diakonisse der evangelischen Kirche.

Die Diakonin der Alten Kirche wurde geweiht wie die männlichen Diakone[91], sie gehörte dem Kleriker-Stand der Kirche an.[92] Nach der Sakramentenauffassung der Orthodoxen Kirche gibt es für den Diakon, Presbyter und Bischof nur ein Sakrament des Priestertums, darüber hinaus bilden alle Sakramente eine Einheit der sakramentalen Existenz. Theologisch gesehen ist dies alles innerhalb der Orthodoxen Kirche eine Realität. Das bedeutet, dass wenn ein männlicher Diakon sein ganzes Leben lang nur Diakon bleibt, befindet er sich im Sakrament des geweihten Amtes. Konsequenterweise befindet sich auch eine Diakonisse ebenfalls im sakramentalen Amt. Evangelos Theodorou stellt zum Problem der Frauenordination fest, dass die Weihe der Diakonin „ein Spezifikum des byzantinischen kirchlichen Lebens ist", und dass diese byzantinische Tradition „als Brücke eine vermittelnde Rolle übernehmen könnte."[93] Doch es gibt auch orthodoxe Theologen, die meinen, das Amt der Diakonin sei nicht identisch mit dem Amt der männlichen Diakone. Es muss aber nochmals betont

---

90 Vgl. dazu *E. Theodorou*, Das Amt der Diakoninnen in der kirchlichen Tradition. Übersetzung aus dem Griechischen und Vorbemerkungen von *Th. Nikolaou*, in: Una Sancta 33 (1978), 162ff. *E. Theodorou*, Die diakonische und soziale Dimension des griechisch-orthodoxen liturgischen Lebens, in: Θεολογία 55 (1984), bes. 1005.

91 Kanon 15 des Konzils von Chalzedon (451) spricht von der χειροτονία der Diakonisse, wie auch Kanon 14 und 40 des Konzils von Trullos (692).

92 Vgl. *E. Theodorou*, Die diakonische und soziale Dimension, 1007: „Die Diakonissen wurden ohne Zweifel von der byzantinischen Kirche zum Klerus gerechnet." Der frühere orthodoxe Kirchenrechtler an der Theologischen Fakultät in Athen *H. Alivisatos* hat eine Sammlung der Kanones und kirchlicher Gesetze herausgegeben und nach jedem Kanon Verweise auf andere Kanones angeführt, die sich mit der gleichen Frage bzw. Problematik befassen. Kanon 44 des hl. Basilius befasst sich nur mit den Diakonissen, die Unzucht mit einem Heiden (ἕλληνι) getrieben haben. Diese Diakonissen müssen aus der kirchlichen Communio ausgeschlossen werden. Denn, begründet der hl. Basilius, wir erlauben nicht „die fleischliche Benützung" des Körpers der Diakonisse, weil er geweiht, geheiligt (καθιερωμένον) ist. Meint Basilius der Große hier, dass die Diakonissen zum Klerus geweiht wurden? *H. Alivisatos* verweist zu diesem Kanon u.a. auf den 25. Apostolischen Kanon, der sich mit den Sünden der Kleriker (Bischöfe, Presbyter und Diakone) befasst. Er verweist ebenfalls auf Kanon 32 des hl. Basilius; dieser Kanon befasst sich mit den Todsünden der Kleriker, „Οἱ τὴν πρός θάνατον ἁμαρτίαν ἁμαρτάνοντες κληρικοί, [...]" *Alivisatos* verweist auch auf Kanon 51 des hl. Basilius, wo auch die Rede von der Bestrafung der Kleriker ist. Dasgleiche gilt für den Kanon 70 des hl. Basilius, auf den *Alivisatos* ebenfalls verweist. Das bedeutet, dass nach *Alivisatos* die Diakonissen dem Klerus zuzurechnen sind. (*H. Alivisatos*, Οἱ ἱεροί Κανόνες καί οἱ ἐκκλησιαστικοί νόμοι, Athen ^{2}1949, 373). Vgl. dazu: *G. Larentzakis,* Maria in der orthodoxen Kirche, in: Ökumenisches Forum 11 (1988), 39, Anm. 33.

93 *E. Theodorou*, Das Priestertum nach dem Zeugnis der byzantinischen liturgischen Texte, in: Ökumenische Rundschau 35 (1986), 271.

werden, dass die Weihegebete und Weiheformulare für die Diakoninnen von einer Cheirotonie oder Cheirothesie sprechen, was nichts anderes damals bedeutete als „Handauflegung“, wie es bei der Priesterweihe geschieht. Die Institution der Diakonin hat die Orthodoxe Kirche nie abgeschafft und sie kann jeder Zeit wieder intensiviert und häufiger praktiziert werden, was immer wieder von verschiedenen Stellen und Hierarchen gewünscht und gefordert wird. Interessant ist es hier zu erwähnen, dass auch der neue Erzbischof von Athen, Christodoulos, in seiner einführenden Rede bei der ersten Versammlung der gesamten Hierarchie Griechenlands (am 6. Oktober 1998) nach seiner Wahl, die Wiederbelebung des Diakonats der Frau als wünschenswert bezeichnete.[94]

In der Kirche gab es sehr viele Diakoninnen. Eine der berühmtesten der alten Kirche war Olympias, eine Frau von großer Ausstrahlung und starkem Einfluss in der Kirche. Sie war sogar Mitarbeiterin und gute Freundin des Patriarchen Johannes Chrysostomos, auch Beraterin des Patriarchen von Konstantinopel Nektarios, der sie nach dem Tod ihres Mannes im Jahre 386 zur Diakonin weihte.[95]

Das allgemeine Priestertum und die Laien

Eine Frage, die immer wieder innerhalb der verschiedenen Kirchen und in Bezug auf die ökumenische Zusammenarbeit und die Rolle ihrer Kirchenämter gestellt wird, ist der „Stellenwert“ der *Laien*. Was sagt die Orthodoxe Kirche

[94] „Ἡ ἀναβίωση τοῦ θεσμοῦ τῶν διακονισσῶν εὐκταία.“ In: Ἐκκλησία 75 (1998) 787. Vgl. dazu: *E. Theodorou*, Εἰσηγητικές ὑποβολές πρός ἀναβίωσιν καί ἀνάπτυξιν τοῦ θεσμοῦ τῶν Διακονισσῶν, in: Θεολογία 69 (1998), 585ff. Mehr darüber siehe: *Anne Jensen und Grigorios Larentzakis (Hg.),* Diakonat und Diakonie in frühchristlicher und ostkirchlicher Tradition, Grazer Theologische Studien 23, Graz 2008. Hier auch der gesamte Text der Dissertation von E. Theodorou übersetzt ins Deutsch von Anne Jensen. Vgl. auch: *Kiriaki Karidoyanes Fitz-Gerald,* Women Deacons in the Orthodox Church: Called to Holiness and Ministry, Holy Cross Orthodox Press, Brookline, Massachusettes 1998.

[95] Vgl. *Sozomenos,* Histor. eccl. 8.9, PG 62,1537: „Ταύτην γάρ διάκονον ἐχειροτόνησε Νεκτάριος.“ Vgl. auch *E. Theodorou*, Ὀλυμπιάς in: Θρησκευτική καί Ἠθική Ἐγκυκλοπαιδεία Bd. 9, Athen 1966, 890. Olympias war Äbtissin in einem Kloster in Konstantinopel, in dem ca. 250 Nonnen waren. Dort weihte Johannes Chrysostomus noch drei verwandte Frauen der Olympias zu Diakonissen. (Vgl. *E. Theodorou*, Ὀλυμπιάς, 891.) Von hier aus hat Olympias ihre reiche Tätigkeit ausgeübt in enger Zusammenarbeit und intensiver Freundschaft mit dem Patriarchen von Konstantinopel, Johannes Chrysostomus. Berühmt sind seine 17 Briefe an "meine Herrin, die ehrwürdigste und gottgeliebteste Diakonisse Olympias", wie er sie immer angeredet hat. Im caritativen Bereich vorbildhaft tätig unterstützte sie die Armen, die Waisen, die Alten, die Abtrünnigen. Sie verkündete das Wort Gottes, sie missionierte, sie unterstützte Patriarchen und Bischöfe in ihrer Arbeit und viele hofften auf ihre Hilfe, moralischer und finanzieller Art, wie der Historiker Palladius ihr Leben beschreibt. (*Palladius*, Ἡ πρός λαῦσον Ἱστορία κεφ. Ρμη΄ περί Ὀλυμπιάδος, PG 34,1244–1250.) Die Diakonisse Olympias wird sowohl in der Orthodoxen als auch in der Römisch-Katholischen Kirche als Heilige verehrt. (In der Orthodoxen Kirche am 25. Juli, in der Röm.-Kath. am 17. Dezember).

dazu? Es wurde bereits erwähnt, dass für die Orthodoxe Kirche der gemeinschaftliche Charakter der konkreten Ortskirche im Vordergrund steht, dass die Weihen der Kleriker (Diakone, Presbyter, Bischöfe) nur innerhalb der eucharistischen Versammlung der Gläubigen stattfinden und dass ohne Gemeinde keine hl. Eucharistie vom Bischof oder vom Presbyter allein gefeiert werden darf, dass ohne Gläubige die Kleriker keine Existenzberechtigung haben. Das ist vielleicht die eine Seite der engen Verbindung und gegenseitigen Bedingtheit zwischen Laien und Klerikern oder Amtsträgern in der Kirche.

Es wurde aber auch gesagt, dass durch die Taufe und Firmung alle Gläubigen am königlichen Priestertum teilnehmen. D.h. die Laien nehmen auch aktiven Anteil am Leben der Gesamtkirche. Sie tragen genauso eine wichtige Mitverantwortung für die Realisierung der Kirche und die Verwirklichung ihrer Ziele, vor allem für die Erreichung des Heils aller Gläubigen, wenn auch auf verschiedene Art und Weise, gemäß den verschiedenen eigenen Charismen und Berufungen.[96]

So nehmen die „Laien" aktiven Anteil an der Lehre und an der Verkündigung der Botschaft des Evangeliums in der Kirche als Lehrer bzw. als Prediger, die während der Eucharistiefeier in der Kirche predigen dürfen; aber auch als Lehrer und Professoren bzw. Universitätsprofessoren an Theologischen Fakultäten für alle Fächer; unabhängig davon, ob sie Männer oder Frauen sind. „Das Lehramt der Kirche stellt keine ausschließliche Pflicht des Klerus dar [...] Das Lehramt der Laien ist notwendig und in vielem unersetzlich, es ist Ergänzung des Lehramtes der Kirche."[97]

Sie nehmen aktiv am liturgischen Leben der Kirche teil, indem sie bei der Gestaltung und Durchführung der verschiedenen Gottesdienste, bei der Verwaltung der Kirche und an der sozialen Diakonie engagiert sind. Selbstverständlich kann ich nicht behaupten, dass diese aktive Mitarbeit der Laien bei uns vollkommen sei und dass keine Intensivierung bzw. Verbesserung notwendig wäre.

Es darf jedoch zu keiner Vermischung der Ämter kommen oder zu einer Versuchung, eine willkürliche Austauschbarkeit der Charismen und der Berufungen für möglich oder für notwendig zu halten. Hier möchte ich auch eine Stellungnahme von Edmund Schlink zitieren, die die Grundposition der Orthodoxen Kirche sehr gut beschreibt: „Die ostkirchliche Struktur der Gemeinschaft ist ein Schutz sowohl gegen die Auflösung des Amtes, als auch gegen die Ausschaltung des allgemeinen Priestertums aller Gläubigen. Die Gemeinschaft der Ämter und des gläubigen Kirchenvolkes ist zugleich ein Schutz dagegen, dass die Kirche ihr eigentliches Thema verliert. Das Amt ist ein Korrektiv des Priestertums aller Gläubigen. Und dieses wiederum ist ein Korrektiv der Ämter, wenn

96 Vgl. *J. Karmiris*, Πληρεστέρα συμμετοχή τοῦ λαϊκοῦ στοιχείου, 11.

97 *J. Kotsonis*, Die Stellung der Laien innerhalb des kirchlichen Organismus, in: Die Orthodoxe Kirche in griechischer Sicht, hg.v. *P. Bratsiotis*, Bd. I, 2. Teil, Stuttgart 1960, 101.

die Gefahr entsteht, dass die gottesdienstliche Mitte des kirchlichen Handelns verlassen wird. Dieses Miteinander erhält auch die Sensibilität und Wachheit für die Probleme und Nöte, die die Kirche in ihrer Umwelt von der Mitte der Anbetung und des Dogmas her in Angriff nehmen muss. Diese Struktur der Gemeinschaft ist so eine Warnung vor der Polarisierung, die in der westlichen Christenheit zwischen kirchlichem Zentralismus und den Forderungen einer Demokratisierung der Kirche entstanden sind."[98]

Über die große und verbindliche Bedeutung des Volkes Gottes in der Orthodoxen Kirche spricht ein Beschluss einer orthodoxen Synode: „Wenn in der Orthodoxen Kirche, was nicht geschehen möge, der Klerus es erreichte, die Rechte des Laienvolkes gänzlich zu verdrängen, sich ihrer zu ‚bemächtigen', dann wäre der Wächter der Orthodoxie zum Schweigen gebracht. Denn, so verkündete die Enzyklika der Patriarchen der Orthodoxen Ostkirche vom 6. Mai 1848, die als Antwort auf die Enzyklika Papst Pius IX. erlassen wurde: ‚Der Wächter der Orthodoxie, der Leib der Kirche, das ist das Volk selbst'"[99], d.h. die Gesamtkirche. Zwischen Klerus und Laien gibt es daher keine Wesensunterscheidung, denn alle sind Christen und tragen denselben Namen Christi. Alle sind vor Gott gleich: Kleriker und Laien.[100]

Apostolische Nachfolge

Gerade an dieser Stelle möchte ich das Thema der apostolischen Sukzession anschließen, die ununterbrochene und kontinuierliche Nachfolge der Bischöfe seit der Zeit der Apostel. Oft wird es einseitig und missverständlich betrachtet und beurteilt: teils juridisch, teils magisch. Dass die apostolische Sukzession in der Kirche notwendig ist, wird nicht erst zu einer späteren Zeit im Leben der Kirche festgestellt, sondern sie wird schon in den ersten Jahrhunderten als notwendig betrachtet.[101]

So ist auch für die Orthodoxe Kirche die kontinuierliche apostolische Nachfolge ein grundlegendes unverzichtbares Prinzip für die Identität der Kirche Christi. „Die bereits von 1. Clemens 42, 1-4 ausgesprochene Linie: Gott-Christus-

---

[98] *E. Schlink*, Die Bedeutung der Orthodoxen Kirche für die ökumenische Bewegung, in: Ökumenische Rundschau 22 (1973), 437f.

[99] In: *J. Kotsonis*, Die Stellung der Laien, 115.

[100] Mehr über die Laien Vgl. *Michael Staikos,* jetzt Metropolit von Austria, Die Stellung der Laien in: Ökumenisches Forum 12 (1989).

[101] Vgl. Epiphanius, Κατά αίρ. 33,6,7, PG 41,568. Vgl. auch *J. Zizioulas*, Δύο ἀρχαῖαι παραδόσεις περί Ἀποστολικῆς Διαδοχῆς καί ἡ σημασία των, in: Ἀντίδωρον πνευματικόν Γερασίμου Κονιδάρη, Athen 1981, 683. Vgl. *Damaslkinos Papandrfeou,* „Successio apostolica" – Erwägungen zur Überwindung der Trennung; in: Frank-Lothar Hossfeld, D. Papandreou, Ansprachen aus Anlass der Ehrenpromotion Sr. Eminenz Damaskinos Papandreou durch die Katholisch-Theologische Fakultät der Rheinischen Friedrich-Wilhelms-Universität Bonn: Reden, gehalten bei der Verleihung der Ehrenpromotion am 6. Dezember 1986. (BAR; 64) Bonn 1988, 15–36.

Apostel-Bischöfe ist somit keine jurisdifizierende Umdeutung, sondern spiegelt den neutestamentlichen Befund wider.“[102] Wenn aber die Apostel und die Bischöfe isoliert von der Kirche, von den Gläubigen, von der eucharistischen Versammlung der Ortskirche betrachtet werden, besteht die Gefahr, dass diese Kette tatsächlich juristisch und formalistisch verstanden werden kann und somit als überflüssig abgelehnt wird. „Der Bischof ist Nachfolger der Apostel nicht in sich selbst, d.h. als Individuum, sondern als das Haupt der Gemeinschaft“[103] oder als einer von dieser Gemeinschaft desselben Glaubens Christi. Damit ist die Gemeinschaftlichkeit der apostolischen Sukzession, die Mitverantwortung und Wachsamkeit im Glauben aller angesprochen.

Auf der anderen Seite kann sich, trotz apostolischer Sukzession auch ein Bischof irren. Eine Garantie für den rechten Glauben, von vornherein und wegen eines Amtes, gibt es nicht. Dies gilt sowohl für den einzelnen Bischof, als auch für die Versammlung von Bischöfen. Das bedeutet noch konkreter, auch für eine Bischofssynode gibt es nicht von vorneherein eine Garantie für den rechten Glauben, denn auch solche Synoden können sich irren.

Die Gemeinschaft ist nicht nur innerhalb einer Ortskirche notwendig, sondern auch zwischen den Ortskirchen, also von den Anfängen her bis heute und überall auf der Welt. Diese Kontinuität wird auch innerhalb der evangelischen Kirche immer mehr anerkannt und geschätzt. Dazu ist die Formulierung von Wolfhart Pannenberg sehr charakteristisch, der meint: „Wir Protestanten sind häufig in Gefahr, die Bedeutung der Einheit und Gemeinschaft der Kirche durch die Zeiten hin zu unterschätzen, obwohl doch auch wir uns zu der einen, katholischen und apostolischen Kirche bekennen [...] Wir können uns nicht so verhalten, als ob zwischen der Zeit der Apostel und der Reformation nichts von bleibender Bedeutung geschehen wäre.“[104]

Die apostolische Sukzession als gemeinschaftsbezogene Nachfolge setzt natürlich auch die Gemeinschaft der Apostel voraus. Auch die Apostel dürfen nicht individualistisch, sondern sie müssen gemeinschaftlich, eben als ein Kollegium verstanden werden. Konsequenterweise kann es auch keine individualistische und lineare apostolische Sukzession auf einzelne oder nur auf einen Apostel geben; schon gar nicht unabhängig von den Gläubigen bzw. den Ortskirchen, die im rechten Glauben leben und Eucharistie feiern. Die apostolische Nachfol-

---

[102] *H. Bacht*, Apostel, LThK 1, 738. Vgl. *E. G. Ulz,* Die apostolische Sukzession-Einheitsprinzip oder Stolperstein der ökumenischen Verständigung? Ihre Thematisierung in den bilateralen Dialogen der römisch-katholischen Kirche mit den orthodoxen und den evangelisch-lutherischen Kirchen auf Weltebene, (Diplomarbeit), Graz 1998.

[103] *J. Zizioulas*, Priesteramt und Priesterweihe, 104.

[104] *W. Pannenberg*, Die Bedeutung des Bekenntnisses von Nicaea-Konstantinopel für den ökumenischen Dialog heute, in: Ökumenische Rundschau 31 (1982), 133f. Zur Frage der Patristik und der Tradition vgl. etwa auch *W. Schneemelcher*, Die Patristische Tradition in orthodoxer und in evangelischer Sicht, in: KLHRONOMIA 1 (1969)14f.: „Die neuere protestantische Beachtung der Tradition [...]“

ge ist also auch in der Orthodoxen Kirche notwendig, und zwar nicht wegen einer Handauflegung, sondern weil eine Kontinuität und Gemeinschaft im Glauben mit der ganzen Kirche durch die Gesinnung und den festen Glauben des neuen Bischofs vorausgesetzt wird. Die Handauflegung symbolisiert und bestätigt diese Kontinuität, sie bewirkt sie aber nicht allein, als ob sie eine magische Wirkung hätte.

Ich glaube, dass wir mit der Offenheit und mit dem neuen ekklesiologischen Ansatz, mit denen wir in der Ökumene heute die vorhandenen Probleme behandeln, zur Annäherung und zur Übereinstimmung auch in diesem strittigen Punkt des Amtsverständnisses kommen können.

d) Ehe[105]

Die Anteilnahme am sakramentalen Leben der Gläubigen vollzieht sich auch bei der Spendung des Sakraments der *Ehe* durch den Priester bzw. Bischof. Die Eheschließung ist ja eine sehr wichtige erfreuliche Station des Lebens der Menschen, wo die Kirche den Menschen beistehen und sie begleiten will. Die Gnade Gottes und der Segen der Kirche können eine große Stütze für das neue Leben sein. Die jungen Menschen in gegenseitiger Liebe und Hingabe wollen eine neue menschliche Zelle bilden, die Freude und Glück bereitet, die auch neues Leben schenken soll.

Fundament und stabiles Band ist für die beide ihre uneigennützige Liebe, die zunächst nur sie beide unmittelbar betrifft. Sie verbindet die beiden in einer starken Gemeinschaft, welche sogar als das Abbild der göttlichen Gemeinschaft betrachtet wurde. Gott schenkte den Menschen das Leben und die Gabe der Liebe. Diese starke Liebe bringt Freude, Glück und neues Leben. Deshalb ist sie gut, nicht weil sie neues Leben schenkt. Weil sie gut ist, schenkt sie neues Leben. Deshalb wird die Ehe als das „Mysterium der Liebe“ bezeichnet.[106] In der Orthodoxen Kirche wird die Ehe sogar als das Mysterium der Freude, der Chará, bezeichnet. „In den gebeten und entsprechend in der griechischen Volkssprache wird der Traugottesdienst auch einfach Chará (Freude) genannt, womit angedeutet wird, dass die Eheschließung ein sehr fröhliches und Freude bereitendes Ereignis im Leben des Menschen ist.“[107]

---

[105] Vgl. *Grigorios Larentzakis,* Ehe – Mysterium der Liebe. Orthodoxe Aspekte zur Ehe, Ehescheidung und Wiederverheiratung: Maximilian Liebmann (Hg.), War die Ehe immer unauflöslich?, Limburg/Kevelaer 2002, 56–96.

[106] So *Johannes Chrysostomos,* In ep. ad Coloss. Hom. XII, 5, PG 62, 387. Mehr darüber siehe in: *G. Larentzakis,* Ehe-Mysterium der Liebe. Einige Aspekte zur Eheauffassung und Familiengestaltung aus orthodoxer Sicht, in: Horizonte sittlichen Handelns. Richard Bruch octogenario, hg. v. *Otto König* und *Alois Wolkinger,* (Grazer Theologische Studien 14), Graz 1991, 321f.

[107] Der Gottesdienst des Ehesakraments, Zusammengestellt, übersetzt und eingeleitet von *Theodor Nikolaou,* München 1998, 5.

Die Gemeinschaft ist in der Ehe ein wichtiges Element, auf der Ebene der Gleichwertigkeit von Mann und Frau und der gemeinsamen Verantwortung bei allen wichtigen Phasen des Lebens, die Reglementierungen und Einmischungen von außen nicht beeinträchtigen dürfen. Die Gemeinschaft der beiden kann, ja soll durch die echte und uneingeschränkte Liebe so innig und intensiv werden, dass sie zu einem Fleisch werden (Eph 5,31). Der große Kirchenvater Johannes Chrysostomos sagt dazu: Der Apostel Paulus „sagte aber nicht, er (der Mann) soll mit ihr (mit der Frau) zusammen wohnen, sondern ihr anhangen, direkt verbunden werden, um damit die innigste Vereinigung, die heftigste Liebe zu bezeichnen [...] sodass die zwei nicht mehr als zwei erscheinen. Er sagt nicht, sie werden eins im Geiste, er sagt nicht der Seele nach; denn das ist selbstverständlich und jedem möglich; sondern er sagte so, dass sie ein Fleisch seien."[108]

Hier ist es klar, dass Gott uns die Liebe und den Eros geschenkt hat, damit die Eheleute die Freude und die Wonne in ihrer Beziehung erleben können. Die Sexualität in der Ehe darf nicht als eine triebhafte und sündhafte, Betätigung der Eheleute betrachtet werden. Sie hat einen positiven Wert an sich, unabhängig von Folgen und Konsequenzen. Die Ehe und die ehelichen sexuellen Beziehungen werden also generell von der Kirche schon in der Frühzeit positiv angesehen. Es gibt sogar kirchliche Bestimmungen von Synoden, die es ausdrücklich formulieren und die rigorose Ablehnung der Ehe verurteilen: Ein Kanon besagt, dass derjenige, der die Ehe verwirft und die Frau, die mit ihrem Mann zusammen schläft verurteilt, als ob sie durch die eheliche Verbindung nicht das Reich Gottes erlangen könne, exkommuniziert werden muss.[109]

Es muss allerdings gesagt werden, dass weder das ehelose noch das eheliche Leben verabsolutiert werden dürfen. Wenn jemand die eine oder die andere Form frei wählt ist es zu respektieren. Beide Formen stellen zwei Charismen dar, die für sich genommen einen eigenen Wert besitzen.

Leider wurden viele Christen mit einer formalistisch-juristischen Fundierung der Ehe und mit einer Angstpädagogik erzogen. So konnten sie keine echte Freude in der Ehe genießen konnten, weil ihnen die ehelichen Beziehungen als sündhaft und unrein eingeredet wurden; es sei denn, man rechtfertigte sie durch die Kinderzeugung.

Aus diesem Grund kann die Kinderzeugung nicht als der erste und wichtigste Zweck der Ehe betrachtet werden; auch nicht als die Rechtfertigung oder als die Kompensierung der Liebe zwischen den Eheleuten. Der orthodoxe Erzbischof von Australien Stylianos mahnt alle Beichtväter und geistlichen Mentoren, dass „sie einen tragischen Fehler machen, wenn sie das Sexualleben der Ehepartner

[108] *Johannes Chrysostomos,* In ep. ad Eph. cap. V, Hom. XX, 5 PG 62, 142.

[109] So die Synode von Gangra aus der Mitte des 4. Jahrhunderts, Kanon 1, in: Pidálion, Athen [10]1990, 398. Mehr darüber und über andere ähnliche Bestimmungen und orthodoxe Auffassungen siehe in: *G. Larentzakis,* Ehe-Mysterium der Liebe, 335f.

streng und nur zur Kinderzeugung beschränken und ihnen verbieten, miteinander zu verkehren, wenn dieser Zweck erfüllt wurde oder wenn er nicht mehr erfüllt werden kann. Dies ist eine vollkommen willkürliche und falsche Interpretation der Ehe.“[110]

Allerdings darf die Kinderzeugung als Segen Gottes nicht bewusst und leichtfertig missachtet und abgelehnt werden. Denn das bedeutet Verweigerung der Lebensweitergabe selbst. Wenn also aus Bequemlichkeit oder zur Wahrung einer falsch verstandenen Freiheit, oder nur wegen des Berufs und der Karriere Kinder in der Ehe ausgeschlossen werden, ist es abzulehnen und zu verurteilen. Bei der Gründung und verantwortungsvollen Gestaltung einer Familie werden die Menschen zu Mitschöpfern Gottes. Über die Zahl der Kinder und die Gestaltung der Familie darf allerdings nicht von außen in die Ehe hinein reglementiert werden. Die gewissenhafte Verantwortung und Freiheit der Eheleute als mündige Christen darf nicht beeinträchtigt werden. Es ist moralisch sinnvoll, wenn die Kinderzeugung nicht nur aus rein biologischen Gesichtspunkten praktiziert wird. Der *Schwangerschaftsabbruch* darf niemals als eine Methode der Familienplanung leichtfertig angewandt werden. *Empfängnisverhütende Mittel* und Methoden, seien es natürliche oder wissenschaftliche, können, verantwortungsvoll angewandt, einen wichtigen Beitrag leisten, um viele existentielle Probleme zu überwinden bzw. zu vermeiden.[111]

Der Wert und die Bedeutung der Familie müssen ihren hohen Platz wieder gewinnen. Eine gesellschaftliche und finanzielle Anerkennung ist daher nicht nur sinnvoll, sondern höchst notwendig und gerecht. Eine harmonische und liebende Familie, die Geborgenheit, Wärme und Solidarität vermittelt, schafft durch das Heranwachsen der neuen Generation auch die besten und unersetzlichen Voraussetzungen für die Gesellschaft. Die Missachtung des unersetzlichen Wertes der Kinderzeugung und der mühevollen Kindererziehung ist zu bedauern. Deshalb ist es hoch an der Zeit, in allen Bereichen des Lebens, der Kirche, der Politik, der Gesellschaft die negative Meinung zu ändern.

Die *Eheschließung* darf wegen ihres hohen Wertes kein Provisorium darstellen. Sie ist daher nach orthodoxer Auffassung sakramental und grundsätzlich unauflöslich. Und wir meinen das nicht juridisch sondern in erster Linie menschlich und existentiell. Es kann auch der Ausdruck „bis euch der Tod scheidet“ nur eine relative Bedeutung haben, denn dieser Ausdruck beschränkt sich nur auf einen juridischen Aspekt der Ehe. Die liebende, Ehegemeinschaft kann auch nach dem Tod eines Partners weiterbestehen; während manchmal, bei noch

[110] Stylianos, Erzbischof von Australien, Θεμελιώδης καί ἐπικίνδυνη παρεξήγηση τοῦ γάμου, 74.

[111] Vgl. *Chrysostomos (Gerassimos Zaphiris), Metropolit von Peristeri (Athen),* Αἱ ἀμβλώσεις καί ἡ Ὀρθόδοξος Ἐκκλησία. Θέσις καί ἀντίθεσις, Athen 1991,181ff. Vgl. auch *J. Meyendorf,* Ehe, eine orthodoxe Betrachtung, Athen 1983, 56. (in griechischer Übersetzung).

bestehender formellen Ehe, zwischen den Eheleuten die liebende Ehegemeinschaft zerstört ist.

Ehescheidung und sakramental-kirchliche Wiederverheiratung

Aus diesem Grund weiß die Orthodoxe Kirche, dass das Scheitern in der Ehe möglich, wenn auch schmerzlich ist.

Die Menschen sind ja nicht vollkommen und sie werden oft die Opfer ihrer Schwäche. Auch innerhalb der Ehe gibt es vielerlei Anlässe und Gründe, bei denen persönliche Schwächen die Oberhand bekommen und die ehelichen Beziehungen in Mitleidenschaft gezogen werden. Die harmonische Gemeinschaft zerbricht, das Band der Ehe wird zerrissen. Gerade in einer solchen Situation benötigen die Menschen Verständnis, Beistand und Wärme, damit ihnen in dieser Krisensituation geholfen werden kann. Eine unterstützende Ehepastoral kann dabei helfen. Doch eine arrogante Zurechtweisung oder Verurteilung bringt keine Hilfe, sondern beschleunigt unter Umständen den Prozess der Auflösung der Ehegemeinschaft.

Aber auch eine sinnvolle Unterstützung und Hilfe kann keinen Erfolg garantieren, sodass das Scheitern einer Ehe unaufhaltsam werden kann. In einer solchen Situation und trotz mehrmaliger pastoraler Bemühungen muss auch von der Kirche die *Zerstörung einer Ehe* zur Kenntnis genommen werden. Gründe kann es verschiedene geben, nach denen dann auch eine Ehescheidung aus pastoralen Gründen und in bestimmten Notsituationen akzeptiert wird; und zwar aus Nachsicht (Ökonomie). Es kann auch eine Wiederholung des sakramentalen Aktes[112] der Eheschließung, wenn auch mit Bußauflagen, bis zu drei Mal gewährt werden.[113] D.h. dass auch die zweite und die dritte kirchliche Eheschließung als Sakramente zu betrachten sind.[114] Da die Kirche Nachsicht übt mit dem Schwä-

---

[112] „Bei der zweiten und dritten Ehe wird das Sakrament der Ehe wiederholt.“ *K. Dyobouniotis*, Die Lehre der griechisch-orthodox-anatolischen Kirche, in: Die Orthodoxe Kirche auf dem Balkan und in Vorderasien, Ekklesia X (45. Lieferung), hg. v. *F. S. Schultze*, Leipzig 1939, 73.

[113] Vgl. *G. Larentzakis*, Ehe, Ehescheidung und Wiederverheiratung in der Orthodoxen Kirche, in: Theologisch-Praktische Quartalschrift 125 (1977), 250–261. Vgl. *Gabriele Lachner*, Die Kirchen und Wiederheirat Geschiedener, (Beiträge zur Ökumenischen Theologie, 21) Baderborn u.a. 1991.

[114] Die gegenteilige Meinung, dass nur die erste Eheschließung volles Sakrament sei, die weiteren aber „nicht die volle sakramentale Bedeutung“ haben (vgl. *J. B. Sägmüller*, Lehrbuch des katholischen Kirchenrechts, Freiburg im B. 1909, 184. Vgl. auch *L. Bouyer*, Gedanken zur möglichen Wiederherstellung der Kommunionsgemeinschaft zwischen der Orthodoxen und der Katholischen Kirche – Aktuelle Perspektiven, in: Auf dem Weg zur Einheit des Glaubens, hg. im Auftrag des Stiftungsbilds Pro-Oriente, Innsbruck, Wien, München 1976, 129.), die vor allem früher in der Römisch-Katholischen Kirche vertreten wurde (jetzt ist die Meinung vorherrschend, dass eine Ehe unter Christen sowohl Vertrags- als auch Sakramentalcharakter haben muss) fand in der orthodoxen Theologie kaum Anklang. Dagegen sprach sich ausdrücklich K. Dyobouniotis aus (*K. Dyobouniotis*, Τά Μυστήρια τῆς Ὀρθοδόξου Ἀνατολικῆς Ἐκκλησίας, Ἀθῆναι 1912, 182: „Κατά τήν τέλεσιν δευτέρου ἤ τρίτου γάμου

cheren bzw. den schuldlos Gescheiterten, gibt sie die Erlaubnis der zweiten und dritten Eheschließung. So gibt sie diesen reumütigen Gläubigen die neue Möglichkeit, am Sakrament der Ehe teilzunehmen, wenn auch mit weniger Glanz im Ritus. Später, nach einer gewissen Bußzeit, nehmen sie auch am Sakrament der hl. Eucharistie durch den Empfang der hl. Kommunion teil.

Als Gründe für eine *Ehescheidung* gelten u.a. der Ehebruch von Mann und Frau und viele damit zusammenhängende Handlungen, die zum Ehebruch führen, aber auch manche Handlungen, die zum Tod eines Partners führen können, d.h. die für den Partner lebensgefährlich sind.[115] Dic Kirchc gcwährt dann denjenigen, die mit der Kirche nicht brechen wollen und ein geregeltes Leben mit dem Segen und der Gnade Gottes führen wollen, noch die Chance, bis zu drei Mal kirchlich sakramental zu heiraten.[116]

e. Beichte

Reue und Bereitschaft zur *Buße* setzt ebenfalls das Sakrament der Buße voraus, das als Ohrenbeichte praktiziert wird, wenn auch heute eine Vernachlässigung dieses Sakramentes festzustellen ist. Hier spielt das persönliche Gespräch des Beichtvaters - Beichtstühle kennt die Orthodoxe Kirche nicht - und das Prinzip der Ökonomie für die persönliche Situation der Christen, die Verfehlungen begangen haben und ihr Leben korrigieren wollen, eine große Rolle. Bewusstmachung von Schuld und Umkehr sind wichtige Voraussetzungen auch bei diesem Sakrament, das nicht nur Erleichterung des belasteten Menschen bringt, sondern echte gnadenhafte Vergebung. Bei diesem Sakrament erwartet der in Bedrängnis geratene Mensch Verständnis, Liebe, Zuwendung und echten Beistand. Auch die Maßnahmen, die vom Beichtvater als Busse auferlegt werden, sind nicht in erster Linie als Strafe oder Sühne zu verstehen. Sie haben eher eine

---

ἐπαναλαμβάνεται τό μυστήριον τοῦ γάμου“ (Bei der Spendung der zweiten oder der dritten Ehe wiederholt sich das Sakrament der Ehe) Und in der Anm. 3 der gleichen S. 182: „ἡ γνώμη, ἥν παρά τισι τῶν σχολαστικῶν τῆς Δύσεως ἀπαντῶμεν, ὅτι ὁ δεύτερος γάμος δέν εἶναι μυστήριον, ἀλλά ἁπλή τελετή εἶναι σφαλερά“ (Die Meinung, die wir bei manchen Scholastikern des Westens antreffen, dass die zweite Ehe kein Sakrament sei, sondern eine einfache Feier, ist falsch).) Außerdem, wenn der eine Partner zur zweiten Ehe kommt und der andere in erste Ehe, wie kann entschieden werden, dass dasselbe Sakrament, das in einer bestimmten Zeit gespendet wird, für den einen Partner ein Sakrament, für den anderen aber keines bedeuten würde? Solche Überlegungen haben in der orthodoxen Auffassung über die Sakramente und das sakramentale Leben keinen Platz. Wenn in der Kirche Nachsicht und Barmherzigkeit geübt wird, dann mit allen Konsequenzen.

115 Mehr darüber siehe in: *G. Larentzakis*, Ehe, Ehescheidung und Wiederverheiratung in der Orthodoxen Kirche, 255ff.

116 Die liturgische Ordnung der Eheschließung siehe in: Der Gottesdienst des Ehesakraments, Zusammengestellt, übersetzt und eingeleitet von *Th. Nikolaou,* (liturgische Texte und Studien, 3) München 1998. Hier auch der Gottesdienst der zweiten Ehe, 64f. Vgl. dazu: *A. M. Wittig,* Die Einsegnung einer zweiten Ehe, in: Ostkirchliche Studien 32 (1983) 45ff.

Hochzeit: „Herr, unser Gott, mit Herrlichkeit und Ehre kröne sie“.

Taufe. (Foto: Larentzakis).

Auferstehungsdarstellung (Höllenfahrt Christi) Chora-Kirche, Konstantinopel.

Der Autor mit dem Metropoliten von Austria, Arsenios Kardamakis
(Foto: © kathbild.at / Rupprecht).

pädagogische Bedeutung. Aus diesem Grunde bedarf es eines großen Einfühlungsvermögens des Beichtvaters gegenüber jedem Menschen, der vor ihm sein Leben offenlegt. Deshalb sind die Auflagen der Buße nicht immer die gleichen für alle für dieselben Verfehlungen. Ein guter Arzt gibt nicht allen Patienten bei gleicher Krankheit dieselben Medikamente. Die körperliche Beschaffenheit und die seelische Verfassung der einzelnen Patienten bestimmen die Art der Therapie mit. Denn es geht um den Heilungsprozess und schließlich um die Heilung des Menschen, nicht um seine Bestrafung. In beiden Fällen, beim Arzt und beim Beichtvater, spielt das Grundvertrauen eine wichtige Rolle.

f. Krankensalbung

Schließlich wird das Sakrament der *Krankensalbung* sowohl für die seelische Reinigung der Christen als auch für die Kranken zu ihrer Stärkung und Heilung gespendet.

Dieses Sakramentsverständnis in der Orthodoxen Kirche und das sakramentale Leben des Christen innerhalb des Mysteriums Kirche bedeutet keine individuelle Rechtfertigung des einzelnen Menschen, sondern die Erneuerung und Vervollkommnung der Menschen und der ganzen Schöpfung mit allen damit verbundenen Aspekten und Problemen.[117] Das sakramentale Leben erfasst also den Menschen in dieser Welt, der Hilfe und Solidarität braucht für seine Probleme, seine Bedürfnisse und seine Nöte. Es ist eine einseitige Auffassung, wenn man meint, in der Orthodoxen Kirche werde immer nur das Eschatologische und Jenseitige berücksichtigt, während der konkrete Mensch mit seinen Problemen vernachlässigt werde. Die Dimensionen und die Perspektiven dazu müssen richtig gesehen werden. Wird in der orthodoxen Liturgie die Verwandlung der Menschheit und die Erneuerung des Kosmos als in Christi Auferstehung angebrochen gepriesen, ja vollbracht, dann ergibt sich eine Zuversicht, die uns frei macht zum selbstlosen Einsatz für die Mitmenschen. [118]

Gerade in dieser liturgischen Gemeinschaft, die auch von Edmund Schlink angesprochen wurde, verwirklicht sich nicht die Ablehnung oder die Abneigung gegenüber der Welt, sondern ihre Annahme, Erhöhung und Heiligung. In der kosmischen Dimension der Ganzheit während aller liturgischen und sakramentalen Handlungen, bei denen eine allumfassende doxologische, lobpreisende Atmosphäre vorherrschend ist, wird der konkrete Mensch als Person in dieser Welt nicht in Vergessenheit geraten. Die Erlösung bedeutet nicht Verurteilung der Welt, sondern Erlösung und Verwandlung auch der Welt.[119] Die Eschatolo-

---

[117] Vgl. *R. Hotz*, Sakramente im Wechselspiel zwischen Ost und West, 212.
[118] E. Schlink, Die Bedeutung der Orthodoxen Kirche, 437.
[119] Vgl. Röm 8, 21–22

gie und die Mystik befinden sich nicht nur in der Zukunft des Jenseitigen, sondern auch in der Gegenwart und in der Geschichte; als Anbruch und Angeld, als Vorgeschmack und Teilhabe der zukünftigen Fülle.

Auch wenn die Kirche nicht aus dieser Welt ist, so lebt sie doch in dieser Welt und bildet ihre Mitte. Deshalb sind die alltäglichen Probleme der Menschen auch die Probleme der Kirche.

Betrachten wir das hier kurz Gesagte, dann können wir die Verbindung von Spiritualität und Weltverantwortung im Leben der Christen als Grundanliegen der Orthodoxen Kirche in Verbindung mit dem sakramentalen Leben festhalten. Und das bedeutet die Erfassung des ganzen Lebens. Wenn es aber so ist, dass die göttliche Gnade den ganzen Menschen erfasst und ihn in allen Bereichen seines Lebens begleitet und beglückt, dann ist es nichts anderes als ein erfülltes Leben; das bedeutet ein heiliges Leben. Hier möchte ich nun versuchen, über die Heiligkeit bzw. über die Heiligen und die Heiligenverehrung in der Orthodoxen Kirche einige Gedanken darlegen.

5. Kirchliches Leben und Feste in der Orthodoxen Kirche

Das Leben der Menschen, ob Christen oder nicht, wird unterschiedlich gestaltet. Auf alle Fälle ist es wichtig, dass aus verschiedenen Anlässen auch viele Feiern existieren. Denn wie ein altgriechisches Sprichwort heißt: „Ein Leben ohne Feste ist ein langer Weg ohne Raststätte“[120]. Tatsächlich scheint in unserer Zeit das Leben vor allem in unserer westeuropäischer Kultur eine Wende genommen zu haben, in der das Feiern sehr vernachlässigt wurde. Das Gefühlsmäßige spielt bei vielen Menschen eine untergeordnete Rolle. Vorrang hat das Praktische, die Leistung, der Konsum. Und das bedeutet, dass die Wirtschaft in ihrer harten Berechenbarkeit unser Leben bestimmt. Es bleibt kaum Zeit für das Feiern. Und ich wage zu behaupten, dass die Qualität des Lebens deshalb leidet, weil wir vergessen haben richtig zu feiern, fröhlich zu werden, Gemeinschaft zu erleben, mit unserem dreieinigen Gott, mit den Heiligen, mit unseren Schwestern und Brüdern im Glauben. All das bedeutet konkret feiern in den Kirchen mit entsprechenden Gottesdiensten bei Patrozinien einer Kirche (Panigiri); aber auch mit Essen, Trinken, Singen, Tanzen, sich lebendig und wohl fühlen. Die Spiritualität des christlichen Feierns hat eine ganzheitliche Dimension, unter Einbeziehung der vielfältigen Sitten und Bräuche, der soziokulturellen Gegebenheiten der jeweiligen Völker.

---

[120] Βίος ἀνεόρταστος μακρά ὁδός ἀπανδόχευστος.

Anlässe zum Feiern gibt es unterschiedlicher Art. Von den Familienfesten bis zu den staatlichen Festen, von den Geburtstagen bis zu den Namenstagen, die im orthodoxen Raum mehr gefeiert werden als die Geburtstage. Einen wichtigen Platz nimmt das religiöse und sakramentale Leben ein. Die Säkularisierung des Menschen und der Gesellschaft, was eine Abwehr gegen das Religiöse auch mitbringt, ist ein Phänomen unserer Zivilisation und unserer Zeit. Aber auch die gegenläufigen Entwicklungen zeigen, dass religiöse Bewegungen unterschiedlicher Art wieder aktuell werden, weil der Mensch in seiner ganzheitlichen Dimension religiös angelegt ist. Das Problem ist, dass im entstandenen religiösen Vakuum sehr viele Sekten entstehen, die die Menschen missbrauchen und ausnützen und sehr viele Probleme in unserer Gesellschaft mit verursachen.

Will man die heutige Situation Europas betrachten, dann muss man trotz der erwähnten säkularisierten Situation feststellen, dass die heutige europäische Kultur, Gesellschaft und Zivilisation ohne die griechisch-lateinisch-christliche Wurzeln nicht denkbar wäre. Wollte man das christliche Element mit seinen Tiefen und Höhen im Laufe der Jahrhunderte wegdenken, dann würde ein verarmtes Europa bleiben, auch nur wirtschaftlich betrachtet. Denn auch die religiösen Feste werden von vielen Gruppen und von der Wirtschaft selbst benutzt, wenn nicht missbraucht, damit sie zu ihren Zielen und zu ihren Profiten gelangen können. Man braucht kein Wirtschaftsfachmann zu sein, um die Folgen auszumalen, die ein stark defizitäres Weihnachtsgeschäft bedeuten würde.

Also auch als Christen haben wir jeden Grund, richtig zu feiern. Und wenn wir wissen, warum wir feiern, dann ist noch besser, weil wir dann auch dankbar sein können dem gegenüber, der uns alle diese Anlässe zum Feiern gibt: unserem dreieinigen Gott, von dem alles seine Existenz hat. In diesem Sinne gibt es auch in der Orthodoxen Kirche Feste über Ereignisse und Personen, wobei natürlich die Personen mit konkreten Ereignissen aus ihrem Leben in Verbindung stehen. Es gibt Feste über den Dreieinigen Gott, über die Ausgießung des Hl. Geistes (Pfingsten), das Fest zu Empfängnis Mariens bzw. Christi, Geburt Christi usw. D.h. es gibt Feste aus dem Leben Jesu, Mariens und der Heiligen.

Die Kirchen haben außerdem zwei Gruppen von Festen. Den Zyklus der unbeweglichen Feste, die jedes Jahr zum selben Datum gefeiert werden. Das Zentrum dieser Gruppe bildet das Weihnachtsfest der Geburt Christi am 25. Dezember. Auch die Orthodoxen feiern Weihnachten am 25. Dezember. Trotzdem feiern nicht alle Orthodoxe Kirchen zugleich. Denn manche Orthodoxe Kirchen (Patriarchat von Jerusalem, Patriarchat von Rußland, Patriarchat von Serbien, Berg Athos) benützen den Julianischen Kalender, der um 13 Tage verschoben ist. D.h. der 25. Dezember des Julianischen Kalenders ist 13 Tage später als der 25. Dezember des Gregorianischen Kalenders. Und wenn mit dem Julianischen Kalender der 25. Dezember ist, haben wir mit dem Gregorianischen Kalender den 6. Jänner.

Der eine Zyklus also der Kirchenfeste und die Festtage der meisten Heiligen sind auf ein konkretes Datum fixiert.

Der andere Zyklus der Feste hat als Mittelpunkt das Osterfest, also den Festtag der Auferstehung des Herrn. Dieser Zyklus ist beweglich und vom Datum des Osterfestes abhängig.

Die Frage, wann das richtige Osterdatum ist, beschäftigte die Kirche schon seit dem 2. Jahrhundert. Seit damals gibt es unterschiedliche Berechnungen im Osten und im Westen, seit damals bemüht man sich eine gemeinsame Lösung zu finden.

In Asien bzw. im Osten wurde das Osterfest am 14. Nisan, also am 14. April gefeiert, gleich an welchem Tag der Woche. Im Westen dagegen wurde das Osterfest an einem Sonntag gefeiert. Der Bischof von Smyrna Polykarpos und der Papst von Rom Aniketos versuchten um das Jahr 150 eine gemeinsame Lösung zu finden, jedoch vergeblich. Gesamtkirchlich wurde diese Frage beim 1. Ökumenischen Konzil von Nizäa im Jahre 325 behandelt.[121] Dort wurde beschlossen, dass das Osterfest an einem Sonntag gefeiert werden muss und zwar am ersten Sonntag nach dem Frühjahrsvollmond der Tag-und-Nacht-Gleiche, aber nach dem jüdischen Passafest. Wann dieser Sonntag ist, wurde die Kirche von Alexandrien beauftragt, dies berechnen zu lassen. Sie musste dies allen anderen Kirchen mitteilen.[122] Diese Mitteilung geschah durch die sogenannten Osterfestbriefe, die das Osterfestdatum beinhalteten, wie auch andere wichtige Themen. Am Anfang des 6. Jahrhunderts wurde die Berechnung aus Alexandrien durchgesetzt.

Im heutigen Berechnungsmodus ist es der Sonntag nach dem ersten Vollmond des Frühlings, der Sonntag nach dem 20. März. Die gesamte Orthodoxe Kirche benützt für die Berechnung des Osterfestdatums den Julianischen Kalender. Die westlichen Kirchen dagegen benützen den Gregorianischen, der sich heute 13 Tage vom Julianischen unterscheidet. Der Gregorianische Kalender wurde im Westen im Jahre 1582 vom Papst Gregor XIII. eingeführt. Der Julianische Kalender hat noch einen Fehler: Der Vollmond ist nicht immer nach genau 19 Jahren, sondern nach fast 19 Jahren. Das bedeutet, dass heute zusätzlich 4 Tage zum sonstigen Unterschied dazugekommen sind. Diese Fakten und die Beachtung des Beschlusses des Konzils von Nizäa, das Osterfest nach dem jüdischen Passafest zu feiern, ergeben den unterschiedlichen Ostertermin für Ost und West.

---

[121] Vgl. *Basileios Klein (Diakon),* Η ημερομηνία τοῦ Πάσχα στην Ορθόδοξη Εκκλησία και η δυτική Παράδοση, in: Orthodoxe Gegenwart Heft 60, April–Juni 1996, 15f.

[122] Vgl. *G. Larentzakis,* Das Osterfestdatum nach dem I. Ökumenischen Konzil von Nikaia (325). Die Rolle von Alexandrien und Rom, in: Zeitschrift für Katholische Theologie 101 (1979) 67–78.

Diese Differenz ist zwar nicht kirchentrennend, es wird aber eine Vereinheitlichung angestrebt. Schon im Jahre 1920 hat das Ökumenische Patriarchat von Konstantinopel den Vorschlag gemacht, alle großen kirchlichen Feste von allen Christen gemeinsam zu feiern. Dieser Wunsch besteht nach wie vor. Weil nun auch der Gregorianische Kalender nicht ganz exakt ist, ist man bestrebt diese Frage nach einem neuen wissenschaftlich exakteren Kalender, neu zu verhandeln und zu lösen. Die Wissenschaftler sind sich aber bezüglich eines exakteren Kalenders nicht einig. Mit dieser Frage hat sich auch die Zweite Vorkonziliare Panorthodoxe Konferenz im September 1982 in Chambésy bei Genf befasst. Der letzte zwischenchristliche Versuch, eine gemeinsame Lösung zu finden, fand vom 4.-10. März 1997 in Halepo in Syrien statt, organisiert vom Weltkirchenrat und dem Ökumenischen Rat der Kirchen im Nahen Osten. Teilgenommen haben die Orthodoxen, die Römisch-Katholische, die Evangelischen Kirchen, die Anglikanische Kirche und natürlich die Altorientalischen Kirchen. Die Vorschläge werden überprüft und man hofft, dass sich alle Kirchen einigen werden. Die Wirtschaft versucht seit Jahren aus rein ökonomischen Überlegungen ein fixes Datum zu erreichen. Das nächste gemeinsame Osterfestdatum für den Osten und den Westen fällt im Jahr 2001 auf den 15. April.

III. Erfülltes Leben: Die Heiligen in der Kirche

A. Heilige in der orthodoxen Kirche[123]

Dieser Begriff wird für Gegenstände und für Personen verwendet. Uns interessiert die Verwendung für Personen, wie es im Alten und im Neuen Testament bereits geschieht.

Zunächst ist Gott selbst ein Heiliger. Beim Propheten Jesaja lesen wir: „Heilig, Heilig, Heilig ist der Herr Sabaoth, die Fülle der ganzen Erde ist seine Herrlichkeit."[124] Dieser Hymnus ist aus der Eucharistiefeier, sowohl des Ostens als auch des Westens bekannt. Das dreimal Heilig singen wir in der orthodoxen Eucharistiefeier. „Heilig ist Gott, heilig der Starke, heilig der Unsterbliche, erbarme dich unser." In beiden Fällen sind die drei göttlichen Personen, der Vater, der Sohn und der Heilige Geist gemeint.

Im Neuen Testament wird Jesus Christus[125] als heilig bezeichnet und natürlich auch der Heilige Geist.[126] Die biblische Verwendung des Begriffs heilig für Personen ist im Alten und Neuen Testament ziemlich gleich. So werden z.B. die Propheten des Alten Testaments als heilig bezeichnet (Lk 1,70; Apg 3,21), aber auch die Jünger Christi, die Apostel (Eph 3,5). Auch das ganze israelische Volk als das auserwählte Volk Gottes wird heilig genannt (Lev 11,44 und 19,2), wie auch in der neutestamentlichen Zeit alle Christen, das neue Volk Gottes. Dies war die erste Bezeichnung der Anhänger Christi in Jerusalem und in anderen Gebieten (vgl. Apg 9,13; 9,32; Röm 1,7), bis sie dann zunächst in Antiochien „Christen" genannt wurden.[127]

Allmählich beginnt der Begriff „Heiliger" eine besondere Bedeutung zu bekommen; für eine bestimmte Gruppe von Christen, Männern und Frauen, die ein besonderes Zeugnis für den christlichen Glauben abgelegt haben. Weil dieses Zeugnis in seiner Kompromisslosigkeit und Radikalität ernstgenommen und mit Leben erfüllt wurde, weil es bis zur äußersten Grenze ausgelebt wurde, verwandelte es sich und wurde der Beginn des neuen Lebens in der Herrlichkeit der Gemeinschaft mit dem dreieinigen Gott. Im Griechischen ist die Nähe, ja der nahtlose Übergang der radikalsten Form der Ablegung des Zeugnisses bis zur Aufopferung des eigenen Lebens mit demselben Wort manifestiert: martyria und martyrion: Martyria als Zeugnisablegung und martyrion als Märtyrertod.

---

[123] Vgl. *G. Larentzakis,* Heiligenverehrung in der orthodoxen Kirche, in: Catholica 24 (1988), 56–75.

[124] Jes 6,3.

[125] Lk 1,25; Apg 4,27; Mk 1,24.

[126] 1 Joh 2,20.

[127] Vgl. *G. Tsetsis*, Ἡ ἔνταξις τῶν Ἁγίων εἰς τό ἑορτολόγιον τῆς Ἐκκλησίας, in: Ὀρθοδοξία 36 (1961) 164f. *Ders*. Ἡ ἔνταξις τῶν Ἁγίων στό Ἑορτολόγιο, Katerini 1992. *G. Galitis*, Ἅγιος, in: Θρησκευτική καί Ἠθική Ἐγκυκλοπαιδεία, 1, 265.

Alle diejenigen also, die mit dem christlichen Glauben ernst gemacht haben, mit dem Glauben als Leben in allen seinen Bereichen, als Überzeugung und sakramentales, erfülltes Leben in allen seinen Phasen, gehören zu dieser Kategorie der Heiligen, die als solche anerkannt und verehrt werden. Das sind alle Christen, die nicht nur Gott akzeptieren und nach seinem Willen leben, sondern auch konkret ihre hilfsbedürftigen Mitmenschen lieben, die gerecht, hilfsbereit, solidarisch, redlich, ehrlich, fair usw. sind, und die bereit sind, für diese Prinzipien Opfer zu bringen, eigene Vorteile zurückzustecken, ja auch schließlich sich selbst zu opfern. Das bedeutet die radikale Verwirklichung der Liebe. Solche Menschen gab es und gibt es bis heute. Solche Heilige, Männer und Frauen, gibt es in jeder Epoche.

Deshalb trifft die Formulierung der römisch-katholischen Außerordentlichen Bischofssynode in Rom (1985) zu, wenn es im Schlussdokument heißt: „Ein Zeuge gibt sein Zeugnis allerdings nicht allein durch Worte, sondern durch sein Leben. Wir dürfen auch nicht vergessen, dass das Wort Zeugnis auf Griechisch ‚Martyrium' heißt."[128]

Historisch gesehen wurden als Heilige zunächst die Märtyrer anerkannt. Am Tag ihres Martyriums wurden alljährlich Gedächtnisgottesdienste auf ihren Gräbern gefeiert, sie wurden am Ort ihres Martyriums verehrt. Eine solche Praxis geht auf die Mitte des 2. Jahrhunderts zurück. Die Märtyrerakten des hl. Polykarp, des Bischofs von Smyrna († 156), sind ein Zeugnis dafür.[129]

Am Ort der Verehrung und des Gedächtnisses der Märtyrer entstanden kleine Kapellen und dann große Kirchen im Namen der Märtyrer und später auch der Heiligen, die durch ihre besondere Lebensführung auf der Basis des Glaubens und der Botschaft Christi Zeugnis abgelegt haben. Alle diese Männer und Frauen, die als Apostel, Märtyrer, Bekenner, Evangelisten und eben als Heilige gelebt haben bzw. gestorben sind und ihr Leben auch für ihre Mitmenschen geopfert haben, wurden als nachahmungswürdige Vorbildergesehen. Weil sie sich in der Nähe Gottes befinden, gelten sie bei den Menschen als Fürbitter und Vermittler bei Christus bzw. bei Gott und als solche werden sie auch angesprochen.

[128] Schlussdokument, II, B, a, 2, in: Zukunft aus der Kraft des Konzils. Die Außerordentliche Bischofssynode '85. Die Dokumente mit einem Kommentar von Walter Kasper, Freiburg/Basel/Wien 1986, (= Die Dokumente), 30.

[129] Vgl. *P. Manns/R. Vinke*, Heilige, in: Ökumene Lexikon, 517. *G. Tsetsis*, Ἡ ἔνταξις, 168f.

1. Wer kann Heiliger werden?

Aus der Beantwortung dieser Frage kann großer Optimismus auch für uns alle folgen. Heiliger kann jeder Christ werden. Dazu braucht man nicht Kaiser oder Kaiserin zu sein, obwohl es auch heilige Kaiser und Kaiserinnen gibt. Dazu braucht man nicht Priester oder Bischof oder allgemein Kleriker zu sein, obwohl es auch sehr viele heilige Bischöfe und Kleriker gibt. Dazu muss man auch nicht Mönch oder Nonne sein, obwohl es heilige Mönche und Nonnen gibt. Genauso wenig ist das Verheiratetsein ein Hindernis zur Heiligkeit. In diesem Sinn bilden das eheliche Leben und die Ehelosigkeit keine Gegensätze, auch nicht für den verheirateten und nichtverheirateten Klerus. Sie stellen zwei verschiedene, kirchlich voll anerkannte Lebensformen dar, oder wie schon Origenes sagte, zwei verschiedene Charismen innerhalb der Kirche, die für die Erlösung, Vervollkommnung und Heiligung des Menschen wichtig sind.[130]

Um mit den Worten des hl. Athanasius zu sprechen, „Der Siegeskranz wird nicht wegen des Standes, sondern wegen der Lebensführung gegeben“,[131] schrieb er an den gewählten Bischof Drakontius, der wegen seines Strebens nach Heiligkeit das Amt des Bischofs nicht übernehmen, sondern im Kloster bleiben wollte. Das bedeutet, dass man den „Heiligenschein“ nicht auf Grund seines Standes, seines Berufes oder seiner Funktion in der Kirche garantieren kann. Um Heiliger zu werden, benötigt man auch keinen Reichtum. Reiche sind auch heilig geworden, wie auch sehr viele Arme befinden sich in der Schar und der Gemeinschaft der Heiligen. Auch die Zugehörigkeit zum männlichen Geschlecht kann den Erwerb der Heiligkeit nicht gewährleisten. Die Kirche freut sich über die sehr große Anzahl von Frauen, einfachen und armen, reichen und einflussreichen Frauen, von jedem Stand und Beruf, die sie zu ihren Heiligen zählen kann. Und ich möchte betonen, dass ohne das Wirken der Frauen in der Kirche, alle Kirchen viel ärmer an Heiligkeit und Vitalität gewesen wären.

Das Beglückende in der Kirche ist also, dass trotz aller Unterscheidungen der Funktionen und Ämtern, der sozialen Schichten und Geschlechter vor Gott alle gleich sind, dass jeder entsprechend *seiner eigenen Möglichkeiten* heilig werden kann.

Zu dieser großen Schar der heiligen Männer und Frauen gehört auch die Mutter Gottes, Maria.

---

[130] *Origenes*, In Mt 14,16, GCS 40, 324. Vgl. *G. Larentzakis*, Ehe, Ehescheidung und Wiederverheiratung in der Orthodoxen Kirche, 251.

[131] *Athanasius*, Ad Drakondium 9, PG 25, 533: „Καί γάρ ὁ στέφανος οὐ κατά τόπον, ἀλλά κατά τήν πρᾶξιν ἀποδίδοται.“

2. WIE WIRD MAN ZUM HEILIGEN ERKLÄRT?

Mit dieser Frage kommt die Gemeinschaft in der Kirche noch einmal deutlich zum Ausdruck. Denn Kirche ist nicht nur Verwaltungskirche und Hierarchie, sondern der ganze Leib, Kleriker und gläubige Christen. Der Laie, vom griechischen Begriff laós, ist derjenige, der zum „Volk Gottes" gehört. Dazu gehören alle Christen, unabhängig von Stand, Rang und Funktion. Die Gemeinschaft und Solidarität des ganzen „Leibes" der Kirche werden bei der Anerkennung der Heiligen manifestiert.

Das Leben eines gläubigen Christen in der Ortskirche, seine Lebensführung, seine sakramentale Anteilnahme, sein Zeugnis, sein Martyrium für den Glauben, seine Solidarität mit den Mitmenschen können letzten Endes nicht unbemerkt bleiben. Bei solchen Menschen (d.h. Heiligen) ist es in erster Linie diese Ortskirche, die einen Mitchristen als heilig wahrnimmt, respektiert, akzeptiert und verehrt. Die Mitschwestern und die Mitbrüder stehen zum Heiligen in einem lebendigen Verhältnis der Achtung, des Respekts, der Liebe und der Verehrung, und sie bemühen sich, diese Heiligen (Mann oder Frau) nachzuahmen.

Es war nicht selten, dass die Heiligen nach ihrem Tod von den Gläubigen am Tag ihres Todes oder Martyriums in besonderer Weise gefeiert wurden. Dieser Tag wurde als Geburtstag bezeichnet und entsprechend feierlich begangen: mit Eucharistiefeier, mit dem Panegyrikus, d.h. der Festpredigt, und mit anderen Feierlichkeiten, an denen sich die ganze Ortskirche und viele Nachbarkirchen beteiligten; je nach Ausstrahlung und Wirkung dieses Heiligen.

Es folgten die Fixierung des Festtages im Festkalender der Heiligen, die Abfassung von liturgischen Hymnen, Gesängen und Gedichten für die Bücher in den sogenannten Menäa, („für die Heiligen jedes Monats"). Das geschah nicht selten noch vor der formellen Anerkennung eines Christen als Heiligen durch die offizielle Amtskirche, d.h. die Synode einer Kirche. In der Regel ist es so, dass diese formelle Anerkennung eine selbstverständliche und verpflichtende Konsequenz darstellt. Die Christen haben schon längst in ihrem Bewusstsein die Anerkennung ihrer Heiligen vollzogen. Und wenn die Amtskirche aus irgendeinem Grund diesen offiziellen Akt nicht vollzogen hat, tut es der Haltung und Einstellung der Gläubigen bei der Manifestation dieser Gemeinschaft mit dem Heiligen überhaupt keinen Abbruch.

Ein Beispiel möchte ich aus der zweiten Hälfte des 18. Jahrhunderts erwähnen. Der heilige Kosmas der Aetolos starb den Märtyrertod am 24. August 1779. Nach seinem Tod wurde er von den Christen als Märtyrer und Heiliger verehrt. Bereits 1818 wurde er in die liturgischen Bücher der Heiligen aufgenommen. 1824 wurde dieses Buch nochmals mit der Genehmigung des ökumenischen Patriarchates herausgegeben. Der heilige Kosmas blieb in diesem liturgischen Buch, obwohl er vom ökumenischen Patriarchat noch nicht als Heiliger bestätigt war. Die offizielle kirchliche Bestätigung des hl. Kosmas erfolgte erst 1961![132]

Dieses Beispiel des früheren Mönches auf dem Berg Athos, des großen Wanderlehrers und Wanderpredigers des versklavten griechischen Volkes, des eifrigen *Befreiungstheologen*, wie man ihn heute bezeichnen könnte, und schließlich des Märtyrers für den Glauben und seine Mitmenschen zeigt sehr deutlich die Praxis der Kirche, die auch in früherer Zeit üblich war. Noch ein Beispiel aus der jüngsten Zeit möchte ich erwähnen, das der jetzige Ökumenische Patriarch Bartholomaios in seiner Arbeit über die letzten Heiligen-Bestätigungen aus der Amtszeit des ökumenischen Patriarchen Dimitrios I. anführt. Damit komme ich geographisch in meine Heimat, nach Kreta. Es handelt sich um vier Märtyrer aus dem Jahre 1824. Bereits im Jahre 1838 wurde eine Gottesdienstordnung für diese Heiligen verfasst, und es wurden auch viele Kirchen zu Ehren dieser Märtyrer gebaut. In der Stadt Rethymnon, auf Kreta wurde eine große Kirche auf den Fundamenten einer älteren zu Ehren dieser Märtyrer gebaut und im Jahre 1975 kirchlich eingeweiht. Die offizielle Bestätigung seitens des ökumenischen Patriarchates für diese vier Märtyrer erfolgte aber erst am 29. August 1977.[133]

Man sieht hier, dass das konkrete Leben und die lebendige Verwirklichung der Gemeinschaft in der Kirche viel wichtiger sind, als die juristischen, formellen Amtshandlungen einer Institution. Damit soll nicht gesagt sein, dass die institutionellen Einrichtungen und die kirchlichen Entscheidungen überflüssig wären. Sie sind wichtig, sie vermögen aber nicht das dynamische Leben zu ersetzen oder es in eine bestimmte Richtung zwingend zu lenken. Wenn die institutionellen Einrichtungen und gesetzlichen Bestimmungen verabsolutiert oder überbewertet werden, könnten sie das Leben verhindern und lähmen. Dass nur mit juristischen Verordnungen allein das Leben nicht gefördert werden kann, zeigt auch folgendes Phänomen in der Heiligenverehrung: Wenn die Amtskirche sich bemühte, verschiedene Personen als Heilige willkürlich zu erklären und zu bestätigen, fand sie kein oder nur ein geringes Echo bei den Gläubigen, wenn diese Personen nicht bereits als Heilige in deren Bewusstsein eingebürgert waren.[134]

Die offizielle kirchliche Bestätigung kann vor manchen Missbräuchen schützen, in Zweifelsfällen für eine richtige Entscheidung Hilfestellung leisten und zur

---

[132] Vgl. *G. Karamanlis*, Ὁ Ἅγιος Κοσμᾶς ὁ Αἰτωλός, in: Ἐπετηρίς Ἀθωνιάδος Σχολῆς, ἐπί τῇ συμπληρώσει δωδεκαετίας ἐπαναλειτουργίας αὐτῆς, Athen 1966, 321.

[133] Vgl. *Bartholomaios*, Metrop. von Philadelphia, (jetzt Ökumenischer Patriarch) Νεοφανεῖς ἀστέρες τοῦ νοητοῦ στερεώματος, in: Ἐπιστημονική Παρουσία Ἑστίας Θεολόγων Χάλκης, Bd. 1, Athen 1987, 234.

[134] Mehr darüber: *G. Tsetsis*, Ἡ ἔνταξις, 37 (1962), 407f.

rascheren Verbreitung der Heiligenverehrung eines wichtigen Heiligen auch außerhalb seiner eigenen Ortskirche beitragen.[135]

Zusammenfassend zu diesem Punkt kann gesagt werden, dass bis zum 10. Jahrhundert für die Anerkennung und Verehrung eines Christen oder einer Christin als Heilige die lebendige Verehrung des Volkes Gottes allein ausreichend war. Das Volk als Ganzes, eine Ortskirche, ist oft spontan für ihre Heiligen eingetreten und hat entsprechend gehandelt. Nach dem 10. Jahrhundert begann allmählich die Praxis der nachträglichen Bestätigung durch die Amtskirche und das Eintragen in die Listen der Heiligen.

Nach den genauen Kriterien einer solchen Praxis wurde immer wieder gefragt, wie der Metropolit von Derkoi, Konstantin, aus dem ökumenischen Patriarchat feststellt.[136] Nach der Antwort des ökumenischen Patriarchen Photios II. auf die Anfrage des rumänischen Patriarchen Myron aus dem Jahre 1931 und aus dem Akt einer der letzten Bestätigungen eines Heiligen im ökumenischen Patriarchat in Konstantinopel im Jahre 1986 werden folgende Punkte berücksichtigt.

1. Das gemeinsame Bewusstsein der Hirten und der Gläubigen, das die tatsächlichen Heiligen erkennt und bestätigt, wie es in der frühen Kirche war.

2. Die Bestätigung des zuständigen Bischofs oder einer anderen kirchlichen Instanz, die sich an das Ökumenische Patriarchat wenden, mit der Zusicherung der Heiligkeit des betreffenden Christen und mit dem Ausdruck des allgemeinen Willens und der Bitte des Klerus und des Volkes um die offizielle Aufnahme dieser Person in die Gruppe der Heiligen der Kirche.

3. Der Bericht der kanonischen Kommission.

4. Die Entscheidung der Synode, die nur als Bestätigung des Aktes (Tomos) der Anerkennung zu betrachten ist. Im Ökumenischen Patriarchat wurden im 20. Jahrhundert nur 17 solche Akte der Anerkennung bzw. der Bestätigung von Heiligen durchgeführt.[137]

3. Was bedeutet Heiligenverehrung?

Heiligenverehrung bedeutet nicht Konservativismus und Anachronismus, Beschäftigung mit der Vergangenheit, verträumte Glorifizierung der alten Helden des Glaubens. Sie ist auch keine feierlich zugedeckte Weltflucht aus der Ver-

[135] *Konstantin*, Metrop. von Derkoi, Ἡ ἀναγνώρισις τῶν ἁγίων ἐν τῇ Ὀρθοδόξῳ Ἐκκλησίᾳ κατά τήν τάξιν τοῦ Οἰκουμενικοῦ Πατριαρχείου, in: Ἐπιστημονική Παρουσία, 226.

[136] Vgl. ebd., 228f.

[137] Vgl. ebd., 231f.

antwortung der Kirche für den konkreten Menschen von heute. Heiligenverehrung bedeutet Selbstfindung des Christen in einem Verhältnis von Person zu Person, Erlebnis und Realisierung der Gemeinschaft innerhalb der Kirche in respektvoller Achtung und Annahme der Schwester und des Bruders, unabhängig von Zeit und Raum. Denn die Schwestern und die Brüder innerhalb der kirchlichen Gemeinschaft bilden ein Ganzes, eine Einheit, die lebt und in einer immerwährenden Gegenwart existiert. Deshalb bedeutet Heiligenverehrung auch Achtung und Annahme der eigenen Identität, die von den Anfängen der Gründung dieser Heilsgemeinschaft an in einer ununterbrochenen Kontinuität durch die Generationen hindurch bis zu uns reicht. So ist die Gemeinschaft der Schwestern und Brüder aus der Vergangenheit eine gegenwartsbezogene Realität. Sie lebten zwar in der Vergangenheit und starben vor Jahrzehnten oder vor vielen Jahrhunderten, sie begleiten uns aber auch heute mit Rat und Tat als leuchtende Beispiele und Vorbilder für unser Leben. Der Tod hat diese Gemeinschaft nicht zerstört, wie er auch die Gemeinschaft der Liebenden nicht zerstören kann. Alle diese Heiligen sind deshalb nicht nur verehrungswürdige Personen, sondern sie sind unsere Partner, die am Dialog von heute partizipieren, die uns doch etwas Wichtiges zu sagen haben.

Ist dies nur eine spezielle Auffassung und Haltung der Orthodoxen Kirche? Ich glaube, wenn man ein wenig darüber nachdenkt, kann man keine Gemeinschaft von Menschen finden, die ihre eigene Identität leugnen will. Auch jede Kirche, ob orthodox, katholisch, evangelisch oder andere, blickt respektvoll und stolz auf die Gründer, die Förderer, die Väter, die Mütter, die Kirchenväter und Kirchenlehrer; auf die Märtyrer, die Bekenner, die Reformatoren, die großen Heiligen. Sie beruft sich auf sie, wenn auch mit verschiedener Motivation und Intensität. Auch in einer normalen guten Familie denkt man respektvoll an die eigenen Mitglieder, auch wenn sie schon lange vorher gestorben sind. Die Afrikaner etwa haben eine ganz besondere Achtung vor ihren Ahnen.

Natürlich gibt es auch viele Gemeinschaften, die undankbar und respektlos oder verblendet vom Glanz ihrer eigenen vorläufigen Werke sind; die ihre eigenen Kinder weggelegt haben, oder sich von ihren eigenen Vätern und Gründern distanziert und getrennt haben. Das bedeutet aber nicht nur eine notwendige Abnabelung, Weiterentwicklung und Reifung ins Erwachsenenalter, das ist auch Entfremdung und Verarmung, Verlust der eigenen Identität. Eines der schlimmsten Phänomene unserer Zeit ist die Unsitte der anonymen Begräbnisse, wenn die Lebenden mit ihren Toten nichts mehr zu tun haben wollen und den Bestattungsbüros alles überlassen, weil sie nicht einmal wissen wollen, wann, wo und wie ihre Toten begraben werden. Identität hat etwas mit Kontinuität zu tun. Und Kontinuität bedeutet nicht blinde Nachahmung, widerspruchsloses Nachlaufen, widerstandslose Versklavung. Sie bedeutet lebendiges Wachstum, Bereicherung, Vermehrung, Früchtetragen und Früchtebringen. Das alles aber ist unmöglich, wenn der Baum von seinen eigenen Wurzeln abgeschnitten wird. Er kann wertvolles Holz für ein Haus oder für ein Schiff abgeben. Ein lebendiger Baum, der Leben hat und weitergibt, ist er nicht mehr. Der lebendige Baum gibt aber bessere und mehr Früchte, wenn er kultiviert wird, wenn er da und dort beschnitten und gepflegt wird.

So sehen wir Orthodoxe die diachrone Gemeinschaft durch die Jahrhunderte hindurch und die synchrone Gemeinschaft von heute. Wir sehen die auf Kontinuität basierende christliche Identität nicht als Bewahren im Sinne des Konservierens, nicht als Übernahme und Übergabe eines wertvollen Marmorstücks. Wenn jemand Tradition oder Kontinuität so versteht, begeht er die Sünde des Konservativismus. Kontinuität verstehen wir vielmehr als ein dynamisches Wachstum des lebendigen, kirchlichen Organismus, des einen „Leibes Christi". Dieser Leib hat sehr viele Glieder, und alle Glieder haben einen wichtigen und unverlierbaren Platz, eine unabdingbare Funktion; nicht nur die Lebenden, auch die in der Vergangenheit gelebt haben.

Weil es alle diese Glieder der Kirche gibt, haben wir jeden Grund, Gott zu loben und zu preisen, wegen dieser Glieder der Kirche und mit diesen uns zu freuen und zu feiern. Sie ersetzen Gott nicht, und wir verehren sie nicht anstelle Gottes. Wir beten sie nicht an, denn Anbetung gebührt nur dem dreieinigen Gott allein. Wir feiern, wir freuen uns, wir danken Gott und den Heiligen, dass es sie gibt. So bitten wir Gott, er möge uns weiterhin in dieser großen Gemeinschaft erhalten und hineinwachsen lassen in seine Liebe. Denn *Liebe* ist das wichtigste Fundament jeder Gemeinschaft, ohne die Persönlichkeit des einzelnen zu relativieren oder zu missachten. Liebe bedeutet Leben und hat göttlichen Ursprung. Sie verbindet die drei göttlichen Personen, den Vater, den Sohn und den Heiligen Geist, in der innigsten Form der Gemeinschaft in gegenseitiger Durchdringung (Perichorese), in einer Gemeinschaft ohne Unterordnung und Unterwerfung (Subordination). Diese Liebesgemeinschaft des dreieinigen Gottes ist das Urbild und Vorbild der menschlichen und der kirchlichen Gemeinschaft. Die Heiligen konnten mehrere Kreuze auf sich nehmen im Zeugnis des Glaubens, in Solidarität für die Mitmenschen und die Mitwelt.

Wenn diese Gemeinschaft in die Praxis umgesetzt wird, werden die Konsequenzen innerhalb jeder Kirche für das geistige Leben, für die kirchlichen Strukturen, für die Verwirklichung echter Solidarität, Synodalität und Kollegialität, aber auch für die Wiederherstellung der Gemeinschaft zwischen den getrennten Kirchen ohne Unterwerfung und Unterordnung von Kirchen von unschätzbarer Bedeutung sein.

Geburt Christi, 18. Jh., Byzantinisches Museum Athen.

Erzengel Michael, Ikonenmuseum Recklinghausen.

Papst Benedikt XVI. und der Ökumenische Patriarch Bartholomaios I. in Konstantinopel am 30. November 2006.

Begegnung des Autors mit Papst Benedikt XVI. bei seinem Besuch im Ökumenischen Patriarchat in Konstantinopel am 30. November 2006.

Kirche des Klosters „Agias Trias“ in Chania/Kreta, 17. Jh. Foto: Larentzakis.

Die Heilige Weisheit Gottes. Metropolitankirche Agias Trais, Bonn-Beuel.

4. Die Gemeinschaft der Heiligen und die hl. Eucharistie

Die Gemeinschaft liebender Menschen realisiert sich als Angeld der himmlischen Wirklichkeit durch und während der *hl. Eucharistie.* Bei dieser Feier der hl. Eucharistie, bereichert jedes Mal mit herrlichen Hymnen aus dem Leben des jeweiligen Tages-Heiligen, verwirklicht sich tatsächlich die Kirche, als Gemeinschaft der Christen mit allen Heiligen und mit dem dreieinigen Gott selbst. Diese Ortskirche ist die Kirche der Fülle des Heils und der Gemeinschaft der Heiligen. Deshalb wird sie qualitativ auch „katholisch“ genannt. Gerade hier, bei der Eucharistiefeier, haben wir nicht nur das Zentrum der „Eucharistischen Kirchenlehre“ durch die Eucharistie, sondern auch den Mittelpunkt jeder Heiligenverehrung. Hier verwirklicht sich mystisch die Vereinigung der himmlischen mit der irdischen Welt. Gott, der Vater, wird angefleht, seinen Heiligen Geist zu senden: auf die Anwesenden, und auf die auf dem hl. Altar liegenden Gaben des Brotes und des Weines, damit sie in wunderbarer Weise zum Leib und Blut Christi verwandelt werden.

Im zentralen Punkt der Wandlung der Gaben heißt es in der Chrysostomusliturgie weiter: „Wir bringen diesen geistlichen Gottesdienst (latreían) auch dar für die im Glauben Ruhenden, die Vorväter, Väter, Patriarchen, Propheten, Apostel, Verkünder, Evangelisten, Märtyrer, Bekenner, Enthaltsamen und für jeden gerechten Geist, der im Glauben vollendet ist, vornehmlich für die allheilige, allreine, über alles gesegnete und ruhmreiche Herrin, die Gottesgebärerin und stete Jungfrau Maria.“ Anschließend singt der Chor den Marienhymnus (áxion estín): „Wahrlich, würdig ist es, dich selig zu preisen, die Gottesgebärerin [...]“. Währenddessen betet der Priester weiter: „Für den hl. Johannes, den Propheten, Vorläufer und Täufer, für die heiligen und ruhmreichen und allverehrten Apostel, für den (die) heiligen N. (des Tages), dessen (deren) Gedächtnis wir begehen, und für all Deine Heiligen [...] Gedenke auch aller, die entschlafen sind in der Hoffnung auf die Auferstehung zum ewigen Leben [...] Wir bringen diesen geistlichen Gottesdienst auch dar für den ganzen Kosmos und [...]“

Ähnlich wie diese Stellen aus der Chrysostomus-Liturgie ist auch die Basilius-Liturgie.

Bleiben wir ein wenig bei diesen Gebeten stehen, vertiefen wir uns in dieses Herzstück der liturgischen Handlung, in der das unsagbare und unerforschliche Mysterium sich realisiert, die wunderbare Wandlung der Gaben des Brotes und Weines zum Leib und Blut Christi, in dem Gott selbst durch Jesus Christus im Heiligen Geist mit seinen Gläubigen sich vereinigen will. In diesem Moment verwirklicht sich die Gemeinschaft der Heiligen in ihrer universalen Dimension. Gott und die himmlischen Mächte verbinden sich mit den Heiligen, mit den Lebenden und mit den vorausgegangenen aus dieser Welt und schließlich mit dem ganzen Kosmos.

Und wenn wir noch genauer diese schönen und feierlichen Texte betrachten, dann stellen wir mit großem Erstaunen fest, dass bei dieser Verwirklichung der Gemeinschaft der Heiligen alle Grenzen gesprengt werden. Die Vorväter und die Väter, die Patriarchen und die Propheten aus der alttestamentlichen Zeit, die Apostel und Verkünder, die Evangelisten und die Mutter Gottes aus der neutestamentlichen Zeit werden ohne jede Unterscheidung und Klassifizierung, ohne jede Diskriminierung in einem Atemzug in die große Gott-Menschen-Gemeinschaft aufgenommen. An ihr dürfen wir auch teilnehmen, gemeinsam mit denjenigen Lebenden oder Toten, deren wir gedenken wollen; denn der Liturge fordert die Gläubigen auf: „und alle, an die jeder denkt, alle Männer und alle Frauen." Es sei noch einmal darauf hingewiesen, dass auch die Verstorbenen hier, in dieser liturgischen Gemeinschaft ihren Platz haben. Sehr viele Witwen z.B. geben dem Liturgen den Namen ihres verstorbenen Mannes, oder Witwer den Namen ihrer verstorbenen Frau, die er (der Liturge) im Moment des Gedenkens erwähnt. Das Empfinden der Gemeinschaft aller mit den Heiligen ist gerade hier, trotz des Ereignisses des Todes, sehr stark. So wird die Heiligenverehrung innerhalb dieser Gemeinschaft verstanden. Dabei werden die Heiligen persönlich beim Namen genannt, wenn auch der eine oder der andere Heilige besonders gefeiert wird, je nach Bedeutung für eine Ortskirche oder für die Gesamtkirche.

Vor Gott stehen wir aber alle in diesem heiligsten Moment der hl. Eucharistie als Teilhaber und Teilnehmer dieser Gemeinschaft. Diese umfassende Gemeinschaft der sichtbaren und der unsichtbaren Kirche wird manifest in der symbolischen Darstellung und Vorbereitung der liturgischen Gaben, die zur Wandlung auf dem Altar sind, auf dem Diskos (der Patene) und im Kelch.

Es beginnt mit der Vorbereitung oder Zurüstung der Gaben in der Proskomidie. Von liturgischen Gebeten begleitet, schneidet der Priester aus dem eucharistischen Brot einen Teil in kubischer Form für Christus heraus, Lamm genannt; er stellt es in der Mitte der Patene auf. Daraus wird der Leib Christi. Entweder aus dem gleichen Brot oder aus einem zweiten schneidet der Liturge in dreieckiger Form einen Teil heraus „zu Ehren und zum Gedächtnis" der Mutter Gottes und legt es zur Rechten des Lammes nieder. Dann schneidet e neun Teilchen heraus, die er in drei Reihen von oben nach unten zur Linken des „Lammes" legt. Es ist interessant, mit welchem Weitblick und religiösen Empfinden diese liturgische Ordnung entwickelt wurde, wodurch die große die Gemeinschaft der Heiligen zum Ausdruck gebracht wird. Neben dem Lamm Gottes und seiner Mutter symbolisieren diese Teilchen die himmlischen Mächte und die verschiedenen Heiligen der Kirche. Das 1. Teilchen gilt „zu Ehren und zum Gedächtnis" den Erzengeln Michael und Gabriel und allen himmlischen Mächten, das 2. gilt dem Propheten, dem Vorläufer und Täufer Johannes und allen heiligen Propheten; das 3. gilt den zwölf, den siebzig und allen heiligen Aposteln; das 4. ist für die großen Hierarchen und ökumenischen Lehrer, Basilius den Großen, Gregors von Nazianz und aller heiligen Hierarchen; das 5. ist für alle heiligen Märtyrer, z.B. den Erzdiakons Stephanus, und alle heiligen Märtyrerinnen, z.B. Thekla, das 6. ist für alle Väter, Einsiedler und heilige Mönche, z.B. Antonius, Sabbas usw., und alle heiligen Mütter und Nonnen, z.B. Pelagia, Theodosia usw.; das 7. ist für die heiligen und wundertätigen Anargyren (die unentgeltlich Handelnden), z.B. für Kosmas und Damian usw.; das 8. gilt den heiligen Vorfahren Joachim und Anna; und das 9. gilt dem Heiligen, dessen Liturgie gerade gefeiert wird, d.h. meistens dem hl. Johannes Chrysostomus oder dem hl. Basilius des Großen.

Zu dieser Gemeinschaft treten noch hinzu, in der Form von kleinen Brotstücken vor dem „Lamm", die namentlich erinnerten Verstorbenen und Lebenden, die von Gläubigen als persönliche Fürbitte gewünscht werden. So wird die ganze Welt der Heiligen mit Jesus Christus, der Mutter Gottes und den himmlischen Mächten auf der Patene symbolisiert.

Die Worte der Beschreibung vermögen sicherlich nicht die Symbolkraft dieser Darstellung der Gemeinschaft zum Ausdruck zu bringen: himmlische und irdische Kräfte, Heilige aus der alttestamentlichen und der neutestamentlichen Zeit, Männer und Frauen, Mönche und Nonnen, Väter und Mütter, Lebende und Verstorbene, alle in der Nähe der Muttergottes und in der Nähe Christi. Auf dieser Patene befindet sich tatsächlich in verdichteter Form der Mikrokosmos der Gemeinschaft aller Heiligen, ja der ganzen Heilsgemeinschaft. Diese reale Gemeinschaft wird als Erinnerung und Manifestation vorgebracht, aber auch als Hoffnung und Zuversicht für unsere zukünftige Anteilnahme an dieser Gemeinschaft der Heiligen.

5. Die Gemeinschaft der Heiligen und die Ikonographie

Diese Gemeinschaft, wie sie sich im liturgischen Tun auf dem hl. Altar manifestiert, wird noch augenscheinlicher durch die Darstellung der Bilder in der *Ikonographie* des Kirchenraumes.[138] Die Ikonographie in der Orthodoxen Kirche bedeutet nicht nur Dekoration und Förderung der Ästhetik, obwohl das auch ein sehr wichtiges Element ist. Sie bedeutet Ausdruck und bildhafte Darstellung des Glaubens, Verkündigung des Wortes Gottes und Manifestation der lobpreisenden Gott-Menschen-Gemeinschaft. Wenn all dies in Ikonen dargestellt wird, wenn in der Orthodoxen Kirche diese Ikonen verehrt werden, bedeutet dies nicht Götzenverehrung, bedeutet es auch nicht Anbetung der Ikonen selbst, wie es oft im Westen missverstanden wird: Die Anbetung gebührt allein Gott. Die

---

[138] Vgl. *A. Basdekis*, Die Gottesmutter. Marienverehrung und Marienfrömmigkeit in der orthodoxen Theologie und Kirche, in: Ökumenische Rundschau 31 (1982), 434.

Verehrung gilt auch nicht den Ikonen selbst, sondern den Heiligen, die auf den Ikonen dargestellt sind. Sie geht durch die Ikonen vom Abbild zum Urbild über.[139] Von diesem Ausgangspunkt her möchte ich *vom Zugang* zu einer Ikone als von einer *Begegnung* sprechen. Wenn ein orthodoxer Christ vor einer Ikone Jesu oder Mariens oder eines Heiligen steht, entwickelt sich spontan, unreflektiert, ein Verhältnis mit der abgebildeten „Person". Der Christ schaut diese abgebildete Person von Angesicht zu Angesicht an, er tritt in Gemeinschaft mit ihr und es beginnt ein lebendiger Dialog. Mit Ehrfurcht, Hochachtung, Respekt und mit Liebe verbeugt er sich vor der Ikone, d.h. vor der abgebildeten Person, bekreuzigt sich und küsst nicht die Ikone an sich, sondern die abgebildete Person, die vor ihm als eine liebgewordene und respektierte Person steht. In diesem Sinne ist die Ikone eine lebendige Wirklichkeit, wodurch der Abgebildete vergegenwärtigt wird, zu leben beginnt und Gemeinschaft schafft. Kardinal Schönborn stellt zur Bildtheologie von Johannes von Damaskus und konkreter zum Verhältnis zwischen dem Bild und dem Abgebildeten richtig den Hauptgedanken der *Teilhabe* in den Mittelpunkt.[140] Wenn der Gläubige dies fühlt, beginnt er tatsächlich mit dem Abgebildeten zu sprechen. Ihm zu danken für das Leben und für alles, was er für uns getan hat, ihn zu bitten für das Gelingen seines Lebens, oder für das Meistern von konkreten, aktuellen Schwierigkeiten und Nöten, für das Heilen von Krankheiten, für Geduld und Kraft dazu, durchzuhalten, nicht zu verzweifeln. Man sucht und findet Kraft und Trost, Beistand und Mut für das weitere Leben. Man ist nicht allein, man befindet sich in Communio, in einer innigsten Gemeinschaft, die eine gegenwartsbezogene Partizipatio ermöglicht. In diesem Sinne sind alle diese abgebildeten Personen nicht nur Menschen, die vorbildhaft in der Vergangenheit gelebt haben und an die wir uns jetzt durch die Ikonen gerne erinnern und die wir bewundern, sondern sie sind jeweils heute und jetzt, in einer immerwährenden Präsenz, Teilnehmer an der Gemeinschaft, zeitgenössische Partner im Dialog.[141] So vollzieht sich die Gemeinschaft in der doppelten Dimension, in der vertikalen und der horizontalen. Evangelos Theodorou formuliert: „In der Ikone verbinden sich also Irdisches und Himmlisches, Stoffliches und Geistiges, Sinnliches und Übersinnliches, Natur und Gnade. In der Ikone ist das Jenseits im Diesseits gegenwärtig und nimmt das Diesseits am Jenseits teil."[142]

Diese Verbindung entwickelt sich dann auch als Lobpreisung und Doxologie des dreieinigen Gottes, der aus Liebe zu uns diese Heilsgemeinschaft ins Dasein

---

[139] Vgl. *Th. Nikolaou*, Die Ikonenverehrung als Beispiel ostkirchlicher Theologie und Frömmigkeit nach Johannes von Damaskus, in: Ostkirchliche Studien 25 (1976), 159. Vgl. auch *G. Dumeige*, Nizäa II, Mainz 1985, 165.

[140] *Christoph Schönborn,* Die Christus-Ikone. Eine theologische Hinführung, Schaffhausen 1984, 184.

[141] Vgl. *Anastasios Kallis,* Orthodoxie. Was ist das? Mainz 1979,49f.

[142] Vgl. *Evangelos Theodorou,* Grundaspekte der Ästhetik unter dem christlich-orthodoxen Blickwinkel. (Beitrag zum Dialog von Kirche und Kunst), in: Θεολογία 74 (2003), 448.

gerufen hat. Diese Gemeinschaft wird in ikonographischen Darstellungen im Kirchenraum sehr intensiv zum Ausdruck gebracht.

Die Kuppel stellt den Himmel dar, die Ebene des Kirchenraumes die Erde. Und zwischen Himmel und Erde, zwischen Gott und den Menschen, die an der Eucharistiefeier teilnehmen, werden die Muttergottes und die Heiligen dargestellt. In der Kuppel wird der *Pantokrator* abgebildet. Den *Pantokrator* einfach mit *Allherrscher* zu übersetzen ist nicht korrekt. Deshalb wird hier versucht zu beschreiben, wie ein orthodoxer Christ dieses Bild versteht: Gott, der Schöpfer, der Erhalter, der Richter und Liebende schaut vom Himmel hinunter; majestätisch, ernst, voll Sorgen und Liebe für die Menschen; er blickt auf die Menschen, die er segnet. Das ist der Pantokrator, so versteht ihn der orthodoxe Christ, der von ihm Liebe, Erlösung und Annahme in die Sohnschaft des Vaters erwartet. So stellt der Pantokrator zugleich den Vater und den Sohn dar. Es handelt sich um ein Missverständnis, wenn der Pantokrator nur als der Allmächtige, der gerechte Richter, der Strenge, der alles kann und Macht demonstriert, hingestellt wird. Der Omnipotente, der Allmächtige, ist er; doch er ist auch der Segnende und der Liebende. Er umarmt aus der Höhe in der Kuppel sein ganzes Volk, das sich unter ihm befindet. Er ist der Mächtige, nicht um willkürlich, patriarchalisch-männlich im heutigen Sinne, alles zu machen was ihm gerade gefällt, sondern um die Welt und die Menschen zu schaffen, sie dann, wenn es nötig wird, zu erlösen und in seine Gemeinschaft zurückzuholen. Er ist mächtig, nicht um zu bestrafen, sondern um zu lieben.

Die Gottesgebärerin (Theotokos) verbindet durch die Geburt ihres Sohnes den Himmel und die Erde, Gott und die Menschen, ohne die eigentliche Mittlerrolle Christi in Frage zu stellen. Diese Mittlerrolle Mariens wird in der Ikonographie dadurch zum Ausdruck gebracht, dass die Muttergottes als die Platytera in der Apsis, d.h. in der Nische hinter und oberhalb des Altars mit dem kleinen Jesus am Schoß dargestellt wird. Sie ist die Mutter Jesu, aber sie wird auch als die Mutter aller Menschen betrachtet. Von dieser Frau und Mutter erwarten die Christen auch Liebe sowie Beistand und Fürsprache bei ihrem Sohn.

Unterhalb des Pantokrators sind die Engel und dann die vier Evangelisten auf den vier Säulen angebracht, die die Kuppel tragen. Unterhalb der Maria-Platytera werden die Propheten und die alttestamentlichen Gerechten, dann die Apostel dargestellt und an den anderen Wänden die Heiligen.

An der Ikonostase (Ikonenwand) zwischen dem Altarraum und dem Hauptschiff der Kirche befinden sich die Ikonen Christi, der Muttergottes, des hl. Johannes des Täufers, sowie desjenigen Heiligen, zu dessen Ehre die Kirche erbaut wurde. Auf den Türen sind die Darstellung der Verkündigung Mariens und der Erzengel Gabriel und Michael angebracht. Oberhalb dieser Ikonen ist das so genannte Dodekaorton, das sind zwölf kleinere Ikonen mit Szenen aus dem Leben Jesu. Alle diese Ikonendarstellungen bilden eine große Synthese der Gemeinschaft der Heiligen, an der alle Menschen teilnehmen können, denn schließlich ist das ganze Menschengeschlecht erlöst worden. Die orthodoxe Darstellung der Auferstehung Christi, in der er die Hand Adams und in manchen Darstellungen auch die Hand Evas hält und sie beide mit auferstehen, bezeugt die Universalität der großen Heilsgemeinschaft. Das bedeutet, dass mit Adam und Eva das ganze Menschengeschlecht, Männer und Frauen in gleicher Weise, gemeint sind. Die Ikone der Verklärung Christi auf dem Berg Tabor bezeugt ebenfalls eindrucksvoll die universale Heilsdimension. Moses und Elias erscheinen mit Jesus Christus in der Ausstrahlung seiner Herrlichkeit und bezeugen vor den Jüngern Christi, dass es auch eine andere Welt gibt in der Einheit der Epochen der Menschheitsgeschichte, des Alten und des Neuen Testaments. Das ist Manifestation und Einladung und Hoffnung zugleich, dass diese zukünftige Welt auch für alle Menschen da ist, sie also alle daran teilhaben können. Hier erscheint die Ikone als Vergegenwärtigung nicht nur des Vergangenen, sondern auch des Zukünftigen, des Eschatologischen, in einer ununterbrochenen Kontinuität.

Das ist die Botschaft der Ikone, die Perspektiven zeigt, Hoffnung erweckt und Zuversicht auf das Zukünftige vermittelt für alle Menschen aller Zeiten und aller Völker.

Im Kirchenraum werden also auch alttestamentliche Personen von der Erschaffung der Welt und des Menschengeschlechtes dargestellt. Adam und Eva nicht nur bei der Auferstehung Christi, sondern auch im Paradies und bei ihrer Ausweisung aus dem Paradies nach ihrem Fall. Wie bereits erwähnt, auch immer wieder die großen und kleinen Propheten und andere alttestamentliche Personen. Die Alttestamentliche Zeit wird durch die Ikonographie mit der Neutestamentlichen Zeit als eine Einheit und Ganzheit in der Heilsgeschichte dargestellt. Aber nicht nur das. In der Orthodoxen Kirche ist es möglich, vor allem im Narthex, dem Vorraum des Kirchengebäudes (innerhalb von Klosterkomplexen auch an vielen Außenwänden mancher Kirchen, z.B. in Rumänien), auch Darstellungen der alten griechischen Philosophen anzubringen, der Vertreter des *Logos spermatikos*, von dem der hl. Justin des Märtyrer spricht.[143] Alle gehören also in die eine und dieselbe Heilsgemeinschaft, wenn auch in unterschiedlicher Intensität und divergierender Zeit.

Alle diese Darstellungen zeigen die innigste Heilsgemeinschaft und zugleich auch den dramatischen Weg des Menschengeschlechtes in einer wellenartigen Bewegung: einmal hoch, einmal tief, einmal in der paradiesischen Harmonie, einmal in der Entfernung und Entfremdung von Gott, einmal in der Gottesgemeinschaft und einmal in der Abschwächung; jedoch nie in der Zerstörung dieser Gemeinschaft. Der verlorene Sohn hat nie aufgehört, vor allem Sohn zu sein. Und es ist bekannt von der biblischen Geschichte, dass er reumütig zu-

---

[143] Vgl. Justin der Märtyrer, Apologie I, 46. Deutsch v. *G. Rauschen*, BKV^2 12, Kempten 1913, 59.

rückgekehrt ist und feierlich und festlich von seinem liebenden Vater empfangen wurde.

Damit vermittelt der Kirchenraum mit seiner symbolträchtigen Architektonik und mit all diesen Darstellungen und Ikonen den lebendigen Lauf der Heilsgeschichte und die Geborgenheit in der Gemeinschaft. Und es ist gut so, wenn man in eine Kirche hineingeht und dieses Gefühl durch diesen Raum bekommt. Der Wert eines solchen Erlebnisses ist sehr hoch, trotz der Tatsache, dass dieser Raum nur für einen Zweck verwendet wird, nur für die Doxologie des dreieinigen Gottes und für das Erleben der Gemeinschaft mit ihm.

Aber auch außerhalb der Kirchen werden die Ikonen verehrt: Z.B. in Häusern und Wohnungen, in denen oft ein eigens dafür eingerichteter Platz vorhanden ist. Auch an Arbeitsplätzen und in Autos finden sich Ikonen als Beschützer und Begleiter. Ausdruck der vorhandenen und erlebbaren Gemeinschaft in Liebe und Solidarität.

Das wichtigste Vorbild dieser liebenden Gemeinschaft ist die Gemeinschaft des Dreieinigen Gottes, wie sie in der Orthodoxen Kirche dargestellt wird: als Besuch der Gäste, der drei Engel, bei Abraham in Mamre. Die drei Engel, die die drei göttlichen Personen symbolisieren bilden eine solche Gemeinschaft. Von dieser anthropomorphen Darstellung der heiligen Trinität gibt es viele Varianten seit dem 4. Jahrhundert.[144] Die bekannteste von ihnen ist die von Andrej Rubljov 1422 angefertigte Darstellung. In beeindruckender Einfachheit und Reduktion auf das Wesentlichste und Notwendigste vermittelt sie dem Betrachter die Erhabenheit des Mysteriums der heiligen Trinität und zugleich das Gefühl der Annahme und der Gemeinschaft; genauso, wie dieses innigste Gefühl bei einer Philoxenia, bei einer Gastfreundschaft von liebenden Personen erlebt und erfahren wird. Der gedeckte Tisch vor ihnen bezeugt diese Gastfreundschaft und Gemeinschaft noch stärker.

Jahrhunderte lang gab es Missverständnisse und intensive Auseinandersetzungen gerade im Zusammenhang mit diesem Sachverhalt. Übertreibungen und Missbräuche gaben auch dazu vielfach den Anlass. Man verehrte die Ikone selbst, die Farben und das Holz machte man zum Amulett. Und so waren große Mühen seitens der Kirche und von derer nötig, die sich dieses Themas im Laufe der Jahrhunderte angenommen haben, allen voran des heiligen Johannes von Damaskos im 8. Jahrhundert, der auch diesen Satz des heiligen Basilius immer wieder wiederholte, bis dann das 7. Ökumenische Konzil in Nizäa im Jahre 787 eine richtige Theologie der Ikonen formulierte und den rechten Glauben auch für eine richtige Ikonenverehrung im erwähnten Sinne artikulierte.[145]

---

[144] Vgl. *Thomas Provatakis,* Τό Ἅγιον Πνεῦμα εἰς τήν ὀρθόδοξον ζωγραφικήν, Thessaloniki 1971, 39.

[145] Vgl. *Gervais Dumeige,* Nizäa II, Mainz 1985, 295.

Sie bedeutet Verkündigung des Wortes Gottes und des Inhalts des Glaubens wie auch Manifestation der lobpreisenden Gott-Menschen-Gemeinschaft.

In diesem Sinne bedeutet auch *die Ikonostase*, die Bilderwand zwischen dem Hauptschiff einer Kirche und dem Altarraum, keine Trennung zwischen der irdischen und der himmlischen Welt, sondern geradezu eine Verbindung. Denn die auf der Ikonostase angebrachten Ikonen sind Fenster zum Himmel, Brücken, die die Verbindung dieser zwei Seiten einer ganzen Welt ermöglichen und fördern.

Aus dem bisher Gesagten wird klar, dass der Ikonenmaler oder die Ikonenmalerin sich nicht als gewöhnlicher Künstler versteht, der seiner Phantasie freien Lauf lässt, der immer wieder etwas Neues erfindet und zum Ausdruck bringt. Er ist ein Organ, durch das etwas vermittelt wird, er ist der Diener, der aus seiner inneren Welt, mit Hilfe von Beten und Fasten und geistiger Vorbereitung, einen liturgischen Dienst vollbringt. Aus diesem Grund vermerkt er meistens, wenn er überhaupt seinen Namen unter die Ikone setzt, „durch die Hand des N.“. Damit will er eben diesen dienenden Charakter seiner Arbeit zum Ausdruck bringen.

Abschließend möchte ich feststellen, dass diese ganzheitliche Dimension der Ikonendarstellungen, die vertikale und die horizontale, sowie ihr Sitz im Leben, nicht nur auf das optisch-körperliche Gefühl der Menschen gerichtet ist, sondern auch auf seine geistige und innere Welt, auf seine ganze Existenz. Die Ikonen können sehr inspirierend auf die kirchliche und die allgemeine Ästhetik und auf die anderen schönen Künste der Menschen wirken.[146] Dabei darf die ästhetische Form der Ikonen nicht verabsolutiert hingestellt werden, etwa als unabänderliches Dogma der Orthodoxie, also der Form Priorität vor dem Inhalt der Ikonen eingeräumt werden.

6. Die Heiligenverehrung und der Mensch in der Welt

Die Gemeinschaftsauffassung berechtigt zur Hoffnung und Zuversicht auch für diese konkrete Welt, denn der orthodoxe Christ kennt, keine Trennung zwischen einer *civitas Dei* und einer *civitas terrena*,[147] keinen Dualismus zwischen dem „Sakralen“ und dem „Profanen“. Aus diesem Grunde hat die Gemeinschaft der Heiligen und überhaupt die auf der Liebe basierende Gemeinschaft in der

---

[146] Vgl. *Evangelos Theodorou,* Grundaspekte der Ästhetik unter dem christlich-orthodoxen Blickwinkel. (Beitrag zum Dialog von Kirche und Kunst), in: Θεολογία 74 (2003).

[147] Vgl. *A. Papaderos*, Das liturgische Selbst- und Weltbewußtsein des byzantinischen Menschen, in: Kyrios 4 (1964), 213f.

Kirche, als Abbild der Gemeinschaft der drei göttlichen Personen, Konsequenzen für das konkrete Leben in dieser Welt.

Das Charakteristikum der *Gemeinschaft* ist, dass sie weder zu einem Kollektiv ausartet, noch zu einem extremen Individualismus verarmen kann. Im Kollektiv verliert der Mensch seine eigene Persönlichkeit, er wird zu einer Nummer im Arbeitsprozess; er verliert seine freie, verantwortungsvolle Entscheidungsmöglichkeit und gerät in die Rolle eines Zahnrades im Mechanismus einer Maschine, das jederzeit ohne viele Überlegungen ersetzt werden kann. Dazu kann es in jedem kollektivistischen System und unter jeder Ideologie kommen; sei es unter dem Druck der sogenannten Diktatur des Proletariats oder des allmählich alles beherrschenden Computerzeitalters der Moderne und Postmoderne, in der der Mensch sein Person-, sein Subjektsein verliert und nur zu einem Objekt degradiert wird.

Die Heilsgemeinschaft schützt uns aber auch vor jedem extremen Individualismus, in dem der einzelne verabsolutiert wird und sich zu einem Egoisten entwickelt, mit der Konsequenz der Isolierung und der Vereinsamung. All das geschieht innerhalb des Konzeptes der Selbstverwirklichung. Der Nachbar kennt den Nachbarn nicht, der Verwandte weiß nicht, wie es dem Verwandten geht, die Geschwister entfernen sich, die Eltern verlieren ihre Kinder, die Familie geht zugrunde; der Mensch verliert seinen Mitmenschen. Die Vereinsamten sterben in ihren Wohnungen allein, ohne jede Hilfe; sie werden erst nach Tagen oder nach Monaten entdeckt.

Ist der Preis der sogenannten Unabhängigkeit und der übertriebenen Freiheit und Selbstverwirklichung nicht zu hoch?

Gerade in dieser Situation der Abkapselung und der Isolierung, in der schwierigen Situation vielfältiger Krisen, die das wirtschaftliche Netz nicht mehr beseitigen kann, wo sich die geweckten Erwartungen und Hoffnungen nicht erfüllen, gerade in dieser Situation benötigen wir die Wärme ausstrahlende Gemeinschaft. Gerade jetzt brauchen wir die gegenseitige Hilfe und Unterstützung, liebende Solidarität, eine Umkehr von einer illusorischen Welt des angeblichen „Wohlstandes" und des vermeintlich Alles-Machbaren. In dieser Situation, in der wir verblendet sind von der Ausstrahlung unserer Werke, brauchen wir richtungsweisende Gefährten, die sich mit uns auf den Weg machen, um gemeinsam nach dem Sinn unseres Lebens zu suchen. Ob in der Gemeinschaft der Familie oder in der Gemeinschaft eines Klosters ist sekundär. Bei allen Fällen ist die Gemeinschaft der Heiligen sehr wichtig und hoffnungsbringend.

Tatsächlich waren es in vielen Krisensituationen die Heiligen als mutige und entschlossene Männer und Frauen, die gegen den Strom geschwommen sind. Sie wurden oft kritisiert, belächelt, lächerlich gemacht, verspottet und gemartert um ihrer Überzeugung und ihres kompromisslosen Einsatzes willen. Es waren tatsächlich die Charismatiker, die Propheten, die Geistträger (Pneumatophoroi) und die Christusträger (Christophoroi), die neues Leben, neue Bewegungen und neue Impulse für das konkrete Leben gegeben haben. Oft waren es Einsiedler, die voll Sorge und Liebe für die Menschen ihre Zellen immer wieder verließen, sich in die Turbulenzen der Welt hineinwagten, um ihre Stimme ohne Rücksicht auf Risiko oder Gefahren zu erheben. Und diese Stimme war rein, deutlich und klar, ohne diplomatische Verharmlosungen, ohne billige Beschwichtigungen. Sie war einfach, uneigennützig, glaubwürdig und heilsam, denn sie war die Ausstrahlung ihres Lebens.

Deshalb ist es richtig, was im Schlussdokument der Außerordentlichen Bischofssynode in Rom 1985 gewünscht wird. Dort heißt es: „In für die ganze Kirchengeschichte überaus schwierigen Situationen waren heilige Männer und Frauen stets Quelle und Ursprung für eine Erneuerung. Heute brauchen wir dringend Heilige, um die wir Gott bitten müssen.“[148] Diese Aufforderung können sich Christen aller Kirchen ausnahmslos zu eigen machen und tatsächlich Gott gemeinsam bitten, uns solche Heilige zu schenken. Aber dann werden wir uns vor Gott und unseren Mitmenschen schuldig machen, wenn wir die Stimme dieser Heiligen nicht wahrnehmen, oder, wenn wir mit den noch überall vorhandenen Machtstrukturen diese Stimmen zum Schweigen bringen.

Dabei müssen wir auch Gott bitten, uns seinen Heiligen Geist zu senden, um uns hellhörig zu machen, uns zu erleuchten, um diese Stimme der Propheten und Heiligen zu erkennen, auch der heutigen, die oft als Einzelrufer in der Wüste unermüdlich ihre Stimme erheben. Diese sollen wir erkennen als die Stimme Gottes, die Stimme des liebenden Vaters, der seine Kinder zurückholen will in seine Gemeinschaft. Dann können wir auch diese Heiligen und die Mutter Gottes bitten, für uns bei Gott zu sprechen; nicht weil wir zu wenig Vertrauen in Gott haben, oder weil weil Gott solche Vermittler benötigt, sondern aus der Kraft der Gemeinschaft, in der „alle Glieder einträchtig füreinander sorgen: Wenn ein Glied leidet, leiden alle Glieder mit; wenn ein Glied geehrt wird, freuen sich alle anderen mit“ (1Kor 12,25–26), und weil „das inständige Bitten eines Gerechten große Kraft hat“ (Jak 5,16). So bedeutet christliche Gemeinschaft vorbehaltlose Solidarität auf dem Fundament der uneigennützigen Liebe, wie auch das 7. Ökumenische Konzil in Nizäa (787) feststellte.

7. Die Heiligenverehrung und ihre ökumenische Relevanz

Diese vorbehaltlose Solidarität hat keine Grenzen, keine zeitlichen, geographischen, räumlichen, sprachlichen, kulturellen, sozialen oder geschlechtliche; und so sollte sie auch keine konfessionellen Grenzen kennen. Natürlich weiß ich,

---

[148] Schlussdokument, 4, in: Die Dokumente, 27. 63 (1986), 420.

dass nicht überall ein idealer Zustand war. Es ist jedoch ein unverzeihlicher Skandal, wenn die Gemeinschaft der Heiligen durch die konfessionellen Grenzen unmöglich gemacht wird. Gleich welche Meinungsverschiedenheiten, Krisen und Probleme wir hatten und haben, eine solche Spaltung innerhalb der Kirche Christi, eine solche Entfremdung der Glieder des einen Leibes Christi ist durch nichts zu rechtfertigen. Und wenn wir Christen und Kirchen nicht imstande sind, unsere Probleme als innerkirchliche Probleme zu sehen, als eine Krise innerhalb der *einen* Kirche Christi, die alle Christen und alle Kirchen existentiell betrifft, wenn wir nicht fähig sind, über unsere Probleme gemeinsam zu sprechen, diese Krise zu überwinden und die Gemeinschaft wiederherzustellen, dann verlieren wir jede Glaubwürdigkeit nach innen und außen. Wir verlieren jede Effizienz, ja sogar das Recht, lautstark die Befriedung der Welt von den anderen, von den Politikern und den Generälen zu verlangen.

Wenn daher im Laufe der Jahrhunderte *und* heute überzeugte Christen, Heilige und Propheten, auftreten, um uns mit ihrem Leben und mit ihrem Wort, oft mit ihrem Blutzeugnis zu mahnen, ist es zwar in erster Linie Sache einer Ortskirche, betrifft aber im Sinne des Gemeinschafts-Gedankens auch die anderen Kirchen.

Ich meine nicht nur die Zeit des ersten Jahrtausends, aus der wir auch im orthodoxen Kirchenkalender viele Namen aus dem Westen haben, sondern auch die spätere Zeit des zweiten Jahrtausends bis heute, trotz der Trennungen und Spaltungen. Eine solche gegenseitige Anerkennung der Märtyrer und Heiligen im Namen Jesu Christi und im Namen der heiligen Dreieinigkeit im Bereich der Gesamtkirche kann uns aus einer Sackgasse herausholen und den Weg der ökumenischen Annäherung auf dem Fundament des konkreten Lebens und des Zeugnisses eröffnen. Ich glaube, dieser Weg ist uns zu wenig bewusst. Deshalb möchte ich betonen, dass gemeinsame Feiern der Feste der Heiligen - wie es z.B. seit einigen Jahren bei den Patronatsfesten des hl. Andreas des ökumenischen Patriarchates in Konstantinopel und der hl. Petrus und Paulus in Rom mit Vertretern der jeweils anderen Schwesterkirche geschieht - nicht nur ein Zeugnis der bereits vorhandenen Gemeinschaft ist, sondern auch Ansporn und Herausforderung sein kann für den weiteren gemeinsamen Weg. Das ist eine effektive Hilfe des offiziellen theologischen Dialogs zwischen unseren Kirchen.

Hier möchte ich ein Beispiel des neuen Bewusstseins anführen. Der Metropolit von Korinth, Panteleimon, beschreibt die Kämpfe der Kirche für die Befreiung des Menschen von Unterdrückung und Ungerechtigkeit und stellt die Notwendigkeit eines solchen Befreiungskampfes fest, sowohl für den Osten als auch für den Westen, für die Dritte Welt, für Lateinamerika usw. Für diese Kämpfe und für die Erreichung des gesetzten Zieles ist der Preis oft sehr hoch. Häufig ist der Preis die Aufopferung des eigenen Lebens. Und nachdem der Metropolit von

Korinth einige orthodoxe Neumärtyrer[149] aufzählt, ohne irgendeine Unterscheidung zu machen, spricht er weiter von den weiteren neuen Märtyrern der Kirche, vom polnischen Priester P. J. Popielusko und vom Erzbischof von El Salvador, Oskar Romero. Mit dieser Beschreibung des orthodoxen Metropoliten, veröffentlicht in der offiziellen Zeitschrift der Kirche Griechenlands „Ekklesia“,[150] stellen wir das wachsende Bewusstsein der gesamtkirchlichen Solidarität auf der ganzen Welt fest. Müsste man hier nicht auch andere Namen hinzufügen? Wie z.B. Martin Luther King, Dietrich Bonhoeffer, Maximilian Kolbe und viele andere noch, ohne dass wir immer wieder konfessionelle Vereinnahmung praktizieren?

Wenn sich dieses im Wachstum befindliche Bewusstsein für die gemeinsame Heiligenverehrung zu einer allgemeinen Überzeugung für die Zugehörigkeit zur selben Heilsgemeinschaft entwickelt, und wenn wir dem „Heiligen“ überhaupt in unserem Leben und in unserer Welt mehr Raum und Bedeutung schenken, dann haben wir auch für die Verwirklichung der Gemeinschaft der Kirchen und für die gemeinsame Lösung der Weltprobleme von heute viel gewonnen.

B. Maria in der Orthodoxen Kirche

Das Thema der Mariologie ist in den letzten Jahren wieder sehr aktuell geworden.[151] Viele Diskussionen wurden abgehalten, und nicht wenige Publikationen erschienen zu diesem Thema, das nicht mehr nur die eine oder andere Kirche allein beschäftigt und betrifft. Mariologie war und ist ein höchst ökumenisches Thema. Papst Paul VI. stellt in seinem Apostolischen Schreiben „Marialis Cultus“ vom 2. Februar 1974 fest, dass die „Marienverehrung eine ökumenische Prägung erhält.“[152] Er hofft, dass trotz der vorhandenen Glaubensdifferenzen über Maria zwischen der Römisch-Katholischen und den anderen Kirchen „die Verehrung der demütigen Magd des Herrn, […] nicht ein *Hindernis*, sondern wenn auch langsam *Weg und Punkt der Bewegung für die Einheit aller Christgläubigen wird.*“[153] Auch Papst Johannes-Paul II. gab am 25. März 1987,

[149] Über dieses Thema mit reicher Literatur siehe: *A. Glavinas,* Οἱ νεομάρτυρες τῆς τουρκοκρατίας, Katerini 1997.

[150] Ekklesia 63 (1986), 418.

[151] Vgl. *G. Larentzakis,* Maria in der Orthodoxen Kirche, in: Ökumenisches Forum 11 (1988), 25–42.

[152] Papst Paul VI., Die rechte Pflege und Entfaltung der Marienverehrung. Apostolisches Schreiben „Marialis Cultus“ vom 2. Februar 1974. Mit einer Einführung von Prof. Dr. W. Beinert, Leutesdorf am Rhein 1974, 71.

[153] Ebd., 73.

am Fest Mariä Verkündigung, eine Enzyklika „*Redemptoris Mater*. Über die selige Jungfrau Maria im Leben der pilgernden Kirche“ heraus.[154] Er hat angesichts des herankommenden dritten Jahrtausends das Wort über Maria ergriffen und ein Marianisches Jahr ab dem 7. Juni 1987 angekündigt.[155]

Beide Päpste wollen die Aussagen des II. Vatikanums aufnehmen und weiter ausführen. In diesem Zusammenhang wiederholen sie das, was das II. Vatikanum über die Auffassung der Orthodoxen Kirche zur Mariologie sagt, mit der Feststellung, dass die orthodoxe Lehre über Maria eng verwandt sei mit der katholischen Auffassung und dass dies einen sehr wesentlichen Verbindungspunkt beider Kirchen darstellt. Es ist interessant, folgendes hervorzuheben: Obwohl die Orthodoxe Kirche beide katholischen Mariendogmen (unbefleckte Empfängnis und leibliche Aufnahme Marias in den Himmel) nicht hat, stellten beide Päpste dies mit keinem Wort als Mangel hin. Sie machen keine Andeutung, dass die Orthodoxe Kirche diese Dogmen aufnehmen müsse. Die Marien-Enzyklika des Papstes hat das Marien-Thema neu aktualisiert und in ökumenischen Kreisen verschiedene Reaktionen hervorgerufen. So lesen wir z.B. im Reformierten Kirchenblatt von Wien, dass nach der Meinung des Leiters des konfessionskundlichen Instituts des Evangelischen Bundes, Reinhard Frieling, die „Marienenzyklika“ (des Papstes Johannes-Paul II.) keine Ermutigung zur Ökumene" sei.[156] Er stellt fest, dass die Ökumeniker „Schlimmeres befürchtet“ hatten.[157] W. Beinert hebt die ökumenische Bedeutung der Enzyklika hervor.[158]

Orthodoxerseits betonte der ökumenische Patriarch Dimitrios I. am 5. Dezember 1987 in der Kirche S. Maria Maggiore während seines Besuches in Rom, dass abgesehen von den zwei Mariendogmen und von manchen westlichen einseitigen dogmatischen Entwicklungen, die in der Zeit der Entfremdung beider Kirchen vor sich gegangen sind, im Bewusstsein der Gläubigen beider Kirchen, Maria, die Mutter Gottes, einen wichtigen Platz einnimmt und zwar als Bindeglied der Einheit und der gemeinsamen Tradition.[159]

---

[154] Papst Johannes Paul II., Die Mutter des Erlösers, Deutsch Josef-Schreiber-Edition, Graz 1987.

[155] Ebd., 58f.

[156] *R. Frieling*, Marienenzyklika – Marienwallfahrt – Maria. Wir teilen den Christus – aber nicht den Marienglauben, in: Reformiertes Kirchenblatt Wien 64 (1987) Heft 5, 5.

[157] Ebd.

[158] Vgl. *W. Beinert*, „Redemptoris mater“. Ökumenische Dimension der Marienenzyklika von Papst Johannes Paul II., in: KNA - Ökumenische Information, Nr. 14, 1. April 1987, 5f.

[159] In: Ἐπίσκεψις, Jg. 19, Nr. 392, 1. Februar 1988, 9.

1. Liturgisch-meditative Dimension der Marienverehrung

Die Marienlehre in der Orthodoxen Kirche ist vielmehr im liturgischen Leben als in der dogmatischen Lehre verankert.[160] So möchte ich einige Aspekte der orthodoxen Marienverehrung mit dem liturgischen Konnex beginnen, und zwar aus dem Zentrum des kirchlichen Lebens, aus der hl. Eucharistie. Nach der Wandlung der Gaben des Brotes und Weines zum „kostbaren Leib Deines Christus" und zum „kostbaren Blut Deines Christus" betet der Priester: „Wir bringen diesen geistlichen Gottesdienst auch dar für die im Glauben Ruhenden, die Vorväter, Väter, Patriarchen, Propheten, Apostel, Verkünder, Evangelisten, Märtyrer, Bekenner, Enthaltsamen und für jeden gerechten Geist, der im Glauben vollendet ist; vornehmlich für die allheilige, allreine, über alles gesegnete und ruhmreiche Herrin, die Gottesgebärerin und stete Jungfrau Maria." Im Anschluss daran singt der Chor: „Wahrlich würdig ist es, dich seligzupreisen, die Gottesgebärerin, die allzeit hochselige und ganz unbefleckte Mutter unseres Gottes, die du ehrwürdiger bist als die Cherubim und unvergleichlich herrlicher als die Seraphim, die du unversehrt Gott, das Wort, geboren hast, wahrhafte Gottesgebärerin, dich erheben wir."

Diese liturgische Seligpreisung Mariens an der zentralen Stelle der hl. Eucharistie und inmitten der großen Schar der Heiligen der Kirche zeigt deutlich ihre besondere Stellung in der Orthodoxen Kirche; und zwar in der Kirche mit ihrer universalen Dimension, ohne zeitliche Einschränkung, als Heilsgemeinschaft aller Zeiten, als Gemeinschaft (Koinonia) der Heiligen von den Vorvätern, also von der Zeit vor der Inkarnation Christi, bis zu „jedem gerechten Geist" *nach* der Inkarnation Christi. Die gleiche Stellung Mariens finden wir auch in der Basilius-Liturgie.

Auch bei jedem Gottesdienst, in dem die großen und die kleinen Ektenien (Fürbitten) vom Diakon bzw. vom Priester gesungen werden, gibt es eine besondere Anrufung an die Mutter Gottes: „Unserer allheiligen, allreinen, über alles gesegneten und ruhmreichen Herrin, der Gottesgebärerin und steten Jungfrau Maria mit allen Heiligen eingedenk, lasset uns einer den anderen und uns selbst und unser ganzes Leben Christus Gott anempfehlen."

Ebenfalls wird die Marienverehrung durch zahlreiche Hymnen in den Gottesdiensten und Festen Christi und zu Ehren von allen Heiligen zum Ausdruck gebracht. Diese Hymnen sind bekannt als „Theotokia", in denen viele Eigenschaften von Maria oder viele theologische Aussagen formuliert sind. Zum Beispiel: „Vorüberging der Schatten des Gesetzes, als die Gnade kam. Denn wie der Dornbusch, da er brannte, nicht verbrannte, so gebarst du, Jungfrau, und bliebest Jungfrau [...]" Dieses Bild des brennenden Dornbusches als Ausdruck

---

[160] Vgl. *A. Basdekis*, Die Gottesmutter, Marienverehrung und Marienfrömmigkeit in der orthodoxen Theologie und Kirche, in: Ökumenische Rundschau 31 (1982), 428.

der Jungfräulichkeit Mariens ist auch in der Ikonenmalerei sehr bekannt und häufig.

Die christologische Aussage wird auch in einem Theotokion (Hymnus für die Theotokos, die Muttergottes) ganz prägnant formuliert: „Wer wird dich nicht glückselig preisen, allheilige Jungfrau? Wer wird nicht deine Jungfrauengeburt in Hymnen besingen? Denn der eingeborene Sohn, der zeitlos aus dem Vater herausstrahlt, er selbst ging aus dir, der Reinen, unsagbar im Fleische hervor. Obwohl in seinem Wesen er Gott ist, ward in seinem Wesen er Mensch aus Liebe zu uns, nicht in zwei Personen geteilt, doch unvermischt in zwei Naturen erkannt. Ihn flehe an, Erlauchte, Glückseligste, dass er sich unserer Seelen erbarme.“

Und wir hören eine trinitarische Aussage: „Aus dir ging in der Zeit ohne Zeugung hervor, der überraget die Zeiten. Ähnlich ward uns, der ohne Gestalt ist. Und die eine Natur und Herrschaft des Vaters und des Sohnes und des Geistes hat er gelehrt, Gottesmutter. Darum preisen wir dich.“

Außer diesen Festen gibt es natürlich eigene Marienfeste im ganzen Jahr verteilt, in denen die verschiedenen Stadien des Lebens Mariens gefeiert werden und die stete Jungfrau und Mutter Gottes als die Mutter aller Christen und als die Fürbitterin und „Mittlerin“ bei ihrem Sohn gepriesen wird. Als solche wird sie also gefeiert und verehrt. Deshalb kommt immer wieder die große Freude der Gläubigen bei jedem Marienfest in eindrucksvollen und inhaltsreichen Hymnen zum Ausdruck.

Es sei insbesondere der *Hymnos Akathistos* hervorgehoben, der in eindrucksvoller Weise die Marienverehrung in der Orthodoxen Kirche manifestiert. Dieser wird an den Feiertagen der großen Fastenzeit vor Ostern gefeiert und gesungen.

2. Marienfeste

Die Entwicklung und Fixierung der Marienfeste steht sicherlich im engen Zusammenhang mit den Diskussionen über Christus im 4. und 5. Jahrhundert Maria tritt nicht an die Stelle des Sohnes. Der eigentliche Mittler zwischen Gott, dem Vater, und den Menschen bleibt nach wie vor Jesus Christus.

Vor den christologischen Diskussionen, vor dem Konzil von Ephesus 431 und Chalkedon 451, wurde ein Gedächtnisfest Mariens im Zusammenhang mit der Geburt Christi gefeiert. Dieses Fest wurde entweder am Sonntag vor dem Fest der Geburt Christi oder am 26. Dezember begangen. Später wurden aber allmählich eigene Marienfeste im Festkalender des Jahres eingesetzt, vor allem nach den Entscheidungen der genannten Konzilien.[161]

- Das Fest der *Geburt Mariens* am 8. September, wahrscheinlich unter dem Einfluss des Jakobusevangeliums, ist seit dem 6. Jahrhundert in Konstantinopel und Jerusalem bekannt. Ein Hymnus (Troparion) drückt die Freude der Kirche und die christologische und soteriologische Fundierung aus: „Deine Geburt, Jungfrau Gottesgebärerin, hat alle Welt mit Freude erfüllt. Denn aus dir ging auf die Sonne der Gerechtigkeit, Christus, unser Gott. Er hat den Fluch getilgt und Erlösung gebracht, den Tod vernichtet und uns ewiges Leben geschenkt." Im 7. Jahrhundert wurde dieses Fest nach Rom unter Papst Sergius I. übertragen.[162]

- Die *Einführung Mariens* in den Tempel wurde als Marienfest am 21. November eingesetzt, wahrscheinlich nach dem Datum der Einweihung einer Marienkirche in Jerusalem (543). Der Inhalt dieses Festes bezieht sich auf die Erzählung des apokryphen Jakobusevangeliums, nach der die dreijährige Maria von ihren Eltern in den Tempel von Jerusalem eingeführt bzw. zum Dienste Gottes im Tempel übergeben wurde. Als Marienfest wurde es im Osten bereits vor dem 7. Jahrhundert gefeiert. Aus Jerusalem wurde dieses Fest auch nach Konstantinopel übertragen, wahrscheinlich Anfang des 8. Jahrhunderts, nach dem Zeugnis des Patriarchen von Konstantinopel Germanos I. Vom Westen wurde dieses Fest nur zögernd übernommen. Anfänge der Begehung dieses Festes können im 14. Jahrhundert (Papst Gregor XI.) festgestellt werden.[163] Das Troparion lautet: „Heute ist der Beginn des Wohlgefallens und die Verkündigung der Erlösung der Menschen. Die Jungfrau betritt den Tempel und kündigt dadurch Christus an. Ihr rufen wir mit lauter Stimme zu: Sei gegrüßt, du Erfüllung der göttlichen Vorsehung."

- Als ein großes Marienfest wird auch die *Verkündigung der Gottesgebärerin* am 25. März gefeiert. Der Erzengel Gabriel kündigt Maria an, dass sie den Sohn Gottes gebären wird (Lk 1,30f.). Dieses Fest ist der Ausdruck von zentralen theologischen Wahrheiten und des Beginns der Verwirklichung des ewigen Ratschlusses Gottes durch seinen inkarnierten Logos. Für die Einsetzung dieses Festes am 25. März haben verschiedene Faktoren eine Rolle gespielt: Die vorherige Einsetzung des Festes der Geburt Christi am 25. Dezember, die Vorstellung, dass am 25. März der Beginn der Welt vermutet wurde und dass an diesem Tag auch Jesus gekreuzigt wurde.

Das Troparion des Tages bezeugt die zentrale Verbindung dieses Festes mit der Lehre über Christus und über das Heil: „Heute ist der Anfang unserer Erlösung

---

[161] Vgl. *Th. Dionysiatis*, Μαρία ἡ Μητέρα τοῦ Θεοῦ, Thessaloniki 1988, 74. Über die Marienfeste vgl. auch *E. Theodorou*, Στοιχεῖα θεομητορικῆς, in: Ἐφημέριος 34 (1985), ff.

[162] Vgl. *H. J. Schulz*, Liturgie, Tageszeiten und Kirchenjahr des byzantinischen Ritus, in: Handbuch der Ostkirchenkunde, hg.v. *E. v. Ivanka, J. Tyciak, P. Wirtz*, Düsseldorf 1971, 385.

[163] Mehr darüber in: *J. Anastasiou*, Τά Εἰσόδια τῆς Θεοτόκου, Thessaloniki 1959.

und die Offenbarung des Mysteriums von Ewigkeit her. Der Sohn Gottes wird zum Sohn der Jungfrau und Gabriel bringt das Evangelium der Gnade. Deshalb rufen auch wir mit ihm der Gottesgebärerin zu: Gegrüßt seist du, Begnadete, der Herr ist mit dir."

Das Fest der Verkündigung der Gottesgebärerin ist im Osten Mitte des 6. Jahrhunderts bekannt, durch Bischof Abramios von Ephesus bezeugt.[164] In den Westen wurde dieses Fest Mitte des 7. Jahrhunderts durch Mönche übertragen. In Spanien ist es Mitte des 7. Jahrhunderts (10. Synode von Toledo, 656) bezeugt. Die feierliche Begehung dieses Festes während der Fastenzeit vor Ostern wurde eigens durch das Konzil von Trullos (691/92) erlaubt.

- Am 15. August wird das Fest der *Entschlafung Mariens* gefeiert. Die ersten Spuren dieses Festes liegen schon in den Anfängen des 5. Jahrhunderts, doch handelte es sich nicht genau um die Entschlafung Mariens, sondern allgemein um das „Gedächtnis Mariens". Im 6. Jahrhundert wurde das Fest der Entschlafung Mariens im Osten bereits vielerorts gefeiert.[165] Kaiser Mauritius (582–602) führte dieses Fest im ganzen byzantinischen Reich ein. Im Westen fand es nicht sofort Eingang. Erst durch den aus Syrien stammenden Papst Sergius I. (687–701) wurde dieses Fest im Westen übernommen und mit Besonderheit nach dem Vorbild des Ostens gefeiert. Auch eine Prozession wurde eingeführt. Bis heute wird im Osten vor dem Fest eine zweiwöchige Fastenzeit eingehalten. Allmählich entwickelte es sich zu einem der größten Marienfeste.

Das Troparion des Festes lautet: „Im Gebären hast du die Jungfräulichkeit bewahrt, im Entschlafen die Welt nicht verlassen, Gottesgebärerin. Du bist hinübergegangen zum Leben, die du bist die Mutter des Lebens, und durch deine Fürbitten erlösest du vom Tode unsere Seelen."

Der Ausdruck „du bist hinübergegangen" (metéstis) deutet auf die Überzeugung hin, dass Maria am Leben geblieben ist, so dass sie als Schutzherrin der Gläubigen weiterhin wirkt. Natürlich bedeutet metástasis allgemein den durch den Tod vollzogenen Übergang vom diesseitigen zum jenseitigen Leben.[166] Doch im liturgischen Leben der Kirche und bei den Gläubigen hat dieser Ausdruck im Zusammenhang mit der Mutter Gottes eine besondere Bedeutung beibehalten. Das ist keine Identifikation mit dem definierten Dogma der Aufnahme Mariens in den Himmel der Römisch-Katholischen Kirche (1.11.1950). Doch inhaltlich und in der liturgischen Sprache wird dem „Übergang" Mariens in der Orthodoxen Kirche eine besondere Bedeutung eingeräumt. Trotzdem ist unsere Kirche diesem Dogma der Römisch-Katholischen Kirche gegenüber sehr zurückhaltend

[164] Vgl. *H. J. Schulz*, Liturgie, 385.

[165] Ebd.

[166] Vgl. *D. Papandreou*, Orthodoxe Bemerkungen zur Enzyklika von Papst Johannes-Paul II., Redemptoris Mater, in: Una Sancta 42 (1987), 231.

geblieben. Bezüglich des Inhalts dieses Dogmas existiert innerhalb der orthodoxen Theologie keine einheitliche Auffassung.[167]

Es wurde hier absichtlich mit dem liturgischen Bereich begonnen. Es wurden die Marienfeste mit einigen Beispielen von Marienhymnen erwähnt, damit deutlich wird, dass in der Orthodoxen Kirche der liturgische, der doxologische, der theologische, und der dogmatische Bereich mit dem Leben der Gläubigen sehr eng verbunden ist.[168]

Allerdings muss gesagt werden, dass in der Sprache der Liturgie und in der poetischen Formulierung, im Jubel und Enthusiasmus, gelegentlich Übertreibungen vorkommen können, die isoliert betrachtet, zu Einseitigkeiten und zu falschen Interpretationen führen können.[169]

3. Harmonische Gemeinschaft

Trotzdem ist der unmittelbare Bezug der Kirche bzw. das Empfinden der Christen zu Maria wichtiger. In diesem Sinne hat für die Orthodoxe Kirche und Theologie die Person und die Rolle Mariens vom Anfang eine zentrale Bedeutung. Das religiöse Leben der Christen ist von der Mutter Gottes, (Theotokos), gerade aufgrund des Mysteriums der Menschwerdung Gottes erfasst. Wir betrachten sie als unsere eigene Mutter mit allen Konsequenzen und Beziehungen, die Kinder zu ihrer Mutter haben. Das wirkt zum Beispiel sich so aus: Wenn einem Christen etwas Unangenehmes oder etwas Schlimmes widerfährt, ruft er spontan und unmittelbar die Hilfe Marias, der Allheiligen, (Panhagia) an.

Deshalb können die orthodoxen Christen mit Festen, Feiern und Hymnen Maria würdigen und verehren. Dabei werden die in überschwänglichen Gefühlen und in dichterischer Sprache vorkommenden Übertreibungen nicht als störend empfunden. Wenn man aber mit den Mitteln und den Methoden einer rationalen Zeit alles zu untersuchen und zu analysieren beginnt, und wenn man diese Atmosphäre des inneren Verhältnisses und der feierlichen Stimmung nicht miterlebt, den Hintergrund mancher Formulierungen nicht kennt, die andere Mentalität und die soziokulturellen Verhältnisse nicht berücksichtigt, dann wird Vieles auf das rational Verstehbare und Begründbare reduziert oder als überflüssiger Ballast abgelehnt und weggeworfen.

---

[167] Vgl. *A. Basdekis*, Die Gottesmutter, 440f.

[168] Vgl. *H. Petri*, Marienverehrung in der östlichen Christenheit, in: Handbuch der Marienkunde, hg. v. *W. Beinert/H. Petri*, Regensburg 1984, 319ff.

[169] Vgl. *I. Kalogirou*, Μαρία ἡ ἀειπάρθενος Θεοτόκος κατά τήν ὀρθόδοξον πίστιν, Thessaloniki 1957, 107f.

Ein Kanon, ein Gesetz und eine erklärende endgültige Definition, ja eine dogmatische Definition waren und sind dann notwendig, wenn das harmonische Verhältnis in Frage gestellt wird und wenn der Inhalt oder das Wesen der Sache selbst gefährdet werden. Wo das Göttliche und das Menschliche eine harmonische Gemeinschaft bilden, ist es nicht notwendig, negative oder positive Regelungen zu treffen. Anders gesagt: Wo die Liebe erkaltet, beginnt das Misstrauen. Wo das Misstrauen beginnt, wächst die Angst. Und wo die Angst wächst, werden Gesetze und Bestimmungen für notwendig gehalten, mit der irrigen Annahme, dass sie die liebende Gemeinschaft garantieren oder sogar ersetzen. Die Dynamik des Lebens hat den Vorzug vor allen Rationalisierungen und Reglementierungen. Allerdings hat die Theologie eine wichtige Aufgabe, korrigierend zu wirken, wenn Übertreibungen und Missbräuche im kirchlichen Leben sich breit machen, die das Wesentliche des christlichen Glaubens verunstalten können.

4. Maria spricht für uns

Wie in der allgemeinen Theologie eine Isolierung von Christologie, Pneumatologie, Soteriologie, d.h. von der Lehre über Christus, über den Hl. Geist und über das Heil, in der Orthodoxen Kirche nicht möglich ist, so ist auch für die Rolle Mariens als Vermittlerin zwischen dem Gläubigen und Gott keine Verabsolutierung eingetreten. Im großen Glaubensbekenntnis von Konstantinopel (381), übrigens dem einzigen ökumenischen Glaubensbekenntnis, das allen Christen gemeinsam ist, heißt es: „Der (d.h. Jesus Christus) für uns Menschen und um unseres Heiles willen vom Himmel herabgestiegen ist und Fleisch angenommen hat aus dem Heiligen Geist und Maria, der Jungfrau, und Mensch geworden ist.“ In dieser Formulierung der Konzilsväter drückt sich richtig das Verhältnis der Mutter Gottes zu Christus, zu ihrem Sohn und zum Hl. Geist aus. Damit wird die christologische und pneumatologische Dimension für uns und für unser Heil deutlich. Das sind die Voraussetzungen, warum die Mutter Gottes auch „Mutter des Lebens“ genannt wird und unsere Fürsprecherin und Vermittlerin sein kann. Es muss gleich gesagt werden, dass nur in diesem Sinne die Mutter Gottes als Fürbitterin bei ihrem Sohn verstanden werden kann, jedoch nicht im Sinn der westlichen Auffassung von der „Mittlerin“ (commediatrix) oder sogar „Miterlöserin“ (corredemptrix).[170]

Und während Eva nach der Erzählung der Bibel, das Menschengeschlecht belastete, nahm Maria, die Mutter Gottes, alle Menschen als ihre Kinder auf. Sie

[170] Vgl. *I. Kalogirou,* Μαρία ἡ ἀειπάρθενος Θεοτόκος, ebd.

bringt deren Nöte und Bitten vor ihren Sohn, wie sie es bei der Hochzeit zu Kana getan hat. So wird auch das Gespräch vor dem Kreuz zwischen dem gekreuzigten Jesus und seiner Mutter interpretiert: „Als Jesus seine Mutter und den Jünger, den er liebte, dastehen sah, sagte er zu der Mutter: Frau, das ist dein Sohn“ (Joh 19,26). Mit Johannes sind alle Menschen gemeint, interpretiert z.B. Origenes.

Eine zusätzliche Begründung der Sinnhaftigkeit der Fürbitte Marias ergibt sich auch aus der allgemeinen Position der Heiligen in der Kirche, an deren erster Stelle Maria steht. Die Gemeinschaft in der Kirche nimmt einen besonderen Platz ein. Diese Stellung der Heiligen in der Kirche, deren Verehrung und Anrufung, als „Vermittler“ und „Fürbitter“ bei Gott zu wirken, wird deutlich durch die Stelle im Jakobusbrief 5,16: „Bekennt also einander eure Sünden, und betet füreinander, damit ihr geheiligt werdet. Das inständige Bitten eines Gerechten hat große Kraft.“

Darin liegt ein wichtiges Fundament auch der christlichen Solidarität der Glieder des einen Leibes Christi, wonach „alle Glieder einträchtig füreinander sorgen. Wenn darum ein Glied leidet, leiden alle Glieder mit; wenn ein Glied geehrt wird, freuen sich alle anderen mit“ (1Kor 12,25–26).

Die Verbindung der Verehrung und der Fürbitte Marias mit der der Heiligen beschloss das VII. Ökumenische Konzil von Nizäa (787):[171] „Wir wurden gelehrt, zu ehren und zu preisen zunächst und vornehmlich und wahrhaftig die Gottesmutter, die höher ist als andere himmlische Kräfte; die Heiligen und Himmelskräfte, die seligen Apostel, die Propheten, [...] alle, die um Christi willen den Märtyrertod fanden. Wir wurden gelehrt, deren Fürbitten anzuflehen, weil sie uns mit dem König aller, Gott, in eine familiäre Gemeinschaft bringen können.“[172] Das ist die Lehre der Gesamtkirche des Ostens und des Westens, wie sie in einem gemeinsamen ökumenischen Konzil ausgedrückt wird.

Dieses Grundvertrauen der Gläubigen Maria gegenüber kommt auch im gottesdienstlichen Leben zum Ausdruck. Viele Gebete, Fürbitten und Hymnen dokumentieren dies.

So schneidet etwa bei der Vorbereitung der eucharistischen Gaben (Proskomide) der Priester zum Gedenken an die Mutter Gottes einen dreieckigen Teil aus dem eucharistischen Brot heraus und sagt: „Zu Ehren und zum Gedächtnis unserer [...] Gottesgebärerin und steten Jungfrau Maria. Auf ihre Fürbitten, Herr, nimm dieses Opfer auf deinen überhimmlischen Altar an.“ Auch für uns Gläubige wird z.B. bei jeder Eucharistiefeier in den Antiphonen gesungen: „Durch die Fürbitten der Gottesgebärerin rette uns, Retter.“ Beim Abschluss jedes Gottesdienstes betet der Priester u.a.: „[...] Christus, unser wahrer Gott, möge in

[171] Vgl. *G. Dumeige*, Nizäa II, Mainz 1985, 163.

[172] Aus dem Protokoll der 4. Sitzung. Vgl. *J. Karmiris*, Τά Δογματικά καί Συμβολικά Μνημεῖα... I, Graz 1968, 243.

seiner Güte und Menschenliebe sich unser erbarmen und uns retten, durch die Fürbitte seiner allerreichsten und makellosen heiligen Mutter [...]"

Schließlich, weil die Christen überzeugt sind, dass Maria „die in Fürbitten unermüdliche Gottesgebärerin" ist (Kontakion, Fest der Entschlafung Marias), feiern sie zwei Wochen lang vor dem 15. August in Abwechslung zwei Bittgottesdienste, den sogenannten „großen Bittkanon" und den „kleinen Bittkanon", während der Fastenzeit feiern sie jeden Tag nach der Vesper. Eine Darstellung und Analyse dieser Gottesdienste würde hinsichtlich der Rolle Mariens als Fürbitterin für alle sehr aufschlussreich sein. Es zeigt sich, dass diese Rolle Mariens nicht eine Gleichstellung mit Gott bzw. mit Christus bedeutet, sondern die Stellung nach ihm.

Außerdem muss noch erwähnt werden, dass nicht nur die Gottesgebärerin Maria für uns bei Gott bzw. bei ihrem Sohn spricht, sondern dass auch wir für Maria beten.[173] Nach der Epiklese, der Anrufung des Heiligen Geistes und der Wandlung der eucharistischen Gaben in der Chrysostomusliturgie, betet der Priester u.a.: „Wir bringen Dir (Gott) diesen geistigen Gottesdienst auch dar für [...] Vorväter, Väter, Patriarchen, Propheten, Apostel, Prediger, Evangelisten, Märtyrer [...] Insbesondere aber für unsere allheilige, unbefleckte, hochgepriesene und ruhmreiche Gebieterin, die Gottesmutter und immerwährende Jungfrau Maria." Dadurch wird deutlich, dass Maria nicht die Stelle ihres Sohnes tritt, dass sie der großen Schar der Gemeinschaft der Heiligen angehört.

Dieses Grundvertrauen auf Maria gilt in der Orthodoxen Kirche für alle Schichten der Gläubigen, von den einfachen Christen einer Dorfgemeinde bis zu den Mönchen und Einsiedlern von Athos, deren „Herz tatsächlich marianisch ist". Ein Mönch aus dem Kloster Iviron (Athos) hat einmal erklärt: „Wir verehren die Gottesmutter und haben all unsere Hoffnung auf sie gesetzt, da wir wissen, dass sie alles kann. Und wissen Sie, warum sie alles kann? Ihr Sohn lässt keinen Wunsch von ihr unerfüllt, weil er das, was er von ihr geliehen hatte, nicht mehr zurückgegeben hat. Er hat Fleisch von ihr geliehen, das er zwar vergöttlichte, aber nicht mehr zurückgab. Dies ist der Grund, warum wir uns im Garten der Gottesmutter (das ist die Mönchsrepublik von Athos) so sicher fühlen."

5. Christologische Basis

Diese einfache Erklärung eines Mönchs zeigt beispielhaft die Innigkeit des Verhältnisses zwischen Gläubigen und Muttergottes, aber auch die christologische Fundierung und Rechtfertigung dieses Verhältnisses. Die Erwählung Ma-

[173] Vgl. *A. Kallis*, Maria III, orth. Sicht, in: Ökumene-Lexikon, Frankfurt a.M. [2]1987, 788.

riens durch Gott und die Verwirklichung seines ewigen Ratschlusses für die Erlösung der Menschheit durch die Menschwerdung seines Wortes bilden das Zentrum jeder Marienverehrung. Nicht Maria allein als Person steht im Vordergrund, sondern ihre Funktion und ihr Dienst, Mutter Gottes zu werden.

Das ist das Mysterium, vor dem jeder Mensch und jede Kreatur sich beugen und staunen, das er bewundern und Gott lobpreisen kann. Die Leugnung dieses Mysteriums gefährdet das Heil. Aus diesem Grunde befasste sich auch das 3. Ökumenische Konzil von Ephesus (431) mit der Rolle und der Funktion Mariens und bekräftigte ihre Bezeichnung als Gottesgebärerin (Theotókos). In Jesus Christus ist die göttliche und die menschliche Natur in einer einzigen Person vereint (Hypostatische Union), wie das 4. Ökumenische Konzil von Chalkedon (451) formulierte. Dieses Konzil bestätigte auch die Bezeichnung Marias als Theotokos, und zwar als Glaubensgut der Gesamtkirche. Das ist das gemeinsame Zeugnis des Glaubens durch die Konzilien der Kirche im Osten und im Westen.[174]

Einige wehren sich gegen die Marienverehrung, denn sie meinen, dass diese Verehrung eines Menschen Götzendienst sei. Natürlich gab es im Laufe der Geschichte Übertreibungen beim Marienkult. Die echte *Marienverehrung* unterscheidet sich von der *Anbetung*, die einzig und allein Gott gebührt.

Leider waren die Beziehungen zwischen der Orthodoxen und der Römisch-Katholischen Kirche unterbrochen, sodass tatsächlich im 2. Jahrtausend gewichtige einseitige Entwicklungen im Westen festzustellen sind. Während des ersten Jahrtausends ist der östliche Einfluss sehr wohl bemerkbar, nicht nur im Bereich der Marienfrömmigkeit. Wären die Beziehungen auch im zweiten Jahrtausend besser gewesen, wären in der Reformation und Gegenreformation die Entwicklungen vielleicht anders verlaufen.

Aus diesem Grunde ist das II. Vatikanum zu begrüßen, das im Bereich der Marienlehre Neuansätze gebracht hat, welche (abgesehen von den Aussagen über die zwei neuen Mariendogmen) von orthodoxer Seite begrüßt werden können.[175]

6. Unbefleckte Empfängnis Mariens

Auch dieses Thema möchte ich hier kurz erwähnen, denn es handelt sich dabei nicht nur um ein isoliertes Thema der Mariologie oder der Autorität, die dieses

---

[174] Vgl. *J. Kalogirou*, Μαρία ἡ ἀειπάρθενος Θεοτόκος, 70f.

[175] Vgl. *St. Harkianakis*, Τό περί Ἐκκλησίας Σύνταγμα τῆς Β΄ Βατικανῆς Συνόδου. Εἰσαγωγή-Κείμενον-Συστηματική ἀνάκρισις, Thessaloniki 1969, 256f.

Dogma definiert hat (Pius IX. 1854). Was ich im Zusammenhang mit diesem Dogma erwähnen will, ist die Frage der Soteriologie, d.h. der Heilslehre und zwar: warum musste Maria nach dieser Lehre aus einer Situation befreit werden, die nach der Auffassung eines Teiles der westlichen Kirche unerträglich war? Das Problem hängt mit der Situation der Menschen nach dem Sündenfall zusammen, d.h. mit den Folgen dieses Falles, der in der westlichen Theologie als *Erbsünde* bezeichnet wird. In der orthodoxen Theologie wird von der Sünde der Vorväter gesprochen oder von der „vorväterlichen Sünde" (propatorikón amártima).

Nach der Vorstellung der *Erbsünde* ist es unmöglich, dass sich die spätere Mutter Gottes im Zustand der Neigung für die Sünde befindet. Deshalb wird sie durch die Lehre des Dogmas der „Unbefleckten Empfängnis" aus dieser Situation herausgenommen. Das sagt die Lehre, dass sie ohne diese „Erbsünde" geboren wurde. Nach der orthodoxen Auffassung wurde Maria genauso wie alle Menschen geboren und durch die Wirkung Gottes bzw. des Hl. Geistes geheiligt. Nur Jesus Christus bzw. seine Geburt bildet eine Ausnahme in der Heilsgeschichte.

Bezüglich dieses Dogmas der Römisch-Katholischen Kirche hat das II. Vatikanum divergierende Auffassungen vertreten, die nahezu gegensätzlich sind, wie der jetzige orthodoxe Erzbischof von Australien Stylianos feststellt.[176]

Im Artikel 53 heißt es: „Zugleich aber findet sie sich mit allen erlösungsbedürftigen Menschen in der Nachkommenschaft Adams verbunden" (8,53) Hier wäre die natürliche Schlussfolgerung gewesen, dass auch Maria „erlösungsbedürftig" war, d.h. mit der Erbsünde geboren. O. Semmelroth schreibt in seinem Kommentar dazu: „Dieser Text mag die Tatsache, dass Maria im ‚Debitum' der Erbsünde war, zwar nicht entscheiden, spricht aber ganz sicher in dieser Richtung. Maria ist erlöst wie wir alle [...]"[177] Papst Johannes-Paul II. zitiert den 53. Artikel der Kirchenkonstitution in seiner Enzyklika *Redemptoris Mater*, um die Verbindung Marias mit Jesus Christus und mit seiner Erlösungstat zum Ausdruck zu bringen,[178] aber auch ihre Verbindung mit allen Menschen, als Mutter der Menschen zu dokumentieren.

Allerdings lässt der Papst bei der Zitierung des Konzilstextes ein zentrales Wort aus, das mit der Mariologie, konkret mit dem Dogma der Unbefleckten Empfängnis eng zusammenhängt. Der Satz aus dem 53. Absatz der Kirchenkonstitution: „Zugleich findet sie sich mit allen erlösungsbedürftigen Menschen in der Nachkommenschaft Adams verbunden" wird im 23. Absatz der päpstlichen Enyzklika zitiert: „In der Tat findet sie sich mit allen [...] Menschen in der Nachkommenschaft Adams verbunden [...]" Das Auslassen der Charakterisie-

---

[176] Ebd., 251f.

[177] In LThK 2. Aufl. Das Zweite Vatikanische Konzil I, 929.

[178] Redemptoris Mater, 13, 41.

rung aller Menschen als „erlösungsbedürftig", mit denen Maria verbunden ist, ist nicht zufällig. Vielmehr sollte hier die „Erlösungsbedürftigkeit" Marias nicht erwähnt werden. Und wenn dies zuträfe, müsste man einige Fragen besprechen: z.B. nach der Autorität des Konzils, der Veränderbarkeit der Konzilstexte, nach der inhaltlichen Absicht des Konzils usw.

Im Artikel 59 der Kirchenkonstitution findet sich das Dogma der unbefleckten Empfängnis expressis verbis zusammen mit dem Dogma der leiblichen Aufnahme Marias in den Himmel.

7. Maria und die Frau in der Kirche

Bei der erwähnten Ansprache des Patriarchen Dimitrios in der Kirche S. Maria Maggiore in Rom am 5. Dezember 1987 sagte er: „Eine ganz besondere Bedeutung hat auch die zentrale Position Mariens (der Allheiligen) in der Ekklesiologie und für die Gespräche des in unseren Tagen durchgeführten ökumenischen Dialogs bezüglich der Position der Frau in der Kirche. Diesbezüglich sind wir überzeugt, dass die Anerkennung und Hervorhebung der höchsten Position und Ehre Mariens (der Allheiligen) im Leben und im Glauben der Kirche ohne Zweifel auch die Anerkennung und den Erweis der der Frau anthropologisch selbstverständlich gebührenden Ehre und Würde zur Konsequenz hat, in dem Sinne, dass auch die Frau ein volles und gleichwertiges Bild Gottes darstellt, wie der Mann."[179]

W. Beinert stellt katholischerseits im Zusammenhang mit der Mariologie fest: „Gegenwärtig wird [...] an der Erschließung neuer Perspektiven (Vorbild für die christliche Freiheit und die Rolle der Frau in der Kirche – Feminismus) unter Einbeziehung der ökumenischen Aspekte (Kirchenkonstitution *Lumen gentium* 8,67) gearbeitet."[180]

Wenn wir also über Fragen der Mariologie sprechen, ist es angebracht, auch einige Bemerkungen über die Stellung der Frau in der Kirche zu machen. Dies geschieht nicht nur, weil die Frage nach der Frauenordination in manchen Kirchen aktuell geworden ist und man auch von der Orthodoxen Kirche eine Antwort erwartet, sondern auch und vor allem, weil sich heute in allen Kirchen und im Grunde genommen in der modernen oder postmodernen Welt die Frage nach dem Menschen bzw. nach der Frau überhaupt dringender denn je stellt.

---

[179] In: Ἐπίσκεψις, ebd.

[180] *W. Beinert*, Maria II, kath. Sicht, in: Ökumene-Lexikon, Frankfurt a. M. ^{2}1987, 787.

Die Hauptfrage ist also die Stellung der Frau in der Kirche überhaupt als eine gleichwertige Person und die Anerkennung ihrer Würde, unabhängig von ihrer geschlechtlichen Zugehörigkeit, wie der Ökumenische Patriarch Dimitrios in Rom sagte. Orthodoxerseits bestehen zwischen den Männern und den Frauen als Glieder der Kirche Christi keine Unterschiede, die mit der „Schöpfungsordnung“ begründet werden können. „Beide sind gleichwertige Glieder des Leibes Christi, Kinder Gottes und Erben seiner Verheißungen, berufen zur harmonischen Zusammenarbeit für den Bau und für das Wachstum der Kirche – des Leibes Christi und für die Verwirklichung ihres Heilswerkes in der Welt“, betont der orthodoxe Dogmatiker Johannes Karmiris.[181] Die Unterscheidung zwischen Mann und Frau ist weder eine ontologische, da das Bild Gottes in allen Menschen das gleiche ist, noch eine christliche, da durch die Taufe alle zu Christen werden und alle gleichermaßen dem „königlichen Priestertum“ angehören.[182]

Natürlich war es nicht immer so, auch nicht in allen Kirchen. Denn vor nicht allzu langer Zeit schrieb Karl Barth: „Die Frau [...] vergibt sich nicht das Geringste, indem sie theoretisch und praktisch anerkennt, dass sie in der Ordnung nun eben die Frau und insofern nach und unter dem Manne ist [...] Wie könnte sie sie (die Menschlichkeit) allein, wie ohne jeden Vortritt des Mannes, wie könnte sie sie für sich oder gar gegen ihn verwirklichen? Wie könnte sie also auf seinen Vortritt, auf seine Aufgabe und Funktion als Anreger, Führer, Erwecker verzichten oder neidisch sein? Sie müsste nicht Frau sein wollen, wenn sie ihn darin verdrängen und ersetzen, wenn sie es ihm darin einfach gleichtun wollte.“[183]

Dazu schreibt Anne Jensen: „Diese Zeilen stammen *nicht* aus orthodoxer Feder. Soweit ich sehe, gibt es in der Ostkirche keine Theologie, die explizit eine schöpfungsmäßige Unterordnung der Frau unter den Mann behauptet.“[184] Diese Zeilen stammen also von der Feder des bekannten evangelischen Theologen Karl Barth. Auf Grund ihrer lesenswerten Analyse wagt Jensen die These, „dass das östliche Christentum in manchen Traditionen seiner Theologie weniger patriarchalisch geprägt ist als der christliche Westen.“[185]

Und tatsächlich gibt es sehr viele Stimmen aus der griechischen Patristik, die nicht nur die Gleichwertigkeit der Frau mit dem Mann betonen, sondern auch die Männer auffordern, sogar in der radikalsten Form der Hingabe sich auch für

---

[181] *J. Karmiris*, Ἡ θέσις καί ἡ διακονία τῶν γυναικῶν ἐν τῇ ὀρθοδόξῳ Ἐκκλησίᾳ, Athen 1978, 13. Karmiris ist allerdings der Meinung, dass die Diakonisse nicht dem Klerusstand angehört.

[182] Ebd., 15. Vgl. *Basilius*, Über den Hl. Geist, 20,51, PG 31,169. *Chrysostomus*, In Joh. Hom. 10,2, PG 59,75 usw.

[183] *K. Barth*, Kirchliche Dogmatik, III, 4, Zürich 1957, 190f.

[184] *Anne Jensen*, Wie patriarchalisch ist die Ostkirche? Frauenfragen in der orthodoxen Theologie, in: Una Sancta 40 (1985), 131.

[185] Ebd., 130.

die Frau zu opfern. Das bedeutet ganz konkret, auch für die Frau zu sterben, so wie Jesus Christus für die Kirche gestorben ist. In diesem Sinne betont Johannes Chrysostomos, so wie Jesus seine Kirche geliebt hat und sich für sie geopfert hat, so sollen auch die Männer für ihre Frauen das gleiche tun, d.h. auch sterben, wenn es notwendig sein sollte.[186]

Die Gleichwertigkeit (isotimía) und (omotimía) der Menschen (des Bildes Gottes, Mann und Frau) und ihre Würde als frei handelnde, fühlende und liebende Personen ist in unserer Zeit gefährdet. Und gerade darin liegt eine große Aufgabe aller Kirchen, Männer und Frauen als Personen zu schützen. Beide verlieren jedoch allmählich ihre Person, sie werden zu willenlosen, Objekten in einer vaterlosen (mutterlosen und familienlosen) Gesellschaft mit all den bekannten Konsequenzen in unserer Zeit.

Natürlich könnte ich hier noch von den verschiedenen Funktionen der Frau im Dienste der Kirche sprechen: als Nonne, als Religionslehrerin, als Theologieprofessorin auf Hochschul- bzw. Universitätsebene, als Predigerin in der Kirche oder als Caritasmitarbeiterin und Gemeinderatsmitglied. Das sind Funktionen für Frauen, die in der Orthodoxen Kirche möglich sind. Trotzdem kann man die Stellung einer Person nicht an ihren Funktionsmöglichkeiten mit dem Leistungsprinzip messen.

Aber gerade diesbezüglich gibt es auch im Westen warnende Stimmen. Jürgen Moltmann stellt im Zusammenhang mit der ökumenischen Bewegung u.a. fest: „Unser Denken (d.h. im Westen) ist schon so sehr operationalisiert, dass wir Wahrheit eigentlich nur noch in der Praxis suchen und erfahren. Wir sind geneigt, aus jeder Hoffnung des Glaubens ein ‚Programm‘ zu machen. Was nicht zur Tat wird, hat keinen Wert.“[187] Dies wird oft in Zusammenhang mit der Position und der Bedeutung der Frau in Kirche und Gesellschaft gebracht.

Eines muss noch gesagt werden: Ohne das Mitwirken der Frauen in der Kirche, auch in der Orthodoxen Kirche, unabhängig von Funktionen und konkreten Leistungen, wäre unsere Kirche viel ärmer; sie könnte gar nicht existieren. Es handelt sich hier nicht um ein bloßes Lippenbekenntnis, sondern um eine Realität, wofür wir den Frauen dankbar sein müssen.

---

[186] *Johannes Chrysostomos,* Enkomion Max. PG 51, 227: „Ὥστε κἂν ἀποθανεῖν ὑπέρ τῶν γυναικῶν δέῃ, μή παραιτήσῃ.“

[187] *J. Moltmann*, Welche Einheit? Der Dialog zwischen den Traditionen des Ostens und des Westens, in: Ökumenische Rundschau 26 (1977), 289.

IV. Die wesentlichen Inhalte des Glaubens

Die wesentlichen Inhalte des Glaubens

Bisher wurde versucht, die historischen Fakten, das religiöse, sakramentale und konkrete Leben, die Praxis des Glaubens und deren Konsequenzen, die zur Heiligkeit führen, zu besprechen. Im nun folgenden Teil wird versucht, von den Grundlagen und vom wesentlichen Inhalt des Glaubens und des Bekenntnisses zu sprechen.

Was ist also der wesentliche Inhalt des christlichen Glaubens innerhalb der Orthodoxen Kirche? Woran müssen die Gläubigen glauben, nicht damit sie theoretisches Wissen haben, sondern damit sie für ihr Leben den richtigen Weg finden?

Für die Orthodoxe Kirche ist die *Heilige Schrift* eine wichtige Quelle des Inhaltes des christlichen Glaubens, sodass der biblische Glaube das Fundament und den Ausgangspunkt jeder Theologie darstellt. Gemeinsam mit der Lehre der Kirchenväter und den Entscheidungen der Ökumenischen Konzilien, welche die höchste Instanz der Kirche sind, können die Christen die wichtigen und notwendigen Informationen erhalten. Das bedeutet, dass die Heilige Schrift gemeinsam mit der kirchlichen Tradition und dem liturgischen Leben das Fundament für den Gehalt unseres christlichen Glaubens bilden, aus dem wir unser Wissen haben, aber auch unser Tun realisieren können.

A. Tradition und Hl. Schrift [188]

Meistens wird von „Schrift und Tradition“, bzw. von „Schrift oder Tradition“ gesprochen, wenn man an den Ausdruck „Allein die Schrift“ (*sola scriptura*) mit all seinen Konsequenzen denkt. Die Formulierung jedoch „Tradition und Schrift“ wäre die adäquatere, weil sie der historischen Realität mehr entspricht.

Tatsächlich handelt es sich dabei um kein Wortspiel, sondern um ein Problem, das in den Beziehungen der Kirchen eine wichtige Rolle gespielt hat. Es ist die Frage nach dem Verhältnis zwischen der Hl. Schrift und der Tradition der Kirche, nach dem Stellenwert von Schrift und Tradition in den jeweiligen Kirchen. Daraus kristallisierte sich sogar eine Charakterisierung der Kirchen heraus. Nachdem in der Evangelischen Kirche lange das Prinzip der „Allein die Schrift“ (*sola scriptura*) vorherrschte, meinte man, diese Kirche sei die Kirche des

[188] Vgl. *G. Larentzakis,* Schrift und Tradition aus der Sicht eines griechisch-orthodoxen Theologen, in: Ökumenisches Forum 12 (1989), 27–44.

Evangeliums bzw. der Hl. Schrift. Die Römisch-Katholische und die Orthodoxe Kirche seien die Kirchen der Tradition, oder die Kirchen des Traditionalismus.

Inzwischen wurde aber erkannt, dass diese Differenzierungen übertrieben und falsch waren. Erstens kann man Schrift und Tradition der Kirche nicht voneinander trennen. Zweitens gibt es auch innerhalb der evangelischen Kirche eine Bewegung in dieser Frage. G. Fitzer meint in seinem Artikel „Die Heilige Schrift und die Tradition", dass „in unserer Zeit auf Seite des evangelischen Bekenntnisses die mündliche Tradition als wesenhafte Vermittlung des Evangeliums bejaht wird. Und an dieser Stelle kann es keine Differenz zum katholischen Traditionsprinzip geben." „Von einer deutlich und polemisch ausgesprochenen Ablehnung der Tradition kann im Lager des evangelischen Bekenntnisses keine Rede sein, und an dieser Stelle wäre das ökumenische Gespräch offen"[189] – auch mit der Orthodoxie.[190] Außerdem muss der forschende Theologe genauer feststellen, dass die Entwicklung von der Tradition zur Hl. Schrift geht, jedoch nicht umgekehrt.[191]

Darin liegt die grundlegende Auffassung, dass Hl. Schrift ohne Kirche bzw. Tradition nicht existieren kann. Umgekehrt verlieren Kirche und Tradition ohne die in der Hl. Schrift niedergeschriebene Offenbarung Gottes ihr wichtiges Fundament. Der rumänisch-orthodoxe Theologe Dumitru Staniloae betont mit Nachdruck diesen engen Zusammenhang, die gegenseitige Bedingtheit von Schrift und Tradition und deren Einheit. „Ohne die Kirche gäbe es keine Schrift." Die Kirche ist nicht erst durch die Vermittlung der Schrift entstanden. Die Schrift entstand auch nicht gleichzeitig mit der Kirche, sondern später in ihr. „Andererseits aber schöpft die Kirche aus der Schrift ihre Nahrung, so wie sie sich auch aus ihrer Tradition ernährt."[192]

Darin liegt eine grundlegende Auffassung vom kirchlichen Leben, das in der frühen Kirche zunächst auch ohne schriftliche Darstellung des Inhalts der Botschaft Christi weitervermittelt wurde, nämlich durch das lebendige Zeugnis der Apostel, der ersten Hirten, Lehrer und Zeugen. Das war die lebendige, apostolische bzw. kirchliche Tradition als Übernahme und Übergabe der Frohbotschaft

---

[189] *G. Fitzer*, Die Heilige Schrift und die Tradition, in: Ökumenisches Forum 3 (1980), 15–16.

[190] Vgl. *Michael Staikos, Metropolit von Austria,* Sola scriptura sine traditione? Aktuelle Perspektiven über „Schrift und Tradition" im Ökumenischen Dialog insbesondere zwischen der Orthodoxie und dem Lutherischen Weltbund, in: Kirche: Lernfähig in die Zukunft? Festschrift für Johannes Dantine zum 60. Geburtstag, hg. v. *M. Bünker und Th. Krobach,* Innsbruck/Wien 1998, 49–66.

[191] *B. Stoyannos*, Παράδοσις καί Ἁγία Γραφή, in: *J. Anastasiou* (Hg.), Παράδοσις καί ἀνανέωσις εἰς τήν Ἐκκλησίαν, Thessaloniki 1972, 3.

[192] *D. Staniloae*, Orthodoxe Dogmatik, (Ökumenische Theologie 12), Zürich u.a. 1985, 69f. Vgl. *E. Oikonomos*, Bibel und Bibelwissenschaft in der orthodoxen Kirche, (SBS 81), Stuttgart 1976, 43.

im natürlichen Prozess des Wachstums und der Vermehrung.[193] Das bedeutet konkreter, dass die Hl. Schrift auch nach der Bildung und Rezeption des Kanons, eigentlich die Tradition nie ersetzt hat. Beide, Tradition und Schrift, sind parallele und nicht gegensätzliche Träger der göttlichen Offenbarung geblieben,[194] die innerhalb der Kirche notwendig sind. Für die Bibel heißt es, dass sie die Hl. Schrift der christlichen Kirche ist und bleibt und dass ihre Verwendung und Interpretation außerhalb der christlichen Kirche als Missbrauch abgelehnt werden muss.[195]

1. Was das Neue Testament nicht ist und nicht sein wollte

Hier möchte ich zu machen Bereichen, in denen die Hl. Schrift bzw. das Neue Testament da und dort überfordert wird, einige Klarstellungen anführen:

1. Wenn es heißt, dass die Kirche nicht erst durch die Schrift entstanden ist, bedeutet es, dass die Hl. Schrift kein „Statut" der Kirche ist, wie z.B. Vereine auf Basis der vorher erstellten Statuten gegründet werden.
2. Die Hl. Schrift ist kein „Gesetzbuch", mit welchem die kirchlichen Strukturen, die kirchlichen Regeln, die kirchlichen Ämter usw. von vornherein bestimmt wurden, sodass man dort alle damit zusammenhängenden Fragen der Kirche finden muss. Die Schriften des Neuen Testaments setzen vielmehr das Leben, auch das liturgische Leben der Kirche im Allgemeinen und der konkreten Gemeinden voraus, an die diese Schriften gesandt wurden. Manchmal wurden sogar konkrete Situationen und Probleme dieser Gemeinden aufgegriffen.
3. Die Hl. Schrift ist kein historisches Buch, in dem ausführlich und lückenlos die Kirchengeschichte der frühesten Kirche zu finden wäre, obwohl natürlich dort viele historische Informationen vorhanden sind.
4. Die Hl. Schrift beinhaltet nicht alles, was Jesus Christus gesagt und getan hat. Im Johannes-Evangelium lesen wir: „Es gibt aber noch vieles anderes, was Jesus getan hat. Wenn man alles aufschreiben wollte, so könnte, wie ich

[193] Vgl. Röm 10,17. *Ch. Konstantinidis-E. Photiadis*, Ἔκθεσις περί τῶν πηγῶν τῆς Θείας Ἀποκαλύψεως κατά τήν Ὀρθόδοξον Ἀνατολικήν Ἐκκλησίαν, Thessaloniki 1971, 60f.

[194] Ebd., 61.

[195] *M. Siotis*, Ἡ ἑνότης τῆς Ἀποστολικῆς Ἐκκλησίας καί ἡ ἑρμηνεία τῶν Ἁγίων Γραφῶν, in: *J. Panagopoulos* (Hg.), Ἡ ἀξία τῆς πατερικῆς ἑρμηνευτικῆς παραδόσεως διά τήν σύγχρονον βιβλικήν ἔρευναν, Εἰσηγήσεις Α΄ Ὀρθοδόξου ἑρμηνευτικοῦ συνεδρίου (17–21 Μαΐου 1972), Athen 1973, 57.

glaube, die ganze Welt die Bücher nicht fassen, die man schreiben müsste“ (Joh 21,25).

5. Schließlich bietet die Hl. Schrift kein abgeschlossenes theoretisches System der dogmatischen Lehre der Kirche, obwohl natürlich der Inhalt der Frohbotschaft Christi und sein heilbringendes Leben überhaupt vermittelt werden.

2. Was ist das Neue Testament?

Von den Autoren des Neuen Testaments wurde ein schriftliches Zeugnis von der Wirklichkeit und von der Wirkung des Dreieinigen Gottes vermittelt, so wie es Jesus Christus durch sein ganzes Leben hindurch geoffenbart hat. Somit wird die Hl. Schrift selbst in einer einzigartigen Weise das Zeugnis des Eingreifens Gottes in die Menschheitsgeschichte zum Wohle aller Menschen. Dadurch finden wir den Zugang zum Inhalt der göttlichen Offenbarung und zu unserer Erlösung und Vollendung. Den Zugang zum göttlichen Mysterium haben wir durch die in der Hl. Schrift beschriebene Erfahrung des Menschen mit dem handelnden Sohn Gottes, aber nicht durch die abstrakte Analyse und Spekulation bezüglich des göttlichen Wesens. In diesem Sinne ist die Hl. Schrift zunächst Leben und Erfahrung. Erst dann ist sie Information über die Wahrheit, gute Nachricht im kognitiven Sinne. So versteht die Orthodoxe Kirche die Hl. Schrift als ein lebendiges Zeugnis, das uns zum Heil und zur Wahrheit führt.

Das Wort Christi: „Ich bin der Weg, die Wahrheit und das Leben“ (Joh 14, 6) fordert zunächst tätige Nachahmung, Teilnahme am Leben Christi, schließlich neues Leben. Deshalb sagte Paulus: „Ich bin mit Christus gekreuzigt worden; nicht mehr ich lebe, sondern Christus lebt in mir. Soweit ich aber jetzt noch in dieser Welt lebe, lebe ich im Glauben an den Sohn Gottes, der mich geliebt und sich für mich hingegeben hat“ (Gal 2,19–20). Das ist die *Hauptbotschaft.*

Wir erfahren in der Heiligen Schrift, dass Gott uns Menschen trotz unserer Verfehlungen und trotz unserer Entfernung von ihm liebt, dass er seinen Sohn in die Welt geschickt hat, damit dieser uns hilft, unser Leben richtig zu gestalten, dass er uns schließlich in seine Gemeinschaft zurückholt. Die Hauptbotschaft der Heiligen Schrift ist der Ausdruck der unendlichen Liebe Gottes für uns Menschen. Und diese Botschaft ist nicht verbal, nicht nur theoretisch, sondern sie ist tätige Liebe.

Jesus Christus, der Sohn Gottes, ist für uns Menschen Mensch geworden. Er hat für uns alles getan, ist sogar auf dem Kreuz gestorben. Auch für uns ist er auferstanden, und er hat damit das ganze Menschengeschlecht mitauferstehen lassen.

Alles, was in der Heiligen Schrift geschrieben wurde, zielt auf dieses Anliegen Gottes. Das muss von den Menschen akzeptiert werden, so wie Jesus es gelehrt hat, so wie die Autoren der Bücher dieser Hl. Schrift es uns vermittelt haben.

Im Laufe der Zeit haben aber manche falsche Apostel und Verkünder mit schriftlichen Fälschungen versucht, die Menschen in die Irre zu führen und sie für sich zu gewinnen. In dieser Situation der Verunsicherung der Christen hat sich die Kirche genötigt gesehen, die echten von den unechten Schriften zu unterscheiden. So bildete die Kirche die Sammlung der Bücher der Heiligen Schrift, den Kanon, was Richtschnur bedeutet, damit der richtige Weg zum Heil gesichert wird. Aus dieser existentiellen Notwendigkeit heraus ist die Hl. Schrift des Neuen Testaments allmählich entstanden, „angefangen von der Fixierung ehemals mündlicher Überlieferung über die Sammlung von urchristlichen Schriften (Briefen, Evangelien) bis hin zu ihrer definitiven Abgrenzung und Kanonisierung“[196], die im 4. Jahrhundert abgeschlossen wurde. Da es sich dabei um die zusammengefasste Urtradition handelt,[197] kann auch Ferdinand Hahn von der „Heiligen Schrift als älteste christliche Tradition und als Kanon“ sprechen[198], und zugleich die Feststellung treffen: „Das ‚sola scriptura‘, also die Heilige Schrift allein, bedeutet niemals ‚sine traditione‘“,[199] also niemals ohne die Tradition. Dies war auch ein zentraler Punkt im offiziellen Theologischen Dialog zwischen der gesamten Orthodoxen Kirche und dem Lutherischen Weltbund, mit vielen beachtlichen Ergebnissen.

3. Die Einheit des Alten und des Neuen Testaments

Die Hl. Schrift der Kirche besteht gewiss nicht nur aus dem Neuen Testament, sondern aus dem Alten und dem Neuen Testament. Beide gehören zusammen und bilden eine Einheit, denn sowohl das Alte als auch das Neue Testament wurde vom selben dreieinigen Gott inspiriert, unabhängig von der Diskussion über den Umfang dieser Inspiration. Wir beten ja alle im Glaubensbekenntnis, dass der Hl. Geist auch durch die Propheten gesprochen hat. Das Alte Testa-

---

196 *F. Hahn*, Die Schrift als älteste christliche Tradition und als Kanon, in: Die Heilige Schrift, die Tradition und das Bekenntnis. Erster Bilateraler Theologischer Dialog zwischen der rumänischen orthodoxen Kirche und der evangelischen Kirche in Deutschland vom 19. bis 23. November 1979 im Haus Hessenkopf in Goslar, hg.v. *Kirchlichen Außenamt der Evangelischen Kirche in Deutschland* (Studienheft 13), (Beiheft zur Ökumenischen Rundschau 42), Frankfurt a.M. 1982, 47.

197 Ebd., 52.

198 Ebd., 46.

199 Ebd., 53.

ment war in der Urkirche die „Hl. Schrift" der Kirche schlechthin, als solche wurde sie auch benutzt.

In diesem Sinne betont der hl. Athanasius von Alexandrien: „Man muss diejenigen, die die Alte und Neue Schrift teilen, tadeln, da sie in der Kirche nicht Gott preisen können, wenn sie nicht die Quellen Israels haben, noch ihren Herrn, weil sie auch die Gottheit zu teilen wagen."[200]

Mit dieser Bemerkung des hl. Athanasius wird auch deutlich, dass es sich dabei nicht nur um die Einheit zweier Schriften als Bücher handelt, sondern um die Einheit und Kontinuität von zwei Epochen der Menschheitsgeschichte. Noch mehr, diese zwei Testamente repräsentieren zwei Epochen der kontinuierlichen Heilsgeschichte, welche konkrete Menschen betreffen, ohne ihre je eigene Identität zu leugnen oder zu relativieren. Dies in Erinnerung zu rufen und in unserem Bewusstsein zu behalten hat m.E. eine große Bedeutung für uns Christen in jeder Zeit. Das bedeutet wiederum, dass dadurch eine neue, kirchlich-theologische Basis gefunden werden kann, auf der der Dialog zwischen Christen und Juden geführt werden kann.

4. Die Tradition in der Orthodoxen Kirche
Die Spannung zwischen dem „Alten" und dem „Neuen"[201]

Für die Orthodoxe Kirche ist die Kontinuität nicht nur zwischen den Epochen des Alten und des Neuen Testaments, sondern auch von den Anfängen des Christentums, d.h. von der Zeit des Neuen Testaments der Urgemeinde bis heute sehr wichtig. Diese Tatsache hat einen wichtigen kirchlichen Charakter.

Mit dieser Kontinuität begründet die Orthodoxe Kirche ihre kirchliche Identität und ihr Selbstverständnis der Fülle. Dieser Anspruch „gründet sich auf dem Glauben und der Kontinuität der einen Kirche, indem er den apostolischen Glauben in seiner Fülle aufrecht erhält und die Traditionen als Gabe des Heiligen Geistes an alle Generationen hochhält."[202]

---

[200] *Athanasius*, Exp. in Psalm. 67,27 PG 27, 301B. Vgl. *G. Larentzakis*, Einheit der Menschheit Einheit der Kirche bei Athanasius. Vor- und nachchristliche Soteriologie und Ekklesiologie bei Athanasius von Alexandrien, (Grazer Theologische Studien 1), Graz ^{2}1981, 180.

[201] Vgl. auch *G. Larentzakis,* Diachrone ekklesiale Koinonia. Zur Bedeutung der Kirchenväter in der orthodoxen Kirche, in: Anfänge der Theologie, XAPICTEION J. B. Bauer, hg.v. *N. Brox u.a.*, Graz/Wien/Köln 1987, 356ff. Vgl. *N. Matsoukas*, Ἡ διαλεκτική τοῦ παρελθόντος καί τοῦ παρόντος εἰς τήν ζωήν τῆς Ἐκκλησίας, in: *J. Anastasiou*, (Hg.), Παράδοσις καί ἀνανέωσις εἰς τήν ζωήν τῆς Ἐκκλησίας, Thessaloniki 1972, 127f.

[202] *N. Nissiotis*, Die Ekklesiologie des Zweiten Vatikanischen Konzils in orthodoxer Sicht und ihre ökumenische Bedeutung, in: Kerygma und Dogma 10 (1964), 165.

Hier handelt es sich um die Verbindung und die Einheitlichkeit der Vermittlung der göttlichen Offenbarung in Christus als apostolische Überlieferung, „die schriftlich weitergegeben wird in der von Gott eingegebenen Schrift und mündlich durch die lebendige Stimme der Kirche“, wie im gemeinsamen Dokument des offiziellen orthodox-altkatholischen Dialogs formuliert wird.[203]

Das bedeutet, dass die Frage nach der *Kontinuität* zu einer Frage nach der *Identität* in der Kirche und für die Kirche selbst werden muss. Denn wenn die Identität des Glaubens in Frage gestellt oder vernachlässigt wird, kann man auch nicht von einer echten Kontinuität sprechen, auch nicht von einer intensiven Gemeinschaft mit der Kirche der Ursprünge. In diesem Sinne stellt die Kirche einen lebendigen *Organismus* dar, der im Wachstum steht, ohne die eigene Identität zu verlieren. Das Wissen um die eigene Identität des christlichen Glaubens bleibt wichtig.

Dabei spielen außer der Hl. Schrift im Bereich der „lebendigen Stimme der Kirche“ das Glaubensbekenntnis, die dogmatischen Entscheidungen und die Kanones der Ökumenischen Konzilien und der Lokalsynoden, die Werke der Kirchenväter und das liturgische Leben eine unverzichtbare Rolle.[204] Alles bildet zusammen ein Ganzes.

Obwohl nun die Kirchenväter aus Rücksicht und Respekt vor Kontinuität und Beständigkeit des christlichen Glaubens immer wieder mit Nachdruck betonen, dass sie alles von Jesus Christus durch die Apostel und durch die Väter der Kirche übernommen haben, bemühten sie sich zugleich, die konkreten Probleme der Menschen ihrer jeweiligen Zeit zu berücksichtigen. Ihre Theologie entwickeln sie als Antwort auf die zeitgenössischen Fragen ihrer Mitchristen, ohne individualistische Positionen einzunehmen, die die kirchliche Gemeinschaft gefährden können.[205] Die neuen Probleme der Menschen müssen genauso berücksichtigt werden und darauf muss die Kirche neue Antworten suchen und hoffentlich auch finden. So haben die Kirchenväter in ihrer Zeit gedacht und gearbeitet.

Somit erweisen sich die Kirchenväter als dynamische und mutige Seelenhirten, die sich nicht nur an den Buchstaben der christlichen Lehre halten, sondern auch neue Wege gehen.[206] Göttliche Offenbarung und apostolische Tradition, Hl. Schrift und kirchliche Überlieferung vernunftgemäße Reflexion und Vertiefung stehen nicht gegensätzlich zueinander. Sie sind komplementär mit der Möglichkeit des sinnvollen Wachstums. So versteht die Orthodoxe Kirche die

---

[203] Vgl. *D. Papandreou*, Metropolit von der Schweiz, Θεολογικοί Διάλογοι. Μίαὀρθόδοξος προοπτική, Thessaloniki 1986, 244

[204] Vgl. ebd.

[205] *Ch. Konstantinidis*, Ὀρθοδοξία τῶν Πατέρων καί Ὀρθόδοξος Νεοπατερισμός, in: Ὀρθοδοξία 34 (1959), 239–245.

[206] Vgl. einige Beispiele in: *G. Larentzakis*, Diachrone ekklesiale Koinonia, 357f.

Tradition nicht statisch, als leblose Übernahme und Weitergabe der Formeln, sondern lebendig und im Wachstum begriffen.

5. Der Weg des kontinuierlichen Wachstums

Hier möchte ich einige Merkmale der Methode und des kontinuierlichen Weges des Wachstums der christlichen Lehre und der Tradition der Orthodoxen Kirche bei den Kirchenvätern und bei den Konzilien andeuten.

1. Die Führung und die Erleuchtung durch den Heiligen Geist. Die Kirchenväter sind überzeugt, dass für eine dynamische Entfaltung des lebendigen Organismus der Kirche und der christlichen Lehre, bei gleichzeitigem Festhalten am Wesentlichen der Botschaft, der Hl. Geist der Kirche beistehen wird. Sie betonen immer wieder, dass die Verheißung Christi bezüglich der Sendung und des Beistandes des Hl. Geistes nicht nur ein leeres Versprechen war. Die bekannten Stellen aus dem Johannesevangelium Kap. 14, 25–26 und 16, 12–13 bezeugen diese konkrete Wirkung des Hl. Geistes in der Kirche. Auch nach der heutigen orthodoxen Interpretation dieser Stellen[207], erinnert der Heilige Geist nicht nur an das bereits Gesagte, sondern er „lehrt alles", und er „führt in die ganze Wahrheit." Gerade diese verheißungsvolle Wirkung berechtigt zu einem *angstfreien*, mutigen und vertrauensvollen Weg im Leben der Kirche durch die Jahrhunderte, auf dem immer neue Situationen zu meistern sind. Oft liegen auf diesem Weg auch Steine, die das Weitergehen verhindern. Diese Steine müssen mit Mut und Zuversicht und ohne Angst beseitigt werden. Die Angst vor dem Irrweg ist schlimmer als der Irrweg selbst Denn der Irrweg kann korrigiert werden, während die Angst das Leben in der Kirche lähmt.
2. Bezüglich des Verständnisses des Inhalts der Hl. Schrift haben die Kirchenväter zwischen dem Inhalt und der Sprache, zwischen dem Geist und dem Buchstaben unterschieden. Sie haben immer wieder aufgefordert, den Kontext, die Zusammenhänge in der Hl. Schrift zu berücksichtigen, um den Geist und den Sinn der Texte besser zu verstehen.[208]

---

[207] Vgl. *St. Papadopoulos*, Πατέρες, αὔξησις τῆς Ἐκκλησίας καί Ἅγιον Πνεῦμα, Athen 1970 und *Stylianos*, Erzbischof von Australien, Τό Ἅγιον Πναῦμα ὡς ἑρμηνεύς τοῦ Εὐαγγελίου καί ζωοδότης τῆς σημερινῆς Ἐκκλησίας, in: Κληρονομία 4 (1972), 403ff.

[208] Vgl. auch *Athanasius*, C. Arianos I,54, PG 26,124. Mehr darüber *G. Larentzakis*, Einheit, 258ff. *St. Papadopoulos*, Ἀθανάσιος ὁ Μέγας καί ἡ θεολογία τῆς Οἰκουμενικῆς Συνόδου, Athen 1975, 51. Allgemein, siehe *E. Oikonomos*, Bibel und Bibelwissenschaft in der orthodoxen Kirche, Stuttgart 1976, 56. *S. Agouridis*, Οἱ Πατέρες τῆς Ἐκκλησίας ὡς ἑρμηνευταί τῶν Ἁγίων Γραφῶν, in: *J. Panagopoulos* (Hg.), Ἡ ἀξία, 81ff.

3. Was für die Exegese, also für die Interpretation der Hl. Schrift gilt, das gilt auch für die Entwicklung der Theologie der Kirchenväter, die die Probleme und die theologischen Krisen ihrer Zeit im Kontext der soziokulturellen Gegebenheiten behandelten. Aus diesem Grunde verwendeten sie auch die Sprache und die Denkart[209] ihrer Zeit, wodurch sie sich bei ihren Zeitgenossen verständlich machen konnten. Das sollen wir in jeder Zeit tun, auch heute und morgen.
4. Aus ihrer dynamischen Haltung heraus haben die Kirchenväter das heute so modern klingende Prinzip der „Vielfalt in der Einheit“ angewandt, in der Überzeugung, dass
   a) jede Formulierung des Glaubens das unfassbare und unsagbare Geheimnis, das Mysterium, nur unvollkommen zum Ausdruck bringen kann;
   b) dass Vertiefung in der Wahrheit immer wieder notwendig ist;
   c) dass eine und dieselbe „Sache“ auch mit verschiedenen Begriffen ausgedrückt werden kann;
   d) dass oft verschiedene Darstellungen verschiedene Seiten einer und derselben Sache bzw. Wirklichkeit sein können;
   e) dass die uniformistische Formulierung bzw. die verbale Orthodoxie nicht immer die Übereinstimmung im Inhalt bzw. die tatsächliche Orthodoxie garantieren.[210]
5. Bei aller Dynamik, Flexibilität, Anpassungsfähigkeit und Toleranz haben aber die Kirchenväter nicht das *Wesentliche* des christlichen Glaubens relativiert oder aufgegeben.

Gregor von Nazianz ist z.B. diesbezüglich kategorisch. Er sagte zwar den Synodalen in seiner Abschiedsrede vom 2. Ökumenischen Konzil in Konstantinopel (381), sie dürfen bei der Darstellung des Glaubens der Hl.. Dreieinigkeit wegen der Begriffe Person (Prosopon) und Hypostase (Hypostasis) nicht streiten, denn sie besagen dasselbe[211]. Er betonte aber mit Nachdruck, dass das Wesentliche des Glaubens und der christlichen Wahrheit unter keinen Umständen geopfert werden darf, nicht einmal wegen eines angeblichen Friedens in der Kirche: „Uns steht der Friede nicht höher als das Wort der Wahrheit, so dass wir etwa ein Zugeständnis machten bloß um des Ruhms der Toleranz willen.“[212] Adolf-Martin Ritter sagt ganz richtig zu dieser Äußerung: „Diese Maxime sollten sich

---

[209] Vgl. *Gregor Palamas*, Über die Hesychasten A, 1,11 hg.v. *P.Christou*, Werke Bd. 1, Thessaloniki 1962, 373.

[210] Vgl. *G. Larentzakis*, Vielfalt in der Einheit aus der Sicht der orthodoxen Kirche, Versuch einer Selbstdarstellung, in: Ökumenisches Forum 8 (1985), 65ff.

[211] *Gregor von Naz.*, Orat. 42, Abschiedsrede 16, PG 36,477.

[212] *Gregor von Naz.*, Orat. 42, Abschiedsrede 13, PG 36,473.

alle zum Gesetz machen, denen die Seelsorge und die Verwaltung des kostbaren göttlichen Wortes anvertraut ist.“[213]

6. Die Kirchenväter haben den Inhalt der Botschaft des Evangeliums nicht als ein Objekt betrachtet. Sie haben Theologie betrieben, nicht als unbeteiligte Beobachter, als „Erkenntnis-Theoretiker“, als „Analytiker“ oder als „Erfinder“ von neuen theologischen „Modellen“, quasi von außen her. Ihre Absicht und ihre Motive waren nicht, theologische Systeme zu entwickeln, die mit dem Leben nichts zu tun haben. Im Gegenteil, sie fühlten sich innerhalb des Lebens der Kirche direkt und unmittelbar betroffen. Ihre Theologie war auf das Wohl und das Heil der Menschen ausgerichtet und für die Verwirklichung im konkreten Leben bestimmt, womit die enge Verbindung zwischen Theorie und Praxis auch bezüglich des Dogmas ganz deutlich zum Ausdruck kommt.[214]

7. Der Weg, den die Kirchenväter gehen, ist natürlich nicht nur an die Kontinuität durch die Jahrhunderte hindurch, d.h. als gemeinsamer Weg mit den Vätern in der Tradition (diachron), gebunden, sondern auch an die Koinonia, d.h. an die Gemeinschaft mit den Vätern bzw. mit den Ortskirchen ihrer Zeit (synchron). Diese doppelte Dimension der Gemeinschaft ist wichtig und schließt jeden Individualismus und jede Verabsolutierung oder Isolierung aus.

6. Kontinuität und Synodalität im Leben der Kirche

Die Verwirklichung der Gemeinschaft der Kirche und die verbindliche Ausdrucksform ihrer Auffassung als Lehre der Kirche geschehen durch die Kollegialität und die Synodalität in der Kirche.

Die Synodalität ist eine grundsätzliche Form der kollegialen bzw. demokratischen Form der kirchlichen Strukturen. Natürlich muss man unterscheiden zwischen Synodalität und Demokratie in der Kirche. Denn die Demokratie in ihrer absoluten Form ist eine Verwaltungsform der sozialen Gemeinschaften, sei es im Staat, oder in anderen Organisationen. Die Kirche ist zwar auch eine Organisation, auch sie hat eine sinnvolle und notwendige Organisation. Sie ist aber nicht nur eine Organisation, sondern zuerst ein lebendiger Organismus mit einer doppelten Dimension ihrer Existenzform: Einerseits die horizontale Dimension, als Gemeinschaft aller Christen; andererseits die vertikale Dimension, als Ver-

---

[213] *A.-M. Ritter*, Das Konzil von Konstantinopel und sein Symbol. Studien zur Geschichte und Theologie des II. Ökumenischen Konzils, Göttingen 1965, 266.

[214] Vgl. *Gregor von Naz.*, Or. 2,31, PG 35,480. *Gregor von Naz.*, Or. 1,4, PG 36,16. *Johannes Chrys.*, In Gen. Hom. XIII, PG 53,107. *G. Larentzakis*, Die orthodoxe Kirche. Versuch einer Selbstdarstellung, 112f.

bindung mit dem Dreieinigen Gott, von dem sie ihren Existenzgrund und ihre Quelle hat. Deshalb ist der Heilige Geist „die Seele der Kirche“, ohne dessen Führung und Beistand die Synodalität und Konziliarität ihre Grundvoraussetzung verlieren. Selbst beim sog. *Apostelkonzil* wird in der Apostelgeschichte von der Überzeugung der Frühkirche berichtet: „Der Heilige Geist und wir haben beschlossen [...]“ (Apg 15,28). Das bedeutet, dass die Demokratie in der Kirche eine wichtige zusätzliche Dimension hat, nämlich die vom Hl. Geist gewirkte, die ihr eine besondere Qualität verleiht, ohne sie im geringsten zu relativieren. Trotzdem muss man sagen, dass die Kirche durch die Synodalität eine demokratische Form ihrer Verwaltung viel früher angewandt hat als die verschiedenen Staaten, welche die Demokratie als Verwaltungsform erst in der jüngeren Zeit eingeführt haben.

Die Entscheidungen durch die *Synoden* wa2ren wichtig im Leben der Kirche, von den ersten Jahrhunderten ihrer Existenz an durch alle Zeiten bis heute: Durch Lokalsynoden, Diözesansynoden, Regionalsynoden oder Ökumenische Synoden, die auch Ökumenische Konzilien oder nur Konzilien bezeichnet werden. Der höchste Grad der Verbindlichkeit wird in den *Ökumenischen Konzilien* realisiert, die von den Kirchenvätern mitgetragen und mitgestaltet wurden und im Ganzen der Kirche (des Ostens *und* des Westens) tausend Jahre lang angenommen und integriert sind.

Auch diese Konzilien, als die korporative Stimme der Kirche, als charismatische Ereignisse zu einem konkreten Zeitpunkt und für eine konkrete neue Situation des Lebens der Kirche, weisen auf die oben erwähnten Merkmale des Weges der einzelnen Kirchenväter hin, unter der Führung des Hl. Geistes.[215]

Denn allein die formalrechtlichen Bedingungen der Konzilien reichten für ihre Autorität und Gültigkeit nicht aus. Die *Rezeption* der Konzilien durch die Gesamtkirche (Klerus und Laien) unter der Erleuchtung des Heiligen Geistes ist erforderlich und hat immer die entscheidende Rolle gespielt.

So muss man die Ökumenischen Konzilien, die von der Gesamtkirche rezipiert wurden, als die höchste Instanz für die Regelung der Probleme, die eine gesamtchristliche Bedeutung hatten, ansehen. Sie stützen sich auf die Autorität Gottes bzw. des Hl. Geistes, nicht auf die eines Amtsträgers in der Kirche, gleich in welcher Position er sich befindet oder welches Amt er innehat. Yves Congar sagt dazu: „Um den tieferen Sinn der Konzilien zu begreifen, muss man den Heiligen Geist als entscheidende Person hinnehmen. Konzilien nennen sich immer Versammlungen im Heiligen Geist, denen unsichtbar Christus vorsteht [...]“[216] In diesem Sinne sind diese äußerst außergewöhnlichen Ereignisse der Kirche nicht von vornherein nur unter bestimmten juridischen oder organisato-

---

[215] Vgl. Apg 15,28: „Der Hl. Geist und wir haben beschlossen.“ Dieser Grundsatz gilt auch für die Ökumenischen Konzilien.

[216] *Y. Congar*, Die Konzilien im Leben der Kirche, in: Una Sancta 14 (1959), 162.

rischen Voraussetzungen, als *Ökumenische Konzilien* zu akzeptieren. Wenn man nämlich die Frage gestellt bekommt, welche Voraussetzungen bzw. welche Charakteristika eine solche kirchliche Versammlung aufweisen müsse, damit sie als die höchste Instanz der Kirche, als ein *Ökumenisches Konzil* gilt, kann man keine endgültige und erschöpfende Antwort geben. Denn es weisen nicht alle Konzilien die gleichen äußeren Merkmale.

Die wichtigste Voraussetzung für die Gültigkeit eines Ökumenischen Konzils – und zwar nicht nur im juridischen Sinne – ist die Identität der Beschlüsse eines Konzils mit dem Geist der Wahrheit im Mysterium der Kirche.[217] Diese innere Übereinstimmung der Entscheidungen eines Konzils mit dem *Geist* und der *Gesinnung* (Phrónima) der Kirche gewährleistet nicht nur die Richtigkeit dieses Konzils selbst, sondern sie schützt auch die Gläubigen vor den Gefahren der Häresie, wodurch ihr Heil gefährdet wäre. Das ist eigentlich das Ziel und der Zweck eines Ökumenischen Konzils, das unter dem Wirken des Heiligen Geistes in außergewöhnlicher Weise als ein charismatisches Ereignis zum Heil des Menschen beiträgt, in einer ganz konkreten Situation der Geschichte. Damit ist auch der soteriologische Aspekt der Konzilien deutlich zu sehen.

Wer entscheidet nun, ob das eine oder andere Konzil tatsächlich *ökumenisch* ist, d.h. ob es die wahre Gesinnung der Kirche widerspiegelt? Man könnte hier das Faktum der *Rezeption* der Konzilien in der Kirche anführen, die nicht bloß eine juridische Bestätigung oder Sanktionierung der Beschlüsse dieser Ökumenischen Konzilien darstellt.[218] Vielmehr ist es die Wirkung des Heiligen Geistes, der seine Wege kennt, die manchmal nach menschlichem Ermessen und nach logischen Kriterien eine ganz andere Richtung gehen sollten. Die Ökumenischen Konzilien sind demnach nur „Formen und Episoden, die im Leben der Kirche dann eintreten, wenn die Kirche zusammen mit dem Heiligen Geist diese für nötig hält [...] Was aber den Charakter der wahrhaft ökumenischen Synoden als Charismen anbetrifft, die der Erlösungsarbeit der Kirche zu Hilfe kommen, wird dieser Charakter souverän und ausschließlich von der Kirche durch ihr Bewusstsein bestätigt und bezeugt [...] (und) Wie die Ökumenischen Synoden als außerordentliche Werke des Heiligen Geistes nicht institutionell eingesetzt werden können, so kann auch die Rezeption ihrer Beschlüsse, die ebenfalls Frucht der charismatischen Arbeit des Heiligen Geistes ist, nicht institutionell eingesetzt, das heißt gesetzlich reglementiert werden."[219]

---

[217] Vgl. *N. Matsoukas*, Ἐκκλησιολογία ἐξ ἐπόψεως τοῦ Τριαδικοῦ Δόγματος, in: Ἐπιστημονικὴ Ἐπετηρίς, Θεολογικῆς Σχολῆς, Ἀριστοτέλειον Πανεπιστήμιον Θεσσαλονίκης, Thessaloniki 1972, 175ff.

[218] Vgl. *St. Harkianakis*, Περί τό ἀλάθητον τῆς Ἐκκλησίας ἐν τῇ ὀρθοδόξῳ θεολογίᾳ, Athen 1965, 149.

[219] *L. Stan*, Über die Rezeption der Beschlüsse der ökumenischen Konzile seitens der Kirche, in: Konzile und die ökumenische Bewegung, Studien des Ökumenischen Rates, 5, Genf 1968, 79.

Das bedeutet, dass Konzilien, die formal als ökumenisch einberufen wurden und mit dem Anspruch auf die Wirkung des Hl. Geistes, nicht zwingend als ökumenisch gelten müssen, (z.B. das Konzil von 754 gegen die Ikonen). Umgekehrt können Konzilien, die ursprünglich einen lokalen Charakter hatten, ökumenische Bedeutung erlangen (Konstantinopel 381).[220] Die Geschichte bietet also ein beredtes Zeugnis von der Freiheit des Hl. Geistes und dessen Führung bei den wichtigen und außerordentlichen Momenten im Leben der Kirche.

Auch mit den Worten von John Meyendorf kann gesagt werden: „Mit welchem Beiwort man auch eine im Namen Christi einberufene Versammlung belegen will, ihre endgültige Authentizität hängt von der Gegenwart des Hl. Geistes ab, welcher der Kirche versprochen worden ist."[221]

Die Konzilsväter waren immer der Überzeugung, dass sie dem Glauben der Kirche treu waren. Dennoch ist es allgemein bekannt und muss wieder bewusster gemacht werden, dass die Konzilien eben wegen konkreter *neuer* Probleme[222] einberufen wurden, einerseits zur Bekämpfung und Widerlegung der Irrwege und der Irrlehren, andererseits zur Klarstellung, Auslegung, Vertiefung und Erweiterung der Darstellung des Glaubens.[223] Die kirchlichen Kanones, die dazu oder zu anderen konkreten Fragen des Lebens von diesen Konzilien verabschiedet wurden, konkretisieren den wegweisenden Charakter ihrer Entscheidungen. Das bedeutet, dass diese wichtige Arbeit als der richtige Wegweiser für das konkrete Leben in der jeweiligen Zeit verstanden wurde, aber nicht in erster Linie als die Definition eines Satzes der theoretischen Lehre oder als rein rechtliche Kirchendisziplin. Damit wird durch die Konzilien deutlich, dass in der Theologie eine Dynamik, eine Entfaltung und aktuelle Anpassung nicht nur möglich, sondern sinnvoll und notwendig ist.[224] Dabei wurden die neu aufgeflammten intensiven Diskussionen innerhalb der Kirche aufgenommen. Man hat gesehen, wie eine neue Diskussion lokal begonnen hat und allmählich die Gesamtkirche erfasste. Zunächst haben Lokalsynoden versucht, eine Antwort bzw. eine Lösung der aufgetauchten Frage, sowohl durch theologische Formulierungen als auch durch kirchenrechtliche Bestimmungen zu geben. Und wenn dies nicht gelungen war, musste sich die Gesamtkirche durch ein Ökumenisches Konzil damit befassen.

---

[220] Vgl. *N. Matsoukas*, Ἐκκλησιολογία ἐξ ἐπόψεως τοῦ Τριαδικοῦ Δόγματος, 178.

[221] *J. Meyendorf*, Was ist ein ökumenisches Konzil, in: Ökumene, Konzil, Unfehlbarkeit, Hg. im Auftrag von Pro Oriente, Innsbruck 1979, 46.

[222] *A. Papadopoulos*, Παράδοσις καί ἀνανέωσις εἰς τήν ἱστορίαν τῆς Ὀρθοδόξου Ἐκκλησίας, in: *J. Anastasiou* (Hg.), Παράδοσις καί ἀνανέωσις εἰς τήν Ἐκκλησίαν, Thessaloniki 1972, 62f.

[223] Über das 1. Ökumenische Konzil z.B. siehe *Athanasius*, De decr. Nicaenae syn. 20,3–5, Opitz II, 17f. Vgl. *G. Larentzakis*, Einheit, 265. *St. Papadopoulos*, Ἀθανάσιος ὁ Μέγας καί ἡ θεολογία τῆς Οἰκουμενικῆς Συνόδου, 68f. mit mehreren Hinweisen.

[224] Vgl. *Chrysostomos Konstantinidis*,(Metropolit von Ephesos), Ἡ Θεολογία καί ὁ κόσμος πού ἔρχεται, in: Ὀρθοδοξία 38 (1963), 210–228.

7. Sieben Ökumenische Konzilien

Für die Orthodoxe Kirche gelten heute *sieben* Konzilien als ökumenisch, und zwar die ersten sieben Ökumenischen Konzilien, die auch von der Römisch-Katholischen und von den anderen Kirchen anerkannt werden, wenn auch nicht mit dem selben Stellenwert innerhalb dieser Kirchen. Diese 7 ökumenischen Konzilien sind in aller Kürze folgende:

1. ***Das Nizänum (325)***, das den Arianismus verurteilte. Bei diesem Konzil wurde der christliche Glaube, bzw. die Lehre der Kirche über die Gottheit des menschgewordenen Sohnes Gottes bekannt (von bekennen) und mit dem Begriff „wesensgleich" (Homooúsios) mit dem Vater zum Ausdruck gebracht. Der Sohn Gottes ist also kein Geschöpf, wie die Anhänger des Presbyters Arius behauptet haben, sondern wie der Vater Gott ist, so ist es auch sein Sohn. Das kanonische Werk dieses Konzils, d.h. die von diesem Konzil verabschiedeten Kanones und kirchlichen Bestimmungen, sind nicht nur für die Geschichte interessant oder nur für die damalige Zeit wichtig, sie sind für die Grundstrukturen der Kirche bis heute von zentraler Bedeutung. Z.B. die Autonomie von kirchlichen Territorien, die später als Patriarchate bekannt sind, oder für die Wahl der Bischöfe.[225] Deshalb müssen diese Kirchenbestimmungen immer wieder in Erinnerung gebracht werden. Sie würden uns auch heute helfen, viele innerkirchliche, aber auch ökumenische Probleme richtig zu lösen.

2. ***Das Konstantinopolitanum (381)***, das die Gegner des Hl. Geistes, die seine Gottheit abgelehnt haben, bekämpfte. Der Heilige Geist ist genauso Gott, wie der Vater und der Sohn. Bei diesem Konzil wurde das bis heute geltende und in der Orthodoxen Kirche als einzig verwendete große Glaubensbekenntnis verabschiedet.[226]

Es ist erfreulich, dass in der allgemeinen Ökumenischen Bewegung auf Weltebene, insbesondere in der *Kommission für Glauben und Kirchenverfassung,* wie auch in der *Konferenz Europäischer Kirchen* dieses Glaubensbekenntnis als der verbindliche und verbindende Text, in dem das Wesentliche unseres Glaubens aufgenommen und ausgedrückt wird, wieder anerkannt wird und als Grundlage und Fundament für die Wiederherstellung der vollen kirchlichen Gemeinschaft (Koinonia) betrachtet wird.[227]

---

[225] Dazu Vgl. *G. Larentzakis,* Wie wird man Bischof in der Orthodoxen Kirche? 123ff.

[226] Vgl. *G. Larentzakis,* Das Glaubensbekenntnis von Konstantinopel (381) und das FILIOQUE in der heutigen Ökumene. Tendenzen und Erwartungen, in: Μνήμη Συνόδου Ἁγίας Β' Οἰκουμενικῆς (Ἐν Κωνσταντινουπόλει 381), Bd. 1, hg. v. Οἰκουμενικόν Πατριαρχεῖον, Πατριαρχικόν Ἵδρυμα Πατερικῶν Μελετῶν, Thessaloniki 1983, 597ff.

[227] Vgl. Gemeinsam den einen Glauben bekennen. Eine ökumenische Auslegung des apostolischen Glaubens, wie er im Glaubensbekenntnis von Nizäa-Konstantinopel (381) bekannt wird. Studiendokument von Glauben und Kirchenverfassung, Frankfurt am M.-Paderborn [2]1993. Vgl. dazu *G. Larentzakis,* Das Glaubensbekenntnis des 2. Ökumenischen Konzils (381) einst

Der Kirche von Konstantinopel, des „Neuen Rom", wurden bei diesem Konzil (Kanon 3) auch die gleichen Ehrenrechte (presbeia) wie der Kirche von Rom und der 2. Platz nach ihr eingeräumt.

3. ***Das Konzil von Ephesus (431)*** stellt gegen Nestorius, den Bischof von Konstantinopel, klar, dass in Christus zwei Naturen, die göttliche und die menschliche, in einer Person vereint sind, ohne dabei die Verschiedenheit der zwei Naturen zu beseitigen. Deshalb, weil der göttliche Logos (das göttliche Wort) Mensch geworden ist, bezeichnete das Konzil auch Maria als die Gottesgebärerin (Theotokos). Die Kirche von Zypern wird unabhängig und seit damals ist diese Kirche autokephal.

4. ***Das Konzil von Chalzedon (451)*** verurteilte die *Monophysiten*, d.h. diejenigen, die nur eine göttliche Natur bei Christus akzeptiert haben. Bei diesem Konzil wurden beide Naturen Christi, die göttliche und die menschliche, anerkannt. Dabei berücksichtigte das Konzil für seine Definition die Meinungen von Papst Leo dem Großen und vor allem von Cyrill von Alexandrien. Nach diesem Konzil besteht in der Kirche eine größere Spaltung der Kopten, Äthiopier, Syro-Jakobiten und Armenier. Sie sind die sogenannten altorientalischen oder vorchalzedonischen Kirchen.[228] Diese damaligen kirchlichen Regionen wurden nicht von der Byzantinischen Kirche, auch nicht von der Reichskirche des Ostens getrennt, wie man da und dort im Westen meint, als ob diese Kirchen mit der Kirche von Rom keine Probleme gehabt hätten. Diese kirchlichen Gruppen wurden damals von der übrigen Gesamtkirche getrennt, auch von der des Westens. Übrigens kam die Verurteilung des Patriarchen von Alexandrien, Dioskoros, durch das Betreiben der päpstlichen Legaten zustande. Kurz zuvor haben sich der Papst von Rom, Leo, und der Patriarch Dioskoros gegenseitig exkommuniziert. Heute werden diese Kirchen im Zusammenhang mit dem Ökumenischen Dialog als Orientalisch-Orthodoxe Kirchen bezeichnet. Zwischen diesen Kirchen und der Gesamtorthodoxie wurde der offizielle Ökumenische Theologische Dialog positiv abgeschlossen.

Das Konzil bestätigte auch die ersten drei Konzilien (325; 381; 431) als ökumenische, wie auch das große Glaubensbekenntnis von Konstantinopel (381).

In diesem Konzil wurde die Jurisdiktion der Kirche von *Konstantinopel* erweitert, ihr zweiter Platz nach der Kirche von Rom bestätigt. Die Kirche von *Jerusalem* wurde auch unabhängig, womit ein neues Patriarchat geschaffen wurde. Somit wurde bei diesem Konzil die sogenannte *Pentarchie* für die Struktur der Gesamtkirche des Ostens und des Westens organisiert. Das sind die wichtigsten fünf (pénte) christlichen Zentren mit ihrer konkreten juridischen Zuständigkeit.

---

und heute. Einführung zum „Gemeinsam den einen Glauben bekennen", in: Ökumenisches Forum 17 (1994), 93ff.

[228] Vgl. *D. W. Winkler,* Koptische Kirche und Reichskirche. Altes Schisma und neuer Dialog, Innsbruck/Wien 1997

5. ***Das 2. Konzil von Konstantinopel (553)*** versuchte die Einheit der Kirche wiederherzustellen und verurteilte drei Theologen des fünften Jahrhunderts, die des Nestorianismus verdächtigt wurden: Theodor von Mopsuestia, Theodoret von Cyrus und Ibas von Edessa. Das ist der bekannte „Drei-Kapitel-Streit". Papst Virgilius weilte in Konstantinopel, verweigerte aber die Teilnahme wie auch den Vorsitz am Konzil, obwohl er vom Kaiser und von den anderen Patriarchen dreimal dazu aufgefordert wurde. Das Konzil tagte weiter ohne den Papst, den es, weil er seine Teilnahme am Konzil immer wieder abgelehnt hatte, aus der Gemeinschaft der Kirche ausgeschlossen hat, ohne aber die Gemeinschaft mit der Kirche von Rom zu brechen. Nach dem Ende des Konzils akzeptierte der Papst dessen Beschlüsse, womit dann die Kirchengemeinschaft mit ihm wiederhergestellt wurde.

6. ***Das 3. Konzil von Konstantinopel (680)*** verurteilte die Auffassung, dass Christus nur einen Willen hätte (Monotheletismus), nämlich nur den göttlichen. Christus, so stellte das Konzil fest, hat zwei Naturen (die göttliche und die menschliche) und konsequenterweise auch zwei Willen und zwei Tätigkeiten. Für die Definition des Konzils wurde die diesbezügliche Auffassung von Papst Agatho zugrundegelegt. Das Konzil verurteilte die Anhänger des Monotheletismus, Patriarch Sergius von Konstantinopel, Patriarch Kyrus von Alexandrien, Patriarch Makarius von Antiochien und Papst Honorius von Rom.

Da dieses Konzil keine disziplinären Probleme behandelte, wurde es im Jahre 691/92 fortgesetzt (Trullanum), wo disziplinäre Kanones verabschiedet wurden. Dabei wird eine deutliche Entfremdung zwischen Osten und Westen festgestellt. So wird z.B. durch Kanon 13 der im Westen sich deutlich abzeichnende Pflichtzölibat der Priester abgelehnt. Die westliche Kirche akzeptierte natürlich diese Kanones nicht. Damals wurde auch bestimmt, dass die Bischöfe nur aus dem zolibatären Klerus kommen dürfen.

7. ***Das 2. Konzil von Nizäa (787)*** befasste sich vornehmlich mit der Bedeutung der Ikonen in der Kirche, befürwortete und definierte die Ikonenverehrung bzw. die allgemeine Lehre von den Ikonen. Das Konzil bekämpfte dadurch die ikonenfeindliche Politik und Handlung einiger Kaiser zuvor (Ikonoklasmus).

Es wäre wichtig und würde für die Ökumene einen positiven Schritt bedeuten, wenn das *Konzil von Konstantinopel aus dem Jahre 879/80*, bei dem u.a. die kirchliche Gemeinschaft zwischen Rom und Konstantinopel wiederhergestellt wurde, gemeinsam von den Kirchen des Ostens und des Westens als das 8. Ökumenische Konzil offiziell anerkannt worden wäre.[229]

Das sind also die sieben ökumenischen Konzilien, die von allen Orthodoxen Kirchen als höchste Instanz der Kirchen anerkannt werden, und bei denen eine

[229] Vgl. dazu *G. Larentzakis,* Vielfalt in der Einheit aus der Sicht der Orthodoxen Kirche. Versuch einer Selbstdarstellung, in: Ökumenisches Forum 8 (1985), 69ff. *G. Larentzakis,* Konziliarität und Kirchengemeinschaft, in: Ökumenisches Forum 10 (1987), 175ff.

enge Zusammenarbeit der Kirchen des Ostens und des Westens festzustellen ist. Dies gilt auch für die Entwicklung der kirchlichen Strukturen, die nicht selten eine Angleichung an die neuen Gegebenheiten im politisch-kulturellen Bereich darstellen. In der *polyzentrischen* Form der kirchlichen Struktur der Gesamtkirche wird dies in den darauffolgenden Jahrhunderten konkretisiert: Durch die historische Entwicklung und Erhöhung mancher weiterer kirchlicher Regionen zu unabhängigen, autonomen und autokephalen kirchlichen Territorien; manche von denen sind als Patriarchate bekannt.

8. Besinnung auf unsere Quellen

Das bisher Gesagte zeigt, dass die Respektierung der Tradition nicht einfach die genaue Analyse der Werke der Väter oder eine starre Wiederholung ihrer Sätze bedeutet, um dann selbstzufrieden zu meinen, die Rechtgläubigkeit und Orthodoxie gesichert zu haben. Wenn jemand das macht, versteht er die Tradition falsch. Er missachtet die Dynamik und das Leben in der Kirche selbst und begeht die Sünde des Konservativismus.

Eines muss aber auch klar ausgesprochen werden, dass nicht alles, was die Kirchenväter gesagt, geschrieben und getan haben, absolut richtig war. Vieles von dem war zeitbedingt, deshalb auch für ihre Zeit, jedoch nicht für alle Zeiten relevant, daher nicht von der Gesamtkirche rezipiert.[230]

Was die Kirchenväter zu faszinierenden Autoritäten der Tradition der Kirche macht, ist nicht nur das, was sie gesagt bzw. geschrieben haben, sondern ihr fester Glaube, ihre unmittelbare Teilnahme und Identifikation mit allen Schicksalen des Lebens der Kirche, ihr persönlicher unmittelbarer Einsatz im Dienste des Evangeliums für die Mitmenschen, in der jeweils konkreten Situation der Kirche, ihre tiefempfundene persönliche Haltung und Erfahrung des Glaubens.

Aus diesem Grunde ist es wohl nicht nur eine freundliche Aussage, sondern die Widerspiegelung seiner Überzeugung, wenn der bekannte evangelische Theologe Edmund Schlink mit Nachdruck alle Kirchen auffordert: „Die geistige Lebendigkeit und Intensität, mit der die Kirchenväter die Probleme ihrer Zeit durchdrungen und beantwortet haben, ist ein bleibender Ansporn und eine eindringliche Verpflichtung für jede Kirche, die ganz anderen Problemen und Be-

[230] Vgl. dazu mit konkreten Hinweisen auf Aussagen der Kirchenväter: *St. Papadopoulos*, Patrología, Bd. 1, Athen [2]1982, 44f. *D. Staniloae*, Orthodoxe Dogmatik, Zürich 1985, 97.

drohungen des Glaubens späterer Zeiten mit gleicher Wachheit, Lebendigkeit und Klarheit aufzuspüren und zu beantworten."[231]

Die Aufforderung zur Neubesinnung auf die Tradition, d.h. auf die Quellen des christlichen Glaubens stellt also in der soeben geschilderten Form eine wichtige Aufgabe nicht nur für eine Kirche oder Konfession dar, sondern für alle Kirchen, auch für die Orthodoxe Kirche. Denn es stimmt, dass in ihr „in besonderer Weise die Erinnerung an die griechischen Kirchenväter wachgehalten worden ist."[232] Jedoch müssen wir auch zugeben, dass wir diese Kirchenväter oft nicht ganz richtig verstanden, sie oft bloß zu kopieren versucht haben.[233] Oder wir entwickelten da und dort eine wissenschaftlich akademische Theologie, die nicht ohne Kritik blieb.

9. Schrift und Tradition: Die gemeinsame Auffassung im orthodox-lutherischen Verständnis

Eine stärkere Zuneigung zu den Vätern ist in der letzten Zeit wieder festgestellt worden, und zwar ganz offiziell auch innerhalb der Lutherischen Kirche, wie es im offiziellen Theologischen Dialog zwischen der Gesamtorthodoxie und dem Lutherischen Weltbund in den gemeinsamen Dokumenten festgestellt wurde.

Damit hat auch das Thema Hl. Schrift, d.h. apostolischer Glaube und Lehrentscheidungen der Konzilien (Tradition), seinen gebührenden Platz bekommen. Bewusst bringe ich hier die Ergebnisse dieses Dialogs, weil sie thematisch dazu passen. Denn tatsächlich scheint mir zur Zeit eine neue Situation im Werden zu sein: weg von den einseitigen Vorurteilen gegen eine angeblich starre Tradition der Orthodoxen Kirche; auf der anderen Seite weg von der übertrieben Betonung des Prinzips „Allein die Hl. Schrift" (sola scriptura), das uns Jahrhunderte lang an der Realisierung der vollen kirchlichen Gemeinschaft gehindert hat. Zu diesem Thema betont mit großer Klarheit Wolf-Dieter Hauschild folgendes:

„Hinsichtlich der historisch-formalen Betrachtung wäre es nicht schlüssig, als ‚Kanon' nur bestimmte altkirchliche Schriften des 1./2. Jahrhunderts gelten zu lassen und demgegenüber einer Lehrentscheidung, an welcher die alte Kirche gleichsam seit den Anfängen gearbeitet hat, geringere Dignität zuzusprechen. So gibt das Dogma von 381 (also des 2. Ökumenischen Konzils von Konstanti-

---

[231] *E. Schlink*, Die Bedeutung der orthodoxen Kirche für die ökumenische Bewegung, in: Ökumenische Rundschau 22 (1973), 430–441, 443. *H. Kunst*, Die Kirche und die Kirchenväter. Pia desideria, in: *G. Metzger* (Hg.): Zukunft aus dem Wort, Stuttgart 1978, 39.

[232] *E. Schlink*, Bedeutung, 433.

[233] Vgl. *Ch. Konstantinidis*, Ἡ Ὀρθοδοξία τῶν Πατέρων, 242f.

nopel) ein gutes Paradigma für die Diskussion um die Irreversibilität von kirchlichen Lehrentscheidungen."[234]

Charakteristisch für die Lutherische Kirche im Gegensatz zu anderen ist, betont Hauschild weiter, „dass sie ihre Katholizität auch als geschichtliche Kontinuität und damit als Verpflichtung gegenüber den Lehrentscheidungen der Väter ernstnimmt"[235]. Und am Beispiel des Dogmas vom 2. Ökumenischen Konzil zieht er die Schlussfolgerung: „Den Text des Dogmas von 381 (als Credo und als trinitarische Formel) beizubehalten, gehört unabdingbar zu dieser Kontinuität [...] Andernfalls verlöre unsere Kirche ein erhebliches Stück ihrer beanspruchten Katholizität."[236] Ich glaube, wir müssen solche Feststellungen sehr ernst nehmen, sie waren und sind innerhalb der lutherischen Kirche nicht selbstverständlich.

Auf alle Fälle sind evangelischerseits genug Aussagen vorhanden, die mit der Feststellung des Wiener evangelischen Theologen Gottfried Fitzer übereinstimmen: „Von einer deutlich und polemisch ausgesprochenen Ablehnung der Tradition kann im Lager des evangelischen Bekenntnisses keine Rede sein, und an dieser Stelle wäre das ökumenische Gespräch offen."[237] Tatsächlich ging das ökumenische Gespräch weiter, getragen von vielen namhaften evangelischen Theologen.[238]

Wichtig ist nun, dass diese Thematik auch vom offiziellen theologischen Dialog zwischen der Gesamtorthodoxie und dem Lutherischen Weltbund aufgegriffen und in den letzten Dokumenten, die von allen Dialogpartnern akzeptiert wurden, als die gemeinsame Lehre der zwei Kirchen dargestellt wurde.

Das erste Dokument *Die göttliche Offenbarung* wurde bei der Plenarsitzung der gemischten, internationalen Kommission in Pennsylvanien (1985) behandelt und verabschiedet.

Im zweiten Abschnitt wird die Verbindung der göttlichen Offenbarung mit der Kirche artikuliert. Innerhalb der auf Erden gegründeten Kirche „wird die Offenbarung erlebt, verkündet und weitergegeben. Der Hl. Geist bewahrt das Leben und das Wachstum der Kirche bis zum letzten Tag durch die Verkündigung des Evangeliums in der Fülle der apostolischen Tradition und ihrer Weitergabe von Ort zu Ort und von Generation zu Generation, nicht nur durch Worte, sondern

---

234 *W.-D. Hauschild*, Das trinitarische Dogma von 381 als Ergebnis verbindlicher Konsensusbildung, in: Glaubensbekenntnis und Kirchengemeinschaft. Das Modell des Konzils von Konstantinopel (381), hg.v. *K. Lehmann/W. Pannenberg*, Freiburg i.B./Göttingen 1982, 45.

235 Ebd. 48.

236 Ebd.

237 *G. Fitzer,* Die Heilige Schrift und die Tradition, in: Ökumenisches Forum 3 (1980), 16.

238 Vgl. etwa *W. Schneemelcher*, Die Patristische Tradition in orthodoxer und evangelischer Sicht, in: Κληρονομία 1(1969)227. *W. Pannenberg*, Die Bedeutung des Bekenntnisses von Nicaea-Konstantinopel für den ökumenischen Dialog heute, in: Ökumenische Rundschau 31 (1982), 133f.

auch durch das ganze Leben der Kirche."[239] Wir stellen also hier fest, wie die göttliche Offenbarung wirkt und weitergegeben wird, nicht statisch und mechanisch, sondern dynamisch durch das Wachstum der Kirche; nicht nur verbal, sondern durch das ganze Leben. „Die Heiligen Schriften stellen den gottinspirierten und authentischen Ausdruck der Offenbarung Gottes und der Erfahrung der Kirche in ihren Ursprüngen dar." Die enge Verbindung zwischen Hl. Schrift und Kirche wird dadurch sehr deutlich zum Ausdruck gebracht.

Die Konsequenz daraus ist, dass deshalb auch das Dogma der Kirche nicht im Gegensatz zu den Hl. Schriften steht, „sondern das Dogma wird zum unerschütterlichen Zeugen der Offenbarungswahrheit. In diesem Sinne lebt unter der Führung des Hl. Geistes die göttliche Offenbarung in der Kirche durch die Hl. Schrift und die hl. Tradition."

Das Dokument schließt mit einem aufschlussreichen Zitat des hl. Athanasius: „Es genügen ja die heiligen und inspirierten Schriften zur Verkündigung der Wahrheit; doch gibt es daneben auch viele Kommentare, die unsere seligen Lehrer dazu verfasst haben. Wer diese nachsieht, der wird ja wohl die (nötige) Schriftexegese finden und die Erkenntnis, nach der er verlangt, gewinnen können."[240]

Das zweite Dokument über *Schrift und Tradition* (Kreta 1987), ist praktisch die Fortsetzung des ersten und bildet damit eine Einheit. Nach der Wiederholung des trinitarischen und soteriologischen Charakters der Offenbarung, vom Vater durch den inkarnierten Logos im Hl. Geist, stellt das Dokument fest, dass das Evangelium „diese Frohbotschaft der Erlösung, die durch das Wirken des Hl. Geistes von der Kirche bis zum Ende der Zeiten vermittelt wird, die Heilige Tradition ist." Sie ist daher „der authentische Ausdruck der göttlichen Offenbarung in der lebendigen Erfahrung der Kirche als des Leibes des menschgewordenen Gottes". Auch hier wird die Tradition mit der lebendigen Erfahrung der Kirche verbunden, sie wird dynamisch und lebendig verstanden, als Ergebnis der Wirkung des Hl. Geistes und zwar in allen Bereichen des kirchlichen Lebens. „Die Beschlüsse von ökumenischen Konzilien und lokalen Synoden der Kirche, das Lehren der heiligen Väter, liturgische Texte und Riten sind besonders wichtige und verbindliche Ausprägungen dieses mannigfaltigen Wirkens des Hl. Geistes", betont das Dokument. Ähnlich ist auch das Dokument des Altkatholisch-Orthodoxen Dialogs formuliert.

Allerdings sind nur diese Entscheidungen als authentische Kriterien für Glaube und Bekenntnis zu betrachten, die von der Gesamtkirche rezipiert wurden. Die Geschichte der gemeinsamen sieben ökumenischen Konzilien des ersten Jahr-

---

[239] Ebd.

[240] Deutsch aus *A. Stegmann*, Des hl. Athanasius Schriften, BKV^2 31, Kempten-München 1917, 11.

Die Beweinung Christi, Byzantinisches Museum Athen.

Nonne schlägt das Simantron. Foto: Larentzakis.

Die Kreuzigung Christi, Byzantinisches Museum Athen.

Die Auferstehung Christi, Byzantinisches Museum Athen.

Jesus Christus, der Weinstock, Byzantinisches Museum Athen.

Ehrenpromotion des Ökumenischen Patriarchen Bartholomaios I. in Graz am 18. Juni 2004. Promotor Larentzakis überreicht das Diplom.

Ökumenischer Patriarch Bartholomaios I. im Gespräch mit Autor Gregorios Larentzakis, dem Herausgeber der Reihe, Dietmar W. Winkler (Salzburg), und P. Lothar Lies SJ (Innsbruck, † 29. Mai 2008), Konstantinopel, 10. Dezember 2006.

tausends bezeugen tatsächlich diesen Weg der Beschlussfassung und ihrer Rezeption, ein Weg, der auch heute hilfreich sein kann.

Die Rolle der Hl. Schrift formuliert das Dokument folgendermaßen: „Die Funktion der Heiligen Schrift besteht darin, der Authentizität der lebendigen Erfahrung der Kirche dadurch zu dienen, dass die Heilige Tradition vor allen Versuchen der Verfälschung des wahren Glaubens (vgl. Hebr 4,12 u.a.) bewahrt wird, und nicht darin, die Autorität der Kirche, des Leibes Christi, zu untergraben." Damit ist dem übertrieben und einseitig betonten Gegensatz zwischen der Autorität der Hl. Schrift und der Autorität der Kirche ein Ende gesetzt, wenn man Kirche richtig versteht.

Über das „Allein die Hl. Schrift" *(sola scriptura)* gaben die Vertreter des Lutherischen Bundes eine wichtige Erklärung: „Die Orthodoxen nehmen mit Befriedigung die Versicherung der lutherischen Theologen zur Kenntnis, dass die Intention der Wendung ‚sola scriptura' es immer gewesen ist, auf die göttliche Offenbarung, Gottes Heilshandeln in Christus in der Kraft des Heiligen Geistes und somit auf die Heilige Tradition der Kirche hinzuweisen, wie sie in diesem Dokument beschrieben ist, und sich gegen menschliche Traditionen richtet, die die authentische Lehre der Kirche verdunkeln." Wäre diese Erklärung von der Römisch-Katholischen Kirche nicht akzeptabel? Ich bin sicher, mit dieser Erklärung wäre auch das Problem zwischen der Evangelischen und der Römisch-Katholischen Kirche gelöst.

All das hilft, „die Einheit und Katholizität der Kirche zu betonen, zum freudigen gemeinsamen Lob des Dreieinigen Gottes". Bei allen diesen Fragen wurden wichtige Antworten auch durch die nächsten Dokumente gegeben: Das dritte Dokument über „Kanon und Inspiration der Heiligen Schrift" (1989) und das vierte zum Thema „Die ökumenischen Konzile und die Autorität der Kirche und in der Kirche" (1993). Damit wurden jahrhundertealte Probleme behandelt und zu einer glücklichen Lösung geführt.[241]

Es bleibt nur zu hoffen, dass diese Lösungen und Erklärungen innerhalb der Partnerkirchen, vor allem innerhalb der lutherischen Kirche rezipiert werden, auch bei der Rezitation des Glaubensbekenntnisses.

Hier möchte ich noch einen Satz aus dem gemeinsamen Dokument zitieren, das im Juni 1987 in Bari bei der Plenarsitzung der internationalen gemischten Kommission des offiziellen theologischen Dialogs zwischen der Römisch-Katholischen und der Orthodoxen Kirche verabschiedet wurde, damit die Ähnlichkeit der dort formulierten gemeinsamen Lehre mit der gemeinsamen Lehre

---

[241] Vgl. *Michael Staikos, Metropolit von Austria,* Sola scriptura sine traditione? Aktuelle Perspektiven über „Schrift und Tradition" im Ökumenischen Dialog insbesondere zwischen der Orthodoxie und dem Lutherischen Weltbund, in: Kirche: Lernfähig in die Zukunft? Festschrift für Johannes Dantine zum 60. Geburtstag, hg. v. *M. Bünker und Th. Krobach,* Innsbruck-Wien 1998, 49–66.

des lutherisch-orthodoxen Dialogs deutlich wird. Im katholisch-orthodoxen Dokument heißt es also: „Der Ort der Gemeinschaft ist die Kirche. In ihr wird die geoffenbarte Wahrheit gemäß der Überlieferung der Apostel und auf der Grundlage der Heiligen Schrift durch die ökumenischen Konzilien, das liturgische Leben und die Väter der Kirche weitergegeben und durch die Glieder des Leibes Christi in die Tat umgesetzt.“[242]

Schrift und Tradition dürfen keine Gegensätze mehr sein, sie sind wichtige sich gegenseitig ergänzende Dimensionen des Fundaments unseres christlichen Glaubens. Tradition ist also gemeinsam mit der Heiligen Schrift lebendig und wichtig für das Leben der ganzen Kirche. Und wenn man von Tradition spricht, muss man die ganze Tradition der Gesamtkirche berücksichtigen und nicht nur eine bestimmte Tradition aus einem bestimmten kirchlichen Bereich oder nur aus einer bestimmten Zeit und noch weniger nur aus dem zweiten Jahrtausend.

In der Gesamtkirche Christi haben wir tatsächlich ein gemeinsames, wichtiges Zeugnis dieser Tradition, das eine sehr hohe Autorität hat und das Wesentliche unseres Glaubens beinhaltet. Es handelt sich um das Glaubensbekenntnis, das beim Zweiten Ökumenischen Konzil von Konstantinopel im Jahre 381 verabschiedet wurde.

B. Das Glaubensbekenntnis von Konstantinopel

Die Orthodoxe Kirche verwendet ein einziges Glaubensbekenntnis und zwar ausschließlich dieses. So z.B. in der Liturgie, bei der Taufe, oder auch als Ausdruck und Bezeugung des rechten Glaubens selbst von den neugewählten Bischöfen bei ihrer Weihe und von den Patriarchen und Erzbischöfen, wenn sie ihre Wahl ihren Amtskollegen durch ihre Inthronisationsbriefe offiziell ankündigen. Deshalb möchte ich einige Informationen über dieses Bekenntnis vermitteln, das zusammengefasst die wesentlichen Inhalte unseres Glaubens zum Ausdruck bringt.

Das Zweite Ökumenische Konzil von Konstantinopel (381) war zunächst für den Osten einberufen worden, wurde aber wegen der großen Bedeutung seiner Entscheidungen von der Gesamtkirche des Ostens und des Westens als das Zweite Ökumenische Konzil rezipiert; es wurde mit verbindlichem Charakter für alle Christen überall angenommen. Aus diesem Grunde ist das Glaubensbekenntnis dieses Konzils das einzige, das von einem Ökumenischen Konzil verabschiedet wurde. Sein Text wurde von allen als verbindlich und verbindend angenommen. Dieses Glaubensbekenntnis wurde nicht nur einmal von allen

[242] Glaube, Sakramente und Einheit der Kirche, in: Ökumenisches Forum 10 (1987), 336.

rezipiert, sondern auch die darauffolgenden Ökumenischen Konzilien des ersten Jahrtausends haben, obwohl sie sich mit neuen theologischen und dogmatischen Fragen befassten, immer wieder auf dieses Glaubensbekenntnis verwiesen und festgestellt: Es ist kein neues erforderlich, denn dieses Glaubensbekenntnis ist für den Ausdruck des wesentlichen Gehaltes des christlichen Glaubens ausreichend. Die Autorität dieses Glaubensbekenntnisses wurde immer wieder von der Gesamtkirche bestätigt. Es hat eine Autorität, die kein anderes besitzt. Jedes andere muss daher an dem Inhalt dieses Bekenntnisses gemessen werden, um seine Gleichwertigkeit zu bestätigen. Das ist die Auffassung der Orthodoxen Kirche über dieses Glaubensbekenntnis. Es ist daher sehr erfreulich, dass in den letzten Jahren in der Ökumene auf Lokal- und auf Weltebene die ursprüngliche Fassung dieses Glaubensbekenntnisses wieder besonders geschätzt wird; mit dem wiederholten Vorschlag, dieses im liturgischen Leben in seiner ursprünglichen Fassung (d.h. ohne den Zusatz *filioque*) zu verwenden.

Solche Empfehlungen haben die Konferenz Europäischer Kirchen (KEK) gemeinsam mit dem Rat der Römisch-Katholischen Bischofskonferenzen Europas (CCEE) seit 1984 (Riva del Garda) ausgearbeitet; weiteres die Kommission für Glauben und Kirchenverfassung in einer eigenen Studie, welche mehr als zehn Jahre gedauert hat (1981–1991); der Ökumenische Arbeitskreis von evangelischen und katholischen Theologen in Deutschland, der „Deutsche Ökumenische Studienausschuss“ (DÖSTA) u.a. In vielen Ökumenischen Veranstaltungen und ökumenischen Gottesdiensten wird nun das Glaubensbekenntnis von Konstantinopel (381) verwendet, so auch bei den beiden Europäischen Ökumenischen Versammlungen im Mai 1989 in Basel und im Juni 1997 in Graz.

Der Text dieses Glaubensbekenntnisses lautet:

Wir glauben an den einen Gott,
den Vater, den Allmächtigen,
der alles geschaffen hat, Himmel und Erde,
die sichtbare und die unsichtbare Welt.

Und an den einen Herrn Jesus Christus,
Gottes eingeborenen Sohn,
aus dem Vater geboren vor aller Zeit:
Licht vom Licht,
wahrer Gott vom wahren Gott,
gezeugt, nicht geschaffen,
eines Wesens mit dem Vater;
durch ihn ist alles geschaffen.

Für uns Menschen und zu unserem Heil
ist er vom Himmel gekommen,

hat Fleisch angenommen durch den Heiligen Geist
von der Jungfrau Maria
und ist Mensch geworden.

Er wurde für uns gekreuzigt unter Pontius Pilatus,
hat gelitten und ist begraben worden,
ist am dritten Tage auferstanden
nach der Schrift
und aufgefahren in den Himmel.
Er sitzt zu Rechten des Vaters
und wird wiederkommen in Herrlichkeit,
zu richten die Lebenden und die Toten:
seiner Herrschaft wird kein Ende sein.

Wir glauben an den Heiligen Geist,
der Herr ist und lebendig macht,
der aus dem Vater hervorgeht,
der mit dem Vater und dem Sohn angebetet und verherrlicht wird,
der gesprochen hat durch die Propheten,
und die eine, heilige, katholische und apostolische Kirche.
Wir bekennen die eine Taufe zur Vergebung der Sünden.
Wir erwarten die Auferstehung der Toten
und das Leben der kommenden Welt. Amen.

Das Bekenntnis beschreibt den Glauben an den Dreieinigen Gott, den Vater, den Sohn und den Heiligen Geist, seine Handlungen für die ganze Schöpfung, seine Liebe für die Menschen und seine Taten für die Rettung und die Heiligung der Menschen, wie auch die Wesensmerkmale der Kirche und die Hoffnung auf das ewige Leben. Wir haben tatsächlich eine Zusammenfassung des wesentlichen Gehalts des christlichen Glaubens.

Im Anschluss soll hier einiges über den Inhalt gesagt werden, um deutlich zu machen, wie die Orthodoxe Kirche dieses Bekenntnis versteht, damit einige Missverständnisse oder Vorurteile beseitigt werden.

Zunächst sei betont, dass dieses Glaubensbekenntnis für die Orthodoxe Kirche das einzige Glaubensbekenntnis ist, das sie überall verwendet. Sie hat es aber nicht nur für sich „erfunden“. Es ist das Glaubensbekenntnis der Gesamtkirche Christi, aller christlichen Kirchen, die mit der Kirche der Anfänge in Verbindung und in Gemeinschaft stehen wollen. Es ist das einzige Glaubensbekenntnis, das auf einem Ökumenischen Konzil verabschiedet und von der Gesamtkirche rezipiert wurde.

1. Gott Vater der Allmächtige

Weil also dieses Glaubensbekenntnis das Wesentliche und die Mitte des christlichen Glaubens zum Ausdruck bringt, ist es wichtig, dass die Konzilsväter des Zweiten Ökumenischen Konzils von Konstantinopel mit der Quelle und dem Fundament aller Existenz beginnen, mit Gott *Vater, dem Allmächtigen, dem Schöpfer des Himmels und der Erde.* Die Ausdrücke „Vater“ und „Allmächtiger“ stellen die Voraussetzungen dar für den nächsten Teil des Satzes „den Schöpfer des Himmels und der Erde“. Dieser Satz beinhaltet tatsächlich das Fundament unseres Glaubens im Zusammenhang mit unserer Existenz. Und dieser Satz wurde vor allem im Westen am meisten missverstanden. Die Missverständnisse konnten, trotz vieler Bemühungen, noch nicht ausgeräumt werden.

Zunächst die Begriffe „Vater“ und „Allmächtiger“: Immer noch wird in manchen Kreisen der Begriff „Vater“ (patér), mit dem Patriarchalismus in Verbindung gebracht, der abzuschaffen sei. Diese Absicht wird noch verstärkt, wenn dazu der Begriff Pantokrátor, in einer tendenziösen Interpretation als der Allmächtige, bzw. der Omnipotente verstanden wird. Dann will man sich selbst von dem so verstandenen Gott befreien. Dies nicht nur wenn man das Glaubensbekenntnis betet, sondern auch, wenn man eine orthodoxe Kirche betritt und das Bild des Pantokrátor in der Kuppel sieht. Wenn diese und ähnliche Empfindungen bei westlichen Christen auftreten, dann muss ich sagen, dass der orthodoxe Christ solche Empfindungen nicht hat. Das ist ein westliches Problem.

Für den orthodoxen Christen, haben wir bereits gesehen, ist der Vater, und Pantokrátor, der Schöpfer, der Erhalter; auch der Richter, aber der Liebende. Der Mensch erwartet von ihm Liebe, Erlösung, Annahme in die Sohnschaft. Der Vater und der Pantokrator ist nicht nur der Allmächtige, der gerechte und strenge Richter, der alles kann und der Macht demonstriert. Er ist der Mächtige und Liebende. Dieses differenzierte Verständnis und die differenzierten Empfindungen in der Gottesfrage hat die römisch-katholische Theologin Anne Jensen ausgearbeitet: „Im Westen ist der ‚Allmächtige Vater‘ die prägende Gottesvorstellung gewesen. Schon in den sprachlichen Versionen des Glaubensbekenntnisses ist eine Sinnverschiebung festzustellen: Das griechische ‚Pantokrator‘ hat die Konnotation ‚Herrscher über das All‘, über den Kosmos, das lateinische ‚Pater Omnipotens‘ dagegen evoziert den Vater, der alles kann und – implizit – alles darf. Im Westen ist der Begriff des Vaters durch die gedankliche Verbindung mit willkürlicher Herrschermacht stark seines biblischen Inhalts beraubt worden. Im Osten sind die charakteristischen Züge des Gottesbildes die Barmherzigkeit und die ‚Philanthropia‘, die Freundschaft, Liebe zu den Menschen.“[243]

---

[243] *Anne Jensen,* Wie patriarchalisch ist die Ostkirche? 142f.

Tatsächlich finden wir in der griechischen Patristik, wie auch in der Liturgie in überwältigender Fülle all die Bezeichnungen für Gott, welche auf seine Liebe, seine Philanthropie, seine Barmherzigkeit, seine Güte, sein Erbarmen, seinen Vergebungswillen, seine Hingabe, Opferbereitschaft, usw. hinweisen, Eigenschaften, die als die Grundlage und die Motivation seiner Handlungen vorausgesetzt werden: von der Schöpfung der Welt, des Himmels und der Erde, alles Sichtbaren und Unsichtbaren, bis hin zur Entsendung seines Sohnes zu uns und für unser Heil, bis zu seiner Kreuzigung und Auferstehung. Denn Gott will, dass alle Menschen gerettet werden und zu ihrem Heil gelangen (1Tim 2,4). Diese positive Sicht von der Schöpfung bis zur Erlösung und zur endzeitlichen Vollendung muss allen Menschen bewusster werden, damit auch manche Vorurteile bezüglich des Gott-*Vaters* und des *Pantokrator* überwunden werden.

Die Bezeichnungen Gottes als Vater, als Allmächtiger und als Schöpfer weisen darauf hin, dass der christliche Gott ein handelnder Gott ist. Nicht in erster Linie wird das göttliche, abstrakte, metaphysische Wesen angesprochen, von dem aus man dann zu den drei göttlichen Hypostasen (Personen) kommt. Es ist umgekehrt: Gott existiert in drei konkreten Personen bzw. Hypostasen, die eine Gemeinschaft bilden und handeln. Und wenn hier der Vater angesprochen wird, folgt ihm, in logischer Konsequenz, der Sohn bzw. auch der Hl. Geist. Nicht das abstrakte Wesen also, sondern das „Personale“ (der Vater), steht im Vordergrund. Das ist grundlegend für die griechische Patristik und selbstverständlich für die orthodoxe Theologie bis heute.[244] Die gemeinschaftliche Existenz der gleichwertigen göttlichen Personen ist auch die Voraussetzung für deren gemeinschaftliche Wirkung.

Im Bezug auf die Welt und die Menschen geschieht dies in der Schöpfung. Die Kirchenväter formulieren es fast gleich. Alles ist geschaffen vom Vater, durch den Sohn, im Heiligen Geist; und zwar aus Liebe.[245] Die Schöpfungstheologie hängt also unmittelbar mit der Trinitätstheologie zusammen, denn Gott hat alles geschaffen in einer gemeinschaftlichen (synergetischen) Handlung.[246] In diesem Sinne ist der Himmel und die Erde, die ganze Welt und als Abschluss und Krö-

---

[244] Die langwierigen und mühevollen Diskussionen im Westen über den Begriff πρόσωπον (prósopon)und die Vorschläge zu dessen Abschaffung helfen uns nicht, die vorhandenen Probleme zu lösen. Wir haben keinen besseren Begriff. Die Kirchenväter, vor allem die großen Kappadozier, haben diese Frage intensiv behandelt. Die Lösung, die sie erarbeitet haben, auch sprachlich, wurde von niemandem übertroffen. Allerdings wurde sie im Westen nicht immer verstanden und als eine philosophische Spekulation, oder als „Hellenisierung des Christentums“ leider falsch verstanden und abgelehnt. Zum Glück gibt es heute, auch im Westen, viele Stimmen, die korrigieren und richtigstellen.

[245] Vgl. *Gregor von Nyssa,* Große Katechese, 5, PG 45, 21: „[...] οὐκ ἀνάγκῃ τινί πρός τήν τοῦ ἀνθρώπου κατασκευήν ἐναχθείς, ἀλλ' ἀγάπης περιουσίᾳ [...]“.

[246] Vgl. *Gregor von Nazianz,* Orat. 38, 9, PG 36, 320C. *Johannes von Damaskus,* De fide orth. II, 2, (15) PG 94,365A. Vgl. *G. Larentzakis,* Einheit der Menschheit Einheit der Kirche bei Athanasius. Vor- und nachchristliche Soteriologie und Ekklesiologie bei Athanasius von Alexandrien, Grazer Theologische Studien 1, Graz ^{2}1981 107f.

nung das ganze Menschengeschlecht geschaffen.[247] Interessant ist hier die Feststellung, dass das Unsichtbare und das Sichtbare auch auf die doppelte Natur des Menschen bezogen werden muss und somit auf die ganzheitliche Dimension der Existenz des Menschen überhaupt. Gemeint ist natürlich nicht nur die bekannte Teilung, Leib und Seele, sondern auch der Verstand des Menschen, der ihm die Möglichkeit gibt, freie Entscheidungen zu treffen. Johannes von Damaskus dazu: „[…] haben wir doch den Verstand erhalten, um ihn zu benutzen. Denn wo Verstand ist, dort ist auch Willensfreiheit.“[248]

Theodoros Nikolaou schreibt bezugnehmend auf den ersten Satz des Glaubensbekenntnisses folgendes: „Alles Geschaffene, alles Seiende ist das Werk Gottes. Selbst die Existenz Gottes kann nicht ohne seine Beziehung zu der Schöpfung verstanden werden. Der Akt der Schöpfung ist ein Akt der Offenbarung Gottes und seiner Beziehung zur Schöpfung. Gott ist unzugänglich und unbegreifbar. Sein einfaches Wesen entzieht sich völlig der menschlichen Erkenntnis. Was der Mensch erkennt, ist nicht das Wesen Gottes, sondern seine herabsteigenden Energien. Die Schöpfung ist der erste und überaus wichtige Akt der göttlichen Potenz und Weisheit. Sie ist ein freier, gütiger Akt, der nicht nur den Schöpfer offenbart, sondern auch das Woher und das Wohin der Schöpfung bestimmt.“[249]

Die existentielle Verbindung zwischen Gott, dem allmächtigen Vater, und dem Leben der Menschen sieht auch der Kommentar der Studie der Kommission für Glauben und Kirchenverfassung: „Christen bekennen den einen Gott als ‚allmächtigen Vater‘. Damit bekräftigen sie ihr Vertrauen darauf, dass ihr Leben und Tod von der elterlichen Sorge eines Gottes umfangen sind. […] Wenn dieser liebende und treue Gott zugleich als ‚allmächtig‘ bezeichnet wird, dann wird damit auf die Gewissheit verwiesen, dass alles, was Leben, Wirklichkeit und Geschichte ist, nicht sich selbst oder weltlichen Mächten und Gewalten überlassen bleibt, sondern in einem Gott gegründet ist und von ihm getragen wird, dessen Macht genauso grenzenlos ist wie seine Liebe.“[250]

Wir müssen alles daran setzen, dass diese Grundauffassung christlicher Gotteslehre ihre Stellung auch zwischen den Menschen, Männern und Frauen, überall wieder einnimmt. Andernfalls wird viel Energie vergeudet in einem Kampf gegen eine Position, die den tatsächlichen Inhalt wirklich nicht trifft; jedenfalls nicht die orthodoxe Position. Wenn manche Christen oder Christinnen mit den Begriffen Vater (Patér) und Pantokrátor Probleme haben, müssen sie deren Ursachen wo anders suchen; auf keinen Fall in der genuin christlichen Gottesfra-

---

[247] *Johannes von Damaskus,* Darlegung des orthodoxen Glaubens II, 2 (BKV 44). Vgl. *Christophoros Pulec,* Die kosmische Dimension der Schöpfung, in: Ökumenisches Forum12 (1989), 177.

[248] *Johannes von Damaskus,* Darlegung des orthodoxen Glaubens II, 7, (BKV 44).

[249] *Th. Nikolaou,* Herrlichkeit der Schöpfung. Ein Orthodoxer Beitrag, in: Ostkirchliche Studien, 34 (1985), 152.

[250] Gemeinsam den einen Glauben bekennen, 33.

ge; sicherlich nicht im ersten Satz unseres Glaubensbekenntnisses, auch nicht im bild in der orthodoxen Ikonographie.

Dass es in manchen kirchlichen Bereichen Anlässe zu solchen Missverständnissen gegeben hat oder noch heute gibt, ist bekannt. Aber gerade in diesen Bereichen ist eine Umkehr erforderlich, auch bei uns in der Orthodoxen Kirche, damit die christliche Botschaft nicht allzu lange noch getrübt bleibt oder falsch interpretiert werden kann.

Dieser Schöpfer hat als liebender Vater, der in seiner grenzenlosen Liebe alles schafft und erhält und allen Menschen (Männern und Frauen) das Dasein auf wunderbare Weise schenkt, mit patriarchalischen, willkürlichen und diktatorischen Merkmalen nichts zu tun. Im Gegenteil, vom trinitarischen Gott haben wir die Urquelle und das Vorbild unserer gemeinschaftlichen Existenz. Dies wird allmählich in der gesamten Ökumene immer deutlicher anerkannt und rezipiert. Und dieses Vorbild soll bei uns noch wirksamer werden, in einer Gesellschaft, die oft ohne Vaterliebe *und* ohne Mutterliebe auszukommen glaubt. Nicht umsonst hat Gregor von Nazianz auch für die Ehe bzw. Familie die Gemeinschaft des Dreieinigen Gottes als Vorbild hingestellt, in der die Liebe, die Gemeinschaft und die Gleichwertigkeit der Personen maßgeblich sind.[251]

2. Die Natur als die Schöpfung Gottes

Die Allmacht befähigt den Schöpfer, *alles* zu schaffen. Die voraussetzende Verbindung im Glaubensbekenntnis ist sehr deutlich. Alles stammt von ihm: Der Himmel und die Erde, das Sichtbare und Unsichtbare. Ist diese Erkenntnis uns Menschen immer bewusst geblieben? Oder gibt es wiederum die Autonomiebestrebungen des Menschen, der alles allein machen will, ohne den Schöpfer Gott, sogar manchmal gegen ihn? Denn Gott darf nicht *allmächtig* sein. Aber der Mensch betrachtet sich selbst als allmächtig, der die ganze Schöpfung willkürlich und rücksichtslos ausgebeutet. Wiederholt der Mensch heute nicht die Ursünde, nämlich den Autonomieversuch im „Paradies“, als er meinte, alles ohne Gott, auch gegen Gott zu machen? Gerade die Erkenntnis, dass alles der dreieinige Gott, aus Liebe und als Geschenk ohne Gegenleistung geschaffen hat, hilft uns Menschen, uns selbst und die ganze Schöpfung richtig zu bewer-

---

[251] Vgl. *Gregor v. Naz.* Hom. 37, 7, In Mt. PG 36, 292A. Vgl. *G. Larentzakis,* Ehe-Mysterium der Liebe. Einige Aspekte zur Eheauffassung und Familiengestaltung aus orthodoxer Sicht, in: Horizonte sittlichen Handelns, hg. v. *Otto König* und *Alois Wolkinger,* (Grazer Theologische Studien, 14), Graz 1991, 323.

ten. Dann werden wir daraus die Konsequenzen *für uns selbst*, aber auch 2. *für die Schöpfung* ziehen.

1. *Für uns selbst*: Um uns geborgen und glücklich in den Händen unseres liebenden Schöpfers und Vaters zu fühlen und nicht durch eine Angstpädagogik als Sklaven und Untertanen unter dem autoritären Despoten, dem mächtigen Richter-Gott. Es ist wichtig diese Sicht unseres Verhältnisses zu Gott hervorzuheben, damit der Prozess der Gemeinschaft mit Gott angstfrei, mit Optimismus und Freude gefördert werden kann. Vor einem liebenden Gott braucht man keine Angst zu haben. Im Gegenteil, man fühlt sich glücklich und froh, trotz aller Probleme und Nöte dieser Welt, und lobpreist Gott. Dies klingt vielleicht in einer gerade nicht erfreulichen Weltsituation als zu optimistisch. Trotzdem kann niemand behaupten, dass der Orthodoxen Kirchen über Jahrhunderte hinweg das Leiden fremd ist.
2. Die bewusstere Anerkennung, dass *alles* von Gott geschaffen wurde, ist *für uns* wichtig. Wenn wir uns untereinander und miteinander als die Geschöpfe dieses liebenden Gott-Vaters betrachten, und wenn wir akzeptieren, dass *alle* „unabhängig von Geschlecht, Rasse, Nation und Sprache Gottes Bild in sich tragen", dann sind auch alle gleichberechtigte Glieder der Gesellschaft. Dies stellte die Botschaft der Ersten Europäischen Ökumenischen Versammlung von Basel im Mai 1989 fest.[252] Auch die Botschaft der Zweiten Europäischen Ökumenischen Versammlung in Graz vom 23.–29. Juni 1997 schließt mit der Feststellung: „Jeder Mensch ist nach dem Bild des Dreieinigen Gottes geschaffen."
3. Diese Feststellungen, würden sie akzeptiert und respektiert und von uns Christen als wesentlicher Inhalt unseres Glaubens ernst genommen, bilden die beste Voraussetzung für die Überwindung der zwischenmenschlichen Spannungen und Probleme. Sie verhindern, dass solche Probleme überhaupt entstehen. Nimmt man diese Feststellungen als Grundlage für die Bewertung und für die Beziehungen zwischen den Menschen, zwischen den Völkern und Nationen, dann kommen wir von orthodoxer Seite zur zwingenden Schlussfolgerung, dass aus schöpfungstheologischen Gründen nicht begründetet werden kann, dass ein Geschlecht oder einzelne Menschen, ein Volk oder eine Nation qualitativ besser wäre als andere. Keine ist qualitativ minderwertiger als andere. Aus dieser Perspektive muss also jeder fanatische und gefährliche Nationalismus, jeder Rassismus abgelehnt und verurteilt

---

[252] Vgl. *G. Larentzakis,* Das Baseler Ereignis „Frieden in Gerechtigkeit" (15.–21. Mai 1989) Einheit der Kirchen-Einheit Europas, in: Sursum Corda. Variationen zu einem liturgischen Motiv, Für Philipp Harnoncourt zum 60. Geburtstag, hg.v. *Erich Renhart* und *Andreas Schnider,* Graz 1991, 395.

werden, wie dies auch der Ökumenische Patriarch von Konstantinopel Bartholomäos I. und alle Oberhäupter der Gesamtorthodoxie getan haben.[253]

4. Das bewusste Wissen, dass wir von Gott geschaffen wurden und dass wir die Bedingungen unserer Existenz von unserem Gott-Vater bekommen haben, muss uns zur Selbsterkenntnis führen, um unsere Endlichkeit und Begrenztheit bewusster zu sehen. Gerade hier müssen wir mit unserem Autonomiebestreben und mit der irrigen Annahme, dass wir alles können, zurückhaltender werden. Wir können nicht alles erreichen. Und all das, was wir können, dürfen wir auch nicht grenzenlos und unterschiedslos tun. Reflektieren wir intensiver diese Überlegungen, dann kommen wir automatisch in das aktuelle Thema der menschlichen Möglichkeiten, die wir erreicht haben, die sich auf Leben, auf Gesundheit, auf Natur beziehen. Inwieweit ist der Mensch manipulierbar? Bis zu welchem Zentrum seiner Existenz sind Eingriffe möglich und/oder erlaubt? Denken wir an Genmanipulation, „verbrauchende Embryonenforschung“, Klonierungsmöglichkeiten der Tiere und des Menschen?[254] Somit befinden wir uns im Schnittpunkt unseres Verhältnisses zur ganzen Schöpfung, aber auch unseres Verhältnisses zu Gott selbst. Wie verhalten wir uns der Schöpfung gegenüber, wie sollen wir uns verhalten? Mit Gott oder ohne Gott?
5. Auch *für die Schöpfung* ist diese Sicht des ersten Artikels unseres Glaubensbekenntnisses von eminenter Bedeutung. Als Christen müssen wir es diesbezüglich ernster nehmen: Die ganze Schöpfung ist das Werk Gottes, des allmächtigen Vaters. Und sie ist gut. Deshalb ist diese Schöpfung, als Werk und Gabe Gottes zu respektieren und zu bewahren. Folglich ist das Thema des Konziliaren Prozesses im Zusammenhang mit der Bewahrung der Schöpfung wichtig, die vielfältigen Aktivitäten innerhalb der einzelnen Kirchen und in der Ökumene sind unerlässlich. Die griechischen Kirchenväter sprechen immer wieder von diesem Sachverhalt und betrachten den Menschen nicht als uneingeschränkten Besitzer der Schöpfung, sondern als Oikonómon, d.h. als vernünftigen und umsichtigen Verwalter.[255] Eine solche

---

[253] Vgl. *G. Larentzakis,* Versöhnung in ihrer theologischen Dimension. orthodoxe Aspekte, in: Ökumenisches Forum 19 (1996), 169ff. Vgl. oben Kapitel „Sind die Orthodoxen Kirchen Nationalkirchen?“

[254] Interessant ist die „Erklärung Grazer Wissenschaftler zum Schlussdokument der I. Europäischen Ökumenischen Versammlung Frieden in Gerechtigkeit [...]“, die mit solchen Problemen sich befasste und den Delegierten in Graz mit konkreten Maßnahmen zur Berücksichtigung bei ihrer Arbeit unterschrieben vorgelegt wurde.

[255] Vgl. z.B. *Johannes Chrysostomos,* Homilie 10, in 1 Kor, 2, PG 61, 84: „[...] ἵνα μή ὡς δεσπότης ἑαυτῷ ἐκδικῇ, ἀλλ᾽ ὡς οἰκονόμος διοικῇ [...]“. Vgl. auch *Emilianos Timiadis*, Metropol. von Sylibrien, Écologique actualité du Credo de Nicée, in: Μνήμη Συνόδου Ἁγίας Β΄ Οἰκουμενικῆς (Ἐν Κωνσταντινουπόλει 381), Bd. 1, hg. v. Οἰκουμενικόν Πατριαρχεῖον, Πατριαρχικόν Ἵδρυμα Πατερικῶν Μελετῶν, Thessaloniki 1983, 674.

Haltung würde uns der Natur gegenüber gemäßigter machen und uns vor egoistischen und rücksichtslosen Übertreibungen bremsen.

Die theologische Konsultation der Konferenz Europäischer Kirchen (KEK) hat in Bukarest vom 22.–26. März 1982 zum Thema: „Das Seufzen der Schöpfung. Christen Europas auf der Suche nach ihrer Verantwortung heute" sehr Wichtiges gesagt.[256] In dieser Verantwortung setzte die KEK ihre Arbeit fort und hat in Zusammenarbeit mit dem Rat der römisch-katholischen Bischofskonferenzen Europas (CCEE) den *Konziliaren Prozess* fortgesetzt und intensiviert. In Basel (1989) wurden wichtige Feststellungen getroffen, bis hin zur Aufforderung an alle Christen Europas: „Lasst uns der Illusion den Kampf ansagen, dass der Ausbeutung der Natur keine Grenzen gesetzt wird. Der friedliche Umgang mit der Natur setzt die Absage an lebensbedrohende Strukturen in Wirtschaft und Gesellschaft voraus. Es ist uns in diesen Tagen erneut klar geworden, dass der heutige Verbrauch von Ressourcen und Energie drastisch reduziert werden muss. Von uns allen ist ein radikal veränderter, einfacher Lebensstil gefordert."[257]

Ähnlich klar formulierte auch die Schlussbotschaft der Zweiten Europäischen Ökumenischen Versammlung in Graz im Juni 1997: „Rücksichtslose Ausbeutung von nicht erneuerbaren Ressourcen, Umweltverschmutzung und Zerstörung der Ökosysteme richten unermesslichen Schaden an und bedrohen das Wohl zukünftiger Generationen und der ganzen Schöpfung."

Dann sprachen die Delegierten die Verpflichtung der Kirchen Europas an zur „Unterstützung einer Politik zur Bewahrung der Umwelt in ihren eigenen Aktionsfeldern," um schließlich, aus dem Engagement für den Versöhnungsprozess heraus, „die politischen Entscheidungsträger und alle Bürgerinnen und Bürger dringend aufzurufen: [...] die notwendigen Maßnahmen zu ergreifen, um den gegenwärtigen Trend der Umweltzerstörung und Ausbeutung der natürlichen Ressourcen der Welt umzukehren und nachhaltige Lebensbedingungen für die gesamte Schöpfung zu schaffen."

Bei den „Handlungsempfehlungen" wurden in Graz ganz konkrete Maßnahmen als Vorschläge ausgearbeitet und formuliert: „5.1 Wir empfehlen den Kirchen, die Bewahrung der Schöpfung als Bestandteil des kirchlichen Lebens auf allen seinen Stufen zu betrachten und zu fördern. Das könnte auch durch einen gemeinsamen Tag der Schöpfung geschehen, wie er vom Ökumenischen Patriarchat gefeiert wird." – Ich erinnere nur, dass dies der 1. September jeden Jahres ist und dass die Gesamtorthodoxie diesen Vorschlag des Ökumenischen Patriar-

---

[256] Vgl. Studienheft Nr. 14, hg. v. der Konferenz Europäischer Kirchen, Genf 1982. Vgl. auch *G. Larentzakis,* Das Seufzen der Schöpfung – Christen Europas auf der Suche nach ihrer Verantwortung heute. Theologische Konsultation der Konferenz Europäischer Kirchen in Bukarest (22.-26. März 1982), in: Ökumenisches Forum 5 (1982), 51–106.

[257] Botschaft der Ersten Europäischen Ökumenischen Versammlung in Basel. Vgl. *G. Larentzakis,* Das Baseler Ereignis, 396.

chates bereits übernommen hat, wie alle Oberhäupter der Orthodoxen Kirchen im Jahre 1992 in ihrer gemeinsamen Erklärung unterschrieben haben.[258] Den Gottesdienst dazu verfasste der Mönch vom Berg Athos Gerassimos Mikragiannanitis.[259]

Bei den Handlungsempfehlungen heißt es weiter: „5.2 Wir empfehlen den Kirchen, die Entwicklung eines Lebensstils zu fördern, der an den Kriterien der Nachhaltigkeit und sozialer Gerechtigkeit ausgerichtet ist, und alle Bestrebungen zu unterstützen, die auf eine Wirtschaft abzielen, die den gleichen Maßstäben genügt. […] 5.3 Wir empfehlen den Kirchen, sich dem Agenda 21-Prozess anzuschließen und ihn mit dem ökumenischen bzw. Konziliaren Prozess für Gerechtigkeit, Frieden und Bewahrung der Schöpfung zu verbinden. […] und 5. 4 Wir empfehlen KEK und CCEE, ein europäisches Netz von Umweltverantwortlichen einzurichten und bei ihren Aktivitäten als Partner anzuerkennen." Bei jeder dieser Empfehlungen gibt es auch eine begründende Erklärung dazu, die ich hier aus Platzgründen nicht anführen kann.[260]

Ich wollte diese ökumenischen Texte aus der gesamteuropäischen Ökumene hier nicht nur hervorheben, weil alle diese wichtigen Inhalte auch mit den orthodoxen Auffassungen übereinstimmen, sondern auch damit diese Stimme aus allen europäischen Kirchen wahrgenommen und nicht in Vergessenheit gerät. Es liegt doch an uns, diese Stimme zu hören und in die Praxis umzusetzen, um den Inhalt unseres Glaubensbekenntnisses, das wir immer wieder in unseren Gottesdiensten wiederholen, ernst zu nehmen.

Wichtige Hinweise für eine aktuelle und verständliche Interpretation dieser Stelle unseres Glaubensbekenntnisses bietet uns das Kapitel: „II. Auslegung für heute" der ökumenischen Studie der Kommission für Glauben und Kirchenverfassung: „Gemeinsam den einen Glauben bekennen,"[261] wie auch die Arbeit des Deutschen Ökumenischen Studienausschusses „Wir glauben-wir bekennen-wir erwarten" im Kapitel „Der Schöpfer und seine Schöpfung."[262]

Würden wir also dieses Kapitel unseres Glaubensbekenntnisses als Christen im ganzen Europa und darüber hinaus ernster nehmen, hätten wir und unsere nachkommenden Generationen weniger ökologische Probleme.

---

[258] Einführung und deutsche Übersetzung siehe in: *G. Larentzakis,* Die Gesamtorthodoxie und die Probleme von heute. Zur Konsultation aller Vorsteher der Orthodoxen Kirchen (13.-15.3.1992 in Konstantinopel), in: Ökumenisches Forum 15 (1992), 321ff., insbesondere 329.

[259] Die deutsche Übersetzung siehe in: Una Sancta 47 (1992), 228–238.

[260] Alle Dokumente siehe in: Versöhnung Gabe Gottes Quelle neuen Lebens. Dokumente der Zweiten Europäischen Ökumenischen Versammlung in Graz, hg. v. Rat der Europäischen Bischofskonferenzen (CCEE) und der Konferenz Europäischen Kirchen (KEK) durch *R. Noll* und *St. Vesper,* Graz-Wien-Köln 1998.

[261] In: Studiendokument von Glauben und Kirchenverfassung, Gemeinsam den einen Glauben bekennen, 43ff.

[262] Wir glauben-wir bekennen-wir erwarten, 23ff.

3. Wer ist Jesus Christus?

Gott wollte, dass der Mensch in harmonischer Gemeinschaft lebt und sich vervollkommnen kann. Jedoch fiel der Mensch in die Versuchung der Überheblichkeit, wollte er doch mehr sein und mehr werden als sein Schöpfer selbst. Das Ergebnis war eben sein von ihm selbst verursachter Fall und der Verlust der Gemeinschaft.

Wir müssen uns also bewusster machen und uns wieder daran erinnern, dass der Mensch sich von dieser Harmonie entfernt hat. Er hat gemeint, dass er auch ohne Gott, ja sogar gegen Gott alles erreichen kann. Er hat die Ursünde einer übertriebenen Autonomie und Selbsteinschätzung begangen und gegen Gott revoltiert. Die Folge war die Erschütterung der Gemeinschaft zwischen den Menschen mit Gott, der Menschen untereinander und der Menschen mit der sie umgebenden Natur.[263] Schließlich kommt der Mensch auch mit sich selbst nicht mehr zurecht. Die Folgen sind bis heute bekannt. Das Ebenbild Gottes beim Menschen wurde zwar nicht total vernichtet; jedoch es wurde verdeckt oder wie ein Spiegel verdunkelt und getrübt wird, wie die Kirchenväter sagen.[264] Die Erwartung und die Hoffnung aufgrund dieses Ergebnisses ist, dass in allen diesen Bereichen Versöhnung geschieht.

Gerade in dieser Erwartung müssen wir uns aber auch in Erinnerung rufen und uns bewusster machen, dass Gott aus Liebe zu seiner ganzen Schöpfung und zur Versöhnung und Wiederherstellung der vielfach zerstörten Gemeinschaft „viele Male und auf vielerlei Weise zu den Vätern gesprochen hat [...]“ (Hebr 1,1), und dass er auch aus Liebe seinen Sohn in die Welt geschickt hat, als das größte Geschenk und die größte Gabe für die Menschen, eben als eine Quelle neuen Lebens. Diese Handlung Gottes mit dem historischen Ereignis der Menschwerdung Christi stellt das deutlichste Eingreifen Gottes in der Geschichte der Welt dar, ohne dabei den Menschen zu irgendeiner Tat zu zwingen. Und gerade darin liegt die Großzügigkeit des großen Opfers Gottes in Jesus Christus, der auf dem Kreuz den damals schrecklichsten Tod für uns Menschen auf sich genommen hat. Gibt es etwas Größeres, das die radikalste Art der Liebe und der Solidarität besser zum Ausdruck bringt als das Sich-Opfern für den anderen? Jesus Christus hat es getan.

Die Identität des Vaters mit seinem Sohn ist eine der grundlegendsten Voraussetzungen für die Rückkehr der Menschen in die verlorene Gemeinschaft. Der Sohn Gottes ist „Licht vom Licht, wahrer Gott vom wahren Gott“. Er bleibt

---

[263] Vgl. auch das Studienheft Nr. 14 der Konferenz Europäischer Kirchen, Das Seufzen der Schöpfung, Genf, 1982.

[264] Vgl. *Athanasius,* Contra Gentes 8, *Thomson* 18-20. (ἐπίκρυψις, σκότησις, ἐπιθόλωσις τοῦ κατόπτρου). Vgl. *G. Larentzakis,* Einheit der Menschheit Einheit der Kirche bei Athanasius, 134f.

aber nicht in der Transzendenz, im Himmel, weit weg vom überheblich und schwach gewordenen Menschen, uninteressiert für das Schicksal seines Geschöpfs. Die Liebe für die Menschen ist die Motivation und die Kraft. Das Ergebnis ist etwas, das den menschlichen Verstand übersteigt. „Für uns und für unser Heil“ wird er Mensch. Er nimmt die menschliche Natur an, er wird einer von uns und bleibt doch zugleich, was er war: Gott. „Wahrer Gott und wahrer Mensch“, wird später im Jahre 451 das 4. Ökumenische Konzil von Chalzedon formulieren.

Als wahrer Gott und wahrer Mensch konnte er die Zerstreuten sammeln und zum Vater zurückbringen. Durch sein Leben, seine Lehre, seinen Tod und seine Auferstehung hat er die Menschheit von der Sünde befreit, hat er die Menschen erlöst und die auseinandergebrochene Gemeinschaft durch Versöhnung (katallagé) wiederhergestellt.

Für die orthodoxe Theologie steht das Ereignis der Auferstehung im Mittelpunkt des Heilswerkes Christi und somit auch der Zusammenführung und Versöhnung des ganzen Menschengeschlechtes. Die Ikone der Auferstehungsdarstellung in der Orthodoxen Kirche, in der Jesus Christus die Hand Adams und in manchen Darstellungen auch die Hand Evas hält, weist gerade in augenfälliger Weise auf die umfassende Dimension der Erlösung des ganzen Menschengeschlechtes, auf die bedingungslose Versöhnung hin. Der Apostel Paulus schreibt an die Korinther: „Wenn also jemand in Christus ist, dann ist er eine neue Schöpfung: Das Alte ist vergangen, Neues ist geworden. Aber das alles kommt von Gott, der uns durch Christus mit sich versöhnt und uns den Dienst der Versöhnung aufgetragen hat. Ja, Gott war es, der in Christus die Welt mit sich versöhnt hat.“ (2Kor 5,17–18).

Diese Versöhnung betrifft nicht nur das Verhältnis zwischen Gott und den Menschen, auch nicht nur zwischen den Menschen untereinander, sondern auch die der ganzen Welt. Die kosmologische Dimension der Versöhnung ist hier evident. Es wird auch deutlich, dass der paulinische Gedanke der Versöhnung mit der Beziehung zwischen dem Gott-Vater und Jesus Christus verbunden wird, und zwar als Gabe und Aufgabe, die verpflichtet. Deshalb ist es sehr bedauerlich, dass die Menschen bzw. die Christen immer noch diese Gabe und Aufgabe nicht ernsthaft wahrgenommen haben. Wenn dies erkannt und anerkannt wird, bringt es für uns alle die Zuversicht und die Hoffnung, auch in den schwierigsten Krisen des alltäglichen Lebens nicht zu resignieren. Die universale Versöhnung, die Erlösung aller Menschen durch den Tod und die Auferstehung des Herrn sind die besten Fundamente, um das Leben perspektivisch, für die Zukunft positiv zu sehen und weiter zu gehen. Christsein und Resignation sind Widersprüche in sich.

4. ÜBER DEN HEILIGEN GEIST[265]

Aber die Verkündigung und die Realisierung der Versöhnung geschehen nicht ohne die Wirkung des Heiligen Geistes. Das Ereignis von Pfingsten (Apg 2), die Ausgießung des Heiligen Geistes und die Wirkung, dass alle in ihren Sprachen das Wort Gottes hörten, ist ein beredtes Zeugnis für die Wiederherstellung der erschütterten Gemeinschaft, im Unterschied zur Zerstreuung beim Bau des Turms von Babel. Aber gerade die Feststellung, dass jeder in seiner Sprache das Wort Gottes hörte, zeugt einerseits von der Respektierung der Vielfalt der Völker und ihrer Herkunft und ihrer eigenen Identität und andererseits von der Handlungsfähigkeit des Heiligen Geistes. Der Ausdruck „der Herr ist" für den Heiligen Geist bestätigt die biblischen Äußerungen über ihn. Er führt, er lehrt, er verteilt die Charismen wie er will, er steht in Notsituationen bei, er entscheidet mit den Aposteln mit (Apg 15) usw.

Dieser Ausdruck bezeugt, dass er nicht nur eine Eigenschaft oder nur eine Kraft des Vaters oder des Sohnes ist, sondern selbst Gott ist. Er existiert als eine eigene göttliche Person und handelt in der Gemeinschaft mit dem Vater und dem Sohne, mit denen er gemeinsam angebetet und lobgepriesen wird. Er ist also nicht die Liebe, die den Vater mit dem Sohn verbindet; auch nicht die gemeinsame Liebe, die aus dem Sohn und dem Vater zusammen hervorgebracht wird; auch nicht das Band und die Kraft, die den Vater und Sohn verbinden. Er hat also nicht die Existenz vom Vater und vom Sohne (filioque), sondern er hat eine eigene personale Existenz mit einem direkten persönlichen Bezug zum Vater;

---

[265] Vgl. *G. Larentzakis,* Der Heilige Geist und die Prüfung der Geister, in: Das Wirken des Heiligen Geistes in der Erfahrung der Kirche. Achter bilateraler theologischer Dialog zwischen dem Ökumenischen Patriarchat von Konstantinopel und der Evangelischen Kirche in Deutschland vom 28. September bis 7. Oktober 1987 in Hohenwart, hg.v. *Heinz Joachim Held u. Klaus Schwarz*, (Studienheft 21) Hermannsburg 1995, 93-105. *Derselbe,* Die Früchte des Heiligen Geistes im Leben der Kirche, in: Leben aus der Kraft des Heiligen Geistes. Neunter bilateraler theologischer Dialog zwischen dem Ökumenischen Patriarchat von Konstantinopel und der Evangelischen Kirche in Deutschland vom 26. Mai bis 4. Juni 1990 in der Orthodoxen Akademie von Kreta, hg.v. *Heinz Joachim Held u. Klaus Schwarz* (Studienheft 21), Hermannsburg 1995, 113-126. *Derselbe,* Der Heilige Geist verwandelt und heiligt. Orthodoxe Aspekte zum Thema: "Komm, Heiliger Geist - erneuere die ganze Schöpfung", in: Ökumenisches Forum 14(1991)203-234. *Derselbe,* Das Glaubensbekenntnis von Konstantinopel (381) und das Filioque in der heutigen Ökumene. Tendenzen und Erwartungen, in: Μνήμη Συνόδου Ἁγίας Β΄ Οἰκουμενικῆς (Ἐν Κωνσταντινουπόλει 381), Bd. 1, hg. v. Οἰκουμενικόν Πατριαρχεῖον, Πατριαρχικόν Ἵδρυμα Πατερικῶν Μελετῶν, Thessaloniki 1983, 597-635. *Derselbe,* Die Teilnahme am trinitarischen Leben.-Die Bedeutung der Pneumatologie für die Ökumene heute, in: Der Heilige Geist: Ökumenische und reformatorische Untersuchungen, hg. v. *Joachim Heubach.* Referate der Fachtagung der Luther-Akademie Ratzeburg in Zusammenarbeit mit dem Institut für Systematische Theologie der Universität Helsinki und dem Institut für Ökumenische Forschung in Straßburg sowie in Verbindung mit der Gesellschaft für Innere und Äußere Mission im Sinne der lutherischen Kirche e.V. 30.11.–4.12. 1994 in Neuendettelsau, (Veröffentlichungen der Luther-Akademie e. V. Ratzeburg, Band 25), Erlangen 1996, 225–244.

genauso wie der Sohn auch, wie die Konzilsväter von Konstantinopel im Jahre 381 bewusst formulierten.[266]

Dieser Heilige Geist ist also der Herr, der Leben schenkt und lebendig macht, der als die „Seele der Kirche“ betrachtet wird; der die Lebendigkeit und die Dynamik auch in der Kirche und im heilbringenden sakramentalen Leben durch seine Anrufung (Epiklese) bewirkt; der die angstfreie Freiheit schenkt, wenn man sich auf ihn vertrauensvoll, glaubend und hoffnungsvoll einlässt und nicht versucht, alles mit juridischen Maßnahmen zu regeln und mit unbeweglichen und starren Vorschriften alle zu gängeln. Weil also der Heilige Geist als Person existiert und handeln kann, bleibt er nicht ohnmächtig und tatenlos in der Sphäre des Göttlichen eingeschlossen. Sondern er wird in die Welt gesandt, zu den Menschen, die ihn brauchen und die deshalb auch auf ihn hoffen, dass er sie erleuchtet, führt, verwandelt, heiligt und vollendet.

Walter Kasper gesteht ein: „Die abstrakt-metaphysische Betrachtungsweise der lateinischen Trinitätslehre hat dazu geführt, dass die Eigenständigkeit und Freiheit des Geistes in der Heilsgeschichte weithin verkannt wurde […] Nur wenn die relative personale Eigenständigkeit des Geistes im Werk der Begnadung beachtet wird, kann auch gewahrt werden, dass der Geist in seiner Bindung an Christus und in seiner Vergegenwärtigung von Person und Werk Christi den Menschen nicht unter ein fremdes Gesetz versklavt, sondern ihn frei macht, dass er ihn nicht gängelt, nicht mit Rezepten und nachschlagbaren Fahrplänen ausstattet, sondern in den Raum der Freiheit stellt.“[267]

Man kann sehr viele solche Meinungen von katholischen und evangelischen Theologen hier zitieren, die von der Wiederentdeckung des Heiligen Geistes sprechen. Dies ist für die Orthodoxen sehr erfreulich, denn sie wurde mit ihrer Aufforderung, den Hl. Geist doch nicht zu relativieren oder sogar zu ignorieren, nicht immer ernst genug genommen. Auf alle Fälle ist für die Orthodoxe Kirche die befreiende Kraft des Heiligen Geistes eine der wichtigsten Begleiter in ihrem Leben. Was das für die Orthodoxen bedeuten kann, möchte ich mit den Worten von Nikos Nissiotis zum Ausdruck bringen, auch wenn manche Formulierungen sehr gewagt zu sein scheinen: „Die Pneumatologie ist wie ein frischer Wind, der sich erhebt gegen den theologischen Rationalismus, gegen die Verschulung und Verwissenschaftlichung der Theologie, gegen die Absicherung durch das systematische Denken, durch Normen, Gesetze und das daraus entstandene kanonische Recht. Sie konfrontiert uns mit dem Paradoxen, dem Außergewöhnlichen, dem Neuen und dem Bruch. Sie ist dynamisches Bezugneh-

---

[266] Vgl. auch dazu *G. Larentzakis,* Das Glaubensbekenntnis von Konstantinopel (381) und das Filioque in der heutigen Ökumene. Tendenzen und Erwartungen, 597ff. Vgl. auch: Vom Heiligen Geist. Der gemeinsame trinitarische Glaube und das Problem des Filioque, hg. im Auftrag von Pro Oriente v. *A. Stirnemann und G. Wilflinger,* Innsbruck 1998 mit dem neuen römischen Dokument und anderen Beiträgen zum Thema.

[267] *W. Kasper*, Jesus der Christ, Mainz 1974, 309.

men auf den ständigen gesellschaftlichen Wandel, auf das neue Zeitalter, das seinen Einzug in die Geschichte hält und ihre Entwicklung beschleunigt. Sie ist der Ruf zur universalen Gemeinschaft und kündigt uns das Kommen des Reiches Gottes an, das die Dynamik der Zukunft enthüllt und damit die statische Dimension der Vergangenheit sichtbar macht, welche das Nachdenken über die kirchliche Tradition verhindert hat. So hat die Theologie überall in der Bibel von neuem entdeckt, dass der Heilige Geist in allen wichtigen Phasen der göttlichen Ökonomie wirkt."[268]

Die Annahme der Frohbotschaft des Evangeliums durch die Wirkung des Heiligen Geistes bedingt aber auch die Umkehr (Apg 2, 38), was eigentlich nichts anderes bedeutet als die Bereitschaft, ein neues Leben zu führen; also Veränderung, Erneuerung und Versöhnung, im Sinne des griechischen Begriffs für Versöhnung, nämlich Katallagé, wie Alexandros Papaderos in Assisi mit Verweis auf den Brief an Titus sagte.[269] Dort heißt es: „Denn auch wir waren früher unverständig und ungehorsam; wir gingen in die Irre, waren Sklaven aller möglichen Begierden und Leidenschaften, lebten in Bosheit und Neid, waren verhasst und hassten einander" (Tit 3,3).

Noch etwas, das in das Glaubensbekenntnis sicherlich nicht zufällig aufgenommen wurde, muss besonders hervorgehoben werden: Der Heilige Geist ist es, der durch die Propheten gesprochen hat, durch die Propheten des Alten Testaments. Er ist also derselbe Heilige Geist, der die zwei Epochen des Alten und des Neuen Testaments in der großen einen Heilsgeschichte verbindet, der das Alte und das Neu Testament zur einen Heiligen Schrift macht. Wir beten es in unserem einzigen ökumenischen Glaubensbekenntnis. Die göttliche Liebe ist stärker als die Schwäche des Menschen.

Im Hebräerbrief heißt es: „Viele Male und auf vielerlei Weise hat Gott einst zu den Vätern gesprochen durch die Propheten" (Hebr 1,1), was eigentlich als parallele Stelle zu unserem Glaubensbekenntnis verstanden werden kann, wo es vom Heiligen Geist noch einmal konkret heißt: „der gesprochen hat durch die Propheten". Derselbe Hl. Geist ist also der, der auch in dieser Zeit die Menschen des Alten Testaments, das jüdische Volk ohne Ansehen der Person, führen will. Der hl. Athanasius betont dazu: „Denn derselbe Geist ist in allen, und gemäß der Verteilung desselben auf jeden einzelnen dient jeder der ihm verliehenen Gnade und verwirklicht sie, sei es Prophezeiung, sei es Gesetzgebung, oder Erinnerung an Geschehenes, oder die Gnade der Psalmen."[270] Viele Pro-

---

[268] *N. Nissiotis*, Berufen zur Einheit oder die epikletische Bedeutung der kirchlichen Gemeinschaft, in: Ökumenische Rundschau 26(1977)298.

[269] *Vgl. Al. Papaderos,* Versöhnung-Gabe Gottes und Quelle neuen Lebens, in: Ökumenisches Forum 18(1995)119-132

[270] *Athanasius*, Ad Marc. 9, PG 27,17D. Vgl. Ad. Marc. ebd., S. 20A. Vgl. *Epiphanius*, Ancor. 190, PG 43, 236.

pheten werden die Vermittler der Erkenntnisfrucht und der Offenbarung des Hl. Geistes[271] genannt.

Diese Propheten werden vom hl. Athanasius auch als „Mund“ des Heiligen Geistes bezeichnet. Mit alttestamentlichen und neutestamentlichen Texten untermauert er seine feste Überzeugung von der Wirkung des Hl. Geistes in dieser Zeit des Alten Testamentes, der zufolge die Propheten als die damaligen Charismatiker mit feurigen Aufforderungen, Mahnungen und Prophezeiungen ihr Volk zur Reue und Umkehr (metánoia) bewegen wollten. Die Wirkung des Hl. Geistes bei den Propheten erwähnt der Hl. Basilius auch an mehreren Stellen. Und er gilt als der eigentliche Urheber der Pneumatologie des 2. Ökumenischen Konzils und somit auch dieser Stelle des Glaubensbekenntnisses. Pia Luislampe sagt mit Verweis auf Basilius: „Die Prophetie ist nicht nur eine der vielen Gnadengaben, die der Heilige Geist austeilt, sondern das 'Offenbaren der Geheimnisse' kommt ihm in besonderer Weise zu.“[272]

Ist es uns aber bewusst, betrachten wir auch die Menschen dieser zwei Testamente, dieser zwei Epochen als gleichwertig, als vom gleichen Heiligen Geist geführt und inspiriert, wenn auch mit unterschiedlicher Prägung und Intensität? Auch Jesus selbst sagte: Glaubt ja nicht, ich bin gekommen, um das Gesetz und die Propheten aufzuheben. Ich bin nicht gekommen, um sie aufzuheben, um sie zu beseitigen, sondern um zu vollenden.

5. Wer ist die Kirche?[273]

Nach der Darstellung des Dreieinigen Gottes wird im Glaubensbekenntnis als eine natürliche Folge über die Kirche gesprochen, es werden ihre und deren Wesensmerkmale zum Ausdruck gebracht. Die Existenz der Kirche und ihre Gestaltung folgen in zwingender Weise aus der Urquelle jeder Existenz, nämlich aus dem trinitarischen Gott. In diesem Sinne verdankt die Kirche ihre Existenz dem Dreieinigen Gott selbst. Genau dieser Herkunft wird aber nicht immer die notwendige Aufmerksamkeit geschenkt. Und gerade wegen dieser Her-

---

[271] Vgl. *Cyrill von Jer.*, Katechese, 16,29, PG 33, 966.

[272] *P. Luislampe*, Spiritus vivificans. Grundzüge einer Theologie des Heiligen Geistes nach Basilius von Caesarea, Münster 1981, 63.

[273] Vgl. *G. Larentzakis,* Die eine Kirche und ihre Einheit. Aspekte aus der Sicht der orthodoxen Theologie- The one Church and its unity. Some considerations from the viewpoint of orthodox Theology, in: Michael Beintker – Martin Friedrich – Viorel Ionita (Hrsg.), Konsultationen zwischen der Konferenz Europäischer Kirchen (KEK) und der Gemeinschaft Evangelischer Kirchen in Europa (GEKE), Leuenberger Texte Heft 11, Wittenberg/Phanar 25—27.6.2004/ 27.–30.4.2006, Verlag Otto Lembeck, Frankfurt am Main , 2007, 29–105.

kunft kann man nicht genau definieren, was Kirche ihrem Wesen nach als Heilsgemeinschaft ist, denn sie ist das *Mysterium ecclesiae* einerseits und andererseits ist sie Leben und nicht Theorie.[274] Metropolit Damaskinos sagt dazu: „Die Undefinierbarkeit ist der beste Beweis ihrer Lebendigkeit [...] Als Leib Christi ist sie (d.h. die Kirche) Fülle (Pleroma). Sie ist wesentlich Leben und übersteigt jede Definition."[275] Auch im Westen sind die Definitionsversuche nachreformatorisch und aus diesem Grunde meist polemisch.

Die Kirche wird nicht selten nur mit ihrer Verwaltung und mit ihrer Organisation identifiziert. Sie braucht diese zwar, sie ist aber nicht nur Verwaltung, nicht nur Amtskirche. Wenn ein Bischof oder ein Amtsträger etwas sagt oder tut, so sagt oder tut das nicht die Kirche schlechthin. Die Kirche ist auch nicht nur ein Verein, in den man beliebig eintreten oder aus ihm austreten kann, als Reaktion auf das Verhalten von manchen Amtsträgern. Die Kirche ist generell nicht nur eine sichtbare und erfassbare Größe, auch nicht nur ein horizontale gesellschaftliche Verbindung. Die Kirche ist also nicht nur Institution.

Wie gesagt, ist die Kirche vielmehr ein lebendiger und wachsender Organismus, der eine vertikale Verbindung mit dem lebendigen dreieinigen Gott hat. Sie ist der Leib Christi und das Volk Gottes, das Mysterium, in dem auch das Charismatische vorhanden ist. Aus diesen Gründen kann man, nach orthodoxem Verständnis, nicht sagen: Jesus ja, Kirche nein. Denn Kirche ist der Leib Christi. Austreten von der Kirche würde daher auch totale Ablehnung Jesu Christi selbst bedeuten, wenn Kirche nicht oberflächlich verstanden wird. Kirche ist der Ort der direkten Identifikation. Sie besteht nicht nur aus Hierarchie oder Amtsträgern, sondern aus jedem Christen, unabhängig von Geschlecht, Rang und Stand in der Gesellschaft und in der Kirche selbst.

Das Volk Gottes sind alle, Kleriker und Laien. Eine Kirche ohne ihre Hirten und Vorsteher-Hierarchen kann nicht existieren. Aber genauso wenig haben Hierarchen und Amtsträger ohne die Gläubigen, eine Existenzberechtigung. Solche Klarstellungen sind da sinnvoll, wo die falschen Fragen nach der Macht und den Machtkompetenzen in der Kirche gestellt werden. Wichtiger ist im Bereich der Kirchenlehre zu sagen, vor allem aber zu fühlen und zu erfahren, dass die Kirche der „Leib Christi" ist, in dem alle, unabhängig von Stand und Funktion, Geschlecht, Sprache und Nation gleichwertige Glieder sind. Die Kirche ist für alle eine gemeinschaftliche Geborgenheit in Liebe und Solidarität. Alle haben das gleiche Ziel, die Teilnahme und die Gemeinschaft an der Herrlichkeit Gottes. Wir sind also alle gemeinsam unterwegs.

---

[274] Vgl. *G. Larentzakis,* Über die Bedeutung der Ortskirche in der orthodoxen Theologie, in: Orthodoxes Forum 2 (1988), 227f.

[275] *Damaskinos Papandreou, (Metrop. der Schweiz),* Kann man die Kirche definieren? Einige ekklesiologische Überlegungen, Katholische Nachrichten Agentur-Ökumenische Information, Nr. 44, 2.11.1997, 5.

Die vier Wesensmerkmale der Kirche (eine, heilige, katholische, apostolische), die im Glaubensbekenntnis erwähnt werden, sind demnach Gaben und zugleich auch Aufgaben. Sie existieren in der Spannung des „schon da“ und „noch nicht“. Sie verpflichten uns, sie mit unserem Leben wahrzunehmen und sie mit unserem Beitrag und unter dem Beistand Gottes weiterzuführen.

Die Kirche ist *eine*: Als eine Kirche wurde sie gewollt und gegründet. Was haben wir daraus gemacht? Nicht das Faktum der „Vielfalt“ der verschiedenen Ortskirchen ist das Problem, sondern die Spaltungen in viele gegeneinander feindlich gesinnte und verfremdete Kirchen, mit dem Anspruch auf Exklusivität für Wahrheit und Heil. Und genau dieser Skandal schadet der Glaubwürdigkeit der Kirche innerhalb ihrer Grenze, aber auch außerhalb, in der nichtchristlichen Welt, in der dann ihre Sinnhaftigkeit und überhaupt ihre notwendige Bedeutung generell in Frage gestellt werden.

Die Kirche ist *heilig:* Die Heiligkeit der Kirche ist ebenfalls als Gabe und Aufgabe zu verstehen. Als der Leib Christi ist die Kirche in ihrer irdischen und himmlischen Dimension mehr als nur eine Organisation. Aus dieser Sicht heraus ist sie tatsächlich das Mysterium, an dem auch Gott selbst mitwirkt, der Vater, der Sohn und der Heilige Geist. Als solche wird diese Kirche von den Orthodoxen als heilig, als nicht sündhaft betrachtet. Das bedeutet allerdings keinesfalls, dass innerhalb dieser Kirche keine Verbesserungen möglich wären, auch nicht, dass die Christen sündenlos, ohne Fehl und Makel wären. Kein Mensch, kein Christ, kein Glied der Kirche, gleich in welchem Stand und Amt und welcher Funktion, ist von der Möglichkeit einer Verfehlung, einer Sünde, auch eines Abfalls vom rechten Glauben ausgenommen. Jeder hat die Pflicht und Aufgabe, sich den Herausforderungen des Lebens mit allen seinen Kräften zu stellen, sich zu bessern, zu vervollkommnen. Und wenn jemand dazu ein Amt innerhalb der Kirche hat, hat er die zusätzliche Aufgabe, anderen zu dienen, sie geistlich und spirituell zu begleiten und ihnen auf ihrem schwierigen Lebensweg pastoral beizustehen. Dass nicht immer und überall diese Gemeinschaftlichkeit bzw. die gewünschte Heiligkeit erlebt und praktiziert wird, wissen wir innerhalb der Orthodoxen Kirche, in der wir auch deshalb auf den Beistand und die Hilfe Gottes hoffen dürfen.

Die Kirche ist *katholisch:* Ihre *Katholizität* wird von der frühen Zeit ihrer Existenz attestiert. Oft wurde dieser Begriff diskutiert und ebenfalls oft missverstanden. Eine konfessionelle Interpretation bringt viele negativen Konsequenzen mit sich. „Katholisch“ wird mitunter oft als identisch mit „römisch-katholisch“ verstanden, auch bei vielen offiziellen Dokumenten der Römisch-Katholischen Kirche. Dies wird, wenn exklusiv verwendet, als eine konfessionelle Vereinnahmung des Begriffs bzw. als eine konfessionelle Übertreibung von den nicht-römisch-katholischen Christen betrachtet. In Konsequenz daraus wird eine konfessionelle Abwehr oder eine konfessionelle Angst vor allem bei

Evangelischen Christen verursacht, die nicht römisch-katholisch sein wollen oder von der Römisch-Katholischen Kirche nicht vereinnahmt werden wollen.

Aus diesem Grunde benützen sie bei der Verwendung des Glaubensbekenntnisses nicht den Begriff *katholisch*, sondern *allgemein* oder *christlich.* Auch der Rezeptionsprozess für die Annahme und stärkere Verwendung des ursprünglichen Textes dieses Glaubensbekenntnisses (also ohne *Filioque* und mit dem Begriff *katholisch)*, wie in den letzten Jahren immer wieder durch ökumenische Studien und von ökumenischen Organisationen auf Europa- und Weltebene vorgeschlagen, ist immer noch gescheitert.[276]

Dabei wird vergessen, dass der Begriff *katholisch* sehr alt ist und dass das Zweite Ökumenische Konzil von Konstantinopel im Jahre 381, als es dieses Glaubensbekenntnis verabschiedete, sicherlich nicht unsere konfessionellen Streitigkeiten und Exklusivismen im Sinne haben konnte. *Katholisch* hat mehrere Bedeutungen, die zugleich auch gemeint sein können, womit die Breite und die Tiefe des Mysteriums der Kirche zum Ausdruck gebracht wird: *Katholisch* hat eine quantitative, aber zugleich auch eine qualitative Bedeutung. Quantitativ bedeutet es geographisch die Kirche überall, auf der ganzen Welt, heute; historisch, zeitlich die Kirche aller Zeiten durch die Jahrhunderte hindurch, von den Anfängen bis heute. Qualitativ ist die Kirche katholisch, d.h. die Kirche der Fülle der Wahrheit und Fülle des Heils, allumfassend. In diesem zweiten, also qualitativen Sinne wird auch jede *Ortskirche* katholisch genannt und verstanden. So versteht die Orthodoxe Kirche die Kirche Jesu Christi als katholisch, wie auch die Ortskirchen. So versteht sie sich selbst ebenfalls als die Orthodoxe, Katholische Ostkirche, so wie es das Glaubensbekenntnis meint.

Die Kirche ist *apostolisch:* Dieses Wesensmerkmal muss ebenfalls in doppelten Dimension verstanden werden. Die Apostolizität gewährt die Richtigkeit des Glaubens, der von Jesus Christus durch die Apostel weiter gegeben wurde. Sie bezeugt aber auch zugleich die Kontinuität dieses Glaubens und die Kontinuität der Kirche selbst von der Zeit der Apostel bis zu uns. In diesem Sinne hat die Kontinuität mit der Identität des rechtens Glaubens der Gesamtkirche zu tun. In dieser ganzheitlichen Dimension des Kirchenvolkes und nicht nur der hierarchischen Ordnung hat die Apostolische Sukzession, (Nachfolge) in der Kirche ihre zeugenhafte Bedeutung. Natürlich darf Kontinuität nicht Stagnation oder Konservativismus bedeuten, sondern Wachstum und Erneuerung des lebendigen Organismus. Mit der Apostolizität wird also die Treue der Kirche zu Jesus und

---

[276] Unverständlicherweise fällte die Leitung der Vereinigten Evangelischen Lutherischen Kirche in Deutschland am 26. Juni 1997 einen solchen negativen BeSchluss und zwar bezogen sowohl auf das „Filioque“ als auch auf das „katholisch“. Die dabei verwendeten Argumente sind weder ökumenisch orientiert noch überzeugend. Vgl. darüber *G. Larentzakis,* „Wir glauben an den einen Gott, den Vater, den Allmächtigen, Schöpfer des Himmels und der Erde“, in: Ökumenisches Forum 20 (1997), 187ff.

den Aposteln, aber auch der apostolische Eifer zur Verkündigung und zur Verwirklichung der Frohbotschaft ausgedrückt.

„So kann die Kirche ihren Sendungsauftrag gegenüber der Welt nur erfüllen, solange sie selbst als die eine, heilige, katholische und apostolische Kirche ständig erneuert wird.“[277]

6. Ortskirche und Universalkirche

Es sei hier festgehalten, dass in der Orthodoxen Kirche die Kirchenlehre nicht von der Universalkirche, sondern von der Ortskirche ausgeht. Jede Ortskirche ist qualitativ eine *katholische* Kirche, wie es auch die Kirchenväter verstanden haben. Denn sie beinhaltet alle kirchlichen Wesensmerkmale, die das Heil der Menschen ermöglichen, unabhängig von ihrer Größe, Rangordnung, und von ihrem Stand. Die Ortskirche darf man aber nicht *Teilkirche* bezeichnen, denn der Begriff *Teilkirche* weist auf Wesensmängel hin. Die Universalkirche besteht demnach nicht durch das Addieren von ergänzungsbedürftigen *Teilkirchen*, sondern sie existiert als Gemeinschaft von Ortskirchen (Communio Ecclesiarum). Sie ist eine Gemeinschaft von gleichwertigen Ortskirchen, ohne wesensmäßigen Über- und Unterordnungen, obwohl eine gewisse Rangordnung möglich und sinnvoll ist. Die Universalkirche existiert also nur, weil die konkreten Ortskirchen existieren.

Wichtig ist primär die erlösende (soteriologische) Dimension jeder Ortskirche, die Möglichkeit des Heils in jeder Ortskirche, in der Eucharistie gefeiert werden kann. So ist die Hl. Eucharistie kirchenkonstitutiv.[278] Die Lehre von der Kirche hängt mit der Heilslehre sehr eng zusammen. Von daher hat sie auch ihre Existenzgrundlage und -berechtigung und nicht von der juridischen und institutionellen Struktur.

Wie wird diese Auffassung der Ortskirche in ihrem Verhältnis zur Universalkirche und in der Gemeinschaft der Kirchen theologisch begründet? Nach orthodoxer Auffassung dient die Gemeinschaft der drei göttlichen Personen als Urbild und Vorbild der Ortskirchen; gemäß dem letzten Gebet Jesu, das als sein Testament betrachtet werden kann, „Alle sollen eins sein: wie du, Vater, in mir bist und ich in dir bin.“ (Joh 17,21). Es handelt sich also hier um die perichore-

[277] Gemeinsam den einen Glauben bekennen. Eine Ökumenische Auslegung des apostolischen Glaubens, wie er im Glaubensbekenntnis von Nizäa-Konstantinopel (381) bekannt wird, Studiendokument der Kommission von Glauben und Kirchenverfassung, 95.

[278] Vgl. *G. Larentzakis,* Über die Bedeutung der Ortskirche in der orthodoxen Theologie, in: Orthodoxes Forum 2 (1988), 233f.

tische Beziehung in gegenseitiger Durchdringung. Es ist die auf Liebe fundierte Gemeinschaft der drei gleichwertigen göttlichen Personen, ohne Unterordnung (Subordination). In diesem Sinne müssen also auch die Ortskirchen in ihrem Verhältnis zur Universalkirche verstanden und respektiert werden.[279]

Es ist erfreulich, dass das auf Realisierung und Rezeption wartende gemeinsame erste Dokument des offiziellen Theologischen Dialogs zwischen der Römisch-Katholischen und der Orthodoxen Kirche aus dem Jahre 1982 diese Auffassung der Ortskirche und der Gesamtkirche als die gemeinsame Lehre unserer Kirchen formuliert. Dort heißt es wörtlich: „Da der eine und einzige Gott Gemeinschaft dreier Personen ist, ist die eine und einzige Kirche Gemeinschaft mehrerer Gemeinschaften und die Ortskirche Gemeinschaft von Personen. Die eine und einzige Kirche ist identisch mit der Koinonia der Kirchen. Einheit und Vielfalt erscheinen so sehr verbunden, dass die eine ohne die andere nicht bestehen könnte."[280] Und genau hier können wir sehr viele alte ekklesiologische, ökumenische Probleme überwinden, indem man auf Grund dieses gemeinsamen Dokuments feststellen kann, dass die Ortskirchen in ihrer Fülle eine Communio, eine Gemeinschaft mit allen Konsequenzen bilden ohne Subordination, ohne irgendeine Unterordnung und Unterwerfung.

---

[279] Vgl. *G. Larentzakis,* Über die Bedeutung der Ortskirche, 235f. Vgl. auch *Ders.,* Trinitarisches Kirchenverständnis, in: Trinität. Aktuelle Perspektiven der Theologie, hg. v. *W. Breuning,* Freiburg-Basel-Wien, 1984, 86f. Auch *St. Harkianakis,* Die Entwicklung der Ekklesiologie in der neueren griechisch-orthodoxen Theologie, in: Catholica 28 (1974), 9.

[280] Das Dokument deutsch: „Das Mysterium der Kirche und der Eucharistie im Lichte des Mysteriums der Heiligen Dreieinigkeit" III, 2, u.a. in: Ökumenisches Forum 5 (1982), 163f. Dazu mehr bei: *G. Larentzakis,* Die Heilige Dreieinigkeit und die Einheit der Kirche. Zum Münchner Dokument des offiziellen theologischen Dialogs zwischen der orthodoxen und der römisch-katholischen Kirche, in: Für Kirche und Heimat *FS für Franz Loidl,* Wien-München 1985, 159.

V. Liturgie und Spiritualität

Unter liturgischem Leben versteht man in der Orthodoxen Kirche alle liturgischen Handlungen und Feiern. Mit dem Begriff Hl. Liturgie oder Göttliche Liturgie ist die Hl. Eucharistie gemeint. Mit dem liturgischen Leben ist auch in der Orthodoxen Kirche das sakramentale Leben sehr eng verbunden, denn die Feier, der Vollzug der Sakramente (bzw. der Mysterien) stellt eben das liturgische Leben dar. Damit kann gesagt werden, dass Liturgie, Mysterien bzw. Sakramente und Leben der Christen eine Ganzheit bilden, die in einer konkreten Ortskirche realisiert und manifestiert wird.

In diesem Sinne stellt also das liturgische und sakramentale Leben nicht etwas „Fremdes" dar, oder etwas, was „neben" dem Leben der Christen abläuft. Das bedeutet die Überwindung der Dualismen von sakral und profan.

Tatsächlich repräsentiert und verkörpert die hl. Liturgie ohne Übertreibung in einer Art Mikrokosmos die ganze Wirklichkeit des Himmels und der Erde. Sie ist die Realisierung der Heilswirklichkeit auf Erden und fördert zugleich die Vervollkommnung des Menschen. Für das spirituelle Leben und die geistliche Begleitung des Christen stellt die hl. Liturgie den Kulminationspunkt und zugleich den idealen Weg zur göttlichen Herrlichkeit dar, ohne den konkreten Menschen, und die harte irdische Realität in einer Art Welt-Flucht zu ignorieren. Das doxologische und eucharistische Element bilden dabei das sicherste und richtigste Fundament dieser liturgischen Wirklichkeit. Und gerade darin wird die wahre Kirche des dreieinigen Gottes in der eucharistischen Synaxis realisiert.

A. Kallis beschreibt diese ganzheitliche Dimension des eucharistischen Mysteriums folgendermaßen: „Die Identität der Orthodoxie besteht weder in einer Doktrin noch in einem Organisations-System, sondern in der rechten Lobpreisung des dreieinigen Gottes, die ihr Zentrum in der Eucharistiefeier, der Liturgie schlechthin, hat, durch die eine im Namen Christi versammelte Gemeinde sein Leib, Kirche wird. Der Liturgie verdanken die Kirchen ihr Leben und viele orthodoxe Nationen ihr überleben. In ihr liegt das Geheimnis der Abwehr von Unterdrückung und Not, in die orthodoxe Völker oft gerieten, wie auch im Unvermögen der Außenwelt, ihrer Reiniger, die Lebenskraft der Liturgie zu erkennen."[281]

Aus diesem Grunde wurden den Kirchen von den verschiedenen Herrschern oft verboten, karitative Sozialarbeit bei den Kranken, Alten und Armen zu leisten, wie auch Religionsunterricht zu erteilen. Das geschah in der irrigen Annahme, dass nur durch die erlaubte Liturgie innerhalb der Kirchengebäude das Ende der Kirche bzw. des Christentums herbeigeführt würde. Sie konnten eben nicht

[281] *A. Kallis*, in: Liturgie. Die göttliche Liturgie der Orthodoxen Kirche. Deutsch – Griechisch – Kirchenslawisch hg. und erläutert v. *A. Kallis*, Mainz 1989, IX.

erkennen, dass der Motor und das Herz aller dieser Tätigkeiten, ja das „Lebensprinzip“ der Kirche die Liturgie ist.

Was ist also die Liturgie? Ist sie ein Mysterium, ein Sakrament? Ist sie ein Sakrament oder ein Mysterium unter den sieben Sakramenten?

Die hl. Liturgie (die hl. Eucharistiefeier) ist nicht nur *ein* „Sakrament“ unter vielen, oder sogar unter den „Sieben“. Sondern sie stellt das Herzstück der sakramentalen Existenz dar, des *Lebens im Mysterium*, sodass das ganze sakramentale und liturgische Leben um das Mysterium der hl. Liturgie geordnet ist. Nikolaus Kabasilas bezeichnet die Eucharistie als „Ausgangspunkt jeglicher Einweihung“, als „Fundament“ und „Wurzel“ der Mysterien.[282] In allen Phasen ihres Lebens werden alle Christen geistlich begleitet als eine Gott lobpreisende, als eine betende, als eine liturgische Gemeinschaft, in der jeder und jede ihre Dienste und Charismen entfalten können, damit sie in ihrer Vollendung wachsen und zur Gemeinschaft des Dreieinigen Gottes gelangen.

1. Liturgisch-sakramentale Begleitung der Christen

Die geistlichen Väter, die auch die Pfarrer oder die Bischöfe sein können, begleiten also liturgisch und sakramental in der soeben skizzierten Form die Christen während ihres ganzen Lebens mit eigenen liturgischen Handlungen. Gleich nach der *Geburt des Kindes* gibt es ein eigenes Gebet für die gebärende Mutter. Nach 8 Tagen wird das neugeborene Kind gesegnet und ihm kirchlich der Name gegeben. Nach 40 Tagen kommt die Mutter mit dem Kind in die Kirche und sie werden neuerlich gesegnet.

Einige Gebete mögen diese fürsorgende geistliche Begleitung der Kirche verdeutlichen. Am ersten Tag nach der Entbindung betet der Priester u.a.: „Gebieter, Herr, unser Gott, der Du von unserer allreinen Gebieterin und steten Jungfrau Maria geboren bist, wie ein Säugling in einer Krippe gelegen hast und wie ein Kind auf die Arme genommen worden bist, Du selbst erbarme Dich auch dieser Deiner Magd N., die heute dieses Kind geboren hat, vergib ihr ihre vorsätzlichen und unvorsätzlichen Fehltritte und bewahre sie vor jeder Unterdrückung des Teufels; auch das von ihr geborene Kind behüte vor allem Gift, vor aller Bosheit, vor allen Anstürmen des Widersachers, vor den bösen Geistern des Tages und der Nacht; sie selbst aber behüte unter Deiner machtvollen Hand, gib ihr ein baldiges Wiederaufstehen, reinige sie von der Befleckung, heile sie

[282] Vgl. *Nikolaus Kabasilas*, Das Buch vom Leben in Christus, in: Sakramentalmystik der Ostkirche, übersetzt v. *G. Hoch*, hg. und eingeleitet v. *E. v. Ivainka*, Klosterneuburg - München 1958, 145.

von den Schmerzen und schenke ihr Kraft und Gesundheit an Leib und Seele; umhege sie durch die strahlenden und leuchtenden Engel, und bewahre sie vor jedem Angriff der bösen Geister: ja, Herr, vor Krankheit und Schwäche, vor Eifersucht und Neid und Bezauberung der Augen, und erbarme Dich ihrer und des Kindes nach Deiner großen Barmherzigkeit! Durch Dein schnelles Erbarmen führe ihren geschwächten Körper zur Wiedergenesung […]"[283] Und bei der Segnung nach 40 Tagen nach der Geburt des Kindes betet der Priester u.a.: „Herr, unser Gott, der Du nach vierzig Tagen als Säugling in den gesetzlichen Tempel von Maria, Deiner jungfräulichen und heiligen Mutter, gebracht und auf den Armen des gerechten Simeon getragen wurdest, Du selbst, allmächtiger Gebieter, segne auch diesen Dir, dem Schöpfer aller Dinge, dargestellten Säugling und lass ihn aufwachsen zu jedem guten und Dir wohlgefälligen Werk, hinweg treibend von ihm alle feindliche Macht durch das Zeichen des Bildes Deines Kreuzes; denn Du bist es, der die Kind- lein hütet, Herr: (dass es, gewürdigt der heiligen Taufe, erlange den Teil der Auserwählten Deines Königreiches, bewahrt mit uns durch die Gnade der heiligen und einwesentlichen und unzertrennlichen Dreiheit). Denn Dir gebühret alle Herrlichkeit und Danksagung und Anbetung, mit Deinem anfangslosen Vater und Deinem allheiligen und lebendigmachenden Geist, jetzt und immerdar, und in die Äonen der Äonen. Amen."[284]

Nach der Taufe und der Firmung, die in der Orthodoxen Kirche unmittelbar nacheinander gespendet werden, wird der/die Neugetaufte zum vollen Mitglied der Kirche und ist berechtigt, an allen dem Alter entsprechenden kirchlichen bzw. sakramentalen Handlungen teilzunehmen. Das bedeutet auch an der Hl. Eucharistie und der Hl. Kommunion. Der geistliche Vater, die Eltern und der Pate haben neben der allgemeinen Aufgabe der religiösen Erziehung auch die Verpflichtung, den/die Neugetauften in die Hl. Liturgie zu führen, um an der Hl. Kommunion teilzunehmen. Dies geschieht nicht nur einmal nach der Taufe, sondern ab nun kann das Kind wie die Erwachsenen an der Hl. Liturgie und der Hl. Kommunion teilnehmen. Die Gemeinde nimmt den Neugetauften voll auf, womit eine Integration der Kinder in der sogenannten Gemeindeliturgie vollzogen wird.

Wir wissen, dass damit manche organisatorischen und disziplinären Probleme auftauchen können und dass eine gewisse Unordnung auftreten kann. Jedoch wird die volle Teilnahme der Kinder im liturgischen Geschehen voll akzeptiert und mit Gelassenheit mitvollzogen. Für das spirituelle Leben der jungen Christen ist diese integrative Gemeinschaft wichtig. Aus diesem Grunde ist für die Orthodoxe Kirche keine spezifische liturgische Ordnung und Führung, d.h. keine Kindermesse erforderlich. Das spirituelle und religiöse Leben und die

---

[283] Deutsch aus: Der orthodoxe Gottesdienst, BD I Göttliche Liturgie und Sakramente hg.v. *Sergius Heitz*, Mainz 1985, 461f.

[284] Der orthodoxe Gottesdienst, 465.

Teilnahme am sakramentalen Leben werden auch nicht von der rationalen Entwicklung des Kindes (bzw. des neuen Christen) abhängig gemacht. Auch hier spielen die vorbildliche Erfahrung und das Erleben selbst eine wichtige Rolle. Es sei hier noch erwähnt, dass aus den gleichen Gründen auch die Firmung nicht zeitlich von der Kindertaufe getrennt und in einem bestimmten Alter gespendet wird, in dem man annehmen kann, dass ein reiferes Verständnis dem Sakrament gegenüber nach eingehender Vorbereitung erreicht wird.

Das bedeutet natürlich keineswegs, dass die Kinder keinerlei geistliche Begleitung und Führung benötigen. Für die Liturgie und in der Liturgie selbst vollzieht sich eine solche geistliche Führung und Reifung. Trotzdem bemühen sich die geistlichen Väter auch außerhalb der Hl. Liturgie (in einer Art Liturgie nach der Liturgie) in den sogenannten katechetischen Schulen, diesem Bedarf zu begegnen. Jugendarbeit wird ebenfalls wahrgenommen, wenn auch nicht so intensiv und nicht mit den Methoden der westlichen Kirchen. Es sei hier nur erwähnt, dass eine sehr aktive gesamtorthodoxe Föderation der Jugendgruppen mit dem Namen „Syndesmos“[285] existiert und dass in der Orthodoxen Kirche des Ökumenischen Patriarchates, auf der Insel Kreta jetzt ein Euromediterranes Jugendzentrum nicht nur für die orthodoxe Jugend, sondern mit sehr starken ökumenischen Perspektiven, von der orthodoxen Akademie von Kreta gegründet wird.[286] Die geistliche Begleitung erfolgt durch das liturgische Leben. Es gibt eigene Gebete für die verschiedenen Anlässe im Leben der Christen, die vom Priester oder Bischof gebetet werden. Es sei hier nur einiges erwähnt: Für die kranken Menschen und Tiere, für die Grundsteinlegung eines Hauses, für das Erstbewohnen eines Hauses, für das Graben eines Wasserbrunnens, für die Äcker, Gärten, Weingärten als Schutz gegen Naturkatastrophen; zur Segnung der Früchte, der Getreide, des Weines, einer Herde von Tieren, für den Bau

---

[285] Gegründet in Paris 1953 besteht heute aus ca. 200 orthodoxen Jugend-Organisationen und Theologische Fakultäten aus mehr als 60 Ländern. (Aus eigenem Prospekt) Vgl. auch: Orthodox Youth and Ecumenism, Resource Book, eds. *Alexander Belopopsky and Anu Talvivaara,* Polen 1998. Siehe auch das eigene Publikationsorgan: Syndesmos News, Quarterly Newsletter of SYNDESMOS, The World Fellowship of Orthodox Youth.

[286] Aus einem Prospekt „Euromediterranes Jugendzentrum (EJZ) – Orthodoxe Akademie Kretas“, wurden u.a. folgende Informationen entnommen: „**Status**: Das EJZ ist eine selbständige Abteilung der Orthodoxen Akademie Kretas (OAK). **Gründung**: Am 6. Juni 1988, auf Beschluss des Rates der OAK. **Sitz**: An der Ostseite des Golfs von Kissamos, in Nord-West Kreta. Hier hat die OAK ein wundervolles Landstück von ca. 32.000m^2 erworben. **Struktur**: Das ganze Gebiet soll zu einem Jugenddorf gestaltet werden. Einen detaillierten Bauvorschlag, mit sofort anwendbaren architektonischen Plänen hat bereits die Technische Universität von Graz/Österreich gratis erstellt [...] **Ziele**: Hauptziel des EJZ ist es, jungen Leuten auf regional-nationaler und international-ökumenischer Ebene zu dienen. Der Titel „Euromediterran“ ist nicht exklusiv: er unterstreicht nur das Hauptanliegen des EJZ, sich mit Problemen, Bedürfnissen und Herausforderungen der jungen Menschen in Griechenland, in Ost- und Westeuropa und im gesamten Mittelmeerraum auseinandersetzen zu wollen. Das EJZ soll natürlich offen bleiben für jeglichen Kontakt und jegliche Zusammenarbeit mit jungen Leuten und deren Organisationen auch aus anderen Kontinenten.“

eines Schiffes, zur Segnung der Netze, zur Segnung von Brot, Fleisch, Käse und Eiern; Gebete für die Reisenden, für gute Winde und gegen die Meeresstürme. Seit kurzem und auf Vorschlag des Ökumenischen Patriarchates wurde von allen orthodoxen Kirchen akzeptiert, dass der 1. September jedes Jahr liturgisch für die Schöpfung und die Umwelt bestimmt wurde.[287] Für konkrete Anlässe gibt es ebenfalls eigene liturgische Handlungen, wie z.B. am Schulbeginn, am Anfang eines privaten Unternehmens, am Beginn einer sozialen Einrichtung, für die Grundsteinlegung einer Kirche, einer Schule, jedes Gebäudes; zur Eröffnung einer karitativen Einrichtung, einer neuen Bewässerungsanlage, eines neuen Schiffes, eines neuen Fahrzeuges, zur Installation einer neuen Behörde. Doxologie (Te Deum) wegen der Rettung einer Stadt von den Feinden, Gedächtnis-Gottesdienst für die im Krieg Gefallenen; Segnung des Jahres jeweils am 1. Jänner; Segnung am 1. jedes Monats durch die Liturgie der Wasserweihe.

Liturgisch und geistlich werden die jungen Leute bei ihrer *Hochzeit* begleitet durch die Feier des Sakraments der Ehe; oder die ins Kloster gehen bzw. Priester werden wollen, durch die Feier des Sakraments der Priesterweihe. Eine besondere geistliche Begleitung und Führung stellt das Sakrament der Beichte, wie auch das der Krankensalbung dar. Nicht minder stellt der letzte Weg jedes Menschen eine geistliche Begleitung dar, wenn er zu seiner letzten Ruhestätte geführt wird. Dies geschieht beim Begräbnis und bei der in bestimmten Zeitabständen folgenden Gedächtnis-Gottesdiensten: nach 3, 9 und 40 Tagen; nach 3, 6, 9 Monaten und nach einem Jahr. Später werden am Jahrestag solche Gottesdienste abgehalten.

Mittelpunkt und Fundament aller dieser liturgischen Handlungen ist die Hl. Liturgie, die göttliche Eucharistie. Diese liturgische Vielfalt und die besonderen Texte dieser liturgischen Handlungen stellen nicht nur einen hymnologisch wunderschönen Schatz mit einem bewundernswerten Inhalt dar, sondern sie bezeugen auch die tiefe Sorge der Orthodoxen Kirche und ihre Anteilnahme an allen Bereichen der menschlichen Existenz. Das bedeutet also nicht nur geistliche Begleitung, sondern auch Unterstützung, Hilfe, Ermunterung, Erquickung, liebende Solidarität und Stärkung. Und genau das geschieht auch innerhalb der Hl. Eucharistie, innerhalb der Hl. Liturgie, allerdings in noch komprimierterer Form, was uns leider nicht immer bewusst ist. Damit wollen wir uns auch kurz beschäftigen.

---

[287] Die Hymnen zu diesem Gottesdienst verfasste der Mönch vom Berg Athos *Gerassimos Mikrayannanitis,* Deutsch: „Ordnung des Bittgottesdienstes zu unserem menschenfreundlichen Gott und Heiland Jesus Christus für unsere Umwelt und den Wohlbestand der ganzen Schöpfung", in: Una Sancta 47 (1992), 228–238.

2. Die Heilige Liturgie

Nach dem bisher Gesagten kann also die Hl. Liturgie als Eucharistiefeier nicht isoliert betrachtet werden; auch nicht das mit ihr eng verbundene Amt des Liturgen. Das Amtsverständnis kann ebenfalls nicht isoliert gesehen werden, als ob es eigene Gnadenvermittlungen oder spezifische Gnaden gäbe. In der Hl. Eucharistie haben wir eine Verbindung des Himmels und der Erde. Sie ist die Vergegenwärtigung der Gemeinschaft der Heiligen auf Erden, wenn auch auf einer pilgernden Phase.

Die Versammlung in der eucharistischen Gemeinschaft (Synaxis) ist zunächst eine doxologische Kirche. Der Anfang der Liturgie und viele andere Texte, Hymnen und Gebete zeugen von diesem lobpreisenden (doxologischen) Charakter. „Gesegnet sei das Reich des Vaters und des Sohnes und des Heiligen Geistes, jetzt und immerdar und in alle Ewigkeit." Der Bezug der Gläubigen und das Fundament ihrer Gemeinschaft ist der Dreieinige Gott. Am Beginn wird also der *trinitarische* Charakter auch der Liturgie als Abbild und Widerspiegelung der trinitarischen Gemeinschaft des Vaters und des Sohnes und des Hl. Geistes hervorgehoben.

Genauso wie in der Hl. Trinität die Gemeinschaft der drei göttlichen Personen auf dem dynamischen Prinzip der Liebe in gegenseitiger Durchdringung, (Perichorese) fundiert ist, so wird auch die Gemeinschaft der Gläubigen untereinander und mit Gott selbst auf dieser Basis verwirklicht.

Deshalb heißt es dann später in der Chrysostomosliturgie:

Diakon: „Lasst uns einander lieben, damit wir in Eintracht bekennen." Chor bzw. Volk: „Den Vater, den Sohn und den Heiligen Geist, die wesensgleiche und unteilbare Dreieinigkeit." Der Priester betet im Altarraum: „Ich will dich lieben, Herr, meine Stärke; der Herr ist meine Burg, meine Zuflucht und mein Retter."

An dieser Stelle der Manifestation der Liebe untereinander und mit Gott, wo früher auch der allgemeine Friedenskuss der Gläubigen erfolgte und heute nur der Friedenskuss der Liturgen im Altarraum erfolgt, wird der rechte Glaube der Kirche gesungen oder gebetet. Dies geschieht in der Form des Großen Glaubensbekenntnisses, wie es vom 2. Ökumenischen Konzil von Konstantinopel (381) verabschiedet wurde. Lobpreisung, Liebe und Bekenntnis bilden eine Einheit. Das markiert die Identität des orthodoxen Bekenntnisses, das nicht aus rationalen Motiven und philosophischen Systemen entfaltet wird. Das gesungene und gebetete Glaubensbekenntnis wird zum Bestandteil der Liturgie selbst. Durch sie wird es weitergegeben und intensiv vermittelt. Die Hl. Liturgie ist zugleich der Ort der „geistlichen Schule" und der Reifung im Bereich der Erfahrung und der Erkenntnis des Glaubensinhaltes. Dies geschieht nicht nur durch die Bibellesungen und die liturgischen Texte selbst, nicht nur durch die

Predigt durch die Liturgen. In manchen Kirchen werden eigene Prediger eingesetzt, die nur für die Sonntagspredigt in den Diözesen angestellt sind.[288] All das bedeutet, dass die Gläubigen nicht bloß der hl. Liturgie beiwohnen, sondern sie mitfeiern und miterleben und untereinander und mit Gott in Gemeinschaft treten.

Hier sei noch auf den Eindruck eingegangen, den man heute in orthodoxen Liturgien bekommt, nämlich der Teilnahmslosigkeit, weil die Gläubigen nicht mitsingen. Zunächst muss gesagt werden, dass tatsächlich die hl. Liturgie in dialogischer Form gestaltet ist, zwischen dem Liturgen und dem „Volk". Jedoch wegen der Entwicklung und Verfeinerung der kirchlichen Musik kann in vielen Kirchen das Volk diese Musik nicht mitsingen. Das Volk wurde durch den Chor ersetzt. Trotzdem ist die Teilnahme an der hl. Liturgie und die geistliche Erfahrung bei der Feier des Mysteriums in der eucharistischen Versammlung nicht gleich, wie dies im Westen verstanden und praktiziert wird. Die innere Anteilnahme kann auch durch das Schweigen und das Hören im kirchlichen Raum erfolgen. Das intensive emotionelle Miterleben muss nicht unbedingt durch das aktive Mittun erreicht werden. Ich will damit auch einen anderen Aspekt und eine andere Erfahrung von der orthodoxen Spiritualität mitberücksichtigen, die auch bei uns nicht überall voll bewusst ist.

Trotzdem heißt es im Cherubim-Hymnus vor dem großen Einzug der Übertragung der Gaben des Weines und des Brotes auf den Altar, dass wir alle, die geheimnisvoll die Cherubim auf Erden abbilden und der lebenschaffenden Dreieinigkeit den Lobgesang singen, uns vorbereiten, indem wir alles irdische Sinnen ablegen, damit wir Christus als den König des Alls empfangen, der von den Engelscharen begleitet wird.[289] An diesem Moment des großen Einzuges mit der Prozession durch das Hauptschiff der Kirche, wo die Gläubigen stehen, bleibt keiner unbeteiligt. Manche bekreuzigen sich beugend, andere fallen zu Boden Andere wiederum fallen vor der vorbeigehenden Prozession nieder, sie flehen um die Gnade und den Beistand des Königs und Erlösers, obwohl die übertragenen Gaben noch nicht zum kostbaren Leib und zum kostbaren Blut des Herrn verwandelt wurden. Hier wird nicht nur der Abbildcharakter der irdischen Liturgie als ein Spiegelbild der himmlischen Liturgie zum Ausdruck gebracht, sondern auch deren Verbindung, weil die Gläubigen „die Cherubim geheimnisvoll abbilden."[290]

Die Verbindung der himmlischen mit der irdischen Wirklichkeit wird dann noch deutlicher und intensiver durch das eucharistische Geschehen der Verwandlung der Gaben zum tatsächlichen Leib und Blut des Herrn, durch die vorausgehende Epiklese an den Hl. Geist und durch die Kommunion der Gläubi-

---

[288] Vgl. *G. Bororilos*, Ἐμφάνισις καί καθιέρωσις τοῦ ὅρου „Ἱεροκῆρυξ", in: Θεολογία 62 (1991), 569f.

[289] Vgl. *A. Kallis*, Liturgie, 97f.

[290] *A. Kallis*, Ebd. 96.

gen unter beiden Gestalten. Somit wird auch die *christologische* und *pneumatologische* Dimension des Mysteriums noch einmal manifestiert und von den Gläubigen mit einem abschließenden Hymnus gesungen: „Gesehen haben wir das wahre Licht, himmlischen Geist empfangen, wahren Glauben gefunden, die unteilbare Dreieinigkeit beten wir an; denn sie hat uns erlöst."

Gerade in den Texten und Hymnen dieser zentralen Momente des eucharistischen Mysteriums wird die innigste Gemeinschaft nicht nur der Gläubigen untereinander und mit dem Dreieinigen Gott, sondern auch die universale Dimension dieser Gemeinschaft, die Einheit des ganzen Kosmos, des Himmels und der Erde, aber auch der ganzen Menschheit ohne zeitliche und räumliche Abgrenzung, in der diachronen und synchronen Dimension erlebt. Wenn man die orthodoxe Erlösungslehre und Kirchenlehre so formuliert, ist es nicht nur rein theologisch-spekulativ zu verstehen, sondern real und wirklich, wie es auch in der liturgischen Ordnung selbst dargestellt wird.

So kann der orthodoxe Mensch keine Trennungswsand zwischen einer göttlichen Welt (*civitas Dei*) und einer menschlichen Welt (*civitas terrena*), weder zeitlich noch räumlich sehen. So war es denn auch für ihn möglich, in dem Vorraum der Kirchengebäude die Bilder alter Philosophen darzustellen; nicht etwa, um sie als heilige Ikonen zu verehren, sondern um die Einheit des Geistes und die unaufhörliche Gegenwart Gottes in der Welt zu bezeugen. Hier ist plastisch die Antwort der griechisch-orthodoxen Geschichtstheologie auf das Problem der natürlichen Offenbarung ein für allemal gegeben.[291] Dabei erinnert man sich an die Äußerungen eines Justin des Märtyrers, der sagte: „Die, welche mit Vernunft (den Logos, μετὰ λόγου – metà lógou) lebten, sind Christen, wenn sie auch für gottlos gehalten wurden, wie bei den Griechen Sokrates, Heraklit und andere Ihresgleichen."[292]

Alle diese haben also ihren Platz in der liturgischen Versammlung; aber nicht nur diese. Also nicht nur Adam und Eva in ihrem paradiesischen Leben, sondern auch in der Darstellung des Auszuges aus dem Paradies; nicht nur Abel der Gerechte, sondern auch sein Bruder Kain. Alle diese Darstellungen zeigen doch deutlich den dramatischen Weg des Menschengeschlechtes, von der Gottes Gemeinschaft im Paradies bis zur Entfremdung und Abschwächung; jedoch nicht zur vollen Zerstörung dieser Gemeinschaft. Alle diese wellenartigen Bewegungen zeigen die dramatischen Stadien, die Höhen und Tiefen der einen Menschheitsgeschichte im Laufe der Zeiten.

Deshalb betet die Kirche im Zentrum des eucharistischen Geschehens, nach der Epiklese in der *Chrysostomusliturgie*: „Ferner bringen wir diesen geistigen Got-

---

[291] *A. Papaderos*, Das liturgische Selbst- und Weltbewußtsein des byzantinischen Menschen, in: Kyrios 4 (1964), 213f.

[292] *Justin der Märtyrer*, Apologie I,46. Deutsche Übersetzung von *G. Rauschen*, BKV^2 12, Kempten 1913, 59.

tesdienst dar für die im Glauben ruhenden Urväter, Väter, Patriarchen, Propheten, Apostel, Verkünder, Evangelisten, Märtyrer, Bekenner, Asketen und für jeden gerechten Geist, der im Glauben sein Leben vollendet hat. Insbesondere für unsere allheilige, makellose, hochgelobte und ruhmreiche Herrin, die Gottesgebärerin und Immerjungfrau Maria."

Anschließend singt der Chor den Marienhymnus „Axion estín": „Wahrhaftig würdig ist es dich seligzupreisen, die Gottesgebärerin." Während dessen betet der Priester weiter: „Für den heiligen Propheten, Vorläufer und Täufer Johannes, die heiligen ruhmreichen und allverehrten Apostel, für den heiligen N.N., dessen Gedächtnis wir feiern, und alle deine Heiligen [...] Gedenke auch aller, die entschlafen sind in der Hoffnung der Auferstehung zum ewigen Leben. Auch bringen wir diesen geistigen Gottesdienst dar für die ganze Welt und [...]"

Ich habe absichtlich diese längeren Stellen aus der Chrysostomus-Liturgie erwähnt. Ähnlich ist auch die Basilius-Liturgie

Bleiben wir ein wenig bei diesen Gebeten stehen, vertiefen wir uns in dieses Herzstück der eucharistischen Handlung, in dem das unsagbare und unerforschliche Mysterium sich verwirklicht; die wunderbare Wandlung der Gaben des Brotes und Weines zum Leib und Blut des Herrn, in dem Gott selbst durch Jesus Christus im Heiligen Geist mit seinen Gläubigen sich vereinigen will. In diesem Moment verwirklicht sich und zeigt sich die Gemeinschaft der Heiligen in ihrer universalen Dimension. Gott und die himmlischen Mächte verbinden sich mit den Heiligen, mit den Lebenden und mit den Vorausgegangenen.

Und wenn wir noch genauer diese wunderschönen und feierlichen Texte betrachten, dann stellen wir mit großem Erstaunen fest, dass bei dieser Verwirklichung der Gemeinschaft der Heiligen alle Grenzen gesprengt werden. Die Vorväter und die Väter, die Patriarchen und die Propheten aus der alttestamentlichen Zeit, die Apostel und Verkünder, die Evangelisten und die Mutter Gottes aus der neutestamentlichen Zeit werden ohne jede Unterscheidung in einem Atemzug in die große Gott-Menschen-Gemeinschaft aufgenommen, an der wir auch teilnehmen dürfen; gemeinsam mit denjenigen Lebenden oder Toten, deren wir gedenken wollen. Denn der Liturge fordert die Gläubigen auf: „und alle, an die jeder denkt, alle Männer und alle Frauen."

Aber ist die hl. Liturgie mit der universalen, heilsgeschichtlichen und doxologischen Dimension imstande, diese konkreten Probleme des Menschen zu sehen, um ein geistlicher Begleiter und Weggefährte zu sein? Gerade in der eucharistischen Gemeinschaft geschieht aber nicht die Ablehnung oder die Abneigung gegenüber der Welt. Es geschieht ihre Annahme, Erhöhung und Heiligung. Die Eschatologie und die Mystik liegen nicht nur in der Zukunft, sie reichen in die Gegenwart und Geschichte. Die Dialektik des „Schon" und „Noch-nicht" schließt uns Menschen mit unserer Realität in der Welt ein.

So betet z.B. die Orthodoxe Kirche bei jedem Gottesdienst: „Um den Frieden der ganzen Welt“, „um günstige Witterung“, „um gutes Gedeihen der Früchte der Erde“ und „um friedliche Zeiten“, „für die Schiffahrenden und Reisenden, für die Kranken und Bedrängten, für die Gefangenen und um ihre Rettung“ usw.

So wird die Liturgie in der orthodoxen Kirche verstanden; so sollen die Gläubigen sich innerhalb der eucharistischen Versammlung fühlen; nicht verklärt, als ob sie keinen konkreten Leib hätten, als ob sie keine Sorgen und Probleme hätten; sondern aufgenommen, angenommen und verborgen, wie in einem Hafen, wenn heftige Meeresstürme losbrechen.

So kann man verstehen, dass die orthodoxe Liturgie eine Wegbegleiterin für diese Welt ist, nicht nur eine mystische und exotische Veranstaltung mit viel Atmosphäre, Weihrauch und Kerzen, die aus der Realität ablenken will.

Natürlich wendet sich die Liturgie auch an das Gefühl der Christen. Sie will mit einer warmen Atmosphäre den Menschen nicht nur in seiner Vernunft ansprechen. Dann muss man sich doch fragen, warum gelten diejenigen die bei ihrem liturgischen Leben ihr emotionelles Dasein beteiligen wollen als konservativ oder als Schwärmer? Langsam kommen nun viele darauf, dass das Emotionale und Gefühlsmäßige zum Wesen des Menschen gehört. Der Mensch will in seiner Ganzheit akzeptiert werden, mit seiner Vernunft, aber auch mit seinem Herzen. Weil der Mensch vergessen hat, wie er seinen Schöpfer lobpreisen kann, deswegen hat er versucht, aus der natürlichen Symphonie des Kosmos auszubrechen, sich zu isolieren und zu verabsolutieren. Ich meine, wir könnten uns wieder als Personen finden, wenn wir uns in die Gott Gemeinschaft wieder vertrauensvoll einlassen, in einer doxologischen liturigschen und eucharistischen Symphonie.

Nicht nur Anteilnahme und Gemeinschaft in der vertikalen und horizontalen Dimension, sondern auch geistliche Begleitung und Führung bedeutet die eucharistische Feier. Dabei wird gebetet: „Erfüllt sei unser Mund von deinem Lob, o Herr, auf dass wir besingen deine Herrlichkeit, denn du hast uns gewürdigt, teilzunehmen an deinen heiligen, göttlichen, unsterblichen und lebenschaffenden Mysterien. Bewahre uns in deiner Heiligung, den ganzen Tag zu lernen deine Gerechtigkeit. Alleluja [...] Hilf, rette, erbarme dich und beschütze uns, Gott, durch deine Gnade [...] Nachdem wir nochmals bitten, dass der ganze Tag vollkommen, heilig, friedlich und sündlos sei, lasst uns selbst und einander und unser ganzes Leben Christus, unserem Gott, überantworten.“

Und der Priester betet für alle: „Wir danken dir, Menschen- liebender Herr, du Wohltäter unserer Seelen, dass du uns auch am heutigen Tag deiner himmlischen und unsterblichen Mysterien gewürdigt hast. Mach unseren Weg gerade, festige uns alle in deiner Ehrfurcht, beschütze unser Leben, sichere unsere Schritte durch die Bitten und Gebete der ruhmreichen Gottesgebärerin und Immer-Jungfrau Maria und aller deiner Heiligen. Denn du bist unsere Heiligung, und dir senden wir den Lobpreis empor, dem Vater und dem Sohn und dem Heiligen Geist, jetzt und immerdar und in alle Ewigkeit. Amen."

VI. DIE ORTHODOXE KIRCHE UND DIE ÖKUMENE[293]

[293] *B. Stavridis,* Ἱστορία τῆς Οἰκουμενικῆς Κινήσεως, Thessaloniki 1984. *G. Limouris,* Orthodox Visions of Ecumenism. Statements, Messages and Reports of the Ecumenical Movement 1902-1992, Geneva, WCC, 1994. *Derselbe,* Justice, Peace and Integrity of Creation: Orthodox Insights, Geneva, WCC, 1990.

A. DIE AUFFASSUNG ÜBER DIE EINHEIT DER KIRCHE

Die Einheit der Kirche gehört zu ihren Wesensmerkmalen.[294] Teilnahme und Mitwirkung an der Ökumenischen Bewegung bzw. Initiative und Anstrengungen zur Wiederherstellung der kirchlichen Einheit bedeuten nicht nur eine moderne und aufgeschlossene Beschäftigung. Sie sind eine Verpflichtung vor Gott und der einen Kirche Christi gegenüber.

1. DER DREIEINIGE GOTT: GRUNDPRINZIP CHRISTLICHER EINHEIT

Die Kirche Christi wurde als *eine* Kirche gegründet, in der die Heiligung vom Vater durch den Sohn im Heiligen Geist vollzogen wird. In diesem Sinn ist die Kirche eine Heilsgemeinschaft. Die Taufe auf den Namen des Vaters und des Sohnes und des Heiligen Geistes stellt nicht nur ein Ritual dar, sie bedeutet neues Leben und Gemeinschaft mit dem personalen Dreieinigen Gott.

Für die Einheit der Kirche im Besonderen dient der dreieinige Gott als Vorbild und Urbild. Jesus hat dies selbst in seinem letzten Gebet ausgedrückt: „*wie* du Vater in mir und ich in dir" (Joh 17,21). Wie zwischen dem Sohn und dem Vater die Einheit in Liebe und Harmonie besteht, so sollen auch wir Christen untereinander in Gemeinschaft leben. Die Einheit der Kirche basiert also auf dem Fundament des trinitarischen Gottes, auf der Gemeinschaft mit im Band der Liebe.

So existiert die *eine* Kirche in den vielen Kirchen. Die Einheit der *einen* Kirche schließt dem Wesen nach die Vielfalt der vielen Kirchen nicht aus. Hier besteht die Möglichkeit des harmonischen Verhältnisses zwischen den Ortskirchen und der Gesamtkirche.

Dieses Prinzip finden wir sowohl innerhalb der Römisch-Katholischen Kirche, insbesondere bei den Dokumenten des Zweiten Vatikanums, als auch in der allgemeinen Ökumenischen Bewegung, in den theologischen Ergebnissen der

---

[294] Vgl. vorige Kapitel. Vgl. *G. Larentzakis,* Die Orthodoxie im ökumenischen Dialog, in: Der Christliche Osten 38 (1983), 151–157. *Derselbe*, Einheit der Kirche II, orth. Sicht, in: Ökumene-Lexikon. Kirchen, Religionen, Bewegungen. Hg.v. H. Krüger u.a. 2. Aufl. Frankfurt/M. 1987, 304–307. *Derselbe*, Versöhnung in ihrer theologischen Dimension – orthodoxe Aspekte, in: Ökumenisches Forum 19 (1996), 163–177. *C. G. Patelos,* (Hg.), The Orthodox Church in the Ecumenical Movement, Documents and Statements 1902–1975, Genf 1978. *B. Stauridis,* Ἱστορία τῆς Οἰκουμενικῆς Κινήσεως, Thessaloniki 1984, *Damaskinos Papandreou,* Orthodoxie und Ökumene. Gesammelte Aufsätze. Hg. W. Schneemelcher. Stuttgart 1986. *N. Matsoukas,* Οἰκουμενική Κίνηση, ἱστορία-θεολογία, Thessaloniki 1986.

Konferenz Europäischer Kirchen (KEK) und des Ökumenischen Rates der Kirchen (ÖRK).

Dieses zentrale Prinzip der christlichen Einheit legte sich auch die internationale gemischte Kommission des offiziellen Theologischen Dialogs zwischen der Orthodoxen und der Römisch-Katholischen Kirche zugrunde, als sie ihr erstes gemeinsames Dokument in München am 6. Juli 1982 verabschiedete. Der Titel des Dokuments lautet: „Das Mysterium der Kirche und der Eucharistie im Lichte des Mysteriums der Heiligen Dreieinigkeit."[295] Dort heißt es: Die Kirche findet „ihr Vorbild, ihren Ursprung und ihr Ende in dem Mysterium des einen Gottes in drei Personen."[296]

So betrachtet die Orthodoxe Kirche auch die Wiederherstellung der kirchlichen Gemeinschaft zwischen konfessionsverschiedenen Kirchen als Ziel der ökumenischen Bewegung. Das Ziel kann kein anderes sein als die erlebbare, volle, kirchliche und sakramentale Gemeinschaft von Schwesterkirchen auf dem Fundament desselben Glaubens. Es ist eine Einheit, die ihren vollendeten Ausdruck im gemeinsamen Feiern der heiligen Eucharistie und in der gemeinsamen Teilnahme am Leib und Blut Christi findet.

Die Christen müssen durch die Überwindung der *gemeinsamen* Probleme die volle Überzeugung wiedergewinnen, dass sie in jeder „Kirche" zu Hause sind, wenn auch mit verschiedener Ausformung und Prägung; als volle Mitglieder des einen Leibes Christi, nicht nur als Gäste in einer Nachbarkirche. Dieses Ziel kann sicherlich nicht nur kirchenrechtlich, auch nicht allein auf Grund von gemeinsamen dogmatischen Lehrsätzen erreicht werden. Dazu sind die Bereitschaft und die innere Gesinnung der Christen notwendige Voraussetzungen. Wir müssen den Mut und die Fähigkeit finden, bei unseren trennenden Elementen das Wesentliche vom Unwesentlichen zu unterscheiden. Darin liegt eine der wichtigsten Aufgaben jedes theologischen Dialogs. Josef Ratzinger sagte in einem beachtlichen Vortrag in Graz (1976): „Der Anspruch der Wahrheit darf nicht erhoben werden, wo er nicht zwingend und unverrückbar gilt. Es darf nicht als Wahrheit auferlegt werden, was in Wirklichkeit geschichtlich gewachsene Form ist, die mit der Wahrheit in einem mehr oder weniger engen Zusammenhang steht."[297]

---

[295] Deutsch u.a. in: Ökumenisches Forum 5 (1982), 155–165.

[296] Ebd. 159. Vgl. *G. Larentzakis,* Die Heilige Dreieinigkeit und die Einheit der Kirche, 151f u. 159.

[297] *J. Ratzinger*, Prognosen für die Zukunft des Ökumenismus, in: Ökumenisches Forum 1 (1977), 36.

2. Das Erste Jahrtausend der Kirche und die Wiederherstellung der Gemeinschaft (Communio)

Wie kann nun diese Voraussetzung bzw. dieser Prozess der Konsensbildung beim Wesentlichen erfolgen? Nach orthodoxer Auffassung ist es wichtig, dass man die Zeit des 1. Jahrtausends auch für die Zukunft als Vorbild und als Grundlage für das ökumenische Anliegen betrachtet: die Formulierung der christlichen Grunddogmen, die Gemeinschaft der voneinander unabhängigen Patriarchate, der Ortskirchen im Leibe Christi in einer konziliaren Gemeinschaft.

Der evangelische Theologe und frühere Direktor der Kommission für Glaube und Kirchenverfassung des Ökumenischen Rates der Kirchen, Lukas Vischer, formuliert: „Das Vorbild der alten Kirche hat so etwas wie eine zwingende Kraft. Warum sollte es sich nicht auch heute als wirksam erweisen? Der Dienst der orthodoxen Theologie besteht darin, das Modell der alten Kirche in den Vordergrund gerückt zu haben.“[298] Ähnlich sagt Josef Ratzinger zu einem ganz konkreten Problem: „Rom muss vom Osten nicht *mehr* an Primatslehre fordern, als auch im ersten Jahrtausend formuliert und gelebt wurde.“[299] Auf der Basis also der alten Kirche bzw. der gemeinsamen Quellen der christlichen Lehre kann die von allen Kirchen ersehnte christliche Einheit unter dem Beistand des Heiligen Geistes erfahren werden, damit die Menschen ihr Heil glaubwürdiger und leichter erreichen können. Unter diesem Aspekt müssen auch die neueren Probleme der Menschen und der Kirchen gemeinsam gelöst werden.

Die zwei für die Einheit der Gesamtkirche wichtigen Dimensionen sind einerseits die Kontinuität der Kirche von den Anfängen her, ihre Apostolizität und andererseits die Gemeinschaft der einzelnen Kirchen von heute. Dies findet auch im Dialog zwischen orthodoxer und katholischer Kirche seinen Niederschlag: „a) In der Tat ist die Identität des Mysteriums der Kirche, das in der Urkirche gelebt wurde – Katholizität in der Zeit – fundamental [...] b) Die gegenseitige Anerkennung, heute, zwischen dieser Ortskirche und den anderen Kirchen ist ebenfalls von kapitaler Bedeutung [...]“[300]

Der Schnittpunkt, an dem diese doppelte Dimension manifestiert wird und der von orthodoxer Seite immer wieder als zusammenfassender Ausdruck des christlichen Glaubens betrachtet wird, ist die Urfassung des großen Glaubensbekenntnisses des 2. Ökumenischen Konzils von Konstantinopel (381). Die Worte des Glaubensbekenntnisses, betont Papst Johannes-Paul II., „sollen uns auch die tiefen Bande neu zum Bewusstsein bringen, welche die Kirche unserer

---

[298] *L. Vischer,* in: Eglise locale et église universelle. Hg. Centre Orthodoxe du Patriarchat Oecuménique, Chambésy 1981, 306.

[299] *J. Ratzinger,* Prognosen 36.

[300] Vgl. das in Anm. 227 erwähnte Dokument von München 164.

Zeit [...] verbindet mit der Kirche des 4. Jh: die Bande einer von den ersten Ursprüngen her durchgehaltenen Identität, die Bande der Treue zur Botschaft des Evangeliums und zur Predigt der Apostel."[301] Und der evangelische Theologe Wolfhart Pannenberg stellt fest: „Erforderlich ist [...] die Übereinstimmung im wesentlichen Inhalt des Glaubens, und zwar nicht nur zwischen den heutigen Kirchen in ihrer heutigen Mitgliedschaft, sondern auch mit der Kirche der Vergangenheit und ihrem apostolischen Ursprung. Das Bekenntnis von Nicaea und Konstantinopel ist das Symbol dieser Einheit im Glauben."[302] Das wird in der letzten Zeit immer mehr anerkannt.[303]

3. Einheit in der Vielfalt: Neuentdecktes Prinzip der Frühkirche

Diese Einheit bedeutet aber keineswegs eine *Uniformierung* der gesamten christlichen Lehre, sondern schließt auf alle Fälle auch nach orthodoxer Auffassung die *Vielfalt* in der *Einheit* ein. Der ökumenische Patriarch von Konstantinopel, Dimitrios I. (1972–1991), betonte: „Ohne Vorbehalt sagen wir, dass die Pluriformität auf keinen Fall dem Wesen des Dialogs schadet, sondern im Gegenteil: die Vielfalt der liturgischen, pastoralen, historisch-kanonischen und anderen Ausdrucksformen fördert unsere angestrebte Einheit. Diese Einheit wird nicht allgemein eine verdrießliche Gleichheit und unbewegliche Uniformität der Formen des Ausdrucks sein, sondern Identität des Glaubens, der Lehre, der Gnade und des Bekenntnisses Christi, in voller Respektierung der überlieferten und historisch-theologisch bezeugten Bräuche jeder Kirche."[304]

Die hier geforderte Form der christlichen Ökumene ist keine neue Entdeckung moderner Theologen, sondern ein genuin christlicher und von alters her praktizierter Grundsatz in der Kirche Christi: als liturgische Vielfalt und als Vielfalt

---

[301] *Johannes Pauls II.* an den Episkopat der katholischen Kirche zur 1600-Jahr-Feier des 1. Konzils von Konstantinopel und zur 1550-Jahr-Feier des Konzils von Ephesus, in: Kirchliches Verordnungs-Blatt für die Diözese Graz-Seckau V (1981), 33.

[302] *W. Pannenberg,* Die Bedeutung des Bekenntnisses von Nicaea-Konstantinopel für den ökumenischen Dialog heute, in: Ökumenische Rundschau 31 (1981), 129ff.

[303] Vgl. u.a. Dokument der Kommission für Glauben und Kirchenverfassung, Den einen Glauben bekennen. Eine ökumenische Auslegung des apostolischen Glaubens, wie er im Glaubensbekenntnis von Nizäa-Konstantinopel (381) bekannt wird. 2. Aufl. Frankfurt/M. 1993. Dazu *G. Larentzakis*, Das Glaubensbekenntnis des 2. Ökumenischen Konzils (381) von Konstantinopel einst und heute. Einführung zum „Gemeinsam den einen Glauben bekennen", in: Ökumenisches Forum 17 (1994), 73–92.

[304] In: Στάχυς 52–67 (1977–1981), 114f.

der liturgischen Sprachen,[305] als Vielfalt der kirchlichen Architektur und Kunst, oder als Vielfalt in den dogmatischen Ausdrücken und Formulierungen desselben Glaubens. Denn „in solchen Fällen kommt es nicht auf das Wort an, so lange im Wesen Übereinstimmung herrscht."[306] Natürlich sind die Begriffe nicht wertlos. Wenn man im Wesen übereinstimmt, kann leichter auch bei den Begriffen und bei der Artikulierung des Glaubens Übereinstimmung erzielt werden. Man muss aber nicht immer die gleiche, uniforme Formulierung verlangen, auch nicht immer den gleichen Begriff.

Außerdem wissen wir ja, dass es sich im Glauben primär um das Geheimnis Gottes (Mysterium), handelt. Deshalb können kein Begriff und keine Formulierung das Göttliche in erschöpfender Weise erfassen und artikulieren. Unsere Erkenntnis und jede Formulierung im Glauben sind bruchstückhaft und nur ein Schatten der Wahrheit. Daher können diese Begriffe und die Formulierungen nie einen Absolutheitsanspruch erheben.[307] Gleichlautende Kompromißformulierungen mit mehreren Interpretationsmöglichkeiten waren in der Vergangenheit auch für die Ökumene verhängnisvoll, wie etwa die Beschlüsse des „Unionskonzils" von Ferrara-Florenz (1438/39) zeigen.[308] Einheit in der Vielfalt muss also in der Gemeinschaft von Schwesterkirchen gefordert und gefördert werden.[309]

B. Multilaterale Dialoge

Bei jedem Gottesdienst betet die Orthodoxe Kirche für „den Frieden der ganzen Welt, die rechte Standhaftigkeit der heiligen Kirchen Gottes und die Einigung aller". Hier soll ein kurzer Überblick über die orthodoxen ökumenischen Aktivitäten geboten werden.

---

[305] Eine Vielfalt der Riten können wir sowohl im Osten als auch im Westen feststellen: Alexandrinischer, Antiochenischer, Jerusalemitischer, Konstantinopolitanischer Ritus, Jakobus-, Chrysostomus-, Basiliusliturgie; Römischer, Afrikanischer, Mozarabischer, Gallikanischer Ritus usw.

[306] *Athanasius,* Contra Arianos, II,3, PG 26,1526. Vgl. Gregor von Nazianz, Orat. 43,68, In laudem Basilii, PG 36, 588C. Vgl. *G. Larentzakis*, Einheit der Menschheit, Einheit der Kirche bei Athanasius. (Grazer Theologische Studien 1), Graz ^{2}1982.

[307] Vgl. *Athanasius,* Ad monachos 1,2. Hg. Opitz, Athanasius Werke II. Berlin 1935–1941, 181.

[308] Vgl. *G. Larentzakis,* Ferrara-Florenz im Urteil der heutigen Orthodoxie, in: Annuarium Historiae Conciliorum 22 (1990), 199–218.

[309] Über die heutige Auffassung in der orthodoxen Kirche vgl. *G. Larentzakis,* Vielfalt in der Einheit aus der Sicht der orthodoxen Kirche. Versuch einer Selbstdarstellung, in: Ökumenisches Forum 8 (1985), 72–76. *O. Cullmann,* Einheit durch Vielfalt, Grundlegung und Beitrag zur Diskussion über die Möglichkeiten ihrer Verwirklichung, Tübingen ^{2}1990, 18ff.

1. DAS RUNDSCHREIBEN DES ÖKUMENISCHEN PATRIARCHATES VON 1902

Das Ökumenische Patriarchat von Konstantinopel hat bereits im Jahre 1902 ein Rundschreiben an alle Orthodoxen Kirchen gerichtet, in dem das Anliegen der Wiederherstellung der Einheit der christlichen Kirchen hervorgehoben wurde. Das war die erste offizielle Initiative einer Kirche zur Förderung der Ökumene. Die Notwendigkeit der Einheit und Zusammenarbeit wird eindeutig festgestellt und das Patriarchat will dazu die Meinung der anderen orthodoxen Schwester-Kirchen einholen.

Die Antworten der Orthodoxen Kirchen betonten einhellig die Notwendigkeit der Wiederherstellung der christlichen Einheit. Jedoch haben sie sich wegen der damaligen massiven Propaganda und Missionierung der anderen Kirchen im Bereich der Orthodoxen Kirchen (Proselytenmacherei) gezwungen gesehen, ihre Kirchen und ihren Glauben vor der Tätigkeit westlicher Missionare zu schützen. Übrigens ist dies ein Problem, dass bis heute nicht ganz zufriedenstellend gelöst ist.[310]

2. DAS RUNDSCHREIBEN DES ÖKUMENISCHEN PATRIARCHATES VON 1920

Das Ökumenische Patriarchat von Konstantinopel war die erste Kirche, die offiziell den Vorschlag gemacht hat, eine organisierte Gemeinschaft der verschiedenen Kirchen, einen Ökumenischen Rat, zu gründen.

Nach der Gründung des Völkerbundes im Jahre 1919 zur Sicherung des Weltfriedens nahm das Ökumenische Patriarchat diese Initiative wahr, „die bislang in der Kirchengeschichte ohne Ihresgleichen war“[311]. Mit einem Schreiben an *alle Kirchen Christi* im Januar 1920 vertrat das Ökumenische Patriarchat die Auffassung, dass auch die Kirchen einen Kirchenbund gründen sollten, trotz der vorhandenen dogmatischen Unterschiede. Wichtig ist, dass diese Enzyklika an „alle Kirchen Christi überall“ gerichtet war, also auch an die nicht-orthodoxen, die ebenfalls als „Kirchen Christi“ bezeichnet wurden. Dieses Rundschreiben

---

[310] Enzyklika und Antworten griech. publiziert: Ἡ περί τῶν σχέσεων τῶν Αὐτοκεφάλων Ὀρθοδόξων Ἐκκλησιῶν καί περί ἄλλων γενικῶν ζητημάτων Πατριαρχική καί Συνοδική Ἐγκύκλιος τοῦ 1902 ... τοῦ Οἰκουμενικοῦ Πατριαρχείου, Konstantinopel 1904.

[311] *W. A. Visser't Hooft,* Ursprung und Entstehung des Ökumenischen Rates der Kirchen. Frankfurt/M. 1983, 7.

wird als die erste offizielle Initiative zur Gründung eines Ökumenischen Rates der christlichen Kirchen anerkannt.

Das Vorgehen sollte in zwei Schritten verwirklicht werden: 1) Abbauen von Misstrauen und Feindschaft zwischen den Kirchen, 2) Wachsen der Liebe (Eph 3,6).[312] Konkrete Vorschläge zur Verbesserung der Beziehungen der Kirchen waren:

1) die Annahme eines einheitlichen Kalenders zur gleichzeitigen Feier der großen christlichen Feste durch alle Kirchen;
2) der Austausch brüderlicher Briefe zu den großen Festen des Kirchenjahres, an denen das üblich ist, und bei außergewöhnlichen Ereignissen;
3) vertrautere Beziehungen zwischen den Vertretern der verschiedenen Kirchen in aller Welt;
4) Beziehungen zwischen den theologischen Fakultäten und den Vertretern der theologischen Wissenschaft; Austausch theologisch-kirchlicher Zeitschriften und Werke, die in den einzelnen Kirchen veröffentlicht werden.
5) Studentenaustausch zwischen den theologischen Fakultäten der einzelnen Kirchen;
6) Einberufung von gesamtchristlichen Konferenzen für Fragen von gemeinsamem Interesse;
7) unparteiische und historische Prüfung der dogmatischen Unterschiede von der Lehrkanzel aus wie auch in theologischen Abhandlungen;
8) gegenseitige Achtung der Sitten und Gebräuche einer jeden Kirche;
9) gegenseitige Erlaubnis, Kapellen und Friedhöfe zur Beisetzung von im Ausland verstorbenen Angehörigen eines anderen Bekenntnisses zu benutzen;
10) ein Übereinkommen über die Mischehen zwischen Angehörigen verschiedener Konfessionen;
11) schließlich gegenseitige Unterstützung der Kirchen in der Arbeit des religiösen Aufbaus, der Wohltätigkeit und dergleichen.[313]

Auch für die Vorbereitungen der Gründung eines Weltkirchenrates spielte diese Enzyklika eine Rolle.[314] Das Jahr 1920 und diese Enzyklika stellen den offiziellen Beginn der Teilnahme der Orthodoxen Kirchen an den ökumenischen Aktivitäten und der allgemeinen Ökumenischen Bewegung dar. Denn ohne die Teil-

---

[312] Sendschreiben des Ökumenischen Patriarchates von Konstantinopel an die Kirchen Christi überall, in: *B. Ohse*, Der Patriarch Athenagoras I. von Konstantinopel. Ein ökumenischer Missionar. Regensburg 1968, 223.

[313] Vgl. in: *B.Ohse,* Der Patriarch, 223.

[314] Vgl. *W. A. Visser't Hooft,* Ursprung und Entstehung, 20.

nahme der Orthodoxen könnte man nicht von einer tatsächlichen Ökumenischen Bewegung sprechen.[315]

3. Ökumenische Bewegung – Ökumenischer Rat der Kirchen (ÖRK)[316]

In diesem Sinne beteiligten sich orthodoxe Vertreter bei den ersten Sitzungen der zwei Bewegungen „Glaube und Kirchenverfassung" und „Praktisches Christentum" in Genf (1920). Bei der Gründung des *Ökumenischen Rates der Kirchen (ÖRK)* in Amsterdam (1948) waren auch das Ökumenische Patriarchat von Konstantinopel, die Patriarchate von Alexandrien, Antiochien und Jerusalem, die Kirche von Griechenland, die orthodoxe Kirche der USA und das Russische Exarchat in Westeuropa als Gründungsmitglieder dabei.[317]

Für das Selbstverständnis des *ÖRK* und für die Mitwirkung der Orthodoxen Kirchen ist die Erklärung von Toronto (1952) sehr wichtig: „Der Ökumenische Rat der Kirchen ist keine ‚Über-Kirche' und darf niemals eine werden. Er ist nicht die ‚Weltkirche' oder die ‚Una Sancta' der Glaubensbekenntnisse. Jede Kirche behält sich verfassungsmäßig das Recht vor, Äußerungen oder Handlungen des Rates zu ratifizieren oder zu verwerfen. Die Autorität des Rates besteht nur in dem Gewicht, das er durch seine eigene Weisheit bei den Kirchen erhält [...]"[318]

Für den *ÖRK* selbst und insbesondere für die Gesamtorthodoxie ist die dritte Vollversammlung in Neu-Delhi (1961) wichtig, weil a) aufgrund der Initiative der Orthodoxen der Basisartikel des *ÖRK* auf den Glauben an den dreieinigen Gott erweitert wurde, und b) weil dort die anderen Orthodoxen Kirchen, die noch nicht Mitglieder waren, dem Rat beigetreten sind; allen voran das Russische Patriarchat. Der erste Artikel-Basis der Verfassung des *ÖRK* lautet: „Der

---

[315] Vgl. ebd.

[316] *G. Lemopoulos,* The Ecumenical Movement, the Churches and the World Council of Churches. An Orthodox contribution to the reflection process on the ‚Common Understanding and Vision of the WCC', Geneva/WCC and Bialystok/Syndesmos, 1996. *C. Patelos, (Hg.),* The Orthodox Church in the Ecumenical Movement: Documents and Statements 1902–1975, Geneva, WCC, 1978. *Emilianos Timiadis, (Metroplit von Silibrien),* The Ecumenical Movement and Orthodoxy, in: Orthodox Theologiy and Diakonia: Trends and Prospects, Brookline MA 1981. *T. Sabev,* The Orthodox Churches in the World Council of Churches. Towards the Future, WCC Publications, Geneva, Syndesmos, Bialystok, Poland, 1996.

[317] Ebd. 65.

[318] Vgl. *A. J. Bronkhorst,* Die Toronto Erklärung nach 36 Jahren, in: Ökumenische Rundschau 36 (1987), 137f.

ÖRK ist eine Gemeinschaft von Kirchen, die den Herrn Jesus Christus gemäß der Hl. Schrift als Gott und Heiland bekennen und darum gemeinsam zu erfüllen trachten, wozu sie berufen sind, zur Ehre Gottes, des Vaters, des Sohnes und des Hl. Geistes.“[319]

Die Orthodoxe Kirche betrachtet den *ÖRK* auch als ihren Ökumenischen Rat und sie fordert eine Verbesserung seiner Strukturen, damit sie „ihren Beitrag leisten kann, wie es ihre Partner in der ökumenischen Bewegung von ihr erwarten.“[320]

4. Orthodoxie und Konferenz Europäischer Kirchen (KEK)

Die Orthodoxe Kirche arbeitet seit der Gründung der KEK mit.[321] Es scheint mir hier berechtigt, zu sagen, dass diese europäische Entwicklung ohne die Orthodoxe Kirche nicht möglich wäre, weil diese in der europäischen Entwicklung einen wichtigen Beitrag bewusst und mitverantwortlich leistet. Sie weiß sich verpflichtet, als ein wichtiger und nicht zu ignorierender Bestandteil Europas ihre Aufgabe wahrzunehmen und zu erfüllen. Dies muss sowohl den Orthodoxen als auch den Nicht-Orthodoxen mit konkreten Konsequenzen bewusster gemacht werden.

Das Jahr 1959 hat eine große Bedeutung für die gesamteuropäische Ökumene. Es ist klar, dass die alten und die neuen Probleme in Europa nicht nur von der einen oder der anderen Kirche allein gelöst werden können. Deshalb müssen wir froh sein, dass auch in Europa die ökumenische Organisation der *Konferenz Europäischer Kirchen* bereits existiert.

Die Orthodoxie auf Europaebene arbeitet mit großer Intensität bei dieser *Konferenz Europäischer Kirchen,* an der ca. 130 europäische Kirchen offiziell beteiligt sind. Die Orthodoxen Kirchen betrachten die Existenz und die Arbeit der KEK für notwendig. Das bedeutet, dass alles, was die KEK angeht, auch die Orthodoxie betrifft, und dass die KEK die Konferenz dieser orthodoxen europäischen Kirchen ist und konsequenterweise auch die der Gesamtorthodoxie. Das bedeutet für die Nicht-Orthodoxen Kirchen, dass sie sich dieser Realität bewusst sein sollen, um die aktive Mitwirkung der Orthodoxie entsprechend zu

---

319 Vgl. auch in: *M. Sens,* Ökumenischer Rat der Kirchen (*ÖRK*), in: Ökumene Lexikon, hg. v. *H. Krüger, W. Löser, W. Müller- Römheld* u.a., Frankfurt a.M. ^{2}1987, 902ff.

320 Orthodoxe Kirche und ökumenische Bewegung, in: Una Sancta 42 (1987), 15.

321 Vgl. *G. Larentzakis,* Die Orthodoxe Kirche und die Konferenz Europäischer Kirchen (KEK). Feststellungen und Erwartungen für das neue Europa, in: Ökumene wohin? Die Kirchen auf dem Weg ins 3. Jahrtausend. Hg. *U. Hahn* u.a. Paderborn 1996, 141–151.

akzeptieren und zu würdigen. Für die Angehörigen der Orthodoxen Kirchen bedeutet es, dass sie die Probleme der KEK nicht mit Distanz betrachten und beurteilen sollen. Volle Mitgliedschaft bedeutet also volles Mittragen und Mitverantworten. Und wenn Kritik notwendig ist, dann müssen wir diese Kritik als von innen kommend verstehen, was natürlich auch Selbstkritik bedeuten muss.

Die Orthodoxe Kirche nahm von der ersten Versammlung von 6.–9. Jänner 1959 in Nyborg (Dänemark) an bei den Arbeiten der Konferenz Europäischer Kirchen (KEK) teil. Dort hielt der damalige Metropolit von Melita und spätere Erzbischof von Amerika, Jakobos, das Referat zum Thema: „Der Beitrag der östlichen Orthodoxie zur christlichen Kultur Europas in Vergangenheit und Gegenwart.“[322] Die zusammenfassenden Feststellungen des Metropoliten bilden zugleich auch ein Bekenntnis für die Einheit Europas, die aus unseren Augen nicht verloren gehen darf. Dort heißt es: „Ost und West gehören zusammen trotz ihrer konfessionellen Unterschiede. Sie haben eine gemeinsame, von Gott geschenkte Bestimmung, eine gemeinsame Aufgabe und eine gemeinsame christliche Verantwortung: die Bestimmung, die Welt zu Christus zu führen; die Aufgabe, gegen den Säkularismus zu kämpfen und die geistlichen Werte hochzuhalten; die Verantwortung, Hand in Hand zu arbeiten und eine neue, freiere und verantwortungsbewusste christliche Welt zu bauen.“[323] Die programmatischen Erklärungen haben an Bedeutung und Aktualität bis heute nichts verloren.

Die gemeinsame Verantwortung der Orthodoxen Kirche in der KEK wurde deutlich auch bei der Zweiten Versammlung vom 3. bis zum 8. Oktober 1960 in Nyborg, in der das Thema „Der Dienst der Kirche in einer sich veränderten Welt“ behandelt wurde.[324] Als Orthodoxer Referent wurde Nikos Nissiotis eingeladen, der zum Thema „Die Diakonie der Kirchen untereinander“ referierte.[325] Zu diesem Thema zeigt Nissiotis, dieser Pionier der Ökumene und Zeuge einer lebendigen Orthodoxie, dass die Orthodoxe Kirche immer wieder missverstanden wurde und da und dort bis heute missverstanden wird. Denn er hat von Anfang an klar gestellt, dass das diakonische Werk in der Kirche auch für die Orthodoxie von eminenter unverzichtbarer Bedeutung ist:

„Die Kirchen sind nicht nur in die Welt gesandt zum Predigen und um Menschen zu retten, sondern auch um Gemeinschaftsformen zu errichten, durch die sie der Welt in ihren materiellen und geistigen Nöten dienen können. In diesem Sinn entspricht die Diakonie der Pflicht der Kirchen, der leidenden Menschheit außerhalb ihrer selbst Hilfe anzubieten, Antworten auf wirtschaftliche, politi-

---

[322] In: Die europäische Christenheit in der heutigen säkularisierten Welt. Konferenz Europäischer Kirchen. Nyborg-Dänemark- 6. bis 9. Januar 1959. Vorträge und Berichte, Zürich/Frankfurt1960, 81ff.

[323] In: Die europäische Christenheit in der heutigen säkularisierten Welt, 90.

[324] Der Dienst der Kirche in einer sich veränderten Welt, Konferenz Europäischer Kirchen, Nyborg-Dänemark 3. bis 8. Oktober 1960, Zürich Frankfurt 1962.

[325] In: Der Dienst der Kirche in einer sich veränderten Welt, 60ff.

sche oder Probleme des persönlichen Familienlebens zu geben. Durch diese Art der Diakonie betritt die Kirche die Welt und bezeugt ihren Herrn offen, lebendig und in Wahrheit anwesend. Ohne diese Wirksamkeit scheint eine Kirche des grundsätzlichen Ausdruckes ihres inneren Lebens beraubt zu sein."[326] Der Ausschuss III der Versammlung der KEK hat damals zurecht die Empfehlung ausgesprochen: „Wir empfehlen unter diesem Gesichtspunkt den europäischen Kirchen das Studium des Vortrags von Herrn Dr. Nissiotis, der ein Gespräch eröffnet, das auf künftigen Konferenzen weitergeführt werden muss."[327] Seine Äußerungen haben Überzeugungskraft und stellen nicht nur seine private Meinung, sondern die Grundauffassung der Gesamtorthodoxie für die existentiellen Probleme der Menschen von heute und morgen dar, wie die Dritte Präkonziliare Panorthodoxe Konferenz von Chambésy vom November 1986 deutlich gezeigt hat.[328]

Immer wieder nehmen Vertreter der Orthodoxen Kirchen bei den verschiedenen Arbeiten, Konferenzen, Versammlungen der KEK als Mitglieder des Präsidiums oder des Beratenden Ausschusses teil. Oder sie versuchen als Referenten,[329] dem allgemeinen Anliegen der Ökumene zu dienen und spezifische orthodoxe Positionen für verschiedene Themen zu vermitteln. Die Zusammenarbeit nimmt an Intensität zu, sowohl vor als auch nach der formellen Konstituierung (bei der Vierten Versammlung der KEK an Bord der MS „Bornhol" im Kattegat vom 5.–9. Oktober 1964).[330] In vielen Fällen werden die Programme und die Themen aus dem orthodoxen Kontext bestimmt. So war es z.B. bei der

---

[326] Ebd.

[327] In: Der Dienst der Kirche in einer sich veränderten Welt, 83.

[328] „Gottes Wille, der auch heute nichts anderes als das Heil des konkreten Menschen hier und jetzt zum Ziel hat, verpflichtet uns dem Menschen zu dienen und uns unmittelbar mit seinen konkreten Problemen auseinanderzusetzen. Getrennt von der diakonischen Sendung ist der Glaube an Christus sinnlos. Christsein bedeutet, Christus nachzufolgen und bereit zu sein, ihm im Schwachen, im Hungrigen und Unterdrückten und allgemein in jedem Hilfsbedürftigen zu dienen. Jeder andere Versuch, Christus unter uns real gegenwärtig sehen zu wollen, ohne ihn in dem zu suchen, der unserer Hilfe bedarf, ist leere Ideologie." Das Dokument deutsch: „Der Beitrag der Orthodoxen Kirche zur Verwirklichung des Friedens, der Gerechtigkeit, der Freiheit, der Brüderlichkeit und der Liebe zwischen den Völkern sowie zur Beseitigung der Rassen- und anderen Diskriminierungen", in: Una Sancta 42 (1987), 22f. Dazu siehe: *G. Larentzakis,* Orthodoxe Grundprinzipien menschlicher Koexistenz. Vorbereitungsdokument der Panorthodoxen Synode: Solidarität und Gerechtigkeit. Ökumenische Perspektiven, hg. v. Ingeborg Gabriel/Franz Gassner, Matthias-Grünewald-Verlag Ostfildern 2007, 174–192.

[329] Eine sinnvolle Arbeit wäre auch nachzuforschen, welche orthodoxe Vertreter überall bei den verschiedenen Gremien, oder Veranstaltungen der KEK als Delegierte ihrer Kirche oder als Berater, Referenten, Mitglieder bei Kommissionen, bzw. beim Präsidium usw. teilgenommen, bzw. mitgewirkt haben. Dadurch würde noch einmal die Intensität der Mitwirkung der Orthodoxen Kirchen in der europäischen Ökumene sehr deutlich.

[330] Zusammenleben als Kontinente und Generationen, Nyborg IV/64, 4. Konferenz Europäischer Kirchen an Bord der MS „Bornholm" im Kattegat vom 5.–9. Oktober 1964. Vorträge und Berichte, Zürich Frankfurt 1965.

VIII. Vollversammlung der KEK auf orthodoxem Boden im Bereich des Ökumenischen Patriarchates in der Orthodoxen Akademie von Kreta, im „geistlichen Mittelpunkt der Vollversammlung,“[331] vom 18.–25. Oktober 1979. Das erste Mal fand eine Vollversammlung der KEK auf orthodoxem Boden statt, wie auch im südlichen Bereich Europas. Beides war für die Vollversammlung prägend,[332] wie der damalige Generalsekretär der KEK Glen Garfield Williams feststellte.

Starkes Echo fand die Behandlung des Themas „In der Kraft des Heiligen Geistes, frei für die Welt“ durch die orthodoxen Referenten: Prof. Dr. *Christos Yannaras*, Archimandrit (jetzt Bischof) *Kallistos Ware* und Metropolit (spätere Patriarch von Moskau und ganz Russland) *Alexy* von Tallin und Estland.[333]

Wie die inhaltliche Arbeit der KEK für den wesentlichen Inhalt unseres Glaubens mitbestimmt wurde, sei hier an einem Beispiel gezeigt: Als ich Mitglied der Studienkommission war, kann ich mich daran erinnern, wie Prof. Dumitru Popescu Studiensekretär war und orthodoxe Themen in den Studienkonsultationen der KEK behandelt wurden, nicht sofort Begeisterung herrschte. Als etwa das Thema der Trinität vorgeschlagen wurde, wurde zunächst gemeint, es handele sich um ein rein spekulatives Thema, das für die heutige Zeit der Kirche und der Menschheit irrelevant sei. Als aber diese Frage unter dem Generaltitel „Die versöhnende Kraft der Dreieinigkeit im Leben der Kirche und der Gesellschaft“ mit Hauptreferent Prof. J. Moltmann und drei Korreferenten behandelt wurde und die Berichte aus den Diskussionen der drei Sektionen über die Unterthemen: „Die versöhnende Kraft der Dreieinigkeit – das Verhältnis zwischen Natur und Person“, „Trinität als Modell der Einheit – das Verhältnis zwischen Einheit und Gemeinschaft, Universalem und Lokalem“ und „Christliches Zeugnis – das Verhältnis zwischen Spiritualität und Verantwortung“ vorgelegt wurden, konnte doch festgestellt werden, dass dieses Thema sehr wohl mit dem Wesen unseres Glaubens zu tun hat und für das konkrete Leben der Kirchen und der Menschen von eminenter, unverzichtbarer Bedeutung ist. Jürgen Moltmann zitierte den orthodoxen Theologen N. Fyodorov und behandelte in einem Zwischenkapitel das Thema „Die Heilige Trinität ist unser Sozialprogramm.“[334]

In diesem Sinne konnte auch Dr. Mary Tanner in ihrem Referat bei der 10. Vollversammlung der KEK in Prag (1.–11. September 1992) betonen: „Wie kein anderes Konzept hat das Nachdenken über das Wesen der Koinonia unsere

---

[331] *Gl. G. Williams, Generalsekretär,* Vorwort in: Einheit im Geist-Vielfalt in den Kirchen. Bericht der VIII. Vollversammlung der Konferenz Europäischer Kirchen, 18.–25. Oktober 1979 Kreta, hg. v. der Konferenz Europäischer Kirchen Genf, 8.

[332] Ebd.

[333] Die Texte der Referate in: Einheit im Geist- Vielfalt in den Kirchen, 129ff.

[334] *J. Moltmann,* Die versöhnende Kraft der Dreieinigkeit im Leben der Kirche und der Gesellschaft, in: Ökumenisches Forum 6 (1983), 55f. Ich war einer der drei Korreferenten; meinen Beitrag und den der anderen, wie auch die Sektionsberichte siehe auch in: Ökumenisches Forum 6 (1983), 61ff.

Phantasie beflügelt, und wir haben über diesen Austausch zwischen Geben und Empfangen von Liebe und Leben zwischen den Personen der Heiligen Dreifaltigkeit gegrübelt. Wir haben begriffen, dass die Wechselbeziehung (*perichorese)* von Leben und Liebe die drei göttlichen Personen so völlig durchdringt, dass es nicht drei Götter, sondern eine Gott-Gemeinschaft ist [...] In Gottes *Koinonia* gibt es keine Außenseiter: Gottes Liebe erreicht jeden einzelnen [...] Nur ein Künstler wie der Maler Rubljow mit seiner Ikone oder ein Dichter, wie der Verfasser des Johannes-Evangeliums können so etwas wie diese göttliche Realität der *Koinonia* für uns einfangen. Im 17. Kapitel des Johannes-Evangeliums erfahren wir, dass diese göttliche Einheit nicht nur das Vorbild für unsere Einheit ist [...], sondern in erstaunlicher Weise auch die Quelle und Grundlage für unsere Einheit miteinander."[335]

Die 11. Vollversammlung der KEK fand nach der Zweiten Europäischen Ökumenischen Versammlung im Juni 1997 in Graz unter dem Thema: „Versöhnung Gabe Gottes und Quelle neuen Lebens" statt und die 12. In Trondheim/Norwegen im Jahre 2003 unter dem Thema: „Jesus Christus heilt und versöhnt unser Zeugnis in Europa." Die 13. Vollversammlung der KEK in Verbindung mit dem fünfzigjährigen Jubiläum ihrer Existenz hat vom 15.–21. Juni 2009 in Lyon, Frankreich, unter dem Thema „Zu einer Hoffnung in Christus berufen" stattgefunden. Bei dieser Gelegenheit hat auch der Ökumenische Patriarch von Konstantinopel teilgenommen und eine vielbeachtliche und prophetische Rede für die Zukunft der KEK mit vielen Perspektiven gehalten. Der Titel seiner Rede war schon ein Programm: „Die an Hoffnung reiche Zukunft der Konferenz Europäischer Kirchen."

Im Verhältnis der Europäischen Kirchen würde ich sehr begrüßen, wenn ***eine*** *Konferenz Europäischer Kirchen* mit allen europäischen Kirchen existieren würde, an der auch die Römisch-Katholische Kirche volles Mitglied sein könnte. So hätten alle Kirchen Europas eine sehr starke repräsentative Stimme, ohne damit sagen zu wollen, dass eine Uniformität erforderlich sei. Ich weiß, dass viele neue Schwierigkeiten und Probleme vorher bereinigt werden müssten, ich meine aber, dass die jetzige Form der Zusammenarbeit zwischen der KEK und dem CCEE (Rat der römisch-katholischen Bischofskonferenzen Europas, Consilium Conferentiarum Episcoporum Europae) zwar einen ökumenischen Fortschritt in Europa bedeutet, jedoch nicht den Idealzustand darstellt. Für mich gilt nach wie vor der offizielle Vorschlag des Ökumenischen Patriarchates aus dem Jahre 1979 bei der achten Vollversammlung der KEK auf Kreta für eine volle Mitgliedschaft der Römisch-Katholischen Kirche innerhalb der KEK als wichtig und sinnvoll.

---

[335] *Mary Tanner,* Gott eint – in Christus eine neue Schöpfung, in: „Gott eint – in Christus eine neue Schöpfung". Bericht der 10. Vollversammlung Konferenz Europäischer Kirchen. 1.–11. September 1992, Prag, hg. v. der Konferenz Europäischer Kirchen Genf 1993, 108f.

Der offizielle Vorschlag des Ökumenischen Patriarchates, den der Ökumenische Patriarch Bartholomaios wieder beim 50-jährigen Bestehen der KEK in seiner Rede in Lyon im Juli 2009 wiederholte, wurde zwar noch nicht realisiert, orthodoxerseits wird aber trotzdem die vorhandene und intensivierte Zusammenarbeit der KEK mit der Römisch-Katholischen Kirche begrüßt. Tatsächlich fanden bis jetzt fünf gemeinsame (KEK und CCEE), beachtenswerte ökumenische Begegnungen auf Europaebene statt, die für die ökumenische Situation von eminenter Bedeutung sind.[336] Die Erlebnisse und Erfahrungen, aber auch die in den verschiedenen Dokumenten verabschiedeten, richtungsweisenden Feststellungen der Ersten Europäischen Ökumenischen Versammlung in Basel im Mai 1989 gaben wichtige Perspektiven für ein vereintes Europa.[337]

Für Europa ist wichtig, dass die KEK und CCEE vom 23.–29. Juni 1997 in Graz die zweite Europäische, Ökumenische Versammlung mit dem Thema: „Versöhnung, Gabe Gottes und Quelle des Lebens" abgehalten haben. Denn ökumenische Arbeit ist auch Friedensarbeit, sonst hat sie keine Existenzberechtigung. Versöhnung zwischen den Kirchen, zwischen den Religionen, zwischen den Völkern und mit der Natur, Überwindung der Konflikte mit gewaltlosen Mitteln, Versöhnung zwischen Europa und den anderen Weltregionen usw. Die Erfahrungen dieser großen Versammlung und die Dokumente bezeugen, dass das Christentum noch lebendig ist und für das gemeinsame Europa der Gegenwart und der Zukunft einen unersetzlichen Beitrag leisten kann.[338] Die orthodoxe Konsultation, die vom Ökumenischen Patriarchat in Luxemburg zur Auswer-

---

[336] Diese Begegnungen sind: 1. Chantilly (Frankreich), 10.–13. April 1978, „Eins sein damit die Welt glaube"; 2. Lögumkloster (Dänemark), 16.–20. November 1981, „Berufen zu einer Hoffnung"; 3. Riva del Garda/Trient (Italien), 3.–8. Oktober 1984, „Gemeinsam den Glauben bekennen – Quelle der Hoffnung"; 4. Erfurt (ehemalige DDR), 28. September – 2. Oktober 1988, „Dein Reich komme"; 5. Santiago de Compostela (Spanien), 13.–17. November 1991, „‚Auf Dein Wort' – Mission und Evangelisierung in Europa heute". Darüber siehe auch: Die Kirchen Europas. Ihr ökumenisches Engagement. Die Dokumente der Europäischen Ökumenischen Begegnungen (1978–1991) zusammengestellt und eingeleitet von *Helmut Steindl.* Vorwort *Kardinal Carlo Maria Martini.* Hg. v. *Rat der Europäischen Bischofskonferenzen* und der *Konferenz Europäischer Kirchen,* Köln 1994.

[337] Vgl. Frieden in Gerechtigkeit. Die offiziellen Dokumente der Europäischen Ökumenischen Versammlung 1989 in Basel, hg. im Auftrag der KEK und des CCEE, Basel, Zürich 1989. Dazu *G. Larentzakis,* Das Baseler Ereignis „Frieden in Gerechtigkeit", 386 ff.

[338] Vgl. *G. Larentzakis,* Versöhnung in ihrer Theologischen Dimension. Orthodoxe Aspekte, in: Ökumenisches Forum 19 (1996), 163ff. *Derselbe,* Ὅλες οἱ Ἐκκλησίες τῆς Εὐρώπης ζητοῦν τήν καταλλαγή. Δευτέρα Εὐρωπαϊκή Οἰκουμενική Συνέλευση στό Graz τῆς Αὐστρίας (23/29 Ἰουνίου 1997), ἀνάτ. ἀπό τήν Ἐκκλησία, Athen 1997. *Derselbe,* „Καταλλαγή Δωρεά Θεοῦ καί πηγή νέας ζωῆς", Ἡ ἑνωμένη Εὐρώπη ... , in: Χριστιανισμός καί Εὐρώπη. Προσπάθεια καταλλαγῆς στίς σημερινές θρησκευτικές, κοινωνικές καί πολιτικές προκλήσεις. Παγκρήτιο Θεολογικό Συνέδριο, Χανιά 31 Ὀκτωβρίου – 2 Νοεμβρίου 1996, Chania 1997, 39–77. *Derselbe.* Chance für die Menschen Europas. Zweite Europäische Ökumenische Versammlung in Graz, in: KNA Ökumenische Informationen, 11, 18. März 1997, 5ff. *Derselbe.* Die Botschaft von Graz, in: Una Sancta 52 (1997), 180ff.

tung dieser Europäischen Ökumenischen Versammlung vom 29. Oktober bis 1. November 1997 einberufen wurde, war wertvoll für die Fortsetzung und Intensivierung der orthodoxen Arbeit in der europäischen Ökumene innerhalb der KEK, aber natürlich auch darüber hinaus.

Eine der wichtigsten Früchte aus der Arbeit der Zweiten Europäischen Ökumenischen Versammlung in Graz ist die *Charta Oecumenica*, die nach dem gemeinsamen Osterfest im Jahre 2001 in Straßburg veröffentlicht und von den damaligen Präsidenten der KEK, Metropolit Jeremias und des CCEE, Kardinal Vlk allen Kirchen und Bischofskonferenzen von Europa zur Annahme und Umsetzung in ihrem jeweiligen Kontext empfohlen wurde. Die Charta stellt eine der wichtigsten ökumenischen Dokumente aller Kirchen Europas dar, in dem „Leitlinien für die wachsende Zusammenarbeit unter den Kirchen in Europa" beinhaltet sind. Dieses Dokument ist sehr zu empfehlen und vor allem umzusetzen"[339]

Die Dritte Europäische Ökumenische Versammlung in gemeinsamer Verantwortung von KEK und CCEE fand in Sibiu/Rumänien vom 4.–9. September 2007 statt. Die Versammlung stand unter dem Thema: „Das Licht Christi leuchtet auf alle. Hoffnung für Erneuerung und Einheit in Europa."[340]

Hier ist ein Punkt im neu werdenden und sich neu gestaltenden Europa von zentraler Bedeutung: *Welches Europa meinen wir?* Darauf kann nur eine Antwort gegeben werden: *Das Europa der KEK*.

Das *Europa* der KEK darf aus den Augen der Verantwortlichen des neu werdenden Europas nicht verloren gehen. Noch konkreter gesprochen: Die Verantwortlichen in Europa müssten nach den soziopolitischen Umwälzungen stärker das *Europa* der KEK berücksichtigen. Die ca. 130 Mitgliedskirchen der KEK befinden sich in einem Europa von A bis Z, d.h. von Albanien bis Zypern, wenn man alphabetisch reden will. Was aber wichtiger ist, ist die geographische Dimension dieses Europa der KEK, nämlich vom Norden bis Süden, von Island und Norwegen bis Kreta und Zypern; und vom Westen bis Osten, von Portugal bis mindestens zum Ural. Also das ganze Europa und zwar ohne Ansehen der Region, der Politik, der Wirtschaft, der Kultur, der Zivilisation usw. Die Angehörigen der Mitgliedskirchen befinden sich in Europa, sie stellen dieses Europa in der Vielfalt der Konfessionen, der Traditionen, der Kulturen, der Mentalitäten dar. Für diese europäische Dimension der KEK bin ich dankbar. Daher ist

[339] Vgl. *G. Larentzakis*, Europa ein menschliches Gesicht geben. Einige persönliche Gedanken zur *Charta Oecumenica* aus der Sicht eines orthodoxen Theologen, in: Ökumenische Rundschau 52 (2003), 58–68. *Derselbe*, Theologische Überlegungen zur *Charta Oecumenica*. Wir glauben „die eine, heilige, katholische und apostolische Kirche", in: Charta Oecumenica. Ein Text, ein Prozess und eine Vision der Kirchen in Europa, hg. V. Viorel Ionita und Sarah Numico, Genf St. Gallen 2003, 49–55.

[340] Vgl. *Grigorios Larentzakis*, Die 3. Europäische Ökumenische Versammlung aus orthodoxer Sicht. Ökumenische Perspektiven: Una Sancta 63 (2008), 27–39.

die Mitwirkung der Ortrhodoxie Europas selbstverständlich. Diese uneingeschränkte Bereitschaft zur konstruktiven Mitarbeit gilt nicht nur innerhalb der KEK, sondern auch im Rahmen der Zusammenarbeit mit dem CCEE.

C. Bilaterale Dialoge

Die Gesamtorthodoxie befindet sich durch Beschlüsse von Panorthodoxen Konferenzen, aber auch auf bilateraler Ebene mit vielen nicht-orthodoxen Kirchen im ökumenischen Dialog. Die III. Vorkonziliare Panorthodoxe Konferenz in Chambésy/Genf (1986) betont, dass die einzelnen Orthodoxen Ortskirchen „die Pflicht haben, sich aktiv und unablässig an der Durchführung dieser Dialoge zu beteiligen.“[341] Das Ziel dieser bilateralen Dialoge ist „die Einheit im rechten Glauben und in der Liebe“,[342] die panorthodox beschlossen wird und auf Einstimmigkeit aller orthodoxen Lokalkirchen beruhen muss. Die Orthodoxe Kirche führt diese Dialoge auf der Ebene der Gleichheit – *par cum pari* – und sie beabsichtigt nicht nur eine versöhnte Koexistenz, sondern die volle kirchliche und sakramentale Gemeinschaft.[343]

1. Der Dialog mit den Anglikanern

Dieser Dialog hat eine reichhaltige Vorgeschichte seit 1966.[344] Die erste Plenarsitzung der gemischten Kommission fand, nach den Vorbereitungen der einzelnen Kommissionen, im Juli 1973 in Oxford statt. Nach mehreren Begegnungen und Klarstellungen wurde in Dublin im August 1984 ein umfangreicher ge-

[341] III. Vorkonziliare Panorthodoxe Konferenz, Die Beziehungen der orthodoxen Kirche zur gesamten christlichen Welt, in: Una Sancta 42 (1987), 8.

[342] Ebd.

[343] Vgl. 5. Seminar des Orthodoxen Zentrums Chambésy „Die Dialoge gestern und heute“ (1984). Hg. Centre orthodoxe du Patriarchat Oecuménique, Chambésy-Genève 1985, und 6. Seminar (1985) „Die orthodoxe Kirche und die ökumenische Bewegung und der Beitrag der lokalen, orthodoxen Kirchen zur Verwirklichung des christlichen Ideals des Friedens“, vgl.’Επίσκεψις, 16, Nr. 337, 1.6.1985. Auch: *Damaskinos, Metr. der Schweiz*, Θεολογικοί Διάλογοι. Μία ὀρθόδοξος προοπτική, Thessaloniki 1986. *J. Karmiris,* Ἡ Ὀρθόδοξος Ἐκκλησία ἐν Διαλόγῳ μετά τῶν ἑτεροδόξων Ἐκκλησιῶν, Athen 1975.

[344] *B. Stavridis,* Ὀρθοδοξία καί Ἀγγλικανισμός, Athen 1962; *Th. Nikolaou,* Gesamtwürdigung der Methode und der Ergebnisse der bilateralen Dialoge, in: Les Dialogues oecuménique hier et aujourd’hui. Chambésy 1985, 211.

meinsamer Text über viele dogmatische Fragen unterschrieben.[345] Dieser Text behandelt drei große Kapitel: 1. Über das Mysterium der Kirche, 2. Der Glaube an den Dreieinigen Gott, Gebet und Heiligkeit, und 3. Liturgisches Leben und Tradition. 1989 kann als das Jahr des Beginns der Klarstellung von dogmatischen Unterschieden betrachtet werden.[346] Im Oktober 1999 fand eine Plenarsitzung der Internationalen Kommission dieses Dialogs in Salisbury in England statt. Themenbereiche waren das Bischofsamt, die Synodalität und der Primat aus der Sicht der beiden Kirchen.[347] Im Jahre 2001 hat die Kommission in Volos/Griechenland das Thema „Bistum, Bischof und Primat" behandelt, und im Jahre 2002 wurde der Text „Das Priestertum, Christus und die Kirche" in Abergavenny von Wales verabschiedet. Dabei hat man auch über die Frauenordination gesprochen. Über diese Themen wurde auch in Adis Abeba im Februar 2003 diskutiert.[348]

Die III. Vorkonziliare Panorthodoxe Konferenz (1986) beurteilt die Entwicklung dieses Dialogs generell positiv, bemerkt aber zugleich, dass „die in Moskau (1976) unterzeichnete Erklärung über die Weglassung des Filioque aus dem Glaubensbekenntnis noch keinen breiten Widerhall gefunden hat."[349] Auch die Frage der Frauenordination und einige ekklesiologische Differenzen werden als problematisch angesehen. Es wird empfohlen, auch Themen der „Spiritualität, der Pastoral und der Diakonie im Hinblick auf die Bedürfnisse der heutigen Welt in den Themenkatalog aufzunehmen."[350]

Durch den Besuch des Ökumenischen Patriarchen Dimitrios I. in London beim Erzbischof von Canterbury (Robert Runcie) am 7. Dezember 1987 wurde die Absicht der Fortsetzung und Intensivierung des theologischen Dialogs mit der anglikanischen Kirche bekräftigt.

2. Der Dialog mit den Altkatholiken

Schon im Jahre 1871 haben die Altkatholiken ihren Willen zum Ausdruck gebracht, die Kirchengemeinschaft mit den Orthodoxen zu erreichen.[351] 1874 war

[345] Vgl. Ἐπίσκεψις, 320, 1.9.1984, 3f.
[346] Vgl. Ἐπίσκεψις, 575, 31.10.1999, 18 f.
[347] Ebd.
[348] Ἐπίσκεψις, Nr. 619, 28.2.2003, 9.
[349] III. Vorkonziliare Panorthodoxe Konferenz, Die Beziehungen 9
[350] Ebd.
[351] Vgl. *W. Herzog,* Dokumente zu den Unionsbestrebungen des Altkatholizismus, in: Internationale Kirchliche Zeitschrift 15 (1925), 4; *J.-V. Leb*, Orthodoxie und Altkatholizismus, Eine hundert Jahre ökumenische Zusammenarbeit (1870–1970). Cluj-Napoca 1995.

die erste theologische Konferenz zwischen Altkatholiken und Orthodoxen in Bonn. 1893-1913 war die Zusammenarbeit der orthodoxen Kommission von Petroupolis und der Altkatholischen Kommission von Amsterdam. Die dritte Phase war die Konferenz von orthodoxen und altkatholischen Theologen in Bonn im Jahre 1931. Die vierte Phase des Dialogs im heutigen Sinne begann durch die Entscheidungen der ersten und dritten Panorthodoxen Konferenzen von Rhodos (1961 und 1964).

Die Vorbereitung des Dialogs wurde durch die entsprechenden Kommissionen im Jahre 1971 in Bonn abgeschlossen. Bereits im Jahre 1970 überreichte eine altkatholische Delegation dem ökumenischen Patriarchen einen „Glaubensbrief" und die Erklärung „zur Filioque-Frage", wodurch das Glaubensbekenntnis von 381 in der Originalfassung für die Altkatholische Kirche gilt.

Der eigentliche Dialog begann im Jahre 1973 in Penteli, in Athen. Die folgenden Plenarsitzungen fanden regelmäßig im zweijährigen Zyklus statt, so dass bei der siebten Plenarsitzung in Kavala, in Nordgriechenland, im Oktober 1987 die Arbeit der gemischten Kommission abgeschlossen wurde.

Im Februar 2003 hat der Ökumenische Patriarch Bartholomaios die Fortsetzung der Ökumenischen Beziehungen zwischen der Orthodoxen und der Altkatholischen Kirche angeordnet und Metropolit Jeremias der Schweiz mit dieser Aufgabe betraut.[352] Im April 2009 erneuerte der Ökumenische Patriarch Bartholomaios die Delegation des Ökumenischen Patriarchates und beauftragte den Metropolit von Austria Michael und die Professoren Dr. Konstantinos Delikonstantis und Dr. Grigorios Larentzakis mit dieser Aufgabe.

3. Dialog mit den Orientalisch-Orthodoxen Kirchen

Zu dieser Gruppe, die auch als *Altorientalische Kirchen* bekannt ist, gehören die koptische, die äthiopische, die armenische, die syrische und die malabarische Kirche. Abgesehen von den früheren, durch die Jahrhunderte hindurch stattgefundenen Unionsversuchen, haben die orthodoxe und die altorientalischen Kirchen in unserem Jahrhundert vereinbart, durch einen theologischen Dialog die Kirchengemeinschaft wiederherzustellen. Die 1. (1961), die 3. (1964) und die 4. (1968) Panorthodoxen Konferenzen haben beschlossen, den Dialog mit den Altorientalen zu führen. Er begann im Dezember 1985 im orthodoxen Zentrum des Ökumenischen Patriarchats in Chambésy.[353] Es waren inoffizielle Begeg-

---

352 Ἐπίσκεψις, Nr. 629, 31.12.2003, 6.

353 Vgl. Ἐπίσκεψις, 348, 25.12.1985, 4f.

nungen vorausgegangen (Aarhus 1964, Bristol 1967, Genf 1970, Addis-Abeba 1971).

Der eigentliche und offizielle Dialog begann auf Initiative des Ökumenischen Patriarchen von Konstantinopel, Dimitrios I.[354] Am Beginn des Dialoges wurden beide Kirchen als „zwei Familien der orthodoxen Tradition bezeichnet“,[355] wodurch ihre theologisch-kirchliche Nähe zum Ausdruck gekommen ist. Als Hauptthema wurde bestimmt: „Zu einer gemeinsamen Christologie.“[356] Die III. vorkonziliare Panorthodoxe Konferenz in Chambésy begrüßte den Beginn dieses offiziellen theologischen Dialogs, und sie war sehr zuversichtlich, dass die christologischen Differenzen gelöst werden und dass dadurch die altorientalischen Kirchen auch die ökumenischen Konzilien, Chalzedon 451, Konstantinopel 553, Konstantinopel 681 und Nizäa 787 anerkennen würden.[357]

Im Jahre 1990 hat die gemischte theologische Kommission des offiziellen Theologischen Dialogs beider Kirchen tatsächlich ihre Arbeit positiv beendet, „denn es gebe keine weiteren ernsthaften und wesentlichen theologischen Probleme, die untersucht werden müssten [...] Diese Überzeugung setzt sich bei unseren Theologen immer mehr durch.“[358] Die christologischen Fragen wurden ausdiskutiert und sie kamen überein, dass der Häresieverdacht nicht zutrifft. Die Altorientalischen Kirchen werden nun *Orientalisch-Orthodoxe Kirchen* genannt. Die praktischen Probleme sind noch nicht gelöst. Im Jahre 1993 kamen wieder Vertreter von beiden Kirchengruppen nach Chambésy zusammen, um die weitere Vorgangsweise für den Rezeptionsprozess zu beraten. Der Dialog ist nun in eine entscheidende Phase der praktischen Verwirklichung der ersehnten sichtbaren Einheit zwischen den Orthodoxen und den Orientalisch-Orthodoxen Kirchen getreten.[359] Es ist zu hoffen, dass alle diese praktischen Fragen vor Ort positiv geregelt werden, damit die Kirchengemeinschaft auch verwirklicht wird.

---

[354] Vgl. *Damaskinos, Metropoilit der Schweiz,* Der Dialog zwischen der orthodoxen Kirche und den orientalisch-orthodoxen Kirchen. Ergebnisse und Erwartungen aus orthodoxer Sicht, in: Chalzedon und die Folgen, hg. im Auftrag der Stiftung Pro Oriente v. *R. Kirchschlägere und A. Stirnemann,* Innsbruck/Wien 1992, 364.

[355] Ebd. 6.

[356] Ebd. Die Texte dazu griechisch in: *Damaskinos,* Metr. der Schweiz, Θεολογικοί Διάλογοι, 287ff.

[357] In: Una Sancta 41 (1987), 10.

[358] *Damaskinos, Metropolit der Schweiz,* Der Dialog zwischen der orthodoxen Kirche und den orientalisch-orthodoxen Kirchen, 370.

[359] Der genannte Dialog ist fundiert analysiert in: *D. W. Winkler,* Koptische Kirche und Reichskirche. Altes Schisma und neuer Dialog, Innsbruck/Wien 1997, 222–260.

4. Der Dialog mit der Römisch-Katholischen Kirche

Dieser Dialog wurde durch den „Dialog der Liebe" vorbereitet, der mit Papst Johannes XXIII. und Patriarch Athenagoras begonnen hat. Auf der 2. Panorthodoxen Konferenz auf Rhodos im Jahre 1963 wurde beschlossen, den Dialog mit der Römisch-Katholischen Kirche auf der Ebene der Gleichheit (par cum pari) zu beginnen.[360] Die Begegnungen des Papstes Paul VI. mit dem Ökumenischen Patriarchen Athenagoras und mit dem Patriarchen von Jerusalem im Jänner 1964, die Aufhebung der gegenseitigen Exkommunikationen des Jahres 1054 im Dezember 1965 in Rom und Konstantinopel,[361] die Begegnungen des Papstes Paul VI. mit Patriarch Athenagoras im Juli 1967 in Konstantinopel und im Oktober desselben Jahres in Rom, waren wichtige Stationen auf dem Wege der Annäherung beider Kirchen.

Beim Besuch des Papstes Johannes Paul II. in Konstantinopel im November 1979 wurde gemeinsam der offizielle theologische Dialog angekündigt,[362] der im Mai/Juni 1980 auf Patmos und Rhodos begonnen hat. Nach der entsprechenden Vorbereitung in Unterkommissionen wurde das erste gemeinsame Dokument bei der Zweiten Plenarsitzung der gemischten Kommission in München (1982) verabschiedet. Dieses wichtige Dokument behandelt das Thema: „Das Mysterium der Kirche und der Eucharistie im Lichte des Mysteriums der Hl. Dreieinigkeit."[363] Das zweite gemeinsame Dokument zum Thema „Glaube, Sakramente und Einheit der Kirche" wurde bei der Plenarsitzung der gemischten Kommission in Bari (1987) verabschiedet;[364] das dritte Dokument in Neu Valamo/Finnland: „Das Weihesakrament in der sakramentalen Struktur der

---

360 Vgl. *St. Harkianakis*, Der offizielle Dialog zwischen der Römisch-Katholischen und der Orthodoxen Kirche, in: Glaube Wissen Zukunft. Hg. *A. Kolb*. Graz 1987, 41–58. *Derselbe,* Stó perijårio toû Dialógou (1980–1990), Athen 1991.

361 Vgl. u.a. *Barthomaios, Metropolit von Chalkedon und jetzt Ökumenischer patriarch),* 25 ἔτη ἀπό τῆς ἄρσεως τῶν ἀναθεμάτων, in: Ἐπιστημονική Παρουσία Ἑστίας Θεολόγων Χάλκης, Τόμος Β΄, Athen 1991, 105ff. Vgl. *Grigorios Larentzakis,* Τά ἀναθέματα τοῦ 1054 καί ἡ „ἄρση" αὐτῶν. Συνέπειες στήν πορεία πρός τήν πλήρη κοινωνία μεταξύ τῆς Ὀρθοδόξου καί τῆς Ρωμαιοκαθολικῆς ἐκκλησίας, in: Ἐπιστημονική Παρουσία Ἑστίας Θεολόγων Χάλκης, Bd. 7, Athen 2010, 447–484.

362 Die gesamte Dokumentation vgl. *G. Larentzakis/J. Greifeneder,* Der Besuch des Papstes Johannes Paul II. beim Ökumenischen Patriarchen Dimitrios I. (29.–30. November 1979), in: Ostkirchliche Studien 29 (1980), 165–190.

363 Texte in: Ökumenisches Forum 5 (1982), 155–165. Vgl. *G. Larentzakis,* Orthodoxie und Katholizismus. Ein Diagramm des gemeinsamen Weges nach dem II. Vatikanum, in: Ökumenisches Forum 7 (1984), 135f.

364 Vgl. Ökumenisches Forum 10 (1987) 335–347 und Una Sancta 42 (1987) 262–270. Über die Anerkennung der Sakramente siehe: *Chrysostomos Konstantinidis, (Metropolit von Ephesos),* Ἡ ἀναγνώριση τῶν Μυστηρίων τῶν ἑτεροδόξων στίς διαχρονικές σχέσεις Ὀρθοδοξίας Ρωμαιοκαθολικισμοῦ, Katerini 1995.

Kirche, insbesondere die Bedeutung der apostolischen Sukzession für die Heiligung und die Einheit des Volkes Gottes“[365]

Im Juli 2000 kam die Internationale Kommission des Offiziellen Dialogs wieder in Baltimore/USA zusammen. Dort sollte das schwierige Problem des *Uniatismus* besprochen werden. Leider lagen die Meinungen weit auseinander und deshalb kamen die Gespräche zu keinem Ergebnis.

In Ravenna wurde das Dokument „Kirchliche und kanonische Konsequenzen der sakramentalen Natur der Kirche? Kirchliche Communio, Konziliarität und Autorität“ bei der zehnten Plenarsitzung der Internationalen Gemischten Kommission behandelt und am 13. Oktober 2007 verabschiedet. In diesem Dokument wurden wichtige gemeinsame Schritte für die Konziliarität und die Synodalität in der Kirche formuliert und von beiden Seiten angenommen.

Die elfte Plenarsitzung des Dialogs fand in Paphos auf Zypern vom 16.–23. Oktober 2009 statt. Zum Thema der Plenarsitzung „Die Rolle des Bischofs von Rom in der Communio der Kirchen im ersten Jahrtausend“ wurde kein Dokument verabschiedet. Auch nicht bei der nächsten, der zwölften Plenarsitzung der Internationalen Kommission in Wien vom 20.–27. September 2010.

Sehr wichtig, nicht nur für die Fortsetzung des Theologischen Dialogs, sondern auch für dessen Rezeption und für die Förderung und Intensivierung der kirchlichen Beziehungen der zwei Kirchen sind die gegenseitige Besuche und Begegnungen zwischen den Päpsten und den Patriarchen bzw. den Erzbischöfen der Orthodoxen Autokephalen Kirchen, wie auch das gemeinsame Feiern der Patronatsfeste der Kirche von Rom und des Ökumenischen Patriarchates von Konstantinopel.

Die III. Vorkonziliare Panorthodoxe Konferenz (1986) sprach ihre Genugtuung über den bisherigen Erfolg des Dialogs aus, stellte jedoch fest, dass auch die kontroverstheologischen Themen bald in Angriff genommen werden müssen, vor allem im Bereich der Ekklesiologie. Neben methodischen Verbesserungsvorschlägen meint diese Panorthodoxe Konferenz, dass die Probleme des Uniatismus und des Proselytismus ebenfalls eigens behandelt werden müssen.[366] Nach der politischen Wende im Osten und der Wiederzulassung der griechisch-

[365] Vgl. Ökumenisches Forum 11 (1988)181–191 und Una Sancta 43 (1988), 343–351.
[366] In: Una Sancta 42 (1987), 10f.

katholischen (Unierten) Kirchen gibt es zusätzliche Spannungen zwischen den beiden Kirchen, die noch nicht überwunden wurden.[367]

5. Der Dialog mit den Lutheranern

Bald nach der Reformation hat man im Westen gemeint, mit den Orthodoxen im Osten wäre eine Kirchengemeinschaft möglich. Der Dialog zwischen der Orthodoxen und der Lutherischen Kirche unserer Zeit geht bereits auf die Entscheidungen und Empfehlungen der ersten Panorthodoxen Konferenz von Rhodos (1961) zurück. Nach entsprechenden Vorbereitungen seit 1977 hat die erste Plenarsitzung des offiziellen theologischen Dialogs (1981) in Espoo/Helsinki stattgefunden. Die zweite Plenarsitzung der gemischten Kommission fand in Limassol/Zypern (1983) statt; die dritte in Allentown in Pennsylvanien (1985), bei der das erste gemeinsame Dokument über „die göttliche Offenbarung" unterschrieben wurde.[368] Bei der vierten Plenarsitzung der Kommission in der orthodoxen Akademie in Kreta (1987) wurde das gemeinsame Dokument über „Schrift und Tradition" verabschiedet.[369] Das dritte Dokument über „Kanon und Inspiration der Heiligen Schrift" wurde in Bad Segeberg/Deutschland im Jahre 1989 verabschiedet. Das vierte Dokument behandelte das Thema: „Die ökumenischen Konzile und die Autorität der Kirche und in der Kirche." Dieses Dokument wurde in der Nähe von Sonderborg/Dänemark 1993 verabschiedet.

Im Jahre 1998 fand die neunte Plenarsitzung in Sigtuna/Schweden statt. Dort wurde das Dokument über das Thema „Erlösung: Göttliche Gnade, Rechtfertigung und Synergie" verabschiedet.[370]

Im November 2000 fand die zehnte Plenarsitzung des Dialogs zwischen dem Lutherischen Weltbund und der Orthodoxie in Damaskus statt. Das Thema, das dort behandelt wurde, war „Das Mysterium der Kirche".

Die elfte Begegnung mit dem Thema „Das Mysterium der Kirche: Die Sakramente als Mittel der Erlösung", das als Fortsetzung der Thematik der zehnten Begegnung gilt, fand in Oslo/Norwegen im Oktober 2002 statt. Dort wurde

---

[367] Vgl. *G. Larentzakis,* 10 Jahre offizieller Dialog zwischen orthodoxer und katholischer Kirche – Eine Bilanz, in: In Verbo autem tuo. FS Kardinal Groër. Hg. *A. Stirnemann/G. Wilflinger,* Innsbruck 1994 (Pro Oriente Bd. 16), 46–77.

[368] Ἐπίσκεψις, 339, 1.7.1985, 5f. Die Texte des Kommuniques und des Dokuments über die göttliche Offenbarung, in: Ἐπίσκεψις, 341, 1.9.1985, 12ff.

[369] Ἐπίσκεψις, 381, 1.7.1987, 13f. Die Texte des Kommuniques und des Dokuments, in: Ἐπίσκεψις, 381, 1.7.1987, 15ff. Auszüge Dt. vgl: Ökumenisches Forum 10 (1987), 347–349.

[370] Vgl. Ἐπίσκεψις Νρ. 589, 30.11.2000, 12f. Das Dokument hier griechisch.

auch das gemeinsame Dokument zum genannten Thema verabschiedet.[371] Die zwölfte Vollversammlung fand in Durau, Rumänien, im Oktober 2004 statt und behandelte das Thema: „Das Mysterium der Kirche – C. Taufe und Myronsalbung (Konfirmation) als Sakramente der Aufnahme in die Kirche". Die dreizehnte Vollversammlung fand statt in Bratislava, Slowakische Republik vom 2.–9. November 2006 mit dem Thema: „Das Mysterium der Kirche – D. Die Heilige Eucharistie im Leben der Kirche" und die vierzehnte Vollversammlung in Paphos, Zypern vom 30. Mai – 8. Juni 2008, wo das Thema „Das Mysterium der Kirche – E. Die Heilige Eucharistie im Leben der Kirche" fortgesetzt wurde. Dabei werden die sozialen und ökologischen Dimensionen der Eucharistie mitberücksichtigt.

Alle Texte[372] sind sehr wichtig und können jahrhundertealte kontroverstheologische Fragen lösen helfen.[373] Die III. Vorkonziliare Panorthodoxe Konferenz (1986) stellt fest, dass dieser Dialog unter günstigen Vorzeichen angelaufen ist, und sie hofft, dass sowohl das akademische als auch das kirchliche Element gleichermaßen betont und ausgearbeitet wird.[374]

6. Der Dialog mit den Reformierten

1986 fand im orthodoxen Zentrum des Ökumenischen Patriarchates in Chambésy (Schweiz) die Sitzung der Vertreter der orthodoxen Kirchen und der reformierten Kirchen statt, mit der Aufgabe, das Programm des offiziellen bilateralen Dialogs zu erstellen. Als Thema des begonnenen Dialogs wurde beschlossen: „Das Trinitätsdogma auf der Basis des Nizänokonstantinopolitanischen Glaubensbekenntnisses."[375] Die erste Plenarsitzung fand in der Zeit 1988 in Leuenberg (Schweiz) statt

[371] Vgl. 'Επίσκεψις, Nr. 615, 30.11.2002, 15f. Hier auch das Dokukument.

[372] Die ersten drei Dokumente Deutsch in: *Th. Nikolaou,* Der offizielle Orthodox-Lutherische Dialog. Geschichtlicher Überblick und gemeinsame Texte, in: Orthodoxes Forum 4 (1990), 88ff. Das vierte in: Orthodoxes Forum 8 (1994), 105ff.

[373] Vgl. *Michael Staikos, Metropolit von Austria,* Sola scriptura sine traditione? Aktuelle Perspektiven über „Schrift und Tradition" im Ökumenischen Dialog insbesondere zwischen der Orthodoxie und dem Lutherischen Weltbund, in: Kirche: Lernfähig in die Zukunft? Festschrift für Johannes Dantine zum 60. Geburtstag, hg. v. *M. Bünker und Th. Krobach,* Innsbruck/Wien 1998, 49–66.

[374] In: Una Sancta 42 (1987), 11.

[375] Vgl. 'Επίσκεψις, Nr. 353, v. 25.3.1986, 5.

Die zehnte Plenarsitzung befasste sich mit der „Eschatologie“ und sie fand in der Akademie Theologischer Studien in Volos vom 27.September bis zum 2. Oktober 2007 statt.[376]

Auch die III. Vorkonziliare Panorthodoxe Konferenz begrüßt den Anlauf des offiziellen Dialogs mit der Reformierten Kirche, stellt aber zugleich fest, dass sowohl mit den Lutheranern als auch mit den Reformierten manche zusätzliche Probleme geklärt werden müssten, wie z.B. das der Frauenordination und des Proselytismus auf Kosten der Orthodoxen Kirche.[377]

Trotzdem sind wir zuversichtlich, dass auch dieser Dialog einen Beitrag für die Gesamtökumene leisten wird.

[376] Vgl. 'Επίσκεψις, Nr. 679, 31.10.2007, 17.

[377] In: Una Sancta 42 (1987), 11f.

VII. Die Orthodoxe Kirche und der Interreligiöse Dialog

1. Einheit der Menschheit – Grundvoraussetzung für das Zusammenleben im multireligiösen Kontext

Wir leben in einer Zeit, in der neue rasante Entwicklungen uns zu einer neuen Orientierung veranlassen. Zwar kann jede Epoche als eine Übergangsepoche bezeichnet werden, aber unsere Zeit bringt überhaupt ganz neue Existenzbedingungen und zwar nicht nur wirtschaftlicher, politischer oder kultureller Art, sondern einer grundsätzlichen Dimension, nachdem sich die Struktur der Bevölkerung sehr schnell ändert. Ein Faktor der zwar bereits seit längerem gegeben ist, sich aber sehr deutlich artikuliert, ist nicht nur die Multikulturalität, sondern auch die Multireligiosität. Auf der einen Seite werden die vielen Religionen bei uns immer stärker, auf der anderen Seite wächst eine Bewegung der Areligiosität, die die religiöse Dimension des menschlichen Lebens in die Privatsphäre des Menschen verlagern will, damit ihre gesellschaftliche Relevanz relativiert wird. Trotz dieser, hauptsächlich aus der globalisierenden Tendenz der freien Marktwirtschaft forcierten Haltung, kann die Situation des multireligiösen Bildes unserer Welt nicht ignoriert werden und somit auch die Problematik der Möglichkeit einer friedlichen oder harmonischen Koexistenz der Völker und der Menschen mit unterschiedlicher religiöser Zugehörigkeit. Damit wird sogar ihre jeweilige Identität begründet. Und gerade darauf wird großer Wert gelegt. Metropolit Emilianos Timiadis stellte schon vor mehr als dreißig Jahren fest: „In fortschreitendem Maße erscheint unsere Gesellschaft als pluralistisch. Dieses Phänomen können wir nicht ignorieren, ohne Gefahr zu laufen, dass wir als Außenseiter der großen Menschheitsfamilie betrachtet werden. Das Leben mit seinen Realitäten verpflichtet uns, aufmerksam die religiösen Vorstellungen der anderen zu betrachten und sie ohne Vorurteile und Fanatismus zu studieren. Nur auf dieser Grundlage gelingt es, den anderen und seine Religion zu verstehen."[378]

Wie können oder sollen wir uns also in dieser Situation verhalten und aus welchen Überzeugungen und Erfahrungen müssen wir heute einen *modus vivendi* in unserer Welt, bzw. auch im neu werdenden Europa und im Verhältnis von Europa mit anderen benachbarten Regionen finden?

Gerade hier ist der interreligiöse Dialog ein Thema, das alle Christen, ja alle Menschen existentiell betrifft, und selbstverständlich auch die Kirchen im Osten und Süden, weil dort seit Jahrhunderten die Koexistenz zwischen Christen, Juden und Muslimen zum Alltag gehört. Dazu gehört der ganze Mittelmeerraum mit seinen neuen Entwicklungen und Herausforderungen. In dieser Situation befinden sich die Christen meistens in der absoluten Minderheit – und zwar oft die Christen aller christlichen Kirchen zusammen. Im Westen ist die Begegnung

---

[378] *Emilianos Timiadis, Metr.*, Die orthodoxen Väter und die nichtchristlichen Religionen, in: Una Sancta 27 (1972), 163.

der Menschen aus verschiedenen Religionen auf Grund der stärkeren Mobilität der Menschen eine alltägliche Angelegenheit geworden. Aus diesem Grunde ist es dringend notwendig, dass die Christen aller Kirchen aus der Isolierung heraustreten, den Weg der Begegnung und des Dialogs gehen, und schließlich den Weg des Zusammenlebens finden. Das heißt, es geht nicht bloß um einen theoretisch geführten interreligiösen Dialog, sondern um eine existentielle Notwendigkeit unserer Zeit und für die Zukunft.

Aber auch über Europa hinaus befinden wir uns in einer der ernsthaftesten Krisen, in der die terroristischen und blutigen Auseinandersetzungen von manchen durch die religiöse Komponente begründet bzw. der religiösen Komponente missbräuchlich zugeschrieben werden. Der Versuch, all diese Krisensituationen mit kriegerischen Mitteln lösen zu wollen, wird sicherlich nicht zum Erfolg führen, denn durch Gewalt können die vorhandenen Probleme nicht gelöst werden. Hier möchte ich das wiederholen, was in Basel, in der Schlussbotschaft der Ersten Europäischen Ökumenischen Versammlung im Mai 1989 als die Überzeugung aller Europäischer Kirchen festgestellt wurde: „Der Krieg als Mittel zur Lösung von Konflikten muss überwunden werden [...] Zum Weg der Versöhnung gehört unabdingbar das Zeugnis der Gewaltlosigkeit."

Wie kann ein interreligiöser Dialog theologisch fundiert werden, um dann konkrete Umsetzung im heutigen und morgigen Leben der Menschen überall zu finden? Metropolit Emilianos dazu: „Diese Problematik beschäftigt nicht allein die christliche Welt von heute. Schon die Neugetauften der christlichen Frühzeit fragten nach dem Verhältnis zwischen dem neuen Glauben und dem Wert ihrer Traditionen, ihrer Kultur und ihres nationalen Erbes. Und die frühchristlichen Apologeten, die Väter und Lehrer der Kirche, haben mit Einfühlung, Ernst und Objektivität den Wert eines Glaubens außerhalb der Kirche herausgestellt. Wir können uns auch heute noch von ihnen inspirieren lassen, um die Werte nichtchristlicher Religionen zu entdecken, ohne dabei unsere Treue zu dem einen Erlöser, dem Fleisch gewordenen Sohn Gottes, Christus, aus dem Auge zu verlieren."[379]

Die Kirchenväter haben ja auch in ihrer Zeit, der Zeit der Frühkirche mit den Menschen in ihrem religiös-kulturellen Kontext gelebt, Erfahrungen gemacht und die Konsequenzen gezogen. Als was betrachteten sie und als was betrachten wir heute alle diese Menschen, die Angehörige anderer Religionen sind? Sind sie alle a priori zur Verdammnis verurteilt, so dass das Axiom *extra ecclesia nulla salus* exklusivistisch zu verstehen wäre? Wissen wir so genau, wo die Grenzen der göttlichen Heilsökonomie sind, wo die Gnade Gottes und der Heilige Geist selber wirken?

Hier müssen wir eine Antwort auf die Frage: „Die eine Heilsökonomie Gottes für alle Menschen" versuchen. Gibt es also eine universale Heilsmöglichkeit,

[379] *Emilianos Timiadis, Metr.,* Die orthodoxen Väter und die nichtchristlichen Religionen, 163.

die nicht von uns bestimmbar bzw. eingrenzbar ist? Kann diese Heilsmöglichkeit allen Menschen, auch unabhängig von Religion, als zugänglich betrachtet werden?

Positiv gesprochen, können wir aus der christlichen Schöpfungstheologie und konkreter der christlichen Anthropologie von der Väterzeit an, die Offenheit und den breiten Horizont des Heilsangebots Gottes bejahen?

Gerade in diesem Bereich ist immer wieder höchst interessant, die lebendigen Stimmen der Kirchenväter zu hören, die einen viel breiteren Horizont der Heilswirkung des Dreieinigen Gottes bezeugen als viele Theologen unserer Kirchen heute. Das Mysterium des Heils und der Kirche schließt das ganze Menschengeschlecht ein, auch wenn dessen Realisierung noch nicht vollzogen ist. Oder auch wenn durch die Handlungen der Menschen die Heilsgeschichte einen dramatischen Weg in einer wellenartigen Bewegung erlebt hat, einmal hoch, einmal tief, einmal in der paradiesischen Harmonie, einmal in einer Entfernung und Entfremdung von Gott, einmal in enger, einmal in schwächerer Gottesgemeinschaft, jedoch nie in vollkommen zerstörter Gottesgemeinschaft. Der verlorene Sohn hat nie aufgehört, auch der Sohn zu sein.[380]

Die Stimme der Kirchenväter ist in einer vielfältigen sozio-religiösen Umgebung für unsere Zeit nicht nur interessant, sondern auch relevant. Konsequenterweise können auch die Orthodoxe Kirche und Theologie heute wichtige theologische Impulse geben, die einerseits aus der Zeit der Frühkirche in der Kontinuität des patristischen Denkens und zwar aus den zentralen Bereichen der christlichen Lehre, als auch aus der Jahrhunderte langen konkreten Erfahrung mit ihren Höhen und Tiefen kommen. In einem gesamtorthodoxen Text zur Vorbereitung des Panorthodoxen Konzils aus dem Jahre 1986 wird die erwähnte Weite der Kirchenväter in einer zeitgenössischen Rezeption und Weitergabe formuliert und in dieser kontinuierlichen Überzeugung u.a. ausdrücklich hervorgehoben, dass jeder einzelne Mensch „unabhängig von Farbe, Religion, Rasse, Nationalität und Sprache- das Bild Gottes in sich trägt und unser Bruder oder unsere Schwester ist und gleichberechtigtes Glied der menschlichen Familie.“[381]

Was die Erfahrung der Orthodoxen Kirchen betrifft, muss gleich festgestellt werden, dass die Begegnung der Ostkirche generell mit dem Judentum und dem Islam zunächst einmal eine existentielle Erfahrungsbegegnung darstellt, mit dem Judentum sowieso und mit dem Islam gleich nach seiner Entstehung. Mohamed selbst hat versucht, einen Dialog ebenfalls mit dem Judentum und dem Christentum zu führen, um dann zu zeigen, dass die neue Offenbarung im Islam

---

[380] Vgl. *G. Larentzakis,* Heiligenverehrung in der Orthodoxen Kirche, 70f.

[381] „Der Beitrag der Orthodoxen Kirche zur Durchsetzung des Friedens, der Gerechtigkeit, der Freiheit, der Brüderlichkeit und der Liebe zwischen den Völkern und zur Aufhebung der Rassendiskriminierung und anderer Diskriminierungen“. Deutsch in: Una Sancta 42 (1987), 21.

die bessere, die vollkommenere sei, die alle, auch die Christen, bejahen müssen. Die Christen sollten ihre falsche Religion verlassen, damit sie die vollkommenere akzeptieren.[382] Aus der Sicht des Christentums wird die neu aufgetretene Religion des Islam als eine christliche bzw. jüdisch-christliche Häresie betrachtet.[383] So urteilt z.B. der große Kirchenvater Johannes von Damaskos[384] und viele andere nach ihm.[385] Aber der Islam war inzwischen eine greifbare Wirklichkeit mit enormen soziopolitischen Konsequenzen auch durch die Verbreitung des Islam und die Eroberung von vielen Gebieten, wodurch das östlichrömische Reich auch gefährdet wurde, wie Asterios Argyriou feststellt. Daher musste eine intensivere Auseinandersetzung beginnen.[386] Auch der jetzige Erzbischof von Albanien Anastasios Giannoulatos bemerkt: Es war nicht nur die negative polemische Auseinadersetzung, sondern auch eine jahrhundertelange und stille Koexistenz, ein Zusammenleben, wobei auch theoretische, intellektuelle und theologische Auseinandersetzungen nicht gefehlt haben.[387] Gerade diese Koexistenz hat auch einen nicht weg zu leugnenden gegenseitigen Einfluss verursacht, wie der Patriarch Nikolaos Mystikos feststellt, wenn er an den Kalif von Bagdad Al-Muktadir Anfang des 10. Jahrhunderts schreibt, dass sie trotz der Spannungen und der Auseinandersetzungen zueinander „sozial und brüderlich“ – „κοινωνικῶς ἔχειν καί ἀδελφικῶς“ – standen.[388] Interessant waren auch die Gespräche zwischen Gregor Palamas, dem Erzbischof von Thessaloniki und den Muslimen, bei denen, obwohl keine Einigung erzielt wurde, „ein Klima der Achtung und des gegenseitigen Respekts bewahrt wurde.“[389] Der Kaiser Manuil II. Palaiologos,[390] Mitte des 14. Jahrhunderts, u.a. im 15. Jahrhundert, wie der Patriarch Gennadios Scholarios, der erste Patriarch nach der Eroberung Konstantinopels, haben ebenfalls reichhaltige Erfahrungen beim

---

[382] Vgl. *A. Argyriou*, Δυνατότητες ἑνός νέου διαλόγου μεταξύ Χριστιανισμοῦ καί Μουσουλμανισμοῦ, in: Ἐπιστημονική Ἐπετηρίδα Θεολογικῆς Σχολῆς Θεσσαλονίκης, Bd. 24, Thessaloniki, 1979, 388.

[383] Vgl. *A. Argyriou*, Δυνατότητες ἑνός νέου διαλόγου, 391.

[384] *Johannes von Damaskus*, Πηγή γνώσεως, PG 94, 764.

[385] Mehr darüber Vgl. *A. Argyriou*, Δυνατότητες ἑνός νέου διαλόγου, 393.

[386] Vgl. *A. Argyriou*, Δυνατότητες ἑνός νέου διαλόγου, 394f.

[387] Eine historische Zusammenfassung und eine Bewertung vgl. *Gianoulatos Anastasios*, jetzt Erzbischof von Albanien, Ὁ Διάλογος τῶν χριστιανῶν μέ τό Ἰσλάμ. Μιά ὀρθόδοξη ἄποψη. In: Ἱερά Μητρόπολις Ἑλβετίας, Ἵδρυμα διά τήν χριστιανική ἑνότητα Atef Danial, Ἀναφορά εἰς μνήμην Μητροπολίτου Σάρδεων Μαξίμου 1914–1986, Bd. 1, Genf 1989, 213–232

[388] Vgl. *A. Argyriou*, Δυνατότητες ἑνός νέου διαλόγου, 403.

[389] *Gianoulatos Anastasios*, jetzt Erzbischof von Albanien, Ὁ Διάλογος τῶν χριστιανῶν μέ τό Ἰσλάμ, 218.

[390] Vgl. Kaiser Manuil II. Palaiologos: Dialog über den Islam und Erziehungsratschläge. Mit drei Briefen König Sigismunds von Luxemburg an Manuel II., Übersetzung: Raimund Senoner. Herausgegeben und eingeleitet von Wilhelm Baum, Klagenfurt/Wien 2003.

Dialog mit dem Islam, bei dem die frühere antiislamischen Ausdrücke fehlen.[391] Schon Patriarch Gennadios Scholarios wurde von Mohamed dem Eroberer als Ethnarch für die Orthodoxen eingesetzt.[392]

Es dürfte also auch als bekannt gelten, dass, nach den verschiedenen politischen Änderungen im südostosteuropäischen Raum, wie auch im Nahen Osten durch die Eroberungen der dortigen Gebiete durch das Osmanische Reich eine zwar schmerzliche neue Situation entstanden ist, die jedoch zu einer neuen Existenzweise geführt hat. Die neuen Herren haben das Leben bestimmt, das auch die religiöse Dimension mit einbezogen hat. Es war sicherlich kein Leben in Freiheit, aber den autochthonen Kirchen und Christen wurde zwar nicht immer, aber weitgehend ihre Existenz und zum Teil auch ihre Religionsfreiheit gewährt.[393] Bis heute gibt es große Gebiete, in denen die Bevölkerung in einer religiösen Vielfalt zusammen leben muss. Menschen mit verschiedenen Religionen konnten und können bis heute friedlich koexistieren. Es ist auch nicht selten, dass selbst Freundschaften geschlossen werden. Es gibt weitgehend einen vielfältigen Einfluss von gegenseitigen Annahmen und Ablehnungen in mehreren Bereichen bis hin zur Architektur bis heute, ohne im Geringsten diese Situation idealisieren oder verharmlosen zu wollen. Der Erzbischof von Albanien Anastasios nennt dies *Dialog des Lebens.*[394] Die größeren Schwierigkeiten entstanden meistens wegen der politischen Interessen und nicht zuletzt, auch nicht ganz selten, durch den Einfluss von außen, wiederum aus politischen, strategischen und wirtschaftlichen Interessen. Der Ökumenische Patriarch Bartholomaios I. sagte in seiner Begrüßungsansprache bei der 8. Begegnung des Interreligiösen Dialogs zwischen Christen und Muslimen in Konstantinopel am 3. Juni 1997, dass die Religion oft für politische Interessen zu stark benutzt wurde, sodass im Leben der Menschen die Differenzierungen meistens im politischen und nicht im religiösen Bereich zu suchen sind. Im konkreten Leben und bei der Begegnung der Menschen stellt dagegen der Unterschied in der Religion für die Nicht-Fanatiker kein Hindernis für eine gewünschte Zusammenarbeit und Koexistenz dar. Und wenn Kirchenführer aus den verschiedenen Religionen ihre Gläubigen zum Fanatismus und zum Hass gegen die anderen verführen und oft

---

[391] *Gianoulatos Anastasios,* jetzt Erzbischof von Albanien, Ὁ Διάλογος τῶν χριστιανῶν μέ τό Ἰσλάμ, 219f.

[392] Vgl. u.a. *Apostolos Boulgaris, Bischof von Militos,* Ὁ ἐθναρχικός ρόλος τοῦ Οἰκουμενικοῦ Πατριαρχείου, in: Ἱερά Μητρόπολις Ἑλβετίας Ἵδρυμα διά τήν χριστιανική ἑνότητα Atef Danial, Ἀναφορά εἰς μνήμην Μητροπολίτου Σάρδεων Μαξίμου 1914–1986, Bd. 1, Genf 1989, 340. Vgl. auch *Theodoros Zissis,* Γεννάδιος Β' Σχολάριος. Βίος-συγγράμματα-διδασκαλία, Ἀνάλεκτα Βλατάδων 30, Thessaloniki 1980.

[393] Der heilige Kosmas Aitolos meint sogar, dass Gott es zugelassen hat, dass die Türken das christliche Reich erobert haben, denn, wenn ein anderes Volk dieses Reich erobert hätte, hätte es den christlichen Glauben geschädigt. Vgl. in: *K. Skuteris,* Κείμενα τοῦ Νέου Ἑλληνισμοῦ, Ἐκκλησιαστικαί Ἐκδόσεις Ἐθνικῆς Ἑκατονπεντηκονταετηρίδος 3, Athen 1971, 127.

[394] *Gianoulatos Anastasios,* jetzt Erzbischof von Albanien, Ὁ Διάλογος τῶν χριστιανῶν μέ τό Ἰσλάμ, 228.

die früher liebenden und in den verschiedenen alltäglichen Problemen zusammenarbeitenden Menschen in sich gegenseitig hassende und gegenseitig umbringende Feinde verwandeln, tun sie dies nicht aus religiösen, sondern aus politischen Gründen. Diese Gedanken sind unsere Ausgangsposition, aber zugleich auch ein sehr ernst zu nehmender Grund zur Selbstkritik der Religionsführer verschiedener Rangstufen.[395]

Es gibt zuverlässige Zeugnisse und Erzählungen, dass Menschen mit unterschiedlicher Religion im konkreten alltäglichen Leben, Christen und Muslime, bzw. Juden, trotz aller Schwierigkeiten, eine friedliche Koexistenz und Zusammenarbeit erlebt und gelebt haben und weiterhin leben. Dies wird berichtet von Griechenland auch während der Türkenzeit, in Konstantinopel und auf Zypern selbst. Ebenfalls in Ägypten, Syrien in Libanon, in Jerusalem u.a. Dies beschreibt der Ökumenische Patriarch Bartholomaios auch bei seinen Besuchen in diesen Ländern, in denen er auch die Orthodoxen Kirchen dieser Regionen besucht hat. Seine Reden sind Quellen und Zeugnisse der grundsätzlichen Auffassung der Orthodoxie und des Ökumenischen Patriarchen selbst über den interreligiösen „Lebens-Dialog", aber auch über die konkrete Situation der Koexistenz der jeweiligen Völker in der Unterschiedlichkeit ihrer Religion.[396]

Wir müssen also einen gangbaren Weg für einen effektiven und respektvollen Dialog finden für eine friedliche Koexistenz aller Menschen im konkreten soziokulturellen und politischen Kontext, der heute multikulturell und multireligiös ist.

2. Zugang zur multireligiösen Wirklichkeit und zum interreligiösen Dialog

Wie kann also ein Christ in seiner christlichen Glaubensüberzeugung und Glaubensverantwortung und ohne den christlichen Glauben zu relativieren, den Zugang zu einem solchen interreligiösen Dialog mit existentiellen Motiven und Perspektiven finden? Sicherlich gibt es gemeinsame Werte und Prinzipien, die von allen als Grundlage für einen effizienten Dialog zugrunde gelegt werden

---

[395] Vgl. in: Ἐπίσκεψις, Nr. 545, 30. 6. 1997.

[396] Vgl. diese Reden in: Οἰκουμενικοῦ Πατριάρχου Βαρθολομαίου, Λόγοι Τόμος Α΄, κατά τήν ἐπίσημον ἐπίσκεψιν εἰς τάς Ἐκκλησίας Ἀλεξανδρείας (Ἀπρίλιος 1993), Ἀντιοχείας ἐν Συρίᾳ καί Λιβάνῳ (Ἀπρίλιος-Μάϊος 1993), Ἀντιοχείας ἐν Τουρκίᾳ (Ἰούνιος 1999), Ἱεροσολύμων (Ἀπρίλιος-Μάϊος 1995) καί τήν Ἱεράν Μονήν Σινᾶ (Ἀπρίλιος 1993) Athen 2002.

können.[397] Die Orthodoxe Kirche hat solche Dialoge im positiven Geist schon längst initiiert und durchgeführt.

Das Fundament der trinitarischen Koinonia

Obwohl die Trinitätslehre selbst kein gemeinsames Glaubensgut zwischen den verschiedenen Religionen darstellt und ohne ihn aus christlicher Sicht relativieren zu wollen und zu dürfen, können wir von diesem trinitarischen Glauben wichtige Prinzipien für einen positiven interreligiösen Dialog gewinnen.

Das Fundament des Christseins stellt unser Glaube an den Dreieinigen Gott dar.[398] Aber zugleich kann in diesem Glauben an den Dreieinigen Gott eine Antwort **auch** auf der Suche nach dem Zugang zu einem Leben im multireligiösen Kontext und zum interreligiösen Dialog gesucht werden. Denn: *Der Dreieinige Gott ist Quelle und Vorbild einer versöhnten und synergetischen (theologisch: perichoretischen) Gemeinschaft von gleichwertigen Personen durch das Band der Liebe, ohne Subordination.*

Für die Orthodoxe Kirche und Theologie stellt diese Wirklichkeit die kontinuierliche Grundauffassung aus der Frühkirche für mehrere Bereiche des konkreten Lebens. Die Einheit und die Dreiheit, wie auch die Gleichwertigkeit der Personen, wird z.B. ganz deutlich von Gregor von Nazianz betont: „Wenn wir auch an drei glauben, so werden die doch auf einen zurückgeführt, die aus ihm ihren Ursprung haben. Denn das eine ist nicht mehr, das andere weniger Gott, das eine ist nicht früher, das andere später. Auch besteht kein Unterschied im Wollen, keine Teilung in der Macht, und es ist überhaupt nichts vorhanden, was einer Trennung ähnlich wäre, sondern, wenn man es knapp sagen will, so ist ungeteilt in den Verschiedenen die Gottheit."[399]

Diese Gemeinschaft überwindet alle Grenzen der Autonomisierung, Individualisierung und Isolierung.[400] Was sind nun die theologischen Konsequenzen?

---

[397] Vgl. *A. Argyriou*, Δυνατότητες ἑνός νέου διαλόγου, 407f.

[398] *Basilius,* Über den Heiligen Geist X, 21e, eingeleitet und übersetzt von *M. Blum,* Freiburg in Br. 1967, 48). Auch Gregor von Nazianz ist diesbezüglich kategorisch: „Hüte dich davor, auf irgendeine Weise diese eine und gleich verehrungswürdige Natur zu zerstückeln. Wenn man nämlich bei den Dreien etwas wegnimmt, dann vernichtet man das Ganze, oder genauer, man fällt selbst aus dem Ganzen heraus" *Gregor von Nazianz,* Oratio 31, 12, Deutsch: Gregor von Nazianz. Die fünf theologischen Reden, Text und Übersetzung mit Einleitung und Kommentar, hg. v. *Joseph Barbel*, Düsseldorf 1963, 245.

[399] *Gregor von Nazianz,* Orat. 31,14, PG 36, 149 *J. Barbel,* 245. Zum Bild der Sonnen vgl. *M. Kertsch,* Bildersprache bei Gregor von Nazianz. Ein Beitrag zur spätantiken Rhetorik und Popularphilosophie (Grazer Theologische Studien 2), Graz [2]1980, 192ff.

[400] Vgl. *G. Larentzakis,* Trinitarisches Kirchenverständnis, in: Trinität Aktuelle Perspektiven der Theologie, hg. v. *W. Breuning,* Freiburg/Basel/Wien 1984, 91f. *Derselbe,* Die Teilnahme am trinitarischen Leben. Die Bedeutung der Pneumatologie für die Ökumene heute, in: Der Heilige Geist: Ökumenische und reformatorische Untersuchungen ‚Veröffentlichungen der Luther-

Die Fundierung der christlichen Anthropologie – Einheit der Menschheit

Wichtig ist dabei festzuhalten, dass nach der anthropomorphen Erzählung der Genesis die Menschen nach dem Bild Gottes geschaffen wurden: „Lasst uns Menschen machen als unser Abbild, uns ähnlich“ (Gen 1,26).[401] Die Qualifizierung der Menschen als Abbild Gottes ist sehr hoch. Sie betrifft das Wesen und die Würde des Menschen schlechthin. Diese Qualifizierung ist ehrenvoll für die Menschen, sie hat aber zugleich Konsequenzen für das Verhalten der Menschen Gott gegenüber aber auch der Menschen untereinander, miteinander und füreinander. Diese Qualifizierung der Menschen stellt für sie eine Herausforderung dar, die verpflichtet.

Und wenn das Menschengeschlecht tatsächlich als Abbild Gottes geschaffen wurde, bedeutet es, dass so wie in der Heiligen Dreieinigkeit die Koinonia, die Gemeinschaft der drei gleichwertigen göttlichen Personen durch das feste Band der Liebe in gegenseitiger, perichoretischen Durchdringung existiert, die Menschen gemäß dem Urbild genauso in einer harmonischen Koinonia, in Gemeinschaft, existieren müssen, verbunden mit dem Band der Liebe, die nicht nur eine bloße Koexistenz erlaubt, sondern eben eine perichoretische, innigste und solidarische Einheit aller Menschen gewährleistet. Die Kirchenväter betonen nicht nur die Einheit und Gemeinschaft der Menschen, sondern auch ihre Gleichwertigkeit, indem sie sogar den Ausdruck, ὁμοούσιοι, wesensgleich verwenden. Dazu der hl. Athanasius: „Weil wir Menschen gleich sind und eine Identität haben, sind wir miteinander wesensgleich.“[402]

Es ist natürlich und selbstverständlich, dass die Erschaffung auch der Frau eine große Bedeutung für die christliche Anthropologie hat. Denn die Frau ist nicht nur „wesensgleich“ mit dem Mann, sondern erscheint als eine konsequente Handlung Gottes und als Antwort auf die Frage, es ist nicht gut, dass der Mensch allein bleibt (Gen 2,18). Deshalb betont der orthodoxe Dogmatiker Johannes Karmiris, dass die Unterscheidung zwischen Mann und Frau keine ontologische sei, da das Bild Gottes in allen Menschen das gleiche ist.[403]

Noch eine Feststellung muss hier gemacht werden. Wenn wir hier meinen, dass die Menschen als Abbild Gottes geschaffen wurden, dann müssen wir auch berücksichtigen, dass in der gemeinschaftlichen Existenz der drei göttlichen

---

Akademie Ratzeburg Bd. 25, hg. v. *Joachim Heubach,* Erlangen 1996, 225f. Vgl. auch *A. Basdekis*, Das Wirken des Heiligen Geistes im Leben der Christen insbesondere nach Apostel Paulus und Johannes Chrysostomos, in: „Das Wirken des Heiligen Geistes“, Protestantisch-orthodoxes Gespräch, Epd Dokumentation 6, 1. Februar 1988, 26ff. *Th. Nikolaou*, Das Wirken des Heiligen Geistes in der Kirche und die Vergöttlichung des Menschen, in: Ökumenisches Forum 11 (1988), 77f. In beiden Arbeiten finden sich viele Verweise auf patristische und zeitgenössische Autoren.

401 *Vgl. Athanasius,* Contra Gent. 2, hg. und übersetzt von *Robert Thomson,* Oxford 1971, 6.

402 *Athanasius,* Ad Serapionem, II, 3, PG 26, 612B:

403 *Vgl. J. Karmiris,* Ἡ θέσις καί ἡ διακονία τῶν γυναικῶν, 15.

Personen die Personalität, die Hypostase dieser drei göttlichen Personen – und damit auch ihre unverwechselbare und unaustauschbare Identität – sehr ernst genommen werden muss. Die Konsequenz daraus wäre, dass das Abbild Gottes bei den Menschen auch ihre unterschiedliche und unverwechselbare Identität bewahren muss. Das bedeutet nun auch für die Menschen, dass die Vielfalt der Geschlechter und der Völker eine notwendige und sinnvolle Vielfalt darstellt, die akzeptiert und respektiert werden muss, und welche die Gemeinschaft, die Koinonia der Menschheit nicht ausschließt, sondern vielmehr einen Reichtum der Kulturen und der Traditionen einschließt und fördert. Die klare Konsequenz daraus ist, dass von orthodoxer Seite theologisch nicht begründet werden kann, dass ein Geschlecht, oder einzelne Menschen, oder ein Volk bzw. ein ἔθνος, eine Ethnie, qualitativ besser sein kann als andere. Genauso kann man nicht behaupten, dass manche Menschen oder Völker qualitativ minderwertiger seien als andere!

Von dieser trinitarischen und schöpfungstheologischen fundamentalen Auffassung kann also die Gemeinschaft und die Harmonie aller in der Welt gesehen werden.

Die Universalität des Heils

Sehen wir aber auch die Heilsmöglichkeit aller Menschen. Die Ikone der Auferstehungsdarstellung in der Orthodoxen Kirche, in der Jesus Christus die Hand Adams und in manchen Darstellungen auch die Hand Evas hält und heraufzieht, weist gerade in augenfälliger Weise auf die umfassende Dimension der Versöhnung für alle Menschen durch Christus hin. Noch etwas: Die orthodoxe kirchliche Architektur und die Ikonographie bringen diese umfassende Dimension der Heilsgemeinschaft sehr deutlich zum Ausdruck. Dies wird noch deutlicher, wenn man bedenkt, dass es in der Orthodoxen Kirche es auch möglich ist, vor allem im Narthex, im Vorraum des Kirchengebäudes, wie auch in anderen Bereichen der Kirchengebäude, Darstellungen der alten griechischen Philosophen anzubringen, der Vertreter sozusagen des Logos spermatikós[404] des hl. Justin des Märtyrers, die ebenfalls der Heilsgeschichte angehören.[405] Die Gotteserkenntnis wird auch allen ermöglicht, betont Klemens von Alexandrien, die Gott durch ihre eigenen Möglichkeiten erkennen können: „Τόν ἕνα καί μόνον Θεόν ὑπό μέν τῶν Ἑλλήνων ἐθνικῶς, ὑπό δέ τῶν Ἰουδαίων ἰουδαϊκῶς γιγνωσκόμενον. Καθάπερ Ἰουδαίους σώζεσθαι ἠβούλετο τούς προφήτας

---

[404] Asterios Argyriou will dieses Prinzip auch für den Dialog zwischen Christentum und Islam anwenden. Vgl. *A. Argyriou*, Δυνατότητες ἑνός νέου διαλόγου, 409.

[405] Vgl. Justin der Märtyrer, Apologie I, 46. Deutsch v. G. Rauschen, BKV^2 12, Kempten 1913, 59.

διδούς καί Ἑλλήνων τούς δοκιμωτάτους οἰκείους αὐτῶν τῇ διαλέκτῳ προφήτας ἀναστήσας."[406]

Diese Feststellung erlaubt die Auffassung, dass auch nach dem Fall des Menschen Gotteserkenntnis und Heil diachronisch durch die verschiedenen Offenbarungsarten möglich sind. Dies ist die durchgehende Auffassung der Kirchenväter.

Klemens von Alexandrien betont, dass es nur ein Testament des Heils gibt und zwar von der Grundlegung der Welt bis zu uns, das bei den unterschiedlichen Generationen und Zeiten auch unterschiedlich gegeben wurde. „Μία μέν γάρ τῷ ὄντι διαθήκη ἡ σωτήριος ἀπό καταβολῆς κόσμου εἰς ἡμᾶς διήκουσα, κατά διαφόρους γενεάς τε καί χρόνους διάφορος εἶναι τήν δόσιν."[407] Interessant ist, wie Hippolyt von Rom diese Kontinuität beschreibt: „Eden wird genannt das neue Paradies der Speise, gepflanzt gegen Osten mit jedem guten Baum geschmückt, welches ist zu verstehen die Versammlung der Gerechten und der heilige Ort, auf welchem die Kirche gepflanzt ist [...] Was ist nun die Kirche? Die heilige Versammlung der in Gerechtigkeit lebenden."[408] Anschließend erklärt Hippolyt, was er unter *„jedem guten Baum"* versteht, wodurch die Kontinuität und die Universalität des Heils zum Ausdruck kommt: „Das Geschlecht der Väter, die zu Anbeginn verschieden sind, und die Werke der Propheten, welche nach dem Gesetz vollendet worden sind, und der Chor der Apostel [...] der Märtyrer...die Berufung der Jungfrauen...der Chor der Lehrer...die Ordnung der Bischöfe, der Priester und der Leviten."[409] „Gerade hier offenbart sich die geistige Auffassung Hippolyts von der Kirche."[410] So wird auch die Einheit der Kirche als Heilsgemeinschaft „aus Juden und Heiden" sowie als „Hervorgehen der Kirche aus dem Alten Bund" bezeichnet.[411]

Christologisch wird das aber auch so verstanden, dass das ganze Leben Christi die Annahme der ganzen menschlichen Natur darstellt und seine erlösende Tat die Erlösung des ganzen menschlichen Geschlechtes und darüber hinaus des ganzen Kosmos bewirkt.[412]

Daraus folgt die konkretere, aber nicht minder schwierige Frage: Wer partizipiert wirklich an der Heilsgemeinschaft und schließlich, wer erreicht wirklich

---

[406] *Klemens Alex.* Stromata, VI, BEP 8, 193.

[407] *Klemens von Alex.* Stromata, 6, 13, 106, 3 GCS 52, 485; PG 9, 328.

[408] *Hippolyt,* In Dan. I, 17, GCS, I, 28

[409] Ebd.

[410] *L. Bertsch,* Die Botschaft von Christus und unserer Erlösung bei Hippolyt von Rom, (Trierer Theol. Studien 17), Trier 1966, 109.

[411] *L. Welsersheimb,* Das Kirchenbild der griechischen Väterkommentare zum Hohen Lied, in: ZkTh 70 (1948), 402f.

[412] *Johannes Chrysostomos,* In Kreuz, PG 49, 409: „Καθολική ἐστιν ἡ θυσία, ἵνα μαθῃς ὅτι ὑπέρ τῆς γῆς ἁπάσης ἐστίν ἡ προσφορά καί ὅτι κοινός τῆς φύσεως ἁπάσης ἐστίν ὁ καθαρισμός".

sein Heil? Karl Rahner sprach von den *Anonymen Christen,*[413] auch wenn er nicht unwidersprochen blieb! Dieses Thema ist ja älter und beschäftigte selbst die Kirchenväter. Justin der Märtyrer war z.B. der Überzeugung, dass „die, die recht gelebt haben, Christen sind, selbst wenn sie für sich Atheisten sind; z.B. bei den Griechen Sokrates, Heraklit und ähnliche [...]"[414] Wer ist wirklich „drinnen" und wer ist „draußen"? Gregor von Nazianz ist diesbezüglich sehr eindeutig. So, wie es viele gibt von den unsrigen, also von den Mitchristen innerhalb der Kirche, die aber in Wirklichkeit nicht mit uns sind, weil ihre Lebensführung sie vom gemeinsamen Leib entfremdet, genauso sind es viele, die sich außerhalb von uns befinden, die aber den Glauben durch ihre Lebensführung erreichen und sie bedürfen nur des Namens, während sie die Realität besitzen. D.h. sie haben zwar den Namen „Christen" nicht, de facto sind sie es aber und sie befinden sich de facto auch innerhalb der Kirche, als des gemeinsamen Leibes: „Ὥσπερ πολλοί τῶν ἡμετέρων οὐ μεθ' ἡμῶν εἰσιν, οὕς ὁ βίος ἀλλοτριοῖ τοῦ κοινοῦ σώματος· Οὕτω πολλοί τῶν ἔξωθεν πρός ἡμῶν, ὅσοι τῷ τρόπῳ τήν πίστιν φθάνουσι, καί δέονται τοῦ ὀνόματος, τό ἔργον ἔχοντες."[415] Daraus müssen wir die Schlussfolgerung ziehen, dass das Christsein und die Zugehörigkeit zur wahren Kirche nicht nur eine formale und theoretische Angelegenheit ist, sondern mit dem konkreten Leben der Menschen bzw. der Christen verbunden ist, ohne damit im geringsten behaupten zu wollen, dass die Kirchlichkeit als solche überflüssig sei! Theorie und Praxis, Gesinnung und Leben sind jedoch wesentliche Voraussetzungen der Zugehörigkeit zur wahren Kirche und der Teilhabe an der Heilsökonomie Gottes. Johannes Chrysostomos fragt: „Was ist also der eine Leib?" und er gibt selbst die Antwort: Alle Glaubenden, die da waren, die da sind und die da sein werden. Und er erklärt: Auch diejenigen, die vor der Erscheinung Christi da waren, gehören zum selben Leib. Wie? Weil sie auch Christus gekannt haben.[416]

In der Basiliusanaphora wird in dieser Überzeugung gebetet: „für die Menschheit von einem Ende der Erde bis zum anderen und für alle Völker und für alle Schäflein." In der Chrysostomusliturgie wird im Zentrum der Wandlungsgebete gerade diese universale Heilsgemeinschaft ohne irgendwelche Unterschei-

[413] Vgl. *Karl Rahner,* Die Anonymen Christen, in: Schriften zur Theologie, VI, Einsiedeln 1965, 545–554.

[414] *Justinus,* Apologie 1, 43, 6 PG 6, 397.

[415] *Gregor von Nazianz,* Orat. 18, in patrem, 7, PG 35, 992B. Vgl. *Emilianos Timiadis, Metr.,* Die orthodoxen Väter und die nichtchristlichen Religionen, 166. Vgl. u.a. *Grigorios Larentzakis,* Einheit der Menschheit Einheit der Kirche bei Athanasius. Vor- und nachchristliche Soteriologie und Ekklesiologie bei Athanasius von Alexandrien, (Grazer Theologische Studien 1), Graz ²1981, 83ff. 217ff.

[416] *Johannes Chrysostomos,* Ad Ephes. 4, 10, PG 62, 75.: „Τί δέ ἐστιν σῶμα; Οἱ πανταχοῦ τῆς οἰκουμένης πιστοί ὄντες καί γενόμενοι καί ἐσόμενοι. Πάλιν δέ οἱ πρό τῆς τοῦ Χριστοῦ παρουσίας εὐαρεστηκότες ἕν σῶμα ἐστίν, πῶς; Ὅτι κἀκεῖνοι τόν Χριστόν ᾔδεσαν".

dungsmerkmale manifestiert, wenn es heißt: „Wir bringen Dir dar das Deinige von dem Deinigen in allem und für alle.“ Und später: „Ferner bringen wir diesen geistigen Gottesdienst dar für die im Glauben ruhenden Urväter, Väter, Patriarchen, Propheten, Apostel, Verkündiger, Evangelisten, Märtyrer, Bekenner, Asketen und für jeden gerechten Geist, der im Glauben sein Leben vollendet hat. Insbesondere für unsere allheilige, makellose, hochgelobte und ruhmreiche Herrin, die Gottesgebärerin und Immerjungfrau Maria...Für den heiligen Propheten, Vorläufer und Täufer Johannes, die heiligen ruhmreichen und allverehrten Apostel [...]“[417] Wenn wir noch genauer diese feierlichen Texte betrachten, dann stellen wir mit großem Erstaunen fest, dass bei dieser Realisierung der Communio der Heiligen alle Grenzen gesprengt werden.[418] Es handelt sich also hier tatsächlich um die Zugehörigkeit zur gleichen Heilsgemeinschaft in einer kontinuierlichen Wirklichkeit. Nikolaus Kabasilas betont in seiner Liturgieerklärung für die Menschen: „Sie beten für den Frieden der ganzen Welt besonders, weil sie wissen, dass ihr Herr der Herr aller ist und dass er Sorge trägt für alle, weil er der Schöpfer aller Kreaturen ist.“[419] „Orthodoxe Liturgie ist universal; sie umfasst nicht nur Lebende und Tote, sondern auch Gläubige und Ungläubige. Damit spiegelt sie die orthodoxe Ekklesiologie wider,“ betont Metropolit Emilianos.[420] Und er verweist auf den hl. Basilius, der der Überzeugung ist, dass die Erlösung Christi die ganze Menschheit mit einbezieht: „Die Liebe Christi vereint uns alle, denn Christus hat gemeint, wenn einer für alle gestorben ist, so sind alle gestorben...“[421]

So verstehe ich auch die Feststellung von Andreas Bsteh, der schreibt: „Doch war diese vorchristliche Heilsgeschichte nicht *bloß* Vorbereitung und Hinführung, in sich selbst bedeutungslos; die Menschen nur hinweisend auf das Kommen der Gnade. Vielmehr war die Geschichte des Alten Bundes – und, [...] per analogiam auch die übrige Menschheitsgeschichte – Vorbereitung auf das Evangelium, die bereits Anfang war; in der das Kommende bereits innerlich wirksam war; ein Anfang, demgegenüber das Evangelium die Vollendung war.“[422]

---

[417] Aus: Liturgie. Die Göttliche Liturgie der Orthodoxen Kirche. Deutsch-Griechisch-Kirchenslawisch, hg. und erläutert v. *A. Kallis,* Mainz1989, 136f.

[418] Vgl. *Grigorios Larentzakis,* Heiligenverehrung in der Orthodoxen Kirche, in: Catholica42 (1988), 67.

[419] *Nikolaus Kabasilas,* Erklärung der Heiligen Liturgie, PG 150, 396.

[420] *Emilianos Timiadis, Metr.,* Die orthodoxen Väter und die nichtchristlichen Religionen, 164.

[421] *Basilius,* Prinzip der Moral, PG 31, 740.

[422] *A. Bsteh,* Zur Frage nach der Universalität der Erlösung, unter besonderer Berücksichtigung ihres Verständnisses bei den Vätern des zweiten Jahrhunderts (WBTH 14) Wien 1966, 177.

3. Die Einheit des Alten und des Neuen Testaments – Fundament des christlich-jüdischen Dialogs

Wenn also Gott auf vielerlei Weise zu den Vätern vor und nach der Inkarnation Christi durch die Jahrhunderte hindurch diachronisch gesprochen hat, ist es evident, dass damit auch die Kontinuität dieses Sprechens, oder anders formuliert, die Kontinuität der Offenbarung Gottes damit gemeint ist. Die Einheit des Alten und des Neuen Testaments als die logische Konsequenz wird in der Orthodoxen Kirche so wie bei den Kirchenvätern sehr ernst genommen. Athanasius von Alexandrien betont mit Nachdruck: „Unsere ganze Schrift [...] die alte und neue, ist von Gott inspiriert und nützlich zur Belehrung“[423] Und weiter „wenn man sich genauer ausdrücken soll, so ist die ganze göttliche Schrift ein Lehrer der Tugend und des wahren Glaubens.“[424] Der hl. Athanasius ist aber noch konkreter und bestimmter, wenn er mahnt: „Man muss aber die, welche die Alte und Neue Schrift teilen, tadeln, da sie in den Kirchen Gott nicht preisen können, wenn sie nicht die Quellen Israels haben noch ihren Herrn, weil sie auch die Gottheit zu teilen wagen.“[425] Wenn also die Einheit des Alten und des Neuen Testaments für die christliche Botschaft wichtig ist, bedeutet das nicht die Einheit von zwei Büchern, auch nicht nur die Einheit von zwei Epochen als ein zeitliches diachrones Problem, sondern es bedeutet vielmehr die Kontinuität und Einheit auch der Menschen, die in diesen Zeiten gelebt haben und von denen diese Heilige Schrift spricht, wenn auch als unterschiedliche Phasen mit vielfältigen und eigenen Merkmalen ihrer Existenz. Es gab also auch in dieser „vorchristlichen“ Zeit die Möglichkeit der Gottesoffenbarung und der Gotteserkenntnis und zwar nicht nur als eine erkenntnistheoretische Angelegenheit, sondern als eine Heilsvoraussetzung, also im soteriologischen Sinn.

Aus diesem Grunde haben wir in der Orthodoxen Kirche sehr viele Festtage für Heilige aus der alttestamentlichen Zeit, ohne irgendeine qualitative Unterscheidung in der Hagiologie oder in der Heiligenverehrung. Der hl. Athanasius spricht von diesen Heiligen, die auch für uns Christen in vielen Fällen Vorbilder sein können.[426] Der Kirchenhistoriker Eusebius beschreibt diese heilgeschichtliche Überzeugung unmissverständlich: „Das hebräische Volk ist nicht neu, sondern eben seines Alters wegen allgemein geachtet und allgemein bekannt. Seine Überlieferungen und seine Schriften erwähnen nun Männer aus alter Zeit, zwar nur wenige an Zahl, aber ausgezeichnet an Frömmigkeit, Gerechtigkeit und allen übrigen Tugenden: einige vor der Sintflut, andere nach derselben, von den Söhnen und Nachkommen des Noe den Abraham, den die Söhne der Hebräer als ihren Führer und Stammvater feiern. Würde jemand alle diese durch Gerech-

---

[423] Athanasius, Ad Marc. 2, PG 27, 12B.

[424] Athanasius, Ad Marc. 14, PG 27, 25C.

[425] Athanasius, Exp. in Psalm. 67, 27, PG 27, 301B.

[426] Vgl. *G. Larentzakis,* Einheit der Menschheit Einheit der Kirche bei Athanasius, 182ff.

tigkeit ausgezeichneten Männer, von Abraham an bis hinauf zum ersten Menschen, als Christen, wenn auch nicht dem Namen, so doch der Tat nach erklären, so dürfte er der Wahrheit nicht widersprechen."[427]

Im liturgischen Leben und bei der Feier der Sakramente werden zahlreiche Texte aus dem Alten Testament verwendet, wie auch zahlreiche Personen aus dieser alttestamentlichen Zeit erwähnt, Personen, die der gleichen christlichen Heilsgeschichte zugeordnet werden. Man denke etwa an die liturgischen Texte der Eheschließung, in der für das gesegnete und glückliche Leben der Brautleute, des Mannes und der Frau, Vorbilder aus der alttestamentlichen Zeit besonders hervorgehoben werden.

4. Zusammenfassende Bemerkungen

1. In der trinitarischen Koinonia Gottes, des Vaters, des Sohnes und des Heiligen Geistes, haben wir die Quelle und das Vorbild einer echten Gemeinschaft in der Liebe unter Wahrung der Gleichwertigkeit der göttlichen Personen.

2. Nachdem die Menschen von Gott als seine Ebenbilder geschaffen wurden, sind die Gleichwertigkeit und Wesensgleichheit aller Menschen zu respektieren und zu achten und somit auch ihre unterschiedliche und reichhaltige Vielfalt.

3. Trotz dieser Vielfalt gehören alle Menschen, ob Männer oder Frauen, als einzelne oder als Völker der einen und derselben Menschenfamilie an.

4. Die Universalität des Heils darf nicht konfessionell exklusiv und ausschließlich in Anspruch genommen werden.

5. Konsequenzen für den interreligiösen Dialog

In einem gesamtorthodoxen Text zur Vorbereitung des Panorthodoxen Konzils aus dem Jahre 1986 wird u.a. ausdrücklich hervorgehoben, dass jeder einzelne Mensch „unabhängig von Farbe, *Religion,*[428] Rasse, Nationalität und Sprache- das Bild Gottes in sich trägt und unser Bruder oder unsere Schwester ist und

[427] *Eusebius,* Historia eccl. 1, 4, 5–7, hg. v. *E. Schwarz*, Leipzig 1914, 14f.
[428] Von mir hervorgehoben.

gleichberechtigtes Glied der menschlichen Familie.“[429] Die Verbindungslinie geht weiter zurück: Im November 1979 besuchte Papst Johannes Paul II. den Ökumenischen Patriarchen Dimitrios in Konstantinopel. Der Patriarch Dimitrios I. sagte in seiner Begrüßungsrede u. a. wörtlich: „Und jenen von den Nichtchristen, die sich gefragt hätten, was für sie die christliche Einheit bedeute, ob sie eine Koalition und eine Front der Christen gegen die Nichtchristen darstelle, könnten wir antworten, dass die angestrebte christliche Einheit sich gegen niemanden richtet, sondern dass sie vielmehr ein positives Angebot und eine positive Diakonie darstellt für alle Menschen, unabhängig von Geschlecht, unabhängig von Rasse, unabhängig von Religion, unabhängig von sozialer Schicht gemäß dem fundamentalen christlichen Prinzip, da ist kein Unterschied zwischen Juden und Christen, zwischen Sklaven und Freien, zwischen Mann und Frau (Gal 3,28).“[430]

Im genannten gesamtorthodoxen Text aus dem Jahre 1986 finden sich noch andere wichtige Feststellungen auch für alle Minderheiten, d.h. auch für religiöse Minderheiten. Dort heißt es: „Eine Minderheit, ob sie religiöser, sprachlicher oder ethnischer Art ist, muss in ihrer Andersartigkeit geachtet werden. Die Freiheit des Menschen ist untrennbar verbunden mit der Freiheit der Gemeinschaft, der er angehört. Jede Gemeinschaft muss sich gemäß ihrer charakteristischen Eigenschaften entfalten und entwickeln können. Ein solcher Pluralismus müsste eigentlich das Leben aller Länder bestimmen. Die Einheit einer Nation, eines Landes oder eines Staates müsste daher das Recht auf Verschiedenartigkeit der menschlichen Gemeinschaft einschließen.“[431] Daher ist der interreligiöse Dialog eine wichtige Aufgabe in der Grundauffassung der Gesamtorthodoxie für das konkrete gesellschaftliche Leben. Im selben Dokument wird mit Nachdruck betont: „Als Voraussetzung für eine diesbezüglich (für den Frieden) breitere Zusammenarbeit kann die gemeinsame Annahme der überragenden Würde der menschlichen Person gelten. Hier kann die Erfahrung der Orthodoxen Kirchen zum Tragen kommen. All dies ist ein Ruf an jeden Menschen zu friedlicher und schöpferischer Arbeit. Die orthodoxen Lokalkirchen betrachten es als ihre Pflicht, eng mit den Gläubigen aus anderen Weltreligionen, die den Frieden lieben, für den Frieden auf Erden und für die Verwirklichung brüderlicher Beziehungen zwischen den Völkern zusammenzuarbeiten. Die orthodoxen Kirchen sind aufgerufen zur interreligiösen Verständigung und Zusammenarbeit

---

[429] „Der Beitrag der Orthodoxen Kirche zur Durchsetzung des Friedens, der Gerechtigkeit, der Freiheit, der Brüderlichkeit und der Liebe zwischen den Völkern und zur Aufhebung der Rassendiskriminierung und anderer Diskriminierungen“. Deutsch in: Una Sancta 42 (1987), 21.

[430] In: *G. Larentzakis und J. Greifeneder,* Der Besuch des Papstes Johannes-Paul II. beim Ökumenischen Patriarchen Dimitrios I. (29.–30. November 1979), in: Ostkirchliche Studien 29 (1980), 188.

[431] „Der Beitrag der Orthodoxen Kirche zur Durchsetzung des Friedens, der Gerechtigkeit, der Freiheit, der Brüderlichkeit und der Liebe“, 21.

und auf diese Weise zur Beseitigung von jeglichem Fanatismus beizutragen und damit zur Verbrüderung der Völker und zur Durchsetzung der Güter der Freiheit und des Friedens in der Welt zum Wohle des heutigen Menschen und unabhängig von Rasse und Religion. Es versteht sich dabei von selbst, dass diese Zusammenarbeit sowohl jeden Synkretismus ausschließt als auch jeden Versuch, irgend eine Religion anderen aufzuzwingen.

Wir sind der Überzeugung, dass wir als Mitarbeiter Gottes in diesem Dienst Fortschritte machen können gemeinsam mit allen Menschen guten Willens, die den wahren Frieden suchen, zum Wohl der menschlichen Gemeinschaft auf lokaler, nationaler und internationaler Ebene. Dieser Dienst ist ein Gebot Gottes (Mt 5,9)".[432] Daraus sind Konsequenzen zu ziehen.

6. Ökumenische Initiativen

Ökumenische Initiativen für den interreligiösen Dialog, welche die Orthodoxen Kirchen mittragen und aktiv mitentwickelt haben

Dazu gehören konkrete Schritte und Initiativen, die das Ökumenische Patriarchat von Konstantinopel, bzw. die Orthodoxe Kirche aus ihrer vollen Überzeugung gesetzt hat. Dies wurde einerseits aus den eigenen Reihen in direktem Dialog mit nicht-christlichen Religionen, andererseits in konstruktiver Zusammenarbeit mit anderen, nicht orthodoxen Kirchen in ökumenischen Organisationen, wie z.B. innerhalb des *Weltkirchenrates*, der eine eigene Abteilung gegründet hat, wie auch innerhalb der *Konferenz Europäischer Kirchen* (KEK) und in Zusammenarbeit mit dem *Rat der römisch-katholischen Bischofskonferenzen Europas* (CCEE) in Angriff genommen. Auch hier gibt es eine eigene Kommission mit besonderen Initiativen.

Der Höhepunkt der ökumenischen Zusammenarbeit der zwei letztgenannten Organisationen waren die zwei Europäischen Ökumenischen Versammlungen in Europa, die Erste im Mai 1989 in Basel und die Zweite im Juni 1997 in Graz. In Graz hat die Europäische Ökumenische Versammlung das Thema gehabt:

---

[432] „Der Beitrag der Orthodoxen Kirche zur Durchsetzung des Friedens, der Gerechtigkeit, der Freiheit, der Brüderlichkeit und der Liebe", 16f. Vgl. *Damaskinos Papandreou,* Die Rolle der Orthodoxie im Dialog zwischen Christentum und Islam, in: Una Sancta 49 (1994), 357f. und in: EUCARISTHRIA EUCHARISTERIA, Festschrift für Damaskinos Papandreou Metropolit der Schweiz, zum 60. Geburtstag am 23. Februar 1996, hg. v. *Maria Brun* und *Wilhelm Schneemelcher, Athen 1996, 339.*

„Versöhnung, Gabe Gottes und Quelle neuen Lebens." Ein Unterthema von den sechs vorgesehenen war die Versöhnung zwischen den Religionen mit konkreten Formulierungen und Empfehlungen.

Hier möchte ich auf einige Stellungnahmen dieser Europäischen Ökumenischen Versammlung hinweisen, nicht nur weil dies die grundsätzliche Position der Orthodoxen Kirche zum Ausdruck bringt, wie es auch meiner persönlichen Auffassung entspricht, sondern weil diese Texte nochmals in Erinnerung gebracht werden müssen, damit daraus von den Verantwortlichen die konkreten Konsequenzen gezogen werden können. Sonst bleibt alles bei der Theorie! Der Rezeptionsprozess lässt sehr viel zu wünschen übrig!

Diese Texte[433] sind konkret genug und sie können, wenn wir wollen, auch im interreligiösen Dialog in die Praxis umgesetzt werden.

Im *Basisdokument* von Graz heißt es gleich im ersten Paragraph (A1) „Wir schätzen uns glücklich, Gäste anderer Religionen und Kontinente sowie viele tausend Teilnehmerinnen und Teilnehmer in Graz gehabt zu haben." Und weiter: ***Versöhnte Partnerschaft und der Dialog mit anderen Religionen und Kulturen.***

(A26) Wir versuchen zu beherzigen, dass Gott ‚keinem von uns [...] fern' ist, wie der Apostel Paulus den Athenern bezeugte (Apg 17,27). Loyalität unserem Glauben gegenüber sollte mit der Achtung vor den Einsichten Andersglaubender einhergehen. Es ist eine dringende Aufgabe der Kirchen, die Beziehung zwischen Evangelium und Kultur zu reflektieren. Es ist ebenso wichtig, unsere Missionspraktiken zu überdenken. Wie wichtig diese Einstellung ist, wird uns deutlich bewusst, wenn wir uns an die Religionskriege erinnern, die eine blutige Spur durch die Geschichte unseres Kontinents gezogen haben. Bis heute stehen religiöse Gegensätze in Gefahr, für politische Konflikte instrumentalisiert zu werden. Darum fällt uns in den Kirchen die Verantwortung zu, entschlossen und aktiv für die Auflösung ererbter Feindbilder und die Schaffung dauerhafter Bündnissysteme einzutreten. Wir dürfen nicht zulassen, dass unterschiedliche Glaubensüberzeugungen benutzt werden, um kriegerische Konflikte zu rechtfertigen. Das bedeutet für uns auch, Missverständnisse und Rivalitäten im Blick auf andere Religionen abzubauen. Gegen alle Vorboten eines unausweichlichen ‚Kampfes der Kulturen' wollen wir Toleranz und Zusammenarbeit fördern. Eine besonders dringliche Aufgabe sehen wir in Bezug auf den Islam, nicht nur weil heute an die 30 Millionen muslimische Gläubige in Europa leben, sondern weil zwischen dem Christentum und dem Islam eine lange und bittere Geschichte der Verunglimpfungen und Feindschaften besteht, die im Geiste ver-

[433] Vgl. die Dokumentation: Versöhnung Gabe Gottes und Quelle neuen Lebens. Dokumente der Zweiten Europäischen Ökumenischen Versammlung in Graz, hg. v. Rat der Europäischen Bischofskonferenzen (CCEE) und der Konferenz Europäischer Kirchen (KEK) durch Rüdiger Noll und Stefan Vesper, Graz Wien Köln 1998.

söhnter Nachbarschaft überwunden werden muss. Jungen Menschen muss eine bedeutende Rolle im gegenwärtigen interreligiösen und interkulturellen Dialog zukommen. Der Prozess der Globalisierung, steigende Mobilität und effektivere Kommunikationsmöglichkeiten haben geholfen, neue Möglichkeiten für einen solchen Dialog und eine neue Offenheit und Toleranz gegenüber der Vielfalt zu erschließen."

Im Dokument Handlungsempfehlungen von Graz heißt es u.a.: „**Dialog mit den Religionen und Kulturen.**"

2.1 Wir empfehlen den Kirchen, auf jede geeignete Weise dazu beizutragen, dass Religionsfreiheit und Menschenrechte gewährleistet werden, damit die Würde und Identität aller Menschen geschützt sind.

Begründung: Für das Zusammenleben von Religionen in der modernen Welt bildet der gemeinsame Respekt gegenüber den allgemeinen Menschenrechten eine unverzichtbare Grundlage. Diese schützen zugleich die Vielfalt der Überzeugungen und Lebensstile.

2.2 Wir empfehlen den Kirchen, Gruppen zu unterstützen, die sich dem interreligiösen Dialog widmen. Sie sollten die dort gewonnene Erfahrungen und Erkenntnisse nutzen vor allem, damit im Bereich von Bildung und Erziehung sachgemäße Informationen vermittelt und Vorurteile abgebaut werden können.

Begründung: Für das friedliche Zusammenleben von Menschen und Gruppen unterschiedlicher religiöser und weltanschaulicher Überzeugung ist es unbedingt wichtig, sich gegenseitig zu kennen, einander zu verstehen und auch schätzen zu lernen. Dazu bedarf es langfristiger und geduldiger Arbeit und Erfahrung.

2.3 Wir empfehlen den Kirchen, dem Beispiel einiger Kirchen in Italien und Deutschland zu folgen und einen Tag zu bestimmen, der dem Dialog mit dem Judentum und der Begegnung mit dem lebendigen jüdischen Glauben gewidmet ist. In ähnlicher Weise sollten Tage und Anlässe gefunden werden, um die Beziehungen zu anderen Religionen zu pflegen und zu verlebendigen.

Begründung: Die Begegnung zwischen Menschen vollzieht sich nicht nur auf einer intellektuellen Ebene, sie braucht eine spirituelle und symbolische Dimension, um tief und tragfähig zu sein."

Und in der *Schlussbotschaft* von Graz wird auch empfohlen: „-Fortsetzung ernsthafter interreligiöser Dialoge, im Bewusstsein, dass selbst in Europa Einzelne und Kirchen immer noch um ihres Glaubens willen leiden."

Die aufgrund einer Empfehlung der Zweiten Europäischen Ökumenischen Versammlung in Graz 1997 erarbeitete und im April 2001 in Straßburg veröffentlichte ***Charta Oecumenica*** hat ebenfalls dieses wichtige Anliegen des Interreligiösen Dialogs als eine wichtige existentielle Aufgabe aller europäischen Kirchen aufgenommen.

Für eine solche friedliche Koexistenz der Völker mit unterschiedlichen Religionen müssen durch den Interreligiösen Dialog gemeinsame Grundsätze gefunden und gegenseitig akzeptiert werden, die als Grundlage für ein friedliches Leben betrachtet werden.

Einige orthodoxe Initiativen, bzw. Mitwirkung von Orthodoxen bei interreligiösen Dialogen und Begegnungen

Von orthodoxer Seite gibt es auch konkrete wichtige Initiativen für einen sinnvollen und effektiven Dialog, der die friedliche Koexistenz und die gemeinsame Behandlung von relevanten Themen und Problemen fördern kann. Auch gemeinsame Aktionen gibt es, die nicht nur die friedliche Koexistenz der unmittelbaren Partner im Dialog betrifft, sondern auch die allgemeine Befriedung fördern, indem sie Konflikte und Spannungen, die zum Krieg führen können, zu entschärfen versuchen. Das bedeutet z.B., dass es, was den Frieden betrifft, keine religiösen Grenzen gibt, und dass gerade hier eine Zusammenarbeit nicht nur sinnvoll und notwendig ist, sondern dass sie auch möglich ist. Hier wird versucht, nur auf einige Initiativen hinzuweisen.

In der Struktur der Verwaltung des Ökumenischen Patriarchates gibt es auch eine Kommission für den Dialog mit dem Islam, deren Vorsitzender der Metropolit von Theodoroupolis, Germanos, ist.

Grundsätzlich gilt für den Dialog und die Zusammenarbeit zwischen Christen und Muslimen das, was der Ökumenische Patriarch von Konstantinopel Bartholomaios bei seinem Besuch im Emirat Bächlein am 25. 9. 2000 sagte, es sei die feste Überzeugung des Patriarchen und des Patriarchates, dass „die friedliche Koexistenz und die bewundernswerte Zusammenarbeit zwischen Christen und Muslimen in allem Guten wünschenswert, möglich und von Gott gewollt ist“.[434]

Die „Bosporus-Erklärung“

Als eine konkrete Aktion möchte ich hier die Initiative des Ökumenischen Patriarchen von Konstantinopel, Bartholomäos I., erwähnen, der eine interreligiöse Konferenz über Frieden und Toleranz vom 7.–9. Feb. 1994 in Istanbul einberufen hat, an der Christen, Orthodoxe und Katholiken, Juden und Muslime teilgenommen haben. Bei dieser Konsultation wurde die sehr interessante und wichtige „Bosporus-Deklaration“ verabschiedet, die vom Ökumenischen Patriarchen Bartholomäos, vom Präsidenten des Päpstlichen Rates für Frieden und Gerechtigkeit und *Cor Unum*, Kardinal Roger Etchegaray, vom Präsidenten der

[434] In: Ἐπίσκεψις Nr. 588, 31. 10. 2000, 14.

Appeal of Conscience Foundation, Rabbi Artur Schneier und vom Präsidenten des Türkischen Kultusamtes Mehmet Nuri Yilmaz unterschrieben wurde.

Wegen der Bedeutung und der Offenheit, aber auch der konkreten Sprache dieser Deklaration möchte ich sie hier wenigstens auszugsweise vorstellen:

Gleich am Beginn wird mit Nachdruck die Feststellung bekräftigt, dass „ein Verbrechen im Namen der Religion ein Verbrechen gegen die Religion ist.“[435] „Wir, die Unterzeichneten, weisen jeden Versuch zurück, die Grundsätze unseres Glaubens durch falsche Interpretation und durch ungehemmten Nationalismus zu korrumpieren. Wir stellen uns entschlossen gegen jene, die sich an der Heiligkeit des menschlichen Lebens vergehen und eine Politik verfolgen, die allen moralischen Werten hohnspricht. Wir weisen die Vorstellung zurück, es sei möglich, seine Taten, in welchem bewaffneten Konflikt auch immer, im Namen Gottes zu rechtfertigen.“[436] Wichtig ist hier dieses *„Wir“* besonders hervorzuheben. „Wir, die Unterzeichneten“ bedeutet eben die gemeinsame Überzeugung und die gemeinsame Verpflichtung von Christen, Juden und Muslimen, die wohl gewichtiger ist als die bloße Bereitschaft für einen Dialog. Nachdem auch bei dieser Deklaration wiederholt wird, dass der Krieg im ehemaligen Jugoslawien kein Religionskrieg ist, wird mit Nachdruck betont: „Völlig verabscheuen und verurteilen wir ethnische Säuberungen, die Vergewaltigung und Ermordung von Frauen und Kindern [...]“[437] Im Anschluss wird die Anwendung von Gewalt in den Ländern der ehemaligen Sowjetunion, in Georgien, Armenien/Aserbaidschan und Tadschikistan verurteilt. Für die Kinder wird besonderer Schutz gefordert, wie auch die Förderung der spirituellen Nahrung aller Menschen. Die Problematik der Flüchtlinge wird mit besonderem Nachdruck behandelt. Zwangsmigration von Flüchtlingen und gewaltsame Vertreibung und Zerstörung der Familien durch Trennungen werden scharf verurteilt. „Wir erwarten von allen religiösen Führern, standhaft alle jene zu schützen – gleich welchen religiösen Glaubens oder ethnischer Herkunft –, die von unfreiwilliger Auswanderung bedroht sind.“[438] Den Flüchtlingen muss die Rückkehr in die Heimat erlaubt werden, und bei verschiedenen Einrichtungen von Religionsgemeinschaften müssen Flüchtlinge, "welchen Glaubens auch immer“, aufgenommen werden. Gefordert wird auch mit Nachdruck, dass die verschiedenen Länder Asylsuchenden den Flüchtlingsstatus anerkennen und großzügig je nach Bedarf Asyl gewähren. Grundsätzlich wird dann festgestellt: „Die Teilnehmer an der Konferenz für Frieden und Toleranz haben einhellig beschlossen, Krieg und bewaffneten Konflikt zu verurteilen; zu fordern, dass im Namen der Religion keine feindseligen Handlungen gegenüber friedlichen Gruppen und

---

[435] Die Bosporus-Deklaration in deutscher Übersetzung von Otto König und Andrea Pfandl in: Ökumenisches Forum 18 (1995), 323–326. Hier 324.

[436] Ebd.

[437] Ebd. 325.

[438] Ebd. 325f.

Regionen begangen werden; zu verlangen, dass konstruktive Dialoge eröffnet werden, um die noch nicht erledigten Fragen zwischen den religiösen Gemeinschaften zu lösen; und das Recht einzufordern, seine Religion in Freiheit und Würde auszuüben [...] Gänzlich verurteilen wir jene, die diese Brutalitäten, Tötungen, Vergewaltigungen, Verstümmelungen, Zwangsvertreibungen und unmenschliche Züchtigungen begehen."[439] Schließlich haben die Teilnehmer dieser Konsultation beschlossen, eine *Appeal of Conscience Conflict Resolution Commission* (Appell des Gewissens – Streitbeilegungskommission) einzurichten, die aus Repräsentanten aller auf dieser Konferenz vertretenen Religionen und Länder gebildet wird. Sie hat die Aufgabe, richtig zu informieren und Mittel und Wege zu empfehlen „um mit der Geisel extremen Nationalismus und ethnischen Konflikts fertig zu werden."[440]

Diese Bosporus-Deklaration stellt einen wichtigen Grundstein von interreligiösem Dialog dar, und darüber hinaus ein Vorbild einer effektiven und klaren Zusammenarbeit im Kampf gegen vorhandene und mögliche Konflikte in den Ländern, in denen diese Religionen existieren. Ich hoffe sehr, dass diese Deklaration mehr Verbreitung erfährt und vor allem, dass ihre Aufforderungen in die Praxis umgesetzt werden. Für den Frieden und gegen den Krieg im Namen der Religion äußerte sich der Ökumenischer Patriarch Bartholomaios auch bei seinem Besuch im Emirat von Bahrein am 29. Sept. 2000.[441] Diese Feststellung in der Bosporus-Deklaration und des Ökumenischen Patriarchen Bartholomäos vertritt auch der Erzbischof von Albanien Anastasios, der ausdrücklich betonte, dass „jedes Verbrechen im Namen der Religion ein Verbrechen gegen die Religion selbst ist."[442]

Vom **29.–31. Mai 2000** wurde im Kloster Vlatadon/Thessaloniki eine interreligiöse Konsultation vom Ökumenischen Patriarchat organisiert. Es haben Vertreter der christlichen Kirchen wie auch des Judentums und des Islam teilgenommen. Vertreter der Europäischen Union und der NATO haben ebenfalls teilgenommen. Bei dieser Initiative wurde der Versuch unternommen, einen Beitrag für die Befriedung der Völker im Balkan zu leisten.[443]

Das Ökumenische Patriarchat und der Ökumenische Patriarch Bartholomaios selbst hat nach Brüssel ein Interreligiöses Treffen von höchsten Würdenträgern der drei monotheistischen Religionen vom **19.–20. Dezember 2001** einberufen und organisiert, das unter der Ägide des Ökumenischen Patriarchates und der

---

[439] Ebd. 326.
[440] Ebd.
[441] In: Ἐπίσκεψις, Nr. 588, 31. 10. 2000, 15.
[442] In: Ἐπίσκεψις, Nr. 573, 31. 8. 1999, 7.
[443] In: Ἐπίσκεψις, Nr. 584, 30. 6. 2000, 8f.

Europäischen Union stand. Auch Präsident Romano Prodi hat teilgenommen. Die Begegnung behandelte das Thema: „Der Friede Gottes in der Welt.“[444] Auch hier betonte der Ökumenische Patriarch, dass ein Krieg im Namen der Religion ein Krieg gegen die Religion selbst ist. Ebenfalls ersuchte der Patriarch zwischen den politischen Interessen und den religiösen Positionen zu unterscheiden, da die unverfälschte Botschaft des wahren Gottes nur der Friede sein kann. Und gerade diese Botschaft müssen wir den Menschen vermitteln und jede politische Einmischung unterlassen. Am Ende der Begegnung wurde auch eine gemeinsame Erklärung unterzeichnet und veröffentlicht. Darin wurde der Friede besonders als Anliegen und Ziel aller drei Religionen hervorgehoben, wie auch die unmissverständliche Verurteilung jeder terroristischen Bewegung und Handlung. Es wird appelliert an alle politischen Führer, dass sie die vorhandenen Konflikte durch friedliche Mittel und nicht mit Gewalt und Krieg überwinden müssen. Keine der drei monotheistischen Religionen rechtfertigt und fördert die Gewalt und den Krieg. Darin wird auch jede Art von Diskriminierung verurteilt und der Geist der gegenseitigen Achtung, der Menschenrechte, der religiösen Freiheit, der friedlichen Koexistenz und der multireligiösen Zusammenarbeit hervorgehoben und gefordert.

Vom **12.–16. September 2001** fand eine interreligiöse Begegnung in Sarajewo statt. Sie wurde organisiert von der Konferenz Europäischer Kirchen und dem Rat der römisch-katholischen Bischofskonferenzen Europas. Von orthodoxer Seite hat der Erzbischof von Albanien Anastasios teilgenommen.[445]

Der Ökumenische Patriarch Bartholomaios I. besuchte offiziell den Iran vom **11.–14. Jänner 2002**. Er traf den Präsidenten des Iran Mohamend Khatami und nahm bei Gesprächen bezüglich der Notwendigkeit des Interreligiösen Dialogs zwischen Christentum und Islam teil. Der Patriarch betonte den Willen der Orthodoxen Kirche für die Notwendigkeit des Interreligiösen Dialogs zur Sicherung und Förderung des Friedens zwischen den Völkern. Mit dem Minister für Islamische Kultur und Führung, Ahmad Masjed Jamei hat er ein Abkommen unterzeichnet zur Fortsetzung des interreligiösen Dialogs zwischen Christentum und Islam im Iran und in anderen Ländern, zur gemeinsamen Untersuchung der islamischen und christlichen Mystik, zum Austausch von Studenten und Professoren durch entsprechenden Stipendien, zur Durchführung von Festivals und anderer kulturellen Veranstaltungen usw.[446]

---

[444] In: Ἐπίσκεψις, Nr. 603, vom 31. 12. 2001, 6ff.

[445] In: Ἐπίσκεψις, Nr. 600, vom 30. 9. 2001, 9.

[446] Vgl. in: Ἐπίσκεψις, Nr.606, vom 28.2.2002, 2–5.

Am **24. Jänner 2002** hat der Ökumenische Patriarch Bartholomaios gemeinsam mit dem orthodoxen Patriarchen von Antiochien Ignatios und dem Erzbischof von Albanien von orthodoxer Seite am Tag für den Frieden in Assisi teilgenommen, an dem auch Papst Johannes Paul II und andere Vertreter von anderen Kirchen und Religionen mitgewirkt haben. Dabei hat der Ökumenische Patriarch die Prinzipien der Gerechtigkeit, des Respekts der Heiligkeit der menschlichen Person, des Mitmenschen und der Freiheit seiner Würde, die Versöhnung, die menschenfreundliche und solidarische Haltung besonders hervorgehoben.[447]

Vom **27.–28. Mai 2003** fand in Thessaloniki die fünfte Akademische Begegnung zwischen Judentum und Orthodoxie statt unter dem Thema: Der Glaube in unseren Quellen: Die gemeinsame Verpflichtung für Frieden und Gerechtigkeit". Diese Begegnung organisierte der Metropolit von Frankreich Emmanuel in Zusammenarbeit mit dem Jüdischen Weltkongress (WJC). Die interorthodoxe Delegation zu dieser Begegnung führte der Ökumenische Patriarch von Konstantinopel an. Der Ökumenische Patriarch betonte, dass das Christentum und das Judentum über zweitausend Jahre sich im ständigen Dialog befinden und betonte die Notwendigkeit der Überwindung des religiösen Fanatismus.[448]

Am **11. September 2003** besuchte der Ökumenische Patriarch Bartholomaios den Libyschen Führer Muammar Kadaffi. Bei diesem Besuch wurde die große Bedeutung des interreligiösen Dialogs von beiden Seiten hervorgehoben, wobei Kadaffi die Initiativen des Patriarchen für den interreligiösen Dialog besonders unterstrichen hat. Der Ökumenische Patriarch betonte, dass der 11. September ein trauriger Gedenktag für die ganze Welt darstellt und mahnte, unsere Verantwortung sei es, dass die Religion für zweckfremde Interessen nicht missbraucht wird. Er hielt auch im Kollegium für Islamische Bildung ein Referat zum Thema: „Die Notwendigkeit des interreligiösen Dialogs. Die Beziehungen zwischen Christentum und Islam."[449]

Vom 10.–11. August **2004** hat der Ökumenische Patriarch Bartholomaios in Amarousion bei Athen eine interreligiöse Konsultation einberufen, bei der der griechische Staatspräsident und auch Vertreter der Orthodoxen und anderen Kirchen, wie auch des Islam und des Judentums teilgenommen haben. Diese Konsultation wurde aus dem Anlass der Olympischen Spiele einberufen und stand unter dem Thema: „Religion, Friede und olympisches Ideal."[450]

[447] In: Ἐπίσκεψις, Nr. 606, 28. 2. 2002, 6
[448] Vgl. in: Παμακάριστος, Heft 7 (2004), 61
[449] Vgl. in: Παμακάριστος, Heft 7 (2004), 60.
[450] Ἐπίσκεψις, Nr. 638, 31.8.2004, 2f.

Zwischen dem 7. und dem 9. **November 2005** fand in Konstantinopel ein internationaler interreligiöser Kongress statt, der vom Ökumenischen Patriarchen Bartholomaios und dem Präsidenten der Europäischen Kommission José Manuel Barroso unter dem Thema „Friede und Religionsfreiheit, B´" einberufen wurde.[451]

Das **Orthodoxe Zentrum** des Ökumenischen Patriarchates von Chambésy/Genf hat durch seinen damaligen Leiter, den Metropoliten der Schweiz, Damaskinos Papandreou den **christlich-jüdischen Dialog** gefördert und geführt.[452] Dazu wurden drei internationale Konsultationen durchgeführt: 1977 in Luzern zum Thema „Verständnis der Tora im Alten und im Neuen Testament", 1979 in Bukarest zum Thema: „Tradition und Glaubensgemeinschaft in der Orthodoxen Kirch*"*, 1993 in Athen zum Thema: „Kontinuität und Erneuerung".[453]

Als der Ökumenische Patriarch Bartholomaios I. Jerusalem besuchte wurde festgestellt, dass dieser christlich-jüdische Dialog mit der Orthodoxen Kirche fortgesetzt werden muss. Petra Heldt stellt fest: „Als der Ökumenische Patriarch nach einer reichen Rede, in der er zu einer Vertiefung des jüdisch-christlichen Dialogs und der Ökumene in Jerusalem ermutigte, auf Bitten der Veranstalter alle Anwesenden unter seinen Segen stellte, war das ein Moment, der von vielen als historisch und von noch mehr als ein Moment des Heiligen Geistes verstanden wurde, wie er bei der vollen Ökumene erfahrbar ist...Die Spuren dieses Besuchs sind tief und hat zu weiterer Arbeit im Bereich des jüdisch-christlichen Dialogs und zur Stärkung der Ökumene geführt."[454] Folgende Konsultationen fanden noch statt: *In Jerusalem, 1998 über* „Orthodoxe Kirche und Judentum in der Moderne", *in: Peräa/Thessaloniki, 2003 über* „Treue zu unseren Wurzeln und gemeinsame Verpflichtung zu Frieden und Gerechtigkeit" und in *Jerusalem, Israel, 2007 zum Thema:* „Religionsfreiheit und das Verhältnis zwischen Freiheit und Religion."

Dieses lebendige Orthodoxe Zentrum des Ökumenischen Patriarchates von Chambésy/Genf führt seit 1986 durch seinen Leiter, den Metropoliten der Schweiz, Damaskinos Papandreou, einen intensiven akademischen Dialog **zwischen Christen und Muslimen**, und zwar konkreter mit der Königlichen Jordanischen Akademie zur Erforschung islamischer Kultur (Al-Albeit-Stiftung) in Amman/Jordanien unter dem Protektorat S.K.H. des jordanischen Kronprinzen

---

[451] 'Επίσκεψις, 654, 30.11.2005, 7f.

[452] Vgl. *Damaskinos Papandreou,* Le Dialogue de l 'Eglise orthodoxe avec le Judaïsme et l'Islam. Experiences de conflit, de réconciliation et de coexistence, in: EUCARISTHRIA EUCHARISTERIA, Festschrift für Damaskinos Papandreou Metropolit der Schweiz, 343f.

[453] Vgl. *Petra Heldt,* in: EUCARISTHRIA EUCHARISTERIA, Festschrift für Damaskinos Papandreou Metropolit der Schweiz, 51.

[454] Ebd. Vgl. 'Επίσκεψις, Nr. 584, 30.6.2000, 8f.

El-Hassan bin Talal.[455] Wie Metropolit Damaskinos selbst aus eigener Erfahrung urteilt, war dieser Dialog eine gewagte Vision. Aber er ist zuversichtlich, denn dieser Dialog war sehr erfolgreich. „Die Vision des Dialogs war wegen des Misstrauens vergangener Zeiten und der heutigen tragischen Umstände von Anfang an für eine Testzeit von zehn Jahren festgelegt worden. Sie überstand nun diese Probezeit und behielt die Hoffnung unversehrt: Hoffnung auf Wiederherstellung der ethischen Werte in der Beziehung zwischen Nationen und Gläubigen der verschiedenen Religionen. Hier müssen wir zugeben, dass die erschütternden Ereignisse der vergangenen Jahre einigen Enthusiasmus weggestohlen haben, den wir anfänglich hinsichtlich der Perspektiven des Dialogs hatten. Doch ist es diesen Ereignissen keineswegs gelungen, unsere gemeinsame Überzeugung – was die Notwendigkeit dieses Dialogs anbetrifft – zu erschüttern.

In diesem Sinne waren die vergangenen zehn Jahre für uns alle eine angenehme Überraschung. Wir trafen uns wie alte Freunde und diskutierten offen wichtige Themen."[456]

Es gab mehrere Konsultationen:

Die **erste Konsultation** (Orthodoxes Zentrum des Ökumenischen Patriarchats in Chambésy/Genf 1986) befasste sich mit dem Thema *„Autorität und Religion in den Traditionen der beiden Religionen und in der heutigen Zeit"*.

Die **zweite Konsultation** (Amman 1987) hatte zum Thema „Modelle historischer Koexistenz zwischen Muslimen und Christen und deren künftige Perspektiven".[457] Gleichzeitig fand ein Jugendsymposium zum Thema *„Die gemeinsamen humanitären Ideale der beiden Traditionen"* statt. Beide Veranstaltungen zeigten, dass sich die Kriterien bewährt haben, die während der langen Periode friedlicher Koexistenz in der gleichen Gegend und zwischen den Gläubigen beider Religionen erprobt wurden.

Die **dritte Konsultation** (Orthodoxes Zentrum in Chambésy 1988) war dem Thema *„Friede und Gerechtigkeit in den Traditionen der beiden monotheistischen Religionen"* gewidmet. Damit sollte alles, was an Gegebenheiten und Vorschlägen bei den vorausgegangenen Konsultationen über friedliche Koexistenz zwischen den Völkern aufgearbeitet worden war, zu einem größeren Nutzen kommen.

---

[455] Vgl. *Damaskinos Papandreou,* Auswertung eines zehnjährigen Dialogs zwischen Christen und Muslimen, in: Una Sancta 51 (1996), 239–244.

[456] *Damaskinos Papandreou,* Auswertung eines zehnjährigen Dialogs, 239.

[457] Vgl. Una Sancta 43 (1988), 218–228 (dort wird diese Konsultation fälschlich als die vierte bezeichnet.)

Die **vierte Konsultation** (Kemal Atatürk Kulturzentrum in Konstantinopel/Istanbul 1989) zum Thema *„Religiöser Pluralismus“*[458] wollte die Tatsache aufzeigen, dass die Koexistenz in der gleichen Region mit verschiedenen religiösen Traditionen eher eine Quelle der Bereicherung für die spirituellen Traditionen der Menschen ist als eine Ursache für Konflikte.

Die **fünfte Konsultation** fand nach dem Alptraum der Golfkrise (Amman 1993) zum Thema *„Jugend und die Werte der Mäßigung“* statt. Dieses Treffen wurde zu einem spontanen und bewegenden Zeugnis über die Wichtigkeit, die der Religion bei der Besänftigung des Konfliktgeistes und bei der Darstellung des Wertes der Mäßigung in den Beziehungen zwischen den Völkern zukommt.

Die **sechste Konsultation** (Athen 1994) zum Thema *„Auf Verstehen und Zusammenarbeit hin erziehen“*[459] war auf die Notwendigkeit bedacht, dass die neue Generation durch die Erziehung zu konstruktivem Dialog, gegenseitigem Verständnis und ernsthafter Zusammenarbeit vorbereitet werden muss. Hierzu ist aber auch die Wichtigkeit der gemeinsamen geistigen Werte zu vermitteln, damit ein neuer Geist in den Beziehungen zwischen den Gläubigen der beiden Religionen aufgebaut werden kann. Dabei spielt natürlich die Erziehung und die Ausbildung eine wichtige Rolle für die Entwicklung der Bilder der Angehörigen der anderen Religionen, hier konkret des Islam.[460]

Die besondere Bedeutung der Erziehung, die wir in unserem interreligiösen Dialog mit direkten und weiter gefassten Themenkreisen angegangen haben, erklärt auch, weshalb wir bei der **siebten Konsultation** (Amman 1996) das Thema *„Das Erziehungssystem im Islam und im Christentum“* weiterverfolgen wollten. Unsere Diskussion sollte vor allem die verschiedenen in der Vergangenheit gemachten und erfahrenen Verzerrungen und Verdrehungen aufgreifen. In diese Richtung tendieren auch die grundlegenden Vorschläge unseres interreligiösen Dialogs.

Die **achte Konsultation** wurde in Konstantinopel auf Einladung des Ökumenischen Patriarchen Bartholomaios I. vom 3.–5. Juni 1997 durchgeführt. Das Thema lautete: „Perspektive einer Zusammenarbeit zwischen Muslimen und Christen an der Schwelle zum dritten Jahrtausend.“ Bei der Eröffnung dieser Begegnung hat auch der Ökumenische Patriarch Bartholomaios persönlich teilgenommen, der durch eine Grußbotschaft diese Begegnung eröffnete.

---

[458] Vgl. Una Sancta 45 (1990), 70–83 (dort wird diese Konsultation fälschlich als die fünfte bezeichnet.)

[459] Vgl. Una Sancta 49 (1994), 357–359.

[460] Vgl. *G. Ziakas,* The Reality of Education in Greece: The picture of the Muslim in school textbooks and the mass Media, in: Islamochristiana 21 (1995), 65ff. Prof. Grigorios Ziakas ist Professor für Religionswissenschaften in Thessaloniki, er hat viele Publikationen über den Islam verfasst, ist Gründungsmitglied der Gesellschaft für griechisch-arabische Studien, wie auch der Zeitschrift *Greco-Arabica.* Ebd. 65

Die **neunte Konsultation** fand in Amman vom 12.–12. November 1998 statt unter dem Thema: „Muslime und Christen in der zeitgenössischen Gesellschaft. Das Bild des Andersglaubenden und die Bedeutung derselben Staatsbürgerschaft.“ Folgende Unterthemen wurden behandelt: 1. „Das Bild des Christentums im Islam, Fundamente und aktuelle Wirklichkeit.“ 2. „Das Bild des Islam im Christentum. Fundamente und aktuelle Wirklichkeit.“ 3. „Die gleiche Staatsbürgerschaft in der zeitgenössischen Gesellschaft“ (christliche Sicht). 4. „Die gleiche Staatsbürgerschaft in der zeitgenössischen Gesellschaft"“ (muslimische Sicht). 5. „Aktuelle Herausforderungen und praktische Konsequenzen“ (muslimische Sicht). 6. „Aktuelle Herausforderungen und praktische Konsequenzen“ (christliche Sicht). Der orthodoxe Vorsitzende brachte bei der Eröffnung der Akademischen Begegnung auch eine Botschaft des Ökumenischen Patriarchen Bartholomaios I.

Im Dezember 1999 wurden, als Ausdruck der intensiven Zusammenarbeit für den Christlich-Islamischen Dialog, die Werke von Metropoliten Damaskinos und dem Prinzen von Jordanien El Hassan bin Talal in der Aula der Universität von Athen präsentiert.[461]

Die **zehnte Konsultation** fand in Manama, Bahrain, 28.-30. Oktober 2002 und sie behandelte das Thema: „Die Rolle der Religion für die friedliche Koexistenz“.

Bei der Konsultation in Athen (1994) wurde besonders das unterstrichen, was künftig getan werden muss: Die Erziehung muss darauf abzielen, dass die Vorurteile und Wunden geheilt werden, die in der Vergangenheit in den Beziehungen zwischen den Gläubigen der beiden Religionen einander zugefügt wurden. Bei dem jetzigen Treffen hatten wir zu unterstreichen, wie wir diese Verletztheiten heilen und künftig damit umgehen können: Durch den Erziehungsprozess müssen wir einen Code gemeinsamer Werte finden und festlegen, der uns zu Respekt vor Gott, der Menschheit und der gesamten Welt verpflichtet. Ein solcher Code lässt sich im Zusammenhang mit der Werteanalyse unserer vorhergehenden Treffen bestimmen.

Der Dialog zwischen Christentum und Islam ist ein Dialog der Hoffnung. Es geht nicht nur um eine friedliche Koexistenz der Völker, sondern auch um die Wiederherstellung des geistigen Gleichgewichts des heutigen Menschen, der aus dem Sturm politischer, ideologischer, geistiger und sozialer Konfusion der heutigen Zeit völlig erschöpft hervorgeht. Die tragische Erfahrung der atheistischen Herausforderung – nicht nur durch die dominierende Marxistisch-Leninistische Ideologie, sondern auch durch die allgemeinere ideologische Richtung, die sich im öffentlichen und privaten Leben der Völker ausdehnt -

[461] Ἐπίσκεψις, Nr. 577, 31.12.1999, 4.

beweist, dass die systematische Schwächung der Religion und des Glaubens gegen die Gläubigen aller Religionen gerichtet war.[462]

Bei der Athener Konsultation wurden auch einige gemeinsame Erklärungen abgegeben, die für die Zukunft der friedlichen Koexistenz von zentraler Bedeutung sind und zwar:

„Dass unsere Religionen nicht bereit sind, den himmlischen Frieden zu zerstören, um der unannehmbaren, polemischen Hysterie der irdischen Führer zu dienen.

Dass unsere Religionen nicht bereit sind, ihre Lehre über die Einheit des Menschengeschlechts zu missachten, um den neueren Ideologien der Trennung und der gesellschaftlichen Konflikte zu dienen.

Dass unsere Religionen bereit sind, durch den interreligiösen Dialog die Wunden der geschichtlichen Vergangenheit zu heilen, um dadurch mit größerer Konsequenz und Verantwortung dem schwachen und bedrängten Menschen unserer Zeit gemeinsam zu dienen.

Dass unsere Religionen bereit sind, sich gemeinsam dafür einzusetzen, dass in den Erziehungsprogrammen und didaktischen Lehrmitteln die Prinzipien des gegenseitigen Respekts und der ernsthaften Verständigung zwischen beiden Seiten aufgenommen werden, damit die mörderischen Phänomene des blinden Fanatismus und der religiösen Intoleranz ausgemerzt werden.

Dass unsere Religionen bereit sind, im aktuellen ökumenischen Dialog zusammenzuarbeiten, um den Frieden, die soziale Gerechtigkeit und die Menschenrechte in den Beziehungen zwischen Menschen und Völkern zu verteidigen, unabhängig von religiösen, ethnischen, rassischen, sozialen oder anderen Unterschieden.

Dass unsere Religionen bereit sind, sowohl die Regierungen als auch die internationalen Organisationen zu unterstützen, um selbst ein größeres Bewusstsein über die fundamentalen Prinzipien einer friedlichen Existenz der Völker zu erlangen.“[463]

Am 3. Mai 1999 wurde in Genf die „Stiftung für interreligiöse und interkulturelle Forschung und für interreligiösen und interkulturellen Dialog“ gegründet. Vorsitzender der Stiftung wurde der damalige Metropolit der Schweiz Damaskinos Papandreou und Vizevorsitzender S.H. der Prinz El-Hassan Bin Talal von Jordanien. Gemäß der Statuten, ist u.a. Ziel dieser Stiftung die Feststellung der wesentlichen und authentischen Botschaft der drei monotheistischen Religionen, des Christentums, des Judentums und des Islam, an die Welt von heute

[462] Vgl. *Damaskinos Papandreou,* Auswertung eines zehnjährigen Dialogs, 240.
[463] *Damaskinos Papandreou,* Auswertung eines zehnjährigen Dialogs, 242f.

und zwar vor dem 21. Jahrhundert.[464] Wie Metropolit Damaskinos in seinem einführenden Referat betonte, wird durch diese Stiftung der effektivere Beitrag der Religionen gesucht und erforscht, für die Förderung des Friedens, der sozialen Gerechtigkeit und der Menschenrechte, unabhängig von nationalen, völkischen, religiösen oder kulturellen Unterscheidungen der Menschen.[465]

Vom **8.–11. März 2002** hat das Kulturzentrum des orthodoxen Klosters Kykkos auf Zypern in Zusammenarbeit mit der Panteios Universität von Athen eine „Weltbegegnung von Religionen und Kulturen" organisiert, in der die große Bedeutung des interreligiösen und interkulturellen Dialogs besonders hervorgehoben wurde. Dieser Dialog ist der einzige Weg nicht nur für eine Prävention, sondern auch für die Überwindung und die Heilung von krankhaften Phänomenen, wie des Fanatismus und des religiösen Hasses. Dieser Dialog fördert auch die Zusammenarbeit aller Völker zur Begegnung und Lösung der aktuellen Probleme der Menschen und der Welt. Deshalb gehört es zu den Pflichten jeder Religion, die Gewalt zu verurteilen, gleich woher sie kommt, vor allem aber, wenn sie im Namen der Religion angewandt wird. Eine solche Gewalt durch religiösen Fanatismus und im Namen der Religion ist ein Verbrechen und sie richtet sich nicht nur gegen oft unschuldige Menschen, sondern auch gegen sich selbst. Gemeinsame Prinzipien aller Religionen sind: der Schutz des Friedens, die soziale Gerechtigkeit, die Freiheit und die Menschenrechte in der weltweiten kulturellen Dimension der internationalen Beziehungen. All das betrifft nicht nur die Religionen, sondern auch die Politiker, wie auch die internationalen Organisationen.[466]

Neben den Kontakten der orthodoxen Theologischen Fakultät von Thessaloniki mit Universitäten von Istanbul und Teheran möchte ich erwähnen, dass diese Theologische Fakultät einen Raum aus ihrem Bereich zur Verfügung gestellt hat, damit die muslimischen Studenten in Thessaloniki ihre Gebete und Gottesdienste feiern können.

Im Allgemeinen gibt es einen vielfältigen und intensiven Dialog zwischen Christentum, Judentum und Islam seitens der Orthodoxen Kirche und Theologie.[467] Zuletzt haben die Oberhäupter der Alten Patriarchate von Konstantinopel, Alexandrien, Antiochien und Jerusalem, wie auch der Kirche von Zypern in einer Synaxis, einberufen und unter dem Vorsitz vom Ökumenischen Patriarchen Bartholomaios I. in Konstantinopel vom 1.–3. September **2011** beschlos-

---

[464] Vgl. Ἐπίσκεψις, Nr. 570, 31. 5. 1999, 6f.
[465] Ebd., 8.
[466] In: , Ἐπίσκεψις Nr. 609, 31. 5. 2002, 9f.
[467] Vgl. *Gianoulatos Anastasios,* Ὁ Διάλογος τῶν Χριστιανῶν μέ τό Ἰσλάμ, 213–232.

sen, auch gemäß der Entscheidung der III. Präkonziliaren Panorthodoxen Konferenz (1986) den interreligiösen Dialog zu unterstützen und zu fördern. Ebenfalls haben sie dort beschlossen, bald ein Treffen mit allen religiösen Führer des Mittelmeerraumes einzuberufen, damit sie gemeinsam eine „Charta von Mittelmeer“ zur Bewahrung der Schöpfung und zur intensiveren Zusammenarbeit der Religionen für eine friedliche Koexistenz der Völker zu verabschieden.

Generell muss man feststellen, dass aufgrund der Grundpositionen in der orthodoxen Theologie und Anthropologie seit der Zeit der Kirchenväter ein offener Horizont und in der Konsequenz auch eine solide und seriöse Entwicklung des interreligiösen Dialogs und somit auch der friedlichen Koexistenz der Völker in einer multireligiösen Gesellschaft nicht nur sinnvoll und notwendig, sondern auch möglich ist.[468]

---

[468] Vgl. *Grigorios Larentzakis,* Einheit der Menschheit – Grundvoraussetzung für das Zusammenleben im multireligiösen Kontext. Patristische und aktuelle orthodoxe Perspektiven, in: Patristica et Oecumenica, Festschrift für Wolfgang A. Bienert, hg. von Peter Gemeinhardt und Uwe Kühneweg, Marburg 2004, 211–237. *Derselbe,* Die Erklärung des II. Vatikanums *Nostra Aetate* über das Verhältnis der Kirche zu den nichtchristlichen Religionen aus orthodoxer Sicht: Nostra Aetate – Ein zukunftsweisender Konzilstext, Die Haltung der Kirche zum Judentum 40 Jahre danach, hg. V. Hans Hermann Hendrix, Aachen 2006, 111–149.